本书由2017年度教育部人文社会科学研究青年基金项目"'国际人文主义'的双重跨文化实践：白璧德与学衡派的关系研究"（项目批准号：17YJC751017）资助

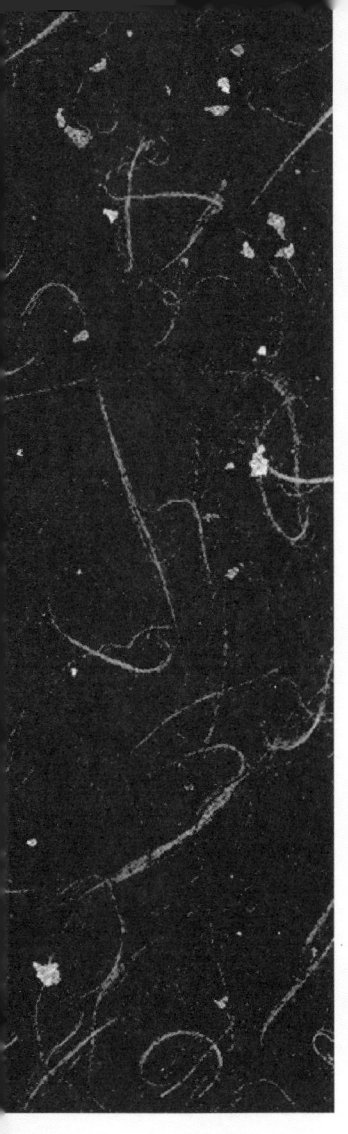
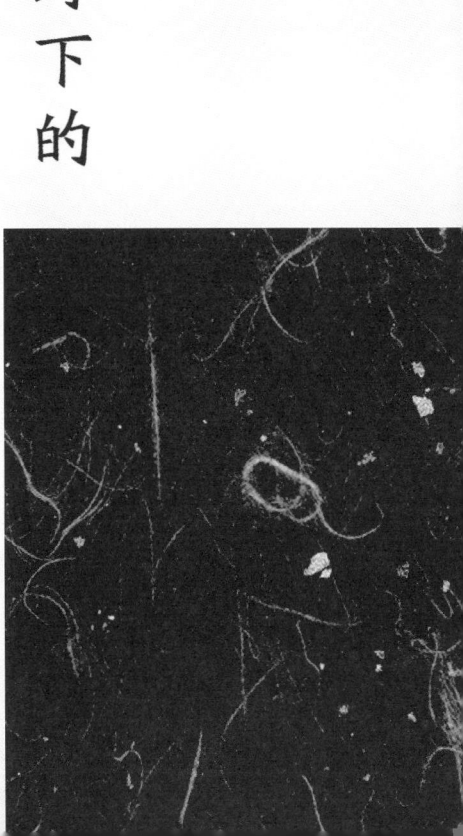

"国际人文主义"视野下的
白璧德与学衡派

李欢 著

中国社会科学出版社

图书在版编目(CIP)数据

"国际人文主义"视野下的白璧德与学衡派 / 李欢著. —北京：中国社会科学出版社，2021.6

ISBN 978-7-5203-8571-8

Ⅰ.①国… Ⅱ.①李… Ⅲ.①哲学思想—研究—美国—现代②学衡派—研究 Ⅳ.①B712.59②I209.6

中国版本图书馆 CIP 数据核字(2021)第 116222 号

出 版 人	赵剑英
责任编辑	慈明亮
责任校对	李 莉
责任印制	戴 宽

出　　版	中国社会科学出版社
社　　址	北京鼓楼西大街甲 158 号
邮　　编	100720
网　　址	http：//www.csspw.cn
发 行 部	010-84083685
门 市 部	010-84029450
经　　销	新华书店及其他书店

印　　刷	北京君升印刷有限公司
装　　订	廊坊市广阳区广增装订厂
版　　次	2021 年 6 月第 1 版
印　　次	2021 年 6 月第 1 次印刷

开　　本	710×1000　1/16
印　　张	19.5
插　　页	2
字　　数	310 千字
定　　价	106.00 元

凡购买中国社会科学出版社图书，如有质量问题请与本社营销中心联系调换
电话：010-84083683
版权所有　侵权必究

序

我对学衡派从来只限于阅读,未做过研究,本不适合为李欢的这部专著写序,但作为她曾经的博导,又有着不能推卸的责任。此序就权当一个熟悉她的读者写下的读后感言吧。

学衡派在中国现代文学史上所占的位置并不重,以前不过作为五四新文化运动的对立面而被提及,即使现在被冠以"现代保守主义",纳入二十世纪初期的文化启蒙之一派后,它在文学史上的分量也未见增长多少。但可以明显感到,学界对其研究的兴趣越来越浓。我想,恐怕是学衡派所持有的文化姿态在今天获得了更多的认同,其思想的价值意义超越了历史意义的缘故吧?当然也有一种可能,其历史意义尚有待我们去发现和认知。

就我个人的体会来说,学衡派研究的推进是和"告别革命"思潮的兴起,以及海外新儒学引入中国大陆联系在一起的。让我获益良多的并非仅仅是评价的更新,更在于思想模式,甚至价值观的改变。印象最深的是 2005 年,那时我尚在《中国现代文学研究丛刊》工作,乐黛云老师将其大作《世界文化语境中的学衡派》赐稿于我。她参照西方理论,把文化上的激进主义、自由主义与保守主义相提并论,视为推动历史进步之"三位一体"、相互制衡的论述框架,让我醍醐灌顶,茅塞顿开。长期以来,我虽觉得三者之间的吵架往往是公说公有理婆说婆有理,但受制于"进步—守旧"对抗模式的束缚,还难以彻底摆脱非此即彼、互不相容的认知习惯。乐老师以兼容并蓄、多元共存的价值思维重评学衡派,不仅揭示出学衡派所谓"昌明国粹"是"存旧立新""推陈出新"、所谓"融化新知"是寻求具有普世意义的人文主义精神,也顺理成章地为中国保守主义思想传统做了有效的辩护,摘掉了"复古""反动""守旧""落后"之类的帽子，澄明了保守主义观念的正当性。

后来我才发现，乐老师早在1989年就发表过《世界文化对话中的中国现代保守主义》一文，其影响至今，（文化、现代）保守主义已成为重估学衡派的新标签。也许由于长期受到保守即守旧的教育，近代以来中国所形成的革命话语的熏陶，此一标签总让我感到有些词不达意，或说是意犹未尽。所以，当我看到李欢梳理学界对学衡派的研究，提及白璧德于1921年曾在留美中国学生会东部会的夏季年会上做《中西人文教育谈》演讲，号召发起"国际人文主义"运动时，突然想到或可以这一概念为核心，建构起更合适的重估学衡派的新框架。

李欢在读博期间全身心地投入到学衡派及其导师白璧德人文主义的探究中，与一般中文系科班出身的学生不同，她本科时兼修了英语专业，并获得英语毕业证书，后又获比较文学与世界文学硕士学位，其前期教育为研究这一论题打下了良好的基础。她不仅钻研了白璧德的全部原著，甚至包括白璧德所阅读的不同儒学典籍的英译本，以及相关英文资料；更广泛涉猎了学衡派创办的杂志、报纸副刊，及其著作、日记、书信、教案等原始资料，相当具有说服力地论证出白璧德与其中国弟子们在"国际人文主义"构想下所生成的双重跨文化的观念及其实践。再次通读李欢的这部书稿，明显感到更加系统、完善了，毕业后她在博士学位论文的基础上，又毫不懈怠地做了进一步的扩充和修改。作为指导教师，眼见李欢从一点想法逐步拓展到多层次地做出结实的阐释与论证，终至整然成体，不能不感叹！简而言之，我以为最起码在以下几个方面，李欢的这部专著可以为中美学界探究现代人文主义思潮的跨文化发展，提供几点启示。

与一般将白璧德视为"旋转式"作家，不断重申自己理论的看法不同，李欢通过对其原著的精研细读，发现白璧德的人文主义经历了一个越来越国际化的动态发展过程。白璧德从批判西方古典人文主义文化的衰落和现代人道主义的泛滥，把人文主义从人道主义中区分出来起步，中经第一次世界大战的反思，初步提出建立一种"真正的国际主义"构想，直到与后来的学衡派弟子们相遇，开始以儒家思想立言，脱离宗教人文主义，并最终打出了"国际人文主义"的旗帜。此时白璧德的人文主义已经超越了西方人文主义传统，而建立起融汇了东西古今哲论的"国际人文主义"体系。我以为，这一概念的提出比"新人文主义""现代人文主义""古典主义""新古典主义"的称谓更能概括出白璧德人文主义的特征及其精神境界，它说明人文主义的基本思想从来不仅仅属于西方，只是被建构成了西方的传统。白璧德发起的"国际人文主义"运动，表征了学院派知识分子试图融汇不同文化中的人文要素，为世界建立"至少能在适度、常识以及基本礼节的平台上联合在一起"之公共价值的努力。这一新发现也很自然地冲破了以西方为中心，或中西二元思维，为重估白璧德与学衡派提供了一个更加宏大的视野。

关于白璧德与学衡派"沟通东西事理""合中西于一"的跨文化实践，李欢重点探究了其翻译的改写与融通功能，对其著译文本进行了精微的辨析。她不仅充分意识到白璧德不审中文的问题，而溯源探隐其儒学思想来源所受到的英译本，尤其是辜鸿铭英译的影响，追寻中国儒学思想如何借助西方的概念工具而被命名，进入其理论系统，获得重新诠释，焕发出人文主义新意；也洞察了学衡派如何以儒学概念汉译白璧德的著述，但在其人文主义思想框架下批判、转化儒学传统，使之获得现代性的新机。也就是说，无论是白璧德所阐述的儒学，还是学衡派所译介的白璧德都更新了原著的意义，却又统一于国际人文主义的思想体系中。由此不仅显示出双语互证研究模式，以及翻译的文化转向研究模式之方法论意义，也说明即使文化原点不同，仍可以在彼此阐明与相互兼容的不断对话与更新中，并行不悖地赓续人文的宝贵传统，从而把白璧德与学衡派的跨文化研究提升到一个更复杂更开阔的新高度。

以白璧德"国际人文主义"为核心，李欢不仅从学理上论证其形成的轨迹、思想线索与时代语境，及其主要代表人物的一致性与差异性，更将其看作一场有纲领、有导师、有几代的追随者、有刊物、有影响的跨国际、跨文化的运动。通过遍采广集，她以译介、著述、书信、日记、教学等确凿的史料，描述出学衡派在中国的文化启蒙是白璧德国际人文主义运动之重要一环的历史面影。从而让我们可以重估学衡派与其导师白璧德的关系，实际上已远非惯常所说的"接受与影响"模式所能框定，而是一场具有世界主义"联动"性质的跨国行为。我所以这样说，是因为不久前，曾参加了一场北京大学中文系高远东老师的博士曲楠的论文答辩会，其题目是"抗战时期（1931—1945）中国文艺的世界主义与跨国行动"。如题所示,作者将抗战时期中国文艺具有"世界主义"特征的跨国行动,做出了基本的梳理和钩沉。这让我意识到,在看待近代以来中西文化交流上,学界从美国学者柯文所说的"冲击—回应"模式,转移到后来的"中国中心观"模式,近期出现的世界主义"国际联动"说法是对前两种模式的重要补充,也可以说是更合适的定位,它尤其突出了"中国在世界中"的认知。自从白璧德发出在中西方大学共同开展国际人文主义运动的号召,学衡派自觉地响应追随,"联为一气,协力行事"。不仅译介、著述、办刊,展开了一系列宣传活动,还在任教的大学中制定了培养"博雅之士"(人文主义者)的教育目标与方案,学派与师门传承,影响深远,完全可以作如是观。

李欢以"国际人文主义"命名白璧德的思想体系及其跨文化实践是否可以被学界接受,恐怕尚需待以时日,但其论述能够自圆其说却是无疑的。我最感欣慰的是,看到李欢将学术研究与解决自己的精神困境、寻求信仰结合在了一起。这让我想到,一代代学人循环往复的问学之路,就像一代代人循环往复地重寻活着的意义一样无可替代。想当初,我做学问的动力也来自精神的困惑。我们这一代的历史使命是从大一统的思想桎梏中解放出来,更倾向于批判的;李欢的做学问激情已让我意识到,新一代学人已经走上了重建信仰之路,虽说也离不开批判的精神。李欢在博士学位论文的后记中形容自己的这次探究白璧德与学衡派,仿佛是"拿着国际人文主义的钥匙""打开了一扇尘封已久的门",在逐步厘清了白璧德与宗教与儒学的纠结,澄明了学衡派以儒学术语翻译白璧德所彰显的新儒学观,梁实秋进一步以白话翻译白璧德促进儒学现代话语生成的历史地位后,她"亦最终找到自己的归属之地"。读李欢的这部专著你会明显感到,她在每一章都能直面令自己困惑的问题,经过审慎、步步深入的论辩而得出明晰、坚定的结论。由此可以想象她所说"在无数次困境中不断突围,在无数次撕裂中不断重构自己"的艰难问学过程。

显然,李欢推崇白璧德的"国际人文主义"精神,所以,一再以"伟大的构想"称颂之。也许还有必要申明,她所认同的这一构想并非是"确定信条以及纪律的枷锁",而是强调以"更高自我""适度"节制"普通自我"。白璧德出于对"一战"的反思,向18世纪以来流行的以卢梭为代表的情感人道主义和以培根为代表的科学人道主义展开了猛烈批判。他认为人道主义者所崇尚的理性与情感实际上只是自然人性、普通自我的一部分，对这两者的鼓励与释放是导致战争的"错误精神"，因为人不能在"普遍同情"与"普通自我"层面上达成一致；而且这种新观点也缩小了人内心中的善恶斗争，反而将其转嫁到社会。它虽建立起博爱与进步之绝对观念，其现实却是从人性时代经过民族性时代，发展到帝国主义侵略时代，最终酿成世界性的深重灾难。所以，白璧德标举与人道主义大相径庭的人文主义，号召重新正视人心"洞穴的内战"。这一主张很容易让我们联想到作为现代精神的重要理论支柱，弗洛伊德的精神分析说。其"本我""自我""超我"之三重人格划分，与白璧德的"自然人性""普通自我""更高自我"概念多少有些异曲同工之处，但却并非殊途同归。比较而言，白璧德的人文主义追求"更高自我"，致力于"成为完善的人"。若这样说来，白璧德的主张也似乎并不鲜见，无论是基督教所建立的一整套教义，还是中国儒教传统的"道德"或"理"都旨在规训自然人性的情感与欲望。因而不能不加以分辨的是，两者相异之处首先在于，白璧德并不像古代规训传统那样去彻底否定自然人性，只是强调人文主义者要在"适度的法则"下，"节制、调和这些欲望，以期最好地生活在此世"；其次，无论是白璧德，还是学衡派，虽然都因古典文化在某些方面符合人"内在生命的真理"，而对其情有独钟，但绝非是出于"信古""尊古"的守旧思维，他们倾心古希腊文化，发掘传统文化，强调的是其对于现代的价值。也就是说，旨在根据现实发展对传统经验进行持续的调整；此外，白璧德拒绝以权威对事物进行判断，他指出基督教建立起的权威是外在于人的权威，是以牺牲人的自立精神为代价的，因而提出人文主义者要回归人的经验事实，洞察普遍性与道德良心的适度原则，不断完善自我、改进道德、引导社会。总而言之，白璧德的人文主义是对于传统与现代精神发展到极端的调和，所以他发现所谓人文主义者是"在极端的同情和极端的纪律与选择之间移动，并根据他调节这两种极端的程度而相应地变得更加人文"，"人能达到人文的程度正在于他所能战胜其天性中宿命的程度以及他所能调和相反德性的程度"。

  白璧德的人文主义调和了古典的信仰意志与现代的实证科学，是一个极具包容性的概念。他以人文名义所确立的"更高自我",不再先验地知晓一切行事的标准,而"须由自造"。所谓人文主义者,即指"在任何时代通过适度法则的培养,以达到一种均衡状态的人",认为"真正的古典主义并不依靠遵从法则或者对典范的模仿,而是依靠对普遍性的直接洞见"。所以,白璧德最终发起的国际人文主义运动就是试图在人文的层面上,最大限度地融通古今东西,宗教与非宗教,以建立起"联合性观念",相信人的存在虽然是二元的,但人的意志能够整合起人文的信仰。从李欢论证的着力之处,我们可以体会到,白璧德给予李欢的与其说是一种信仰,不如说是对信仰的一种态度。正是白璧德与学衡派阐扬的这种态度与主张,让她发现了令自己满意的生活观,解决了一直困惑她的如何处置中西文化,如何对待传统文化的问题。中与西、古与今的撕裂都可以在这些主张与态度里,获得适当的安顿。

由此也可以明了,在王纲解纽的五四时期,为何受到白璧德批判的民主、科学之人道主义能够大行其道的原因,毕竟这些与神学对立,解放人性的思潮可以更有力地为中国批判君主专制提供合理性。

在"国际人文主义"视野下,李欢发掘出被保守主义定位所难以充分认知的白璧德与学衡派的双重跨文化思想与实践,在如今失衡的世界重温百年前一批中西学院派知识分子联合起来,试图为世界构建超越东西界限的"共同价值",更显示出弥足珍贵的情怀。李欢坚实有力地建构起了这一论题的阐释框架,其更深广的内容仍有待进一步阐发,不管她是否将其作为一辈子的题目,相信这一专著所论及的新儒学、国际人文主义事业开启了她为世界开太平的精神境界。大哉此学!

是为序。

李　今

目 录

绪论 "国际人文主义"的双重跨文化构想——重估学衡派研究 …… (1)
  第一节 从"守旧"到"保守主义"——学衡派的历史评价 … (1)
  第二节 保守主义、古典主义、人文主义——学理上的
        学衡派研究 …………………………………………… (6)
    一 重估大陆学衡派研究 …………………………………… (6)
    二 重估港台学衡派研究 …………………………………… (13)
    三 重估海外学衡派研究 …………………………………… (15)
    四 学衡派研究局限与跨文化研究构想 …………………… (17)
  第三节 学衡派与中国语境下的"人文主义" ………………… (19)
  第四节 "国际人文主义"构想的提出——白璧德与学衡派
        的双重跨文化实践 ………………………………… (22)

第一章 白璧德的"国际人文主义"思想 ……………………… (26)
  第一节 "国际人文主义"生成的文化空间 …………………… (26)
    一 "国际人文主义"的摇篮 ……………………………… (27)
    二 "国际人文主义"的文化积累 ………………………… (29)
    三 "国际人文主义"运动的前奏 ………………………… (31)
    四 "国际人文主义"运动的发生 ………………………… (40)
  第二节 "国际人文主义"的思想线索 ………………………… (43)
    一 人文主义的概念 ………………………………………… (43)
    二 实证主义的方法 ………………………………………… (48)
    三 二元论 …………………………………………………… (53)
    四 经验的三个层面 ………………………………………… (54)

第三节 "国际人文主义"生成的思想背景……………………（55）
　一　前学衡派时期的白璧德：反思近代文明 …………（55）
　二　学衡派时期的白璧德：反思西方文明 ……………（70）
第四节 "国际人文主义"的双面视界…………………………（74）
　一　白璧德的思想转向——从宗教到人文主义 ………（75）
　二　"国际人文主义"的双面视界之一——内在超越的
　　　人文主义信仰 …………………………………………（81）
　三　"国际人文主义"的双面视界之二——宗教人文
　　　主义 ……………………………………………………（105）
第五节 "国际人文主义"教育理念的内核 …………………（112）
　一　贵族式的人文主义教育 ……………………………（113）
　二　精英式的德治理念 …………………………………（118）
　三　"国际人文主义"教育的展开 ………………………（129）

第二章　学衡派"国际人文主义"实践史溯源 ………………（134）
第一节　梅光迪 ………………………………………………（134）
　一　留美初期的文化心态 ………………………………（134）
　二　留美初期的文化思考 ………………………………（145）
第二节　吴宓 …………………………………………………（154）
　一　早年经历——浸染于"关学" ………………………（155）
　二　清华学堂的学习经历 ………………………………（158）
　三　接受白璧德人文主义的契机 ………………………（162）
第三节　胡先骕 ………………………………………………（167）
　一　留美前的"君国相合"思想 …………………………（167）
　二　留美时之思想探究 …………………………………（172）
　三　留美归国后之政治思想 ……………………………（181）

第三章　汉译中的人文儒学 …………………………………（183）
第一节　吴宓之译文示例 ……………………………………（183）
　一　译文选择的双重动因 ………………………………（183）
　二　译文的现代姿态 ……………………………………（188）
　三　译文中的"新儒学" …………………………………（198）
第二节　胡先骕之译文示例 …………………………………（222）

一　译文选择的双重动因 …………………………………… (222)
　　二　译文中的"新儒学" ……………………………………… (225)
　　三　和而不同——"国际人文主义"运动 ………………… (230)
第四章　中国的"国际人文主义"实践史 …………………… (236)
　第一节　学衡派"国际人文主义"实践群的形成 …………… (236)
　第二节　学衡派"国际人文主义"译介活动 ………………… (242)
　　一　"国际人文主义"译介活动的兴起 …………………… (242)
　　二　"国际人文主义"译介活动的展开 …………………… (244)
　第三节　学衡派"国际人文主义"的教学活动 ……………… (258)
　　一　"国际人文主义"的课程设置 ………………………… (258)
　　二　"国际人文主义"的课程内容——以梅光迪、吴宓的
　　　　课程内容为个案研究 …………………………………… (262)
　第四节　学衡派"国际人文主义"思想的传承 ……………… (265)
　第五节　学衡派的异路同向人——梁实秋建构"国际人文
　　　　　主义"的另一新路径 ………………………………… (269)
　　一　白话与文言：梁实秋的"新"与学衡派的"旧" …… (270)
　　二　"与《学衡》同宗"：梁实秋的"旧"与新派的
　　　　"新" ……………………………………………………… (271)
　　三　"国际人文主义"："新旧"视阈的突破 …………… (273)
　　四　"国际人文主义"视阈下的儒学现代转型 ………… (277)
　　五　"国际人文主义"实践史的现代隐喻：学衡派与梁实秋的
　　　　携手之作《白璧德与人文主义》 …………………… (282)
结　语 ………………………………………………………………… (285)
参考文献 …………………………………………………………… (288)
后　记 ……………………………………………………………… (298)

绪 论

"国际人文主义"的双重跨文化构想
——重估学衡派研究

学衡派作为中国现代文学史上一股特殊的文化力量，其主要成员大多留学欧美，受过严格的西学训练，然而他们在五四新文化运动时期，却以"昌明国粹、融化新知"学术宗旨与当时的文化主潮相颉颃。他们因这段历史被扣上"复古""反动"等政治标签，其思想主张在学界长期处于边缘位置。自20世纪90年代以来，随着文化保守主义的兴起，学衡派研究重新回归学界研究的视野。此时的学衡派研究已挣脱了旧有意识形态的藩篱，学界开始以一种公正的眼光评价其历史价值。进入21世纪，学界出现了学衡派研究的热潮，其研究成果不断涌现，研究视角呈现多元化趋势，研究深度广度亦不断拓展。在这股研究热潮中，学衡派与美国导师白璧德之间的种种因缘际会成为学界关注的新焦点。因此，本书将先以此视域为基点对学衡派评价史及研究史作一个全面的回顾总结，再从中发现学界研究的盲点，以期为学衡派研究打开一个新的维度。

第一节 从"守旧"到"保守主义"
——学衡派的历史评价

《学衡》杂志自创刊之日便以与新派相颉颃的姿态为学界所认识。新派自然不甘示弱，予以回击。在这些新派评论中，鲁迅的文章《估〈学衡〉》影响最为深远，几乎成为学衡派的定音之论："夫所谓《学衡》者，据我看来，实不过聚在'聚宝之门'左近的几个假古董所放的假毫光；虽然自称为'衡'，而本身的称星尚且未曾钉好，更何论于他所衡的轻重的是非。所以，决用不着较准，只要估一估就明白了。"①鲁迅在该文虽正确指出了学衡派文言的不通之处，然而以鲁迅在学界的地位，其评价在一定程度上左右后来的学衡派研究。相比较而言，周作人的评价则更为平和。周作人在《恶趣味的毒害》中首次将《学衡》杂志的成员指称为"学衡派"。他认为学衡派"只是新文学的旁枝，决不是敌人"②。周作人客观的评价在当时激进的文化氛围实属难得，然而这种将"学衡派"纳入"新文学体系"的观点难以获得新派的认可。

1935年出版的《中国新文学大系》乃总结五四新文化运动的经典之作。郑振铎在《中国新文学大系·文学论争集》"导言"中将胡先骕、梅光迪、吴宓指称为"胡梅辈""古典派"，而在该书的第三编题目"学衡派的反攻"则将其指称为"学衡派"。由郑振铎行文中较为随意的指称可知"学衡派"的称谓在当时尚未成为学界共识。但是无论何种称呼，郑振铎强调的乃是他们与新派对立的立场。比起新文化运动派的意气之论，郑振铎的评价较为公正，因此他能如实指明学衡派的古典主义立场。然而他的评论始终未能突破新派认识的局限，学衡派依然被定性为"引致了好些西洋的文艺理论来做护身符"③的"复古派"人物。该书的第三编选取的则是学衡派对新派的批评文章，不涉其他。总体而言，"学衡派"在该书作为一个特定名称的出现，它所指涉的乃是与新派相对立的思想倾向，而非《学衡》杂志的全部内容。换言之，学衡派引介西学的努力在该书中受到遮蔽。书中"学衡派"称谓呈现的内涵乃是"进步—守旧"的另一面。并且因《中国新文学大系·文学论争集》一书在学界的影响力，其对"学衡派"特定指称在学界知识谱系的确定具有决定性意义，此后的文学史都沿用了这种称谓指称《学衡》杂志诸公；相应地，内置于"学衡派"称谓中的"守旧"标签也被此后的文学史所延续。1938年李何林出版了国内第一部介绍中国新文艺思潮的研究论著《近二十年中国文艺思潮论》。在该书中，李何

---

① 吴中杰编著：《吴中杰评点鲁迅杂文》，复旦大学出版社2006年版，第62页。
② 子严：《恶趣味的毒害》，《晨报副刊》1922年10月。
③ 郑振铎编选：《中国新文学大系·文学论争集》，上海良友图书印刷公司1935年版，"导言"第13页。

林基本延续了郑振铎的观点。他认为学衡派"很有点'古典主义'的气息"①，也是基于他们"守旧的立场"②。

新中国成立后不久，王瑶出版了《中国新文学史稿》。他认为学衡派都曾出国学习，"是标准的封建文化与买办文化相结合的代表，很能援引西方典籍来'护圣卫道'"③。与郑振铎、李何林相比，此时的史家评论带有更为浓厚的政治色彩。在当时的大环境下，大陆的文学史都对学衡派"反动"的政治立场大加挞伐，学衡派研究更难以突破意识形态的控制。

相比较而言，海外的学者则更早给予学衡派正面评价。早在 1969 年，查理德的博士学位论文 *The National Heritage Opposition to the New Culture and Literary Movements of China in the 1920's* 就已经使用"保守主义"（conservatism）这一范畴来定位学衡派，但是这种域外之声无法通达万马齐喑的大陆学界。1979 年，傅乐诗（Charlotte Furth）在《五四的历史意义》一文中沿用西方的批评话语，将林纾、辜鸿铭、梁漱溟、学衡派都指称为"现代保守主义"。他认为学衡派"之为古典辩护，主要是由于它在形式上的优美品质，而非徒为在'道'的转变中，作为一个历史角色的古典文体辩护"④。然而对于尚在意识形态控制之下的大陆学界而言，这种相对公正的正面评价依然未引起重视。

进入 20 世纪 80 年代，随着政治氛围的宽松，文化保守主义逐渐成为学界研究的新热点话题。该话题肇始于 1988 年海外新儒家代表余英时在香港中文大学所作的讲演——《中国近代思想史中的激进与保守》。余英时指出"conservatism 基本上是一个政治的概念"⑤，但他表示要将保守主义指涉文化领域。他认为在近代的中国，"大多数的知识分子在价值上选择了往而不返的'激进'取向"⑥，"无论是戊戌的维新

---

① 李何林编：《近二十年中国文艺思潮论》，生活书店 1947 年版，第 60 页。
② 李何林编：《近二十年中国文艺思潮论》，生活书店 1947 年版，第 60 页。
③ 王瑶：《中国新文学史稿》（上），新文艺出版社 1954 年版，第 35 页。
④ [美] 傅乐诗：《五四的历史意义》，刘桂生、张步洲编《台港及海外五四研究论著撷要》，教育科学出版社 1989 年版，第 44 页。
⑤ 余英时：《中国近代思想史中的激进与保守》，李世涛主编《知识分子立场：激进与保守之间的动荡》，时代文艺出版社 2002 年版，第 3 页。
⑥ 余英时：《中国近代思想史中的激进与保守》，李世涛主编《知识分子立场：激进与保守之间的动荡》，时代文艺出版社 2002 年版，第 24 页。

主义者，'五四'时代的自由主义者，或稍后的社会主义者，都把中国的文化传统当作'现代化'的最大的敌人，而且在思想上是一波比一波更为激烈"①，"中国思想的激进化显然是走得太远了，文化上的保守力量几乎丝毫没有发生制衡的作用"②。余英时对激进主义的批评引发了关于文化保守主义的激烈讨论，海内外学者纷纷撰文发表意见。在这样的时代背景下，重估学衡成为学界研究的题中之意。

1989年是学衡派研究突破藩篱的关键之年。据笔者所收集的资料，郑大华是大陆学界最早将学衡派定位为"文化保守主义"的学者。郑大华在《文化保守主义与"五四"新文化运动》一文中认为："文化保守主义具有两个特征，一是认同传统文化，具有中国文化优于西方文化的心状；一是在认同传统文化的基础上，对西方文化作出适应。凡是具有上述两个特征的人，我们都称之为'文化保守主义者'。"③并且郑大华认为文化保守主义是"一个动态的演化过程"④，它分为三个阶段。郑大华认为杜亚泉、学衡派、梁启超、张君劢及梁漱溟都属于第三阶段五四时期的文化保守主义者。在对四个阶段的文化保守主义者进行了简要介绍后，他重点分析了五四时期的文化保守主义者。郑大华充分肯定了他们"坚持民主立场，反对国民党独裁，以及在学术研究上的建树"⑤，但是他仍然认为"它的性质是落后的，也没有什么积极意义可言"⑥。可见，郑大华不仅没有摆脱五四所延续下来的"进步—守旧"的对立思维，而且带有20世纪80年代的政治痕迹。他认定"文化保守主义"的性质是落后的，从而对"文化保守主义"持批判态度，学衡派自然亦隶属其中。相比之下，同年乐黛云的《世界文化对话中的中国

---

① 余英时：《中国近代思想史中的激进与保守》，李世涛主编《知识分子立场：激进与保守之间的动荡》，时代文艺出版社2002年版，第24页。
② 余英时：《中国近代思想史中的激进与保守》，李世涛主编《知识分子立场：激进与保守之间的动荡》，时代文艺出版社2002年版，第27页。
③ 郑大华：《文化保守主义与"五四"新文化运动》，《北京师范大学学报》1989年第3期。
④ 郑大华：《文化保守主义与"五四"新文化运动》，《北京师范大学学报》1989年第3期。
⑤ 郑大华：《文化保守主义与"五四"新文化运动》，《北京师范大学学报》1989年第3期。
⑥ 郑大华：《文化保守主义与"五四"新文化运动》，《北京师范大学学报》1989年第3期。

现代保守主义》一文更具里程碑意义。该文站在世界文化对话的背景下重新肯定了学衡派的价值。乐黛云指出："十八世纪末，十九世纪初，保守主义、自由主义、激进主义作为一个不可分离的整体出现在西方。"① 这三者"往往在同一框架中运作，试图从不同途径解决同一问题，它们在同一层面上构成的张力和冲突正是推动历史前进的重要契机"②。乐黛云在此把保守主义、自由主义、激进主义放在同一框架下进行讨论，并将保守主义作为推动历史前进的三股力量的其中一部分加以肯定。在这样的理论背景的支持下，乐黛云认为与世界文化思潮相交织的新文化运动也出现了"保守主义、自由主义、激进主义这样的三位一体"③，而"在五四新文化运动中，保守派和自由派、激进派一样，思考着同样的问题，具有共同的特点，实际上三派共同构成了二十世纪初期的中国文化启蒙"。④ 但是她指出，学衡派作为保守主义的代表，以往的研究往往将其"置于整个文化启蒙运动的对立面而抹煞了他们对中国文化启蒙的重要贡献"⑤。因此乐黛云试图站在世界文化对话的背景下对《学衡》杂志进行探讨，以补过去研究的缺陷。经过研究分析，乐黛云认为学衡派自觉运用新人文主义的理论，在对待中国传统文化的问题上，他们反对达尔文的进化论，与激进派和自由派相抗衡，"以强调变化和发展超越了旧保守主义"⑥；在引介西学方面，则以突破了传统保守主义"中学为体，西学为用"的理论框架而独树一帜。正是在这个层面上，乐黛云认为学衡派与激进派和自由派的论争异于过去的保守主义，"带有了现代的，国际的性质"⑦。她对学衡派"现代保守主义"的指称也源于此。此文对后来的学衡派研究影响极大，大部分研究者在乐黛云所定性的"保守主义"意蕴内，挣脱意识形态的束缚，回归学理层面论究"学衡"。自此，学衡派研究开始谱写新的历史篇章。

---

① 乐黛云：《世界文化对话中的中国现代保守主义》，《中国文化》1989 年第 1 期。
② 乐黛云：《世界文化对话中的中国现代保守主义》，《中国文化》1989 年第 1 期。
③ 乐黛云：《世界文化对话中的中国现代保守主义》，《中国文化》1989 年第 1 期。
④ 乐黛云：《世界文化对话中的中国现代保守主义》，《中国文化》1989 年第 1 期。
⑤ 乐黛云：《世界文化对话中的中国现代保守主义》，《中国文化》1989 年第 1 期。
⑥ 乐黛云：《世界文化对话中的中国现代保守主义》，《中国文化》1989 年第 1 期。
⑦ 乐黛云：《世界文化对话中的中国现代保守主义》，《中国文化》1989 年第 1 期。

第二节 保守主义、古典主义、人文主义
——学理上的学衡派研究

一 重估大陆学衡派研究

国内的研究以乐黛云教授的《世界文化对话中的中国现代保守主义》一文为起点。自乐黛云对学衡派价值的历史性肯定后,"重估学衡"的工作得到响应,以学衡派为研究对象的期刊论文逐渐出现。然而要正确评价学衡派,对其导师白璧德人文主义的探究必然是绕不开的关卡。因此以白璧德为线索回顾学衡派的研究状况,不仅能窥见当前学衡派研究的深度,亦能为当前"重估学衡"的工作带来新启发。

在20世纪90年代,虽然学衡派的研究专著仅有一部,但是相关的期刊论文已经揭开新世纪学衡研究热潮的序幕。旷新年的《学衡派与新人文主义》作为继乐黛云之后的第一篇研究学衡派的文章,其研究视野已经有所拓宽。虽然他亦认同"新人文主义"是一种现代文化保守主义思潮[1],但是与乐黛云从西方寻找理论支撑的做法相异,旷新年直接探究学衡派与"新人文主义"之间的关系,从而将其看作人文主义思潮的一面。这种从学衡派理论源头人文主义来重审五四时期文化论争的做法更贴近历史真实。与其他研究者从文化角度着眼相异,陈厚诚的《学衡派文学批评与新人文主义》一文则在文学批评研究领域独辟蹊径。他对新人文主义的认识亦是基于乐黛云的框架——保守主义[2]。不过这点已经不作为他的强调重点,对于学衡派,他更着眼于其与导师白璧德之间的思想联系。他反对"长期将学衡派视为'复古派'的定论"[3]。陈厚诚认为学衡派"正负两面都与新人文主义有着直接的关系"[4],因此为了正确评价学衡派的文学批评,他在文中对学衡派文学批评与"新人文主义"的关系进行了初步考察。经过对比分析,陈厚诚一方面认为学衡派"像

---

[1] 旷新年:《学衡派与新人文主义》,《北京大学学报》(哲学社会科学版)1994年第6期。
[2] 陈厚诚:《学衡派文学批评与新人文主义》,《社会科学研究》1996年第5期。
[3] 陈厚诚:《学衡派文学批评与新人文主义》,《社会科学研究》1996年第5期。
[4] 陈厚诚:《学衡派文学批评与新人文主义》,《社会科学研究》1996年第5期。

白璧德一样,特别重视文学在道德方面的作用和影响,从而开创了中国新文学中的道德批评模式"①,另一方面他也认为学衡派因受白璧德影响而出现了偏颇之处,如将浪漫主义全盘否定。

当然,也有学者对学衡派的人文主义定位持有反对意见。李怡便是其中代表。李怡在《论"学衡派"与五四新文学运动》一文意在重新探讨学衡派与新文学运动之间的复杂关系。他一方面通过学衡派与康有为、林纾等文化保守主义者的对比分析,指出了他们的相异之处,从而将其纳入新文化建设的大本营加以解读;另一方面他指出自己"无意在'学衡派'独特但远非完善的思想体系中竭力寻找中国式人文主义的重大意义"②。因此他不认同以人文主义来概括学衡派的思想,"因为'人文主义'本身就是一个含义复杂、众说纷纭的概念"③。他认为:"站在文艺复兴的立场上认识人文主义,那么白璧德式的人文主义事实上就成了不折不扣的新古典主义"④。因此,他提出:"新古典主义与人文主义的差别倒正可以反映'学衡派'和'五四新文化派'的不同"⑤。

在20世纪90年代末,学衡派研究的第一部专著《回眸"学衡派"——文化保守主义的现代命运》面世。沈卫威在该作中延续了乐黛云对学衡派"文化保守主义"的定位。他从文化史的角度展现了学衡派的人文景观以及学衡派主将们的思想历程。该著作注重史料的收集,把白璧德与学衡派之间的关系放于当时中国的历史背景下进行梳理。然而由于该书并未对白璧德文本进行深入探讨,因此他的研究视域便局限于学衡派主将们经历的整理,对学衡派思想探析的深度则有所不足。

近代以来,中国知识分子一直跟随西方的步伐进行经济、政治、文化的改革,这种急切与西方接轨的意识反映在文化上便是以西方思想重审中国文化。在20世纪90年代,学者运用西方的"保守主义""古典主义"的说法解读学衡派,为沉寂已久的学衡派研究打开一个新维度。当然,也有学者如旷新年、陈厚诚试图回到学衡派理论的源头——人文主义去重新发掘学衡派的价值。但无论是"人文主义"抑或"古典主

---

① 陈厚诚:《学衡派文学批评与新人文主义》,《社会科学研究》1996年第5期。
② 李怡:《论"学衡派"与五四新文学运动》,《中国社会科学》1998年第6期。
③ 李怡:《论"学衡派"与五四新文学运动》,《中国社会科学》1998年第6期。
④ 李怡:《论"学衡派"与五四新文学运动》,《中国社会科学》1998年第6期。
⑤ 李怡:《论"学衡派"与五四新文学运动》,《中国社会科学》1998年第6期。

义",学者都不否认学衡派隶属于"保守主义"思潮的一员。"保守主义"已经取代"守旧"而成为新时期学衡派的内置标签。

进入21世纪,研究者在前人开掘的保守主义、古典主义、人文主义三大维度下进行了更为深入细致的研究,相关的研究专著也不断涌现。郑师渠的《在欧化与国粹之间——学衡派文化思想研究》便是21世纪学衡派研究的首部著作。郑师渠在"前言"部分指出:"晚清国粹派和学衡派,在今天都被认为属于近代的文化保守主义"[1],但是他强调:"选取它们作为研究对象却并非出于看重保守主义的缘故,而是因为它们独具个性,有助于彰显各自时代社会文化思潮的丰富内涵,同时,也是因为它们被长期轻忽了。"[2] 虽然郑师渠在某种程度上认同学衡派文化保守主义的定位,可是不难看出他试图使学衡派挣脱"文化保守主义"的标签,还原其作为独立思想流派真面貌的努力。因此他的著作详细阐述了学衡派的文化观、文学思想、史学思想、教育思想、道德思想,但是对白璧德的人文主义思想着墨不多,仅作为学衡派兴起的历史背景稍加介绍。所以他的研究难以抵达学衡派的精神内核。高恒文的《东南大学与"学衡派"》则无意介入文化论争,而致力于完成"对历史的叙述"[3]。从史学的角度出发,该书旨在叙述东南大学与"学衡派"之间的关系。作者以扎实的史学功底再现了学衡派以东南大学为阵地兴起、发展以及衰落的历史。该书为后来的研究提供了非常值得参考的历史材料。周云的著作《学衡派思想研究》则回应了90年代围绕学衡派所发生的文化现象。周云在书中表达了对学界以学衡派反证"各种主义"合理性做法的不满。因此他试图回到历史语境对学衡派的思想进行细致研究,以期还原学衡派的真实面貌。他的著作通过分析学衡派的哲学思想、文化观、学术思想以及政治观,展现了贯穿其中的"道德理想主义"。他认为学衡派"融合中西、贯通古今的基点即在于道德"[4],他对学衡派"道德理想主义"的命名亦是基于此。而在他看来,"无论是

---

[1] 郑师渠:《在欧化与国粹之间——学衡派文化思想研究》,北京师范大学出版社2001年版,第4页。
[2] 郑师渠:《在欧化与国粹之间——学衡派文化思想研究》,北京师范大学出版社2001年版,第4页。
[3] 高恒文:《东南大学与"学衡派"》,广西师范大学出版社2002年版,第10页。
[4] 周云:《学衡派思想研究》,甘肃人民出版社2005年版,第2页。

学衡派自身标榜的人文主义,还是后人给他们定位的文化保守主义,其思想实质都是一元化的道德理想主义"①。按说,学衡派确以道德为核心,然而周云在该书运用《学衡》杂志中的译文来介绍白璧德的思想,将其理论"看做是道德理想主义的近代转化"②,再用译文中的白璧德来阐述白璧德之于学衡派的影响,如此的循环论证遮蔽了二者之间的关系。他所指称的白璧德与学衡派所共通的"理想道德主义"说到底只是学衡派思想的一面。忽视了西方语境下的白璧德思想,所谓的探究学衡派思想根本无从谈起,因学衡派思想本就与白璧德人文主义有着千丝万缕的关系。因此周云在该著作虽力图摆脱过去学界存在的理论预设,并试图以"道德理性主义"重新定位学衡派,但是他最终亦认可了内置于学衡派"文化保守主义"的标签。段怀清的《白璧德与中国文化》将白璧德置于西方汉学的语境下对其与中国文化的关系进行探讨,这种研究视角具有开创性意义。段怀清认为:"对于白璧德与孔子思想和儒家思想关系的更好解读,应该是在白璧德对于西方主义和浪漫主义的批判当中去找寻,而不应该拘泥于他对孔子或者儒家思想的某一个说法或者观点的征引上面。"③ 因此,该书侧重于从西方的历史语境下解读白璧德的儒学内涵。在论及白璧德与学衡派弟子们的关系的时候,段怀清从历史的角度梳理了二者的因缘,对他们之所以崇拜白璧德的现象亦有独到见解,如他认为在白璧德的"榜样心理"的暗示之下,"梅光迪实际上在一定程度上夸大了他与胡适之间的观点分歧和思想冲突,故意为自己'制造'出来一种世人皆醉唯我独醒的思想价值环境,刻意在一种孤木独厦、力挽狂澜式的批评语言中寻找到一种类似的'英雄'心理满足和平衡"④。

管雪莲的博士学位论文《论中国现代文学中的古典主义思潮》则首先回到白璧德人文主义的西方语境,将白璧德的人文主义置于20世纪西方的古典主义思潮中进行考察。但是由于管雪莲预设了白璧德隶属于古典主义思潮,因此她对白璧德人文主义论述难免陷入了古典主义的条

---

① 周云:《学衡派思想研究》,甘肃人民出版社2005年版,第219页。
② 周云:《学衡派思想研究》,甘肃人民出版社2005年版,第39页。
③ 段怀清:《白璧德与中国文化》,首都师范大学出版社2006年版,第100页。
④ 段怀清:《白璧德与中国文化》,首都师范大学出版社2006年版,第191—192页。

条框框。而在对白璧德的人文主义思想作出古典主义的框定后，管雪莲紧接着对中国的古典主义作出了界定："本文所理解的古典主义，是指以梅光迪、学衡派、还有新月派为主力，在白璧德新人文主义理论基础上结合自身文化传统所建构的古典主义思潮。"[1] 按照这个理论框架，管雪莲将中国古典主义分为三个阶段进行论述："以梅光迪与胡适论争为代表的发端阶段，以学衡派对五四新文学批判为代表的演进阶段，以新月诗派的论争实践为代表的高潮阶段。"[2] 通过阶段论述，该论文梳理了中国现代文学古典主义思潮的发展脉络。但是在未对白璧德人文主义思想进行深入探究的前提下，所谓的古典主义亦不过是理论预设的必然结果罢了，因此她的博士学位论文中出现以学衡派译文当作白璧德原意的做法亦不足为怪了。在这种循环论证的研究方法下，她的研究难以突破前人的局限，因此从文化的角度而言，她认同学界对学衡派"文化保守主义"的定位。潘水萍的博士学位论文《古典主义在中国》[3] 同样将学衡派的文学批评纳入古典主义文艺思潮的视野进行分析研究，但在研究路径上则与管雪莲有别。她在该文中首先阐述了白璧德的文艺思想，再进而论及学衡派诸人对白璧德思想的引介与传播。论文重在勾勒古典主义思潮的发展轨迹，学衡派只是作为古典主义思潮的一面进行考察。因此，该论文对学衡派的认识与管雪莲实无本质区别。

朱寿桐在人文主义研究上达到了相当的深度。他的《新人文主义的中国影迹》沿用了阿伦·布洛克观点，将人文主义"当做一种宽泛的倾向，一个思想和信仰的维度，一场持续不断的辩论"[4]。在这样的理论支持下，朱寿桐将"人文主义和新人文主义的中国形态在'一种宽泛的倾向'，'一个思想和信仰的维度'上大胆地进行假定和联想"[5]。为了统合不同的思想流派和文化群体，朱寿桐进一步提出了"意念理性"这一概念。他指出："新人文主义的意念理性旨在调整人的内在宇宙的和谐，并使之趋向于理想状态。它并不追求诉诸社会运作，并且对

---

[1] 管雪莲：《论中国现代文学中的古典主义思潮》，博士学位论文，厦门大学，2007年。
[2] 管雪莲：《论中国现代文学中的古典主义思潮》，博士学位论文，厦门大学，2007年。
[3] 潘水萍：《古典主义在中国》，博士学位论文，暨南大学，2011年。
[4] 朱寿桐：《新人文主义的中国影迹》，中国社会科学出版社2009年版，第8页。
[5] 朱寿桐：《新人文主义的中国影迹》，中国社会科学出版社2009年版，第8页。

诉诸社会运作甚至文化运作的工具理性抱有警惕与怀疑。"① 根据新人文主义特征"意念理性",朱寿桐确认了中国文坛上的新人文主义流派。辜鸿铭、学衡派、梁实秋、林语堂都被纳入了中国新人文主义视野进行考察。"意念理性"是该专著的核心概念。站在"意念理性"的高度,朱寿桐跳出了当前"文化保守主义"的论争。他指出:"人们之所以要将新人文主义框定在保守主义,无非是要论证出保守主义的价值属性:罪之者认为保守主义阻挡了或试图阻挡历史前进时代发展的脚步,因而应该遭到唾弃或摈弃,拥之者则认为革命、激进的潮流已经被证明粗暴地毁坏了许多有价值的东西,保守主义因而显得非常有价值。"② 但是朱寿桐认为这些判断"用之于新人文主义其实都不准确,甚至可谓方枘圆凿。上述两种截然不同的判断之所以如此对垒,是因为它们都没有观测到新人文主义其实是一种意念理性形态而不是价值理性形态"③。朱寿桐所提出的"意念理性"的概念是解读新人文主义全新而独特的视角,有助于当下学者进一步理解白璧德的人文主义思想,并且以"意念理性"为参数亦有助于从思想史上整合"新人文主义"思潮。然而这种宏观的视野也存在一定的缺陷,学衡派思想的独特性在一定程度上受到了遮蔽。周佩瑶的《"学衡派"的身份想象》认为学衡派接受了"白璧德人文主义视野下的古典中国想象"④,从而"在白璧德'人文的国际主义'的感召下,梅光迪和吴宓形成了以白璧德的'人文主义者'和中国传统知识分子理想主义的'圣人'为旨归的身份想象,将孔子的学说与白璧德的人文主义学说等同起来"⑤。这种论述视角有助于后来学者进一步理解学衡派与其人文主义没落的原因。于海兵的博士学位论文《跨文化的白璧德》以一种跨文化的视域重审了白璧德的人文主义。他在论文中同时阐述了西方文化视野中的白璧德以及中国文化视野中的白璧德。这种研究视域切合白璧德的国际视野,然而该论文论述范围过大,在研究过程中未及细微之处,因此他的论文终为对白璧

---

① 朱寿桐:《新人文主义的中国影迹》,中国社会科学出版社2009年版,第13页。
② 朱寿桐:《新人文主义的中国影迹》,中国社会科学出版社2009年版,第15页。
③ 朱寿桐:《新人文主义的中国影迹》,中国社会科学出版社2009年版,第15页。
④ 周佩瑶:《"学衡派"的身份想象》,福建教育出版社2013年版,第39页。
⑤ 周佩瑶:《"学衡派"的身份想象》,福建教育出版社2013年版,第54页。

德思想与其弟子们主张的泛泛之谈。白璧德在不审汉文的情况下对中国文化的跨文化接受，学衡派在中国语境下对白璧德人文主义的译介，这些跨文化实践在该论文中均未涉及。所谓的跨文化视野并未得到有力呈现。在这种研究局限下，他对学衡派"文化保守主义"定位自是毫无保留的继承。

进入21世纪，随着学衡派研究的不断细化，有学者开始从译介文学研究的角度来对学衡派进行专门研究。刘霁的博士学位论文《学术网络、知识传播中的文学译介研究——以"学衡派"为中心》（2007年）运用社会学和历史学的研究视角，探讨学衡派译介活动的组织、发生和传播。这种从传播媒介出发的研究视角进一步丰富了当前的学衡派研究。在论及学衡派与白璧德之间的关系上，刘霁亦是从媒介的角度入手分析学衡派的译介活动与美国人文主义运动以及外国报刊之间的互动关系，并由此展现学衡派为构建国际人文主义所作出的努力。王雪明的博士学位论文《制衡·融合·阻抗》（2008年）对学衡派的翻译活动进行较为全面的探讨。论文侧重探讨了学衡派的人文主义译文、小说翻译以及译诗三类译文。在对人文主义译文的探讨方面，作者通过原文与译文的比较分析指出："儒家思想和新人文主义思想在译者的'文化阐释'中通过义理关联得到沟通，二者相互渗透，彼此沾染了对方，结果是二者都发生了变化。"[1] 这种研究思路拓展了学衡派的人文主义译文研究，在某种程度上深化了人文主义的意蕴，在思想史上也很有价值。与其他研究者相比，王雪明对学衡派的跨文化实践多了一份洞见，然而遗憾的是，王雪明对白璧德跨文化的国际视野缺乏清醒的认识，这点反过来限制了他对学衡派跨文化实践探究的进一步深入。因此他虽认为学衡派"主张走一条既不同于保守主义又不同于新文化激进主义的，会通中西的第三条道路"[2]，但是他又以为学衡派是一个"文化守成主义流派"[3]。这又落入了"文化保守主义"的窠臼。

国内学者张源的《从"人文主义"到"保守主义"——〈学衡〉中的白璧德》是译介文学研究领域的代表作。张源不仅译介了白璧德的

---

[1] 王雪明：《制衡·融合·阻抗——学衡派翻译研究》，博士学位论文，复旦大学，2008年。
[2] 王雪明：《制衡·融合·阻抗——学衡派翻译研究》，博士学位论文，复旦大学，2008年。
[3] 王雪明：《制衡·融合·阻抗——学衡派翻译研究》，博士学位论文，复旦大学，2008年。

著作，而且对白璧德思想与学衡派译文都进行了深入的研究。张源在该著作中立足于西方文化语境下的白璧德思想，再以此为参照辨析白璧德思想在学衡派译文中的变异，并进一步展示了学衡派改译背后的动机。该著作虽然仅以学衡派的七篇译文为个案分析，然所涉甚广，所论甚深。她的研究成果不仅在一定程度上还原了白璧德的人文主义思想，而且对国内的学衡派研究也大有裨益。但是张源的专著并不侧重于考察学衡派的跨文化实践，而意在展示学衡派改译背后所隐藏的丰富的历史内容。因此她虽辨析出原文与译文之间的细微差别，却没有深入探析译文所呈现出来的新内涵。那么，她对学衡派的认识自然难以突破乐黛云的理论框架。她认为："与世界社会文化思潮相对应，现代中国社会文化思潮亦具有'保守'、'自由'、'激进'等若干面向"，"'学衡派'等现代'文化保守主义者'移入了其美国导师白璧德之'人文主义'"。[1] 乐黛云对她的影响可见一斑。

进入21世纪，学衡派研究的期刊论文也如雨后春笋般涌现，刘聪的《白璧德人文主义运动与现代新儒学》则是其中颇具新意的一文。论文旨在探讨人文主义运动在中国的回应以及与新儒学之间的关系。她指出白璧德的人文主义思想与现代新儒学"呈现出一种非常亲密的学术因缘"。[2] 遗憾的是，目前的新儒学研究仅仅局限于哲学史学。因此，刘聪于文末指出"将学衡派及梁实秋等人纳入现代新儒学运动诗教一维，将为现代文学研究拓展出开阔的学术视野"。[3] 刘聪的文章为以后的学衡派研究指明了新儒学诗教的方向，这对于拓展学衡派研究具有重大的意义。

二 重估港台学衡派研究

在港台学者的研究方面，中国台湾学者侯健为学衡派研究领域的专家。他于1974年出版了专著《从文学革命到革命文学》。该书的第二章对学衡派的思想主张进行了颇为深入的解读。在论述学衡派诸人思想形成过程中，侯健指出了他们对白璧德思想的借鉴之处。而他于纽约大

---

[1] 张源：《从"人文主义"到"保守主义"——〈学衡〉中的白璧德》，生活·读书·新知三联书店2009年版，第279页。
[2] 刘聪：《白璧德人文主义运动与现代新儒学》，《文学评论》2009年第6期。
[3] 刘聪：《白璧德人文主义运动与现代新儒学》，《文学评论》2009年第6期。

学的博士学位论文 *Irving Babbitt in China* 在前著的基础上，更深入研究了白璧德之于中国的影响。论文主要论述了四个问题，分别为：白璧德的思想、白璧德与中国传统思想之间的关系、学衡派的思想主张以及梁实秋对白璧德思想的借鉴。在第二章中，侯健概述了白璧德的思想，并试图对白璧德思想的隐晦之处作出阐释。他认为白璧德"适度"（the sense of measure or nothing in excess）的信条"使他不致力于追求所谓的终极、绝对，而是局限于一个常识性的、经验性的，对他而言是实证性的事物上。这种信条还使白璧德的言论在某些特定情况下显得模糊不清"[①]。在第三章中，侯健细致辨析了白璧德与孔子、孟子、荀子、朱熹等人思想的异同。他认为白璧德对中国传统思想的理解"在大体上是正确的，但是在细节上则有偏差、含糊和有趣的遗漏之处"[②]。经过对比分析，侯健认为荀子以及朱熹的思想比孔子更接近白璧德本人的思想[③]。然而白璧德在论著中却从未提及荀子本人。他认为其缺漏的原因在于他对中国知识的追求服务于功利的目的[④]。笔者以为这种观点为我们提供了另一种探究白璧德与中国传统思想关系的视角。侯健还指出，白璧德对中国传统文化细节理解的偏差及缺漏之处，反过来影响了中国弟子对传统文化的审视及阐释[⑤]。他在第四章则以学衡派诸公留美时期所发表的论文以及学衡派成立之初的批评文章为研究对象，梳理他们回国前后的思想发展脉络。侯健在另一篇期刊论文《梅光迪与儒家思想》阐述了梅光迪的儒家思想，其中不少论点发人深思，如侯健认为："梅光迪受老师的影响，但也深深地影响了老师。"[⑥] 总体而论，侯健对白璧德与学衡派诸公的关系研究较为深入细致，但是由于对白璧德与学衡

[①] Hou Chien, *Irving Babbitt in China*, Ph. D. dissertation, State University of New York, 1980, p. 19. 本书译文未特别说明的皆由笔者译出。

[②] Hou Chien, *Irving Babbitt in China*, Ph. D. dissertation, State University of New York, 1980, p. 67.

[③] Hou Chien, *Irving Babbitt in China*, Ph. D. dissertation, State University of New York, 1980, p. 105.

[④] Hou Chien, *Irving Babbitt in China*, Ph. D. dissertation, State University of New York, 1980, p. 107.

[⑤] Hou Chien, *Irving Babbitt in China*, Ph. D. dissertation, State University of New York, 1980, p. 67.

[⑥] 侯健：《梅光迪与儒家思想》，周阳山、杨肃献编《近代中国思想人物论——保守主义》，时报文化出版事业有限公司1982年版，第264页。

派的跨文化实践缺乏足够的认知，因此他在论述过程中始终以儒家传统思想视角去阐释白璧德思想，对学衡派也只关注其批评文章，不涉及译介文章。这点影响到他对白璧德和学衡派的认识。因此侯健虽然力图回到白璧德与学衡派的人文主义场域，但是他并不反对将学衡派归入到保守派[①]。林丽月的《梅光迪与新文化运动》一文就梅光迪对五四新文化运动的抨击，分析其持有的基本思想，并进一步阐明梅光迪所欲倡导的新文化。她指出："梅氏的思想，一方面得自儒家思想的传统背景，一方面受到白璧德新人文主义的影响，对中西文化主张不拘新旧，但问真伪久暂，强调慎思明辨的评判态度，因此其中心理想在建立一个'世界的人文主义'文化"[②]。鉴于此，她反对其他研究者将学衡诸公归入国粹派之后的保守主义的做法[③]。与其他研究者相比，林丽月明确指出了白璧德与学衡派的"国际人文主义"理想。这确实切中了二者关系之肯綮，不过林丽月并未对此展开论述，如此也为后来的研究留下了可发挥的空间。

三　重估海外学衡派研究

查理德·罗斯的博士学位论文 *The National Heritage Opposition to the New Culture and Literary Movements of China in the 1920's* 以学衡派的代表梅光迪的一生为线索，梳理了他与新文化运动派之间论争的缘起、经过以及结果，再现了梅光迪为人文主义辩护的人生历程。由于查理德身处学衡派的理论源头——美国，因此他掌握了很多国内少见的一手材料，例如他对梅光迪妻女等人的直接访谈，这些资料有助于后世研究者进一步了解梅光迪。全文分为六章，主要探讨了梅光迪早期思想的形成、学衡诸公留美时期的论争、学衡派与新派的论争、梅光迪与其他保守主义的异同、梅光迪晚期思想、20世纪初美国及中国的保守主义思想。在第一章中，查理德在阐明梅光迪早期思想形成的过程中，简要介绍了白

[①] 侯健：《梅光迪与儒家思想》，周阳山、杨肃献编《近代中国思想人物论——保守主义》，时报文化出版事业有限公司1982年版，第274页。
[②] 林丽月：《梅光迪与新文化运动》，刘桂生、张步洲编纂《台港及海外五四研究论著撷要》，教育科学出版社1989年版，第264页。
[③] 林丽月：《梅光迪与新文化运动》，刘桂生、张步洲编纂《台港及海外五四研究论著撷要》，教育科学出版社1989年版，第260页。

璧德的人文主义思想。他指出了白璧德的伦理体系与儒家政治伦理的相似性,并认为白璧德对领导人伦理感的强调是为了反对现行政体中的法制倾向以及组织倾向①。查理德同样注意到白璧德在 20 年代对西方文化态度的转变,并认为这是他在东方找到"伦理意志"的等价物所致②。在第二章中,查理德在梳理学衡派诸公留美时期文化观点的过程中,亦论及白璧德思想对他们的影响,如他指出梅光迪对白璧德的文学与社会相互依赖的观点的吸纳③。查理德在第三章则通过对学衡派与新派论争的整理,指出了学衡派的偏颇之处。他认为:"白璧德消极的技巧,他对卢梭与孟德斯鸠矛盾之处、佛特与洛克菲勒的肤浅之处以及某些现代作家浅薄之处的辨析能力,最终导致了他对所处时代的盲目以及对神秘过去的偏执。相反,梅光迪生活在不断激进的社会则只看到了其中罪恶之处。"④ 查理德在第四章着重讨论了梅光迪与严复、梁启超、辜鸿铭、林纾的异同。该章节对国内的保守主义进行了平行对比,这对后来学界窥见当时中国"保守主义"思想的发展脉络大有裨益。论文的终章则简要介绍了 20 世纪初美国保守主义的发展及他们对中国传统思想的吸收,并进而论及中国保守主义者对他们思维模式的借鉴。总体而言,*The National Heritage Opposition to the New Culture and Literary Movements of China in the 1920's* 作为学界第一篇专论学衡派的博士学位论文,不少论点独创先河,为后来的学衡派研究提供了值得参考的研究视角。然而作为一鞭先着的博士学位论文,其研究局限亦在此。查理德的很多观点未及深入探讨,论述过程不够细致。如此他对白璧德与学衡派的关系研究便难以触及其中的核心部分。而他在论文中直接沿用西方的批评话语

---

① Richard Barry Rosen, *The National Heritage Opposition to the New Culture and Literary Movements of China in the 1920's*, Ph. D. dissertation, University of California, 1969.

② Richard Barry Rosen, *The National Heritage Opposition to the New Culture and Literary Movements of China in the 1920's*, Ph. D. dissertation, University of California, 1969.

③ Richard Barry Rosen, *The National Heritage Opposition to the New Culture and Literary Movements of China in the 1920's*, Ph. D. dissertation, University of California, 1969.

④ Richard Barry Rosen, *The National Heritage Opposition to the New Culture and Literary Movements of China in the 1920's*, Ph. D. dissertation, University of California, 1969. 原文为: Babbitt's negative deftness, his ability to discern inconsistencies in Rousseau and Rockefeller, triviality in certain modern authors, ultimately left him intellectually blind to his own day and Montesquieu, crudeness in Ford and paranoiacally clinging to a mythical past. Mei, in turn, living in a society undergoing radicalization, saw only the diabolic.

"保守主义"来定位学衡派则是这种研究局限的必然结果。奥尔德里奇 *Irving Babbitt in and About China* 一文依托于侯健的博士学位论文《白璧德与中国》，简要叙述了白璧德对中国传统思想的吸收与借鉴，并从中梳理其与中国弟子之间的关系。他认为，白璧德如此看重儒家思想源于中国圣人与亚里士多德的相似之处，以及它展现了一种宗教边缘的古代精神传统，而这种传统完全脱离了超自然[①]。至于中国弟子对白璧德的崇敬，作者则认为其原因在于中国学生在他的个人哲学中找到与他们自身文化传统之间的相似性[②]。然而由于文化背景的局限以及中国原始资料的缺失，奥尔德里奇的研究略显粗浅，其认识框架依然囿于侯健的博士学位论文。王晴佳从比较文化的角度，一方面展现了白璧德提倡人文主义的历史背景及其对美国社会的影响，另一方面则主要对梅光迪的留美经历进行了细致的爬梳，从而探讨他推崇白璧德人文主义的原因。由于王晴佳的论文"不在详论'学衡派'的学术思想，而在探究这些学术思想产生的原因与背景"[③]。因此他直接沿用了学界普遍认可的"文化保守主义"来指称学衡派。然而这种对二者思想不加辨析的做法在论述过程不可避免地出现逻辑漏洞。他认为白璧德通过学衡派发现了中国，"因而使他能论证人文主义的国际性"[④]，至于"学衡派受新人文主义的影响，其表现与其说是一种内容上的接受，毋宁说是一种思想上的认同"[⑤]。这种论述思维在一定程度上遮蔽了二者之间的互动关系，忽视了白璧德与学衡派诸公对他者文化的吸纳。

四 学衡派研究局限与跨文化研究构想

在以上研究综述中，笔者一直试图以跨文化的视野重估学衡。因

[①] A. Owen Aldridge, "Irving Babbitt in and about China", *Summer*, Vol. 35, No. 4, 1993, p. 337.

[②] A. Owen Aldridge, "Irving Babbitt in and about China", *Summer*, Vol. 35, No. 4, 1993, p. 333.

[③] 王晴佳:《白璧德与学衡派——一个学术文化史的比较研究》,《"中研院"近代史研究所集刊》2002年第37期。

[④] 王晴佳:《白璧德与学衡派——一个学术文化史的比较研究》,《"中研院"近代史研究所集刊》2002年第37期。

[⑤] 王晴佳:《白璧德与学衡派——一个学术文化史的比较研究》,《"中研院"近代史研究所集刊》2002年第37期。

此，笔者以为有必要对跨文化研究做出解说。方维规在《"跨文化"述解》中指出："'跨文化'利用共存，突破文化界线，是改变传统和现有文化、创造新文化的社会现象，它在某种程度上甚至是必然选择。"[①] 从跨文化的视角而言，白璧德与学衡派之间的文化碰撞是20世纪初期极具价值的历史性事件，他们试图创造了一种全新的文化——国际人文主义。以跨文化的视角重新审视以往的学衡派与白璧德的关系研究，我们可以看到虽然目前的研究已经达到了一定的深度，但是亦存在不足及空白之处。

第一，国内大部分学者往往侧重从学衡派与新文化运动的对立关系来探讨学衡派的思想渊源，而较少关注白璧德的人文主义在此过程中所发生的变异以及新意义的生成。换言之，学界对学衡派跨文化实践的探析依然有所不足。

第二，学界普遍忽略了西方文化语境下的白璧德思想。大多数研究并未意识到学衡派译文中的人文主义是一种跨文化现象。他们以学衡派译文为白璧德原意，并以此为出发点论证二者的关系。如此的循环论证普遍存在于国内大多数研究。白璧德人文主义思想的原意在国内大部分研究者中始终暧昧不明。事实上，白璧德不懂汉语，他对中国传统文化的理解主要依靠西方的儒学英译本以及中国弟子们的阐释。换言之，白璧德的人文主义亦是一种复杂的跨文化现象。然而目前的学衡派研究鲜有触及西方语境下的人文主义思想，至于白璧德的跨文化现象更是学界研究的盲点。国内学者张源虽然对西方语境下的白璧德人文主义思想进行了颇为深入的分析，然而她却忽略了白璧德的"中国想象"亦是一种跨文化现象。西方学者则侧重于研究白璧德的人文主义思想，而较少关注其中的东方文化元素，更勿论其与中国弟子之间的关系。即便有个别学者如查理德关注此论题，论述也往往不够深入。

第三，大部分学者在研究过程中囿于文化本位思维，忽略白璧德与学衡派弟子之间的互动关系。事实上，正如侯健所言，"梅光迪受老师的影响，但也深深地影响了老师"，但二者之间的相互借鉴吸纳却未受到学界重视。大部分研究者都只关注于白璧德对于学衡派弟子们思想主

---

① 方维规：《"跨文化"述解》，《文艺研究》2015年第9期。

张的影响，而较少关注弟子们之于白璧德人文主义思想发展的重要作用。

总体而言，白璧德不审汉文，他对中国传统文化的理解本身已是一种复杂的跨文化现象，而他的中国弟子如何在中国语境下运用及阐释人文主义又成为另一种复杂的跨文化现象，但是学界对这种双重跨文化现象缺乏足够的认知。目前学界普遍存在的循环论证方式导致了对学衡派思想以及白璧德思想的双重遮蔽。这种研究局限在学衡派的定位上即可见一斑。无论学者以何种称谓定位学衡派，他们几乎都认可"保守主义"的定性。"保守主义"成为了学衡派的内置标签。其间，也有学者试图从学衡派的理论源头——人文主义去探析白璧德与学衡派的关系，以期还原历史真实。虽然他们都因对双重跨文化现象认知的缺乏而难免落入"保守主义"的窠臼，但是"人文主义"的定性比"保守主义""古典主义"更贴近历史的真实。因为"人文主义"作为一个意蕴丰富的外来词，它比其余二者更为明确地彰显了学衡派在中国文化语境下"昌明国粹、融化新知"的跨文化实践。考察人文主义在中国文化语境下的流变，便可知这种跨文化实践在中国文化史上的意义。如此或许能为"重估学衡"的工作寻找新的突破点。

第三节 学衡派与中国语境下的"人文主义"

据章可考察，在中国，Humanism 一词最早出现于 1901 年出版的《欧罗巴通史》①。该书是由徐有成等人根据日人箕作元八和峰岸米造合撰的《西洋史纲》翻译。值得一提的是，在 20 世纪初，日本是国人获取西学的重要媒介，大批士人通过翻译日文西学书籍了解西方。此阶段，Humanism 大致有两类译名：音译词和意译词。意译词也分为两类："'古文学派'之类的译名表明 humanism 从事古典语文研究的特征，而'人道派'则指示了该学派与人性、世俗性的联系。"② 至于"人文主

---

① 章可：《"人文主义"的诞生：一个概念史的研究》，《中国社会科学辑刊》2010 年第 32 期。关于中国人文主义译名的起源可以参见章可的博士学位论文《现代中国"人文主义"的起源：以译词为中心的研究（1901—1922）》。

② 章可：《"人文主义"的诞生：一个概念史的研究》，《中国社会科学辑刊》2010 年第 32 期。

义"的意译词，据钟少华及章可的考察则最早出现于 1908 年新社同仁所编写的《东中大辞典》①。然而除了极个别的外语辞典外，"人文主义"的译名在《学衡》创刊之前的学界并不多见，"人道派""古文学派"这两类意译词在清末民初的西洋历史著作中则最为普遍。并且此时 Humanism 的译名承载的乃是西方语境下的含义。尽管此时的译者使用了"古文学派"等富有中国传统文化内涵的译名来意译 Humanism，但是 Humanism 的意涵仍然局限于阐释西方文艺复兴运动。而较为罕见的"人文主义"译名亦不指涉中国传统儒学。回看学衡派，他们所高举的"人文主义"旗帜不仅使"人文主义"译名深深植入学界的知识谱系，还进一步拓展了人文主义的内涵——儒学被纳入了人文主义框架。

当论及"人文主义"译名在学界地位的最终确定，我们或许更应该追溯它在学衡派中诞生的历史。早在 1916 年，梅光迪尚在哈佛大学求学之时，他曾就 Humanism 的译法请教胡适："姑译之为'人学主义'可乎。"② 吴宓则将其译为"人本主义"。但是无论"人学主义"，抑或"人本主义"，它们似乎都没有得到学衡派内部的一致认可，个中原因不得而知。然就两译名而言，它们的确都把握到了白璧德 Humanism 的理论核心——注重"人"的培养。反观"人文主义"的译名，据吴宓记载："译为'人文主义'。皆胡先骕君造定之译名，而众从之者也。"③ 对比"人文主义""人学主义""人本主义"三个译名，"人文主义"比其余二者增添了一层儒学意蕴。"人文"二字最早出于《易经》："文明以止，人文也。观乎天文，以察时变；观乎人文，以化成天下。"④"人文"与"天文"相对，直接指向人与社会的关系。后来的学者将其与儒家伦理教化联系在一起。唐代的孔颖达如此阐释"人文"："言圣人观察人文，则《诗》、《书》、《礼》、《乐》之谓，当法此

---

① 参见钟少华《人道、人文、人本三词在近代的嬗变》，中国政法大学人文学院编《中国政法大学人文论坛》第 2 辑，中国社会科学院出版社 2005 年版；章可《"人文主义"的诞生：——一个概念史的研究》，《中国社会科学辑刊》2010 年第 32 期。
② 梅光迪：《致胡适四十六通》，梅铁山主编《梅光迪文存》，华中师范大学出版社 2011 年版，第 547 页。
③ 吴宓：《吴宓自编年谱》，生活·读书·新知三联书店 1995 年版，第 233 页。
④ 黄寿祺、张善文：《周易译注》，上海古籍出版社 1989 年版，第 188 页。

绪论 "国际人文主义"的双重跨文化构想——重估学衡派研究　21

教而'化成天下'也。"① 又如宋代理学家程颐将其解释为："天文，天之理也；人文，人之道也。天文，谓日月星辰之错列，寒暑阴阳之代变，观其运行，以察四时之速改也。人文，人理之伦序，观人文以教化天下，天下成其礼俗。"② 可见，"人文"二字即含儒家以诗书礼乐教化天下之意。董乐山认为胡先骕的译名可能与《易经》有关③。"众皆从之"的缘由恐怕就在于其直接点明了白璧德的 Humanism 与儒家思想的联系。从此，学衡派孜孜不倦地宣传儒学的人文主义精神。他们所昌明的儒学自然不是传统意义上的儒学，而是融入了西方人文精神的儒学。这种跨文化实践的重要意义不仅在于它最终确立了人文主义译名在学界的地位，还在于它完成了人文主义从单纯的西方话语到承载中西文化两层意蕴话语的转变。人文主义从此成为新时代阐释儒学的一个重要概念。

新儒家的开山鼻祖梁漱溟在《学衡》创刊之年（1922 年）出版了《东西文化及其哲学》，对儒家文化进行新阐释。此时的他不仅深入了解了西方文艺复兴运动，而且知晓学界业已存在的人文派（Humanism）的译名，但是他并没有亮出人文派的旗帜。个中原因，笔者在此处不作分析。而在学衡派之后，另一位新儒家的代表冯友兰于1928 年发表了《儒家对于婚丧祭礼之理论》一文。他通过对儒家婚丧祭礼理论的分析指出："儒家之思想乃极人文主义的（Humanistic），积极主义的（Positivistic），并不需渺茫虚幻之假定，而一切根据于事实，此所谓中庸之道也。"④ 熟知白璧德学说的人都知晓 Humanistic、Positive

---

① ［魏］王弼注，［唐］孔颖达疏：《周易正义》，北京大学出版社 1999 年标点本，第 105 页。
② 参见楼宇烈《温故知新——中国哲学研究论文集》，商务印书馆 2004 年版，第 455 页。
③ 参见董乐山《"人文主义"译名溯源》，李辉编《董乐山文集》第 2 卷，河北教育出版社 2001 年版，第 59 页。李明辉也认为人文主义译名出自《易经》，参见李明辉《儒家与人文主义》，《中国哲学与文化》第 11 辑，漓江出版社 2014 年版，第 31 页。刘聪则认为，人文主义一词"既消解了白璧德人文思想的异域色彩和陌生感，使之容易为中国的读者领会和接受，又直接点明了白璧德思想与中国儒家思想的亲和与相近。"参见刘聪《白璧德人文主义运动与现代新儒学》，《文学评论》2009 年第 6 期。可见，学界普遍都认为人文主义译名与《易经》相关。
④ 冯友兰：《儒家对于婚丧祭礼之理论》，《三松堂全集》第 11 卷，河南人民出版社 2000 年版，第 165 页。

是其学说的关键词。虽然冯友兰在此处使用的乃是 Positivistic，但 Positive、Positivistic 二者都可表实证之意。并且冯友兰在该文中所阐明的人文主义与白璧德的思想亦颇为契合。吴宓日记亦有不少他与冯友兰往来的记录。这些或许不足以证明冯友兰该文受到白璧德人文主义的影响，但是至少可以说明通过学衡派的宣传，人文主义确已深入人心，为新儒家所熟知、所认可。比起新儒家代表，学衡派在张扬儒家人文价值方面有更为主动积极的意识。此后的新儒家代表牟宗三、唐君毅、徐复观等人孜孜以求儒学的人文价值，正可以看作学衡派人文主义的一个延伸。

第四节 "国际人文主义"构想的提出——白璧德与学衡派的双重跨文化实践

西方人文主义话语在学衡派的阐释下获得了新的本土内涵——人文儒学。这并非学衡派任意比附之举。将儒学纳入人文主义体系其实正是导师白璧德"国际人文主义"运动的重要一环。1921年，白璧德受邀参加留美中国学生会东部会的夏季年会。在会上，白璧德发表《中西人文教育谈》的演讲。该演讲以一种融贯中西、纵横古今的姿态，表达了发起国际人文主义运动的伟大构想。

白璧德的讲演始于中国的文艺复兴运动（Renaissance，指的是五四新文化运动），终于国际人文主义运动（humanistic international）。他首先谈到，中国的文艺复兴运动的发生其实是迫于西方的压力，而非遵循自身的发展轨道。因此，这场文艺复兴运动是按照西方现代模式进行的。但是白璧德并不认同所谓的西方现代文明。他把西方的现代运动分为两方面：一方面为全人类在控制自然的基础上不断追求功利以及舒适；另一方面为全人类通过博爱的扩张性情感作用下不断联合起来。白璧德把这两方面的运动统称为"人道主义运动"。这场人道主义运动作为人们的生活哲学，它的核心是"进步"的信念。在对"进步"宗教式的信仰下，19世纪的人们以为他们正朝向"遥远的神圣事件"（far-off divine event），然而却走向了世界末日般的战争。他指出西方已经有人开始反思这场人道主义运动：我们在与过去决裂的过程中是否遗留了某些本质元素。而在中国进行的"新旧之争"其实正重蹈西方的覆辙。当然，他认同中国需要学习西方的先进技术，并且也需要摆脱伪古典形式主义（pseudo-classic formalism）的窠臼，但是他提醒中国人在迫切模仿西方的过程中，不要"把孩子与洗澡水一块倒掉"，意即要保留传统文化中的有益部分。

紧接着，白璧德进一步指出中西文化传统有某些惊人的相似之处。西方传统半为宗教，半为人文。这种传统的代表亚里士多德与基督正与远东的孔子与佛陀相对应。在他看来，抛弃这种伟大的传统智慧将会使中西方从真正的文明社会跌入野蛮的机械社会。因此，他警告道："文明的问题从未像今天迫切。"[1] 人与人之间的经济联系越来越紧密，可是他们的精神却处于离心状态（spiritually centrifugal）。他严厉批评了西方的功利—情感运动（utilitarian-sentimental movement）（人道主义运动）篡夺了道德之名，并对中国沉浸于所谓的西方现代文明的现状深表担忧。他于文末总结道："在我看来，补救之法在于切勿以肤浅的进步之名抛弃你的文化背景，同时需要更深入了解肇始于希腊的西方文化背景。你会发现这两种文化在人文主义的层面上互相印证。它们共同组成了'万世的智慧'（wisdom of the ages）。"[2] 白璧德感慨道："过去的巨大失败在于没能建立一种成熟的国际主义（a sound type of internationalism）。科学在某种程度上是一种国际主义，然而终变成一种民族扩张。与人道主义运动相关的博爱精神更被实践证明是一种谬误。"[3] 那么，

---

[1] Irving Babbitt, "Humanistic Education in China and the West", *The Chinese Students' Monthly*, Vol. 17, No. 2, 1921, p. 86.

[2] Irving Babbitt, "Humanistic Education in China and the West", *The Chinese Students' Monthly*, Vol. 17, No. 2, 1921, p. 91. 原文为：The remedy, it seems to me, is not to lose touch with your own background in the name of a superficial progress, and at the same time to get into closer touch with our background beginning with the Greeks. You will find that the two backgrounds confirm one another especially on the humanistic side, and constitute together what one may term the wisdom of the ages.

[3] Irving Babbitt, "Humanistic Education in China and the West", *The Chinese Students' Monthly*, Vol. 17, No. 2, 1921, p. 91. 原文为：The tragic failure of the past century has been the failure to work out a sound type of internationalism. Science is in a sense international, but it has been turned to the ends of national aggrandizement. The type of brotherly love that has been preached in connection with the humanitarian movement has proved even more fallacious.

"为什么不建立一种国际人文主义（humanistic international）呢？"① 为了建立国际人文主义，白璧德倡议："在中国的重点大学，你们需要有学者同时教授《论语》和亚里士多德的《伦理学》；另外，我们的重点大学也需要有学者（最好是中国人）教授中国历史和道德哲学。"② 可见，白璧德的国际人文主义是一场在中西方的双向轨道同时进行的跨文化运动。在国际人文主义的视野下，白璧德认为西方的人文主义需要融入中国的传统儒学，中国的儒学也需要融入西方的人文主义进行激活。他相信这种双向轨道的国际人文主义运动终会"促进中西方知识领袖的真正理解"③。在国际人文主义的伟大蓝图下，白璧德对在场的中国知识青年发出了号召：

> 我的希望是，如果这场人文主义运动发轫于西方，那么中国将会有一场新儒家运动（neo-confucian movement）作为回应——这种儒学将摆脱过去几世纪以来学究式以及形式主义的积习。④

《学衡》杂志的创立在一定程度上是对导师国际人文主义运动的回

---

① Irving Babbitt, "Humanistic Education in China and the West", *The Chinese Students' Monthly*, Vol. 17, No. 2, 1921, p. 91. 原文为：Why not work for a humanistic international? 奥尔德里奇认为白璧德使用"humanistic international"的概念是为了与"communist International"进行对比。参见 A. Owen Aldridge, "Irving Babbitt In and About China", *Modern Age*, Summer 93, Vol. 35, Issue 4, p. 336。张源将"humanistic international"译为"人文国际"，但是由于白璧德没有建立人文国际组织，而是提出开展一场融贯中西的跨文化实践。因此笔者更倾向于将"humanistic international"译为"国际人文主义"。

② Irving Babbitt, "Humanistic Education in China and the West", *The Chinese Students' Monthly*, Vol. 17, No. 2, 1921, p. 91. 原文为：You should have scholars at all your more important seats of learning who could teach the Confucian Analects in connection with the Ethics of Aristotle. On the other hand, we should have at our important seats of learning scholars, preferably Chinese, who could give courses in Chinese history and moral philosophy.

③ Irving Babbitt, "Humanistic Education in China and the West", *The Chinese Students' Monthly*, Vol. 17, No. 2, 1921, p. 91. 原文为：promoting a real understanding between the intellectual leaders of Orient and Occident.

④ Irving Babbitt, "Humanistic Education in China and the West", *The Chinese Students' Monthly*, Vol. 17, No. 2, 1921, p. 91. 原文为：My hope is that, if such a humanistic movement gets started in the west, it will have a response in a neo-confucian movement in China-a Confucianism that will be disengaged from all the scholastic and formalistic accretions with which it has been overlaid in the course of centuries.

应。在白璧德开阔的国际人文主义视野下，学衡派诸公并非囿于一时一地的思想，而是希望以永恒普世的价值标准来重审传统文化，吸纳西方人文主义精神重新激活传统文化。此时他们所倡导的"国粹"不再是传统意义上的儒学，而是突破国别局限，具有世界意义的人文儒学。虽然由于时力的局限，他们最终并没有建构起融贯中西文化的新儒学哲学体系。但是他们确在"国际人文主义"的框架下致力于彰显儒学的人文价值。这一点具体体现他们的跨文化实践上。他们以儒学融贯白璧德人文主义思想的做法不仅使西方人文主义意蕴发生了变化，也使儒学在西学背景下得到重新激活。此时的学衡派自然异于国粹派、林纾等人。那么，以"保守主义"以及"古典主义"来定位学衡派显然遮蔽了他们建构国际人文主义的努力。追溯起来，这种研究缺陷的根源在于对白璧德的跨文化实践缺乏深入探析。白璧德不懂汉语，然而他依然在西方跨文化的语境下发现了东方文化中的人文主义元素，并最终形成了开展"国际人文主义"运动的构想。白璧德此举拓展了文艺复兴以来"人文主义"的内涵，意在建构普世的国际人文标准。结合学衡派的译介活动可知，中西人文主义者在各自的轨道上进行跨文化实践，然而它们又互相影响，共同朝向"国际人文主义"运动的伟大目标。但是这种双重跨文化现象至今仍是学界研究的盲点。鉴于此，笔者以为当前的学衡派研究更应该回到它的西学渊源，以"国际人文主义"的视角来看待学衡派，如此便能为目前的学衡派研究打开一个跨文化的维度。"重估学衡"的工作也能因此得到新突破。

第一章

白璧德的"国际人文主义"思想

绪论部分提出要回到学衡派的西学渊源——白璧德的国际人文主义，以此重审学衡派的跨文化实践。因此在探讨学衡派的跨文化实践之前，我们首先要了解白璧德的国际人文主义思想。白璧德在遇到学衡派弟子后，开始使用儒家思想来阐释其人文主义思想，并最终提出"国际人文主义"的伟大构想。那么，白璧德为何会产生国际人文主义的构想？其中学衡派又扮演怎样的角色？白璧德的国际人文主义运动的具体内容究竟是什么？在本章中，笔者将围绕着这一系列的问题进行分析，力图全面呈现白璧德"国际人文主义"思想。

第一节 "国际人文主义"生成的文化空间

白璧德是位学贯中西的学者，这是他形成国际人文主义运动构想的学术基础。然而，20世纪20年代的中国正处于风雨飘摇之际，处于强势文化一方的白璧德何以对东方文化情有独钟，甚至要以儒家思想激活西方的古典文化传统？其中固然有白璧德对西方文化弊端的思考，但是笔者想要进一步追问的是：同为人文主义者，亦是白璧德高徒的 T. S. 艾略特，面对西方文化的弊端，他却始终坚持回到基督教传统。白璧德融贯中西文化的国际胸襟在美国思想界显得格外突出。笔者认为，白璧德对国际人文主义理想的持守除了其对西方文化思考以外，还与其自身文化倾向有关。因此，本节将围绕白璧德的家世、教育背景、工作环境所形成的文化活动空间，探讨白璧德如何逐步生成融入儒学的国际人文主义视野，并在此过程试图勾勒"国际人文主义"运动的发生史。

一 "国际人文主义"的摇篮

欧文·白璧德（Irving Babbitt，1865—1933）于1865年生于俄亥俄州（Ohio）的德顿市（Dayton）①。他的家族禀受的乃是新英格兰严格的清教文化。他的祖父是耶鲁神学院的毕业生，他的曾祖父则是哈佛的毕业生。他们作为公理会的牧师，坚持饱学教士（a learned clergy）的传统，反对福音狂热（evangelical fervor）以及泛滥的反理智主义（rampant anti-intellectualism）。然而白璧德的父亲埃德温·白璧德（Edwin Babbitt）却背离家族的文化传统，信奉唯灵论（spiritualism）。唯灵论是流行于美国19世纪中期的一种运动。当时，数以万计的美国人失去了天启宗教的信仰，转而相信唯灵主义。这种唯灵论利用科学的外衣，如击桌招魂、浮起的桌子、悬浮的介质等来作为来世存在的科学证据。他们宣称灵魂并不神秘，它们仅仅是物质的一种完美形式。白璧德的父亲深受唯灵主义的影响，他相信各种伪科学的力量。在19世纪70年代早期，他自命为"催眠师"（magnetist）以及"精神物理学家"（psychophysician），号称"色彩治疗师"（Chromo-Therapeutics），宣称可以用色彩光线来治疗身体疾病，并著有一系列近似伪科学的书籍。埃德温·白璧德认为："物质与精神仅仅是不可测量的存在的两个极点，它们服从于同一种化学反应的规律。"② 如果牧师致力于通过物理规律来提升人，他们将会拯救人类。他还认为，恶习以及罪恶是物理疾病；他自身便常常通过用热力以及饮食影响人的枕骨部以及低位脊椎的方法，以治疗放荡。③ 另外，埃德温·白璧德还是一位热衷公益活动的社会家，然而他对家庭却并不特别关心。在白璧德一岁的时候，埃德温·白璧德将全家东迁到布鲁克林。经过三年艰难的日子，他将自己的三个孩子送回了俄亥俄州的牧场。当白璧德六岁以及九岁的时候，埃德温·白璧德又再次将全家迁到纽约，但是每一次他都不得不将妻子与孩子送

---

① 关于白璧德的生平，可以参考 Stephen C. Brennan and Stephen R. Yarbrough, *Irving Babbitt*, Boston: Twayne Publishers, 1987, pp. 1-27.
② Stephen C. Brennan and Stephen R. Yarbrough, *Irving Babbitt*, Boston: Twayne Publishers, 1987, p. 8.
③ Stephen C. Brennan and Stephen R. Yarbrough, *Irving Babbitt*, Boston: Twayne Publishers, 1987, p. 8.

回俄亥俄州。在纽约的时候，白璧德甚至去卖报纸来帮补家庭。布伦南（Stephen C. Brennan）与亚伯勒（Stephen R. Yarbrough）认为，白璧德不稳定的童年生活为他后来对秩序的尊崇埋下了种子①。在白璧德十一岁的时候，他的母亲去世了。埃德温·白璧德又再次将白璧德以及他的兄弟姐妹们送到俄亥俄州的亲戚家，由亲戚照料。在白璧德看来，埃德温并不是一位称职的父亲。我们可以从埃德温致白璧德的一封信中窥见此点："我尽力对你做好父亲的角色，尽管你是如此强烈地批评我作为父亲的失职……比起我在你身上所找到的缺点，你在我身上要找到更多。"② 在某种程度上而言，埃德温是19世纪美国精神的代表，日后白璧德在时代潮流中逆流而上，强烈批判时代精神，从心理学的角度而言，或许正源自他对父亲的反感与批判。布伦南（Stephen C. Brennan）与亚伯勒（Stephen R. Yarbrough）认为："白璧德不断重复强调科学人道主义与情感人道主义的双胞胎恶魔是培根与卢梭那令人厌恶的产物。但是他对这些恶魔的反感更直接源自他与父亲痛苦的、尴尬的经历。"③ 说的正是此意。不过埃德温对白璧德的成长至少有一面积极的影响，那就是"广泛的好奇心以及寻找世界伟大宗教的共同本质真相的渴望"④。"埃德温希望成为'一个哲学与宗教的自由人'，一个可以实践'国际折衷主义以及真切掌握所有启示、所有圣经、所有科学'的人。他相信黄金法则（Golden Rule）是宗教的本质，并且得出结论：佛教徒、穆斯林教徒、印度教徒在同情与慈善方面超越了基督教徒。他尤其尊崇佛教，因为它的五戒比基督教的十诫在'人们的日常生活中有更大的适用性。'"⑤ 那么，白璧德日后对东方文化的兴趣或许正源自父亲的模范作用。而白璧德日后国际人文主义视野的形成似乎也受益于父

---

① Stephen C. Brennan and Stephen R. Yarbrough, *Irving Babbitt*, Boston: Twayne Publishers, 1987, p. 3.

② See Stephen C. Brennan and Stephen R. Yarbrough, *Irving Babbitt*, Boston: Twayne Publishers, 1987, p. 6.

③ Stephen C. Brennan and Stephen R. Yarbrough, *Irving Babbitt*, Boston: Twayne Publishers, 1987, p. 9.

④ Stephen C. Brennan and Stephen R. Yarbrough, *Irving Babbitt*, Boston: Twayne Publishers, 1987, p. 10.

⑤ Stephen C. Brennan and Stephen R. Yarbrough, *Irving Babbitt*, Boston: Twayne Publishers, 1987, p. 10.

亲开阔的文化心态。

倘若说白璧德的父亲总体上代表了白璧德日后所憎恶的一切，那么白璧德的外祖父路易斯·达林（Lucius Darling）则是白璧德所尊敬的文化传统的代表。与父亲相反，外祖父路易斯是一位严格要求自身、辛勤工作的典范。他是整个家族的家长，照顾离婚的女儿以及她的孩子们，还有白璧德一家的孩子们。他一直鼓励白璧德认真学习，在外祖父的鼓励下，白璧德15岁之时就已经通过了在汉密尔顿县公立学校教书的资格考试。并且在高中的时候，白璧德还得到一位古典老师的帮助。这位老师帮助他熟练地掌握了希腊语、拉丁语，教导他贺拉斯的典雅与适度的美德。这些都为他以后进入哈佛大学打下了基础。1885年，他通过哈佛的入学考试，正式进入哈佛读书。

二 "国际人文主义"的文化积累

在白璧德进入哈佛大学读书之时，哈佛大学在埃利奥特（Charles William Eliot）校长的带领下进行了教育改革，古典语言不再是必修课程。当大部分学生跟随时代风潮学习现代语言与现代文学之时，白璧德却沉醉于古典语言与古典文学的世界。在本科时候，他修习了法语、德语、拉丁语、意大利语、西班牙语、希腊语以及拉丁语。据白璧德的好友吉斯（Giese）描述，"在College House的房间里（在嘈杂与喧闹的广场的一个可怕宿舍中），白璧德会因为古典作品'奇怪'和'无形的魅力'而阅读它们，并且在想象中幻想塑造希腊人或者罗马人"[1]。哈佛大学对白璧德的另一个影响就是将他引进了东方文化的殿堂。他学习了东方的语言，并对佛教文化越发感兴趣[2]。可见，在哈佛时期，东西方的古典文化课程为他后来对国际人文主义运动的倡导埋下了种子。

大二结束后，白璧德已经修习了很多课程，根据哈佛大学的规定，他只需要再读一年便可以毕业。但是白璧德选择休学一年，和一位高中

---

[1] Stephen C. Brennan and Stephen R. Yarbrough, *Irving Babbitt*, Boston: Twayne Publishers, 1987, p.10. 原文为：In his room in College House ("a horrid dormitory on the noisy and bustling Harvard Square") Irving would read the classics for their "strange and intangible charm" and daydream, forming, "in imagination, the man of Greece or Rome."

[2] J. David Hoeveler, Jr., *The New Humanism: A Critique of Modern America, 1900–1940*, Charlottesville: University Press of Virginia, 1977, pp.5–8.

时的朋友巴特沃斯（A. P. Butterworth）开始了持续15个月的欧洲徒步旅行。在这场旅行中，白璧德遇到了各种各样的人，并在旅行当中吸取法国、西班牙、意大利以及德国的文化精神，还学习了一些新语言。布伦南（Stephen C. Brennan）和亚伯勒（Stephen R. Yarbrough）认为："这场旅游给予了他整理思想的时间。他能够通过其他文化的视角来看待美国，以及他开始理解过去所阅读的书籍。他所经历的最关键的转变就是他对东方以及古典希腊的兴趣。这些文化证明了，内在生命（inner life）不仅仅是精致的想象。"[1] 在大二的时候，白璧德还只是停留在父亲的影响阶段。最初，他仅仅是被东方的空中漂浮、降神术之类的东西所吸引[2]，但是此时的他开始意识到佛祖"道德的伟大"（moral grandeur）[3]。可见，这场旅行对青年白璧德至关重要。当他重新回到哈佛之时，他的文化心态较此前要更为开阔了。

哈佛毕业之后，白璧德在鹿栈县（Deer Lodge）的蒙大纳学院（College of Montana）找到一份教师的工作。工资虽然不高，但是白璧德可以在大学里教授希腊语以及拉丁语。这是白璧德第一次，也是最后一次教授他喜欢的古典语言。两年后（1891年），白璧德远赴法国深造，在法国高等研究所师从东方学者李维（Sylvain Levi）学习梵文以及巴利文。根据内文（Nevin）的描述，"李维欢迎，同时也惊叹于白璧德对模糊以及难懂的巴利原文的热情以及从不知疲倦的活力，这种活力部分源自他对思想的热情"[4]。正是由于对东方思想的热情，在巴黎的时候，他已经致信哈佛的东方学者兰曼（Charles R. Lanman），表达了其在东方文化上继续深造的意愿。随后，他结束了在巴黎的学习，于

---

[1] Stephen C. Brennan and Stephen R. Yarbrough, *Irving Babbitt*, Boston: Twayne Publishers, 1987, p. 12. 原文为: This trip gave him time to sort things out. He could see America through the eyes of other cultures and could begin to make some sense out of his past reading. Crucial to the conversion he was undergoing was his interest in the Orient and ancient Greece. These cultures proved that the inner life could be more than delicate fancies.

[2] See Stephen C. Brennan and Stephen R. Yarbrough, *Irving Babbitt*, Boston: Twayne Publishers, 1987, p. 12.

[3] Stephen C. Brennan and Stephen R. Yarbrough, *Irving Babbitt*, Boston: Twayne Publishers, 1987, p. 12.

[4] Thomas R. Nevin, *Irving Babbitt—An Intellectual Study*, Chapel Hill and London: The University of North Carolina Press, 1984, p. 6. 原文为: Levi welcomed with surprise Babbitt's avidity for obscure and difficult Pali texts and the untiring exuberance that was part of his passion for ideas.

1892 年入哈佛大学攻读东方学硕士学位。其时，兰曼（Lanman）所开设的高级梵文班（advanced Sanskrit class）只有两位学生，在此，白璧德结识了其终生挚友保罗·穆尔（Paul Elmer More）。不过他们虽同是学习东方学，二人的精神气质却略有不同。白璧德是一个热切关注现实的人文主义者，他将东方思想看作人文主义思想；相比之下，穆尔则更看重东方思想的宗教性，在东方文化中，他看到的乃是一种"纯粹精神……这种精神与现象世界、实在的经验并没有联系或者关联"①。伊里亚德（G. R. Elliott）曾将白璧德与穆尔分别称为"哈佛的战佛"（Warring Buddha of Harvard）和"普林斯顿的隐士"（Hermit of Princeton）②。二人性情之异由此可见一斑。在研究生阶段，白璧德还师从另一位古典学者诺顿（Charles Eliot Norton）研究但丁。二人自此成为了最亲密的师友。诺顿（Norton）不仅学问渊博，他的精神气质还深深影响了白璧德。据白璧德另一位好友马瑟（Mather）回忆，对白璧德而言，"查尔斯·艾略特·诺顿（Charles Eliot Norton）是真正遵从艰苦的适度原则以及细腻的礼仪生活的人。正是因为诺顿（Norton）的存在让过去的圣人——佛祖、亚里士多德、孔子、帕斯卡——再次鲜活地成为我们的典范和救世者"③。即使当白璧德成为哈佛的讲师之时，他还常常拜访诺顿（Norton），将自己的专著交给诺顿（Norton）评阅。总体而言，此阶段的白璧德对东方文化进行了更为深入的学习，这些研究学习为他日后倡导国际人文主义思想夯实了文化基础。

三 "国际人文主义"运动的前奏

1893 年，白璧德获得了哈佛硕士学位。他在威廉姆斯学院

---

① Stephen C. Brennan and Stephen R. Yarbrough, *Irving Babbitt*, Boston: Twayne Publishers, 1987, p. 18. 原文为: pure spirituality……which has no attachment or relation to the phenomenal world or to concrete experience.

② J. David Hoeveler, Jr., *The New Humanism: A Critique of Modern America, 1900-1940*, Charlottesville: University Press of Virginia, 1977, p. 11.

③ Frederick Manchester and Odell Shepard eds., *Irving Babbitt: Man and The Teacher*, New York: G. P. Putnam's Sons, 1941, p. 45. 原文为: Charles Eliot Norton was actually living a life of strenuous moderation and sensitive decorum. It was the living presence of Norton that made the great sages of the past, -the Buddha, Aristotle, Confucius, Pascal, -come once more alive to be our example and our succor.

（Williams College）找到了一份讲师的工作，教授法语。在此，他结识了另一位人文主义运动的成员马瑟（Frank Mather）。但是白璧德志不在威廉姆斯学院（Williams College），他还是希望回到哈佛大学教授古典文学，却苦无门路。1894年5月，哈佛大学的一位法语老师因剽窃被开除。法语系的院长博歇（Ferdinand Bôcher）需要尽快找人填补这个空缺，他想起了曾在法语写作班上课的白璧德。于是白璧德终于如愿以偿进入了哈佛大学教书，开启了他为人文主义理想奋斗的一生。

虽然白璧德进入哈佛大学教书，但他真正的兴趣是教授古典文学，然而古典文学系却没有多余的职位提供给他。最后他不得不听从安排进入法语系，但是他对教授法语毫无兴趣，甚至厌恶。他在哈佛的三个课程以及拉德克利夫学院的一个课程都是在三百多人的大班里教授法语语法以及法语作文，这并不符合白璧德复兴古典人文文学的理想，甚至背道而驰。他曾写信给穆尔抱怨道："我愿意为希腊献身，但是我不打算变成一个让哈佛大二学生阅读堕落的法国原文小说的授课机器人。"[1] 据吉斯（Giese）回忆，他有一次居然对法语系主任说，法语是拉丁语的一种廉价及下贱的代替品[2]。不过除了对现代文学不抱好感外，白璧德对当时盛行于哈佛的语言文献学（philology）的研究方法也极为反感。

哈佛的古典文学教育传统乃是培养绅士，不过"到了十九世纪的最后二十年，科学主义的进一步普及，使得人文教育也受到了影响。而在人文教育中采用科学方法，重视科学训练，则由德国开其先。德国自十九世纪初年以来，以1824年创办的柏林大学为基地，便开始运用科学方法训练研究的人才"[3]。所谓的人文教育的科学方法，便是"对文献史料做严格的审订，鉴别其真伪，核定其价值"[4]。哈佛大学的修辞学

---

[1] Thomas R. Nevin, *Irving Babbitt—An Intellectual Study*, Chapel Hill and London: The University of North Carolina Press, 1984, p. 12.

[2] Frederick Manchester and Odell Shepard eds., *Irving Babbitt: Man and The Teacher*, New York: G. P. Putnam's Sons, 1941, p. 4.

[3] 王晴佳：《白璧德与学衡派——一个学术文化史的比较研究》，《"中研院"近代史研究所集刊》2002年第37期。

[4] 王晴佳：《白璧德与学衡派——一个学术文化史的比较研究》，《"中研院"近代史研究所集刊》2002年第37期。

教授蔡尔德（Francis J. Child）首先将这一德国式的研究方法运用到民歌的研究上。随后，英语研究的基特里奇（George Lyman Kittredge）、法语研究的博歇（Ferdinand Bôcher）、意大利语研究的格兰金特（Charles Grandgent）、西班牙语研究的福特（Jeremiah Ford）等学者都使用了这种研究范式。到了白璧德所身处的时代，哈佛大学已经成为语言文献学的实验基地。这一研究范式的流行对哈佛原本的古典教育传统冲击极为巨大。首先，教育目标由原来的培养具备人文素养的绅士逐渐转变为培养专门研究人才的专家，如此一来，博士学位渐渐成为在大学任教的必要条件；其次，教育内容由原来的欣赏评价古典文学逐渐转变为文献考据。[①] 白璧德本人可谓亲身经历了古典文学的衰落。在他上本科的时候，语言文献学的研究方法在美国正处于上升阶段，古典文学研究也深受影响，但是白璧德对这种研究范式相当抵触。在大四的时候，白璧德修了一门莎士比亚的课程。然而这个课程是由新的语言学老师基特里奇（George Lyman Kittredge）负责教授。白璧德本想通过这门课程把握到文学的道德意蕴，但是基特里奇（George Lyman Kittredge）的教学方法与白璧德的预期完全相反。他并不关注文学的内涵，而是文本的文字，亦即只把文学当成语言变化历史的记录。这样的课程让白璧德觉得索然无味。因此，他拒绝按照基特里奇（George Lyman Kittredge）的要求对文本进行语言结构分析，甚至与老师发生争论。最终，在白璧德本科全A的成绩单中，唯独这门课程得了C-。在研究生阶段，虽然白璧德获得了硕士学位，却拒绝读博士。对此，赫费勒（J. David Hoeveler）认为：“这是白璧德对现行学术规范长期反抗的开端”[②]。白璧德对语言文献学研究方法的厌恶由此可见一斑。

秉承哈佛的古典教育传统，白璧德认为大学教育的宗旨在于培养“品格与智力贵族”（aristocracy of character and intelligence）。所谓“品格与智力贵族”即德才兼备的人才。在白璧德看来，语言文献学偏离了教育的宗旨，忽略了对学生之德的培养。由此，我们不难发现：白璧德

[①] 参见王晴佳《白璧德与学衡派——一个学术文化史的比较研究》，《"中研院"近代史研究所集刊》2002年第37期。

[②] J. David Hoeveler, Jr., *The New Humanism: A Critique of Modern America, 1900-1940*, Charlottesville: University Press of Virginia, 1977, p. 8.

所致力于培养"品格与智力的贵族"与儒家的"君子儒"有异曲同工之妙。① 根据梅光迪的回忆,"在我们第一次见面的时候,他已经非常了解孔子以及早期的道家思想,尽管他还没有在出版物讨论过这些思想"②。如此看来,白璧德"品格与智力贵族"的理念很可能受到儒家思想的影响(关于白璧德的教育理念将在第五节详细论述)。并且作为学贯中西的大学者,白璧德很早就彰显了其与传统儒学、甚至与西方古典教育理念的与众不同之处:这种"品格与智力贵族"不仅是人文,也是国际的。据高徒谢尔曼(Sherman)回忆,在课上,"你从不觉得他是一位教育学生的老师。你会觉得他就是柯勒律治、卡莱尔、佛祖。他一直向你的头脑倾注丰富的世界智慧。你会觉得你不再是在基础课程上课,你是和一位通过文学寻找他的生命哲学例证的人在一起"③。可见,他在课程上始终以一种融贯中西文化的国际视野教育学生。

当白璧德进入法语系后,始终秉持培养具备国际视野的"性格与智力贵族"的教育宗旨,与主流学术体系做抗争,捍卫他心中的人文教育理想。1897 年,他发表了《古典学的合理研究》(The Rational Study of the Classics)一文,严厉批评当时美国的文学研究状况。他指出:"现在流行趋势的主要危机是人们不能将语言的精神与语言的机制区分开,人们也不愿意承认文学研究在语言文献学之外的诉求……我们被告知,严格的科学方法才是我们需要付出艰苦的努力去获得的东西。如果一个人

---

① 刘白:《白璧德对中国传统儒家思想的借镜》,《中国文学研究》2017 年第 1 期。
② Frederick Manchester and Odell Shepard eds., Irving Babbitt: Man and The Teacher, New York: G. P. Putnam's Sons, 1941, p. 119. 原文为:When we first met, he was already fully informed on Confucius and the early Taoist, though he had not yet said anything about them in print. 本书所涉及的该文译文均为笔者译。庄婷曾以《评〈白璧德:人和师〉》为译名翻译全文,笔者在翻译时曾参考该译文。该译文收入罗岗、陈春艳编《梅光迪文存》,辽宁教育出版社 2001 年版,第 229—241 页。
③ Frederick Manchester and Odell Shepard eds., Irving Babbitt: Man and The Teacher, New York: G. P. Putnam's Sons, 1941, pp. 89-90. 原文为:You never felt for a moment that he was a pedagogue teaching pupils. You felt that he was a Coleridge, a Carlyle, a Buddha, pouring out the full-stuffed cornucopia of the world's wisdom upon your head. You were no longer in the elementary class. You were with a man who was seeking through literature for illustrations of his philosophy of life. You were dealing with questions on the answer to which the welfare of nations and civilizations depended. He himself seemed to know the right answer and was building a thoroughfare of ideas from the Greeks to our own day.

拥有某种恰当的自然本能,他的文学鉴赏力自然会很好;如果一个人缺少这种本能,任何外在的压力也不能迫使他获得这种东西。因此,我们应该传授的是拥有魔力的严格的科学方法,而文学鉴赏力则被归为道格勃里(Dogberry)所列出的自然产生物的那一项。正是凭借这种情绪,现在的语言文献研究逐渐把文学研究赶出美国东部的大学。"[1] 对于这种趋势,白璧德在文中提出质疑:"我们应该质问这种观点的持有者是否过于强调了科学方法对个体所能产生的影响,同时我们还应该质问他们是否没有考虑到科学方法在这种趋势形成的过程中可能会产生的影响。"[2] 在公开发表的文章如此严厉地批评主流的学术体系,白璧德与同事之间的矛盾其实由来已久。白璧德曾提出了开设早期浪漫主义运动以及法国文学批评的高级课程。但是,这个建议被法语系否决了。不仅如此,他在哈佛的教学生涯也岌岌可危。法语系只与他签订一年的合同,这意味着他未被永久聘用。对于他在法语系的遭遇,他曾越过系主任直接找校长投诉。他有次与穆尔的通信中愤怒地写道:"如果我在哈佛再被苏米克拉斯特(Sumichrast)这些人阻挠一段时间,我也许就愤而离职,离开校园,到废弃的农场耕种。"[3] 幸运的是虽然法语系拒绝了他的诉求,但是拉德克利夫学院却同意了他教授高级课程的要求。而他在拉德克利夫学院的课程也打动了当时的语言学家格兰金特(Charles H. Grandgent)。格兰金特(Grandgent)帮助他争取到了在法语系教授高级课程的资格。但是到了1898年秋,语言学家苏米克拉斯特(Sumichrast)成为法语系的主任,白璧德在哈佛的教学生涯再次遇到危机。苏米克拉斯特(Sumichrast)拒绝与白璧德签订超过一年的合同,理由是"我们应该如此理解这项决定:如果他在新课程获得成功的话,

---

[1] Irving Babbitt, *Literature and the American College: Essays in Defense of the Humanities*, Boston and New York: Houghton Mifflin Company, 1908, pp. 158-159. 该文原载 *Atlantic Monthly*, Mar., 1897, vol. 79, pp. 355-365, 后收入白璧德的第一本专著 *Literature and the American College*。本书所涉及的 *Literature and the American College* 的译文均为笔者译。张沛、张源曾以《文学与美国的大学》(北京大学出版社2004年版)为译名翻译全书,笔者在翻译时曾参考该译本。

[2] Irving Babbitt, *Literature and the American College: Essays in Defense of the Humanities*, Boston and New York: Houghton Mifflin Company, 1908, p. 159.

[3] 白璧德于1897年5月6日致穆尔的信件,参见 Stephen C. Brennan and Stephen R. Yarbrough, *Irving Babbitt*, Boston: Twayne Publishers, 1987, p. 21.

他会在下一年再被推荐到这个职位上。"① 不过由于哈佛大学的预算问题，白璧德直到 1900 年才能在法语系教授高级课程。

自 1900 年开始，白璧德终于摆脱了教授乏味的语法课程，获得了在课程表达自己观点的权利。此时的他也开始慢慢建构自己的学术体系，并且有了一些追随者。谢尔曼（Stuart P. Sherman）便是白璧德早期的一位人文主义的皈依者。1902 年，经过八年的抗争，白璧德终于等来了人生的第一次晋升，成为助理教授（Assistant Professor），并同时在学校新设的比较文学系（Comparative Literature Department）授课。此前他曾发表《古典学的合理研究》（*The Rational Study of the Classics*）一文批判主流的学术体系，而在他晋升助理教授的同年，他在 *Atlantic Monthly* 发表了《人文学科》（The Humanities）一文，对美国的教育体制进行了更为深入的批判，矛头甚至直接指向了哈佛大学校长埃利奥特（Charles William Eliot）的新教育改革。此后，白璧德的笔触逐渐延伸，思想亦逐步深入，开始追溯教育问题出现的文化根源。正如谢尔曼（Sherman）所言："他正在建构一条从希腊到我们时代的思想的通道。"② 1908 年，白璧德出版了第一本专著《文学与美国的大学》。该书虽然旨在批判美国大学教育体制，但是其思想的广度绝不仅仅局限于美国的教育问题，而是涉及社会改革的各个方面，其思想的深度更是直抵问题的根源——古典人文主义文化的衰落和现代人道主义的泛滥。白璧德知道该书的出版不仅会得罪哈佛大学的语言学教师，更会招致整个美国教育界的不满。因此，他认为一篇好的书评也许能引起人们对该书思想的重视。穆尔当时作为 *Nation* 的主编，他特意为白璧德邀请了芝加哥大学著名的古典学教授肖里（Paul Shorey）为《文学与美国的大学》写书评。但是肖里（Shorey）教授并不关注白璧德在该书中对当代人道主义思想泛滥源头的追溯，而是着眼于书中所呈现出来的白璧德与语言学教授之间恩怨。肖里（Shorey）认为白璧德对语言学家的批评并不公平。他为语言学家辩护道，语言学家也有"内在的人文主义精神"（an

---

① Stephen C. Brennan and Stephen R. Yarbrough, *Irving Babbitt*, Boston: Twayne Publishers, 1987, pp. 21-22.
② Frederick Manchester and Odell Shepard eds., *Irving Babbitt: Man and The Teacher*, New York: G. P. Putnam's Sons, 1941, p. 90.

indwelling humanistic spirit)①，并且他们大部分也是古典文学的"热情而明智的欣赏者"（enthusiastic and intelligently appreciative readers of the classics)②。对于肖里（Shorey）的书评，白璧德曾极度失望地写道："我已经失去了关于我专著的严肃书评的唯一机会……从纯粹策略的角度来看，就我们正在进行的对当代生活以及教育的某种趋势的战争而言，这篇书评作为其中一起事件是一个严重的失误。"③ 他又说："这篇平淡的书评只会让这本书走向被遗忘的道路。"④ 事实上，正如白璧德所预料的那样，这本专著的销售量非常低，他最后甚至不得不向好友吉斯（Giese）借500美元来印刷下一版。

1909年，埃利奥特（Charles William Eliot）校长在管理哈佛大学长达四十年后退任，罗威尔（Abbott Lawrence Lowell）继任哈佛大学新一届校长。罗威尔（Lowell）校长对埃利奥特（Charles William Eliot）的新教育改革进行了修正，并重新肯定了古典文学在大学教育中的重要性。白璧德在罗威尔（Lowell）校长继任前就已经对其教育理念表示赞同，他在早期的《古典学的合理研究》（*The Rational Study of the Classics*）一文还引用了罗威尔（Lowell）在"哈佛大学校庆会"上的演讲，称其为"近年来对更开放的古典文学研究的诉求中最有力的声音"⑤。不过罗威尔（Lowell）校长继任后，白璧德很快就发现罗威尔（Lowell）校长的管理政策并不十分符合他的预期。1910年，白璧德出版了第二本专著《新拉奥孔》（*The New Laokoon*）。该书批判了现代诗人对文艺体裁的混淆，不过该书依然没有引起哈佛大学管理层的注意。尽管罗威尔（Lowell）校长对白璧德的《文学与美国的大学》颇为赞赏，并让其掌管荣誉文学委员会（Honors in Literature Committee），这相

---

① Thomas R. Nevin, *Irving Babbitt-An Intellectual Study*, Chapel Hill and London: The University of North Carolina Press, 1984, p. 22.

② Thomas R. Nevin, *Irving Babbitt-An Intellectual Study*, Chapel Hill and London: The University of North Carolina Press, 1984, p. 22.

③ Thomas R. Nevin, *Irving Babbitt-An Intellectual Study*, Chapel Hill and London: The University of North Carolina Press, 1984, p. 22.

④ Thomas R. Nevin, *Irving Babbitt-An Intellectual Study*, Chapel Hill and London: The University of North Carolina Press, 1984, p. 22.

⑤ Irving Babbitt, *Literature and the American College: Essays in Defense of the Humanities*, Boston and New York: Houghton Mifflin Company, 1908, p. 178.

当于给予了白璧德影响哈佛大学文学研究一定的权力,但是罗威尔(Lowell)仍然只为白璧德提供短期的聘任合同,并且拒绝为白璧德提高工资。而此时的白璧德已经在哈佛大学任教十六个年头了,比他年轻的同事大多获得了晋升。对此,在与穆尔的通信中,白璧德愤怒地写道:"我想知道哈佛大学到底要将这种赋予我一等的责任,却给予我二等的认可的政策贯彻多久。"① 不过虽然白璧德迟迟得不到晋升,他的人文主义事业还是有了一定的进展。自白璧德独立教授高级课程以来,他的学生人数日渐增多,到了 1910 年,他的学生人数已经达到了 80 多人,其中包括后来成为人文主义中坚力量的霍斯特(Norman Foerster)。事实上,这些学生也成为白璧德晋升的强大后援。

1911 年春,白璧德晋升的事情出现了转机。他的学生谢尔曼(Sherman)成为伊利诺伊大学的英语老师,他向院长极力推荐白璧德。而在白璧德亲访伊利诺伊大学后,他即得到了该大学终身教授的聘任、罗曼语系的主席的资格,还获得了高于哈佛两倍的工资。但是白璧德并不想离开哈佛大学,他只是想通过外校的聘任来向学校管理层施压。不过这个方法依然没有撼动校方的决定。5 月 13 日,校方驳回了白璧德晋升的请求,罗威尔(Lowell)校长则同意了校方的决定。在最后关头,两位关键人物加入了支持白璧德的阵营:一位是即将成为法语系主任的福特(J. D. M. Ford),另一位则是时任 Nation 刊物主编的穆尔。福特(Ford)虽是语言文献学家,但是他对白璧德的学问表示高度赞赏,称其为"这个国家比较文学专业最具实力以及最成功的教师之一"②。而穆尔则写信抗议罗威尔(Lowell)校长对他朋友的冷遇。除此之外,白璧德在哈佛大学不断增加的优秀学生也给予了校方一定的压力。穆尔甚至认为,正是优秀学生使白璧德最终获得了哈佛大学的认可③。最终,罗威尔(Lowell)校长在各方压力下妥协了。5 月 20 日,他致信穆尔指出:"校方的决定'并不意味着他(白璧德)在下一年不能晋升,

---

① 白璧德于 1910 年 10 月 9 日致穆尔的信件。See Stephen C. Brennan and Stephen R. Yarbrough, *Irving Babbitt*, Boston: Twayne Publishers, 1987, pp. 23-24.

② See Stephen C. Brennan and Stephen R. Yarbrough, *Irving Babbitt*, Boston: Twayne Publishers, 1987, p. 24.

③ See Frederick Manchester and Odell Shepard eds., *Irving Babbitt: Man and The Teacher*, New York: G. P. Putnam's Sons, 1941, p. 330.

但是我们不希望提前决定这个问题'"①。1912 年 2 月，校方投票决定同意白璧德晋升为正教授，并获得了终身教职。同年，白璧德出版了《法国现代批评大师》(*The Masters of Modern French Criticism*)。该书通过探讨圣伯夫以及其他 19 世纪主要法国批评家的批评，以期能接近"那个时代的知识中心"(the intellectual centre of the century)，并通过追溯这一时期的主要思想运动来建构"恰当理解我们这个时代思想的必要背景"(the necessary background for the proper understanding of the ideas of our day)②。

在与主流思想决裂的同时，他因其独特的人文主义思想收获了越来越多的人文主义学子。这些学生后来成为国际人文主义运动的中坚力量。到了 1920 年左右，他课堂上的人数已经发展到三百多人。在这个时期，白璧德又收获了两位人文主义运动的干将，一位是鲍登学院(Bowdoin College)的英文教授伊里亚德(George Roy Elliott)，另一位则是法语系的年轻同事梅西埃(Louis J. A. Mercier)。此时，梅光迪、吴宓等中国学生也纷纷加入他的人文主义阵营。这些中国学生的加入为白璧德提供了丰富的思想资源。他们打开了白璧德的人文主义视域，进而促使白璧德提出国际人文主义运动的伟大构想。1919 年，白璧德出版了第四本专著《卢梭与浪漫主义》(*Rousseau and Romanticism*)。在该书中，白璧德对浪漫主义运动进行了全方位的批判。与他以往的专著不同，该书首次融入了儒家思想对人文主义思想进行阐述，其思想的格局比之前的专著更为开阔。儒家人文资源的融入正预示着白璧德国际人文主义构想的诞生。

总体而言，白璧德为捍卫人文教育理想所作出的抗争为日后开展国际人文主义运动做了重要的准备与铺垫。此时的他已经具备倡导国际人文主义运动的各种条件。从思想上而言，学衡派弟子的加入进一步扩大了白璧德的人文主义视域，促使他将儒学融入人文主义体系，从而建构

---

① See Stephen C. Brennan and Stephen R. Yarbrough, *Irving Babbitt*, Boston: Twayne Publishers, 1987, p. 24.
② Irving Babbitt, *The Masters of Modern French Criticism*, Boston and New York: Houghton Mifflin Company, 1912, "Preface". 本书所涉及的 *The Masters of Modern French Criticism* 的译文均为笔者译。孙宜学曾以《法国现代批评大师》(广西师范大学出版社 2002 年版)为译名翻译全书，但该译本存在一些错译，如将 "humanism" 译成"人道主义"。

国际人文主义思想体系；从外部条件上而言，白璧德在教育领域上始终捍卫人文主义的理想，培养了众多人文主义学生，从而为开展国际人文主义运动奠定了良好的舆论基础。

四 "国际人文主义"运动的发生

1921年，白璧德受邀参加留美中国学生会东部会的夏季年会。在会上，他首次也是唯一一次明确提出"国际人文主义"运动的构想。至于他为何不在西方学界提及"国际人文主义"的构想，这涉及他的宗教信仰以及国际人文主义的实现途径等种种复杂问题。对于这些问题，笔者将在第四节以及第五节详细论述。到了20世纪20年代中期，他已经在美国文学评论界占有相当重要的位置。1924年，白璧德出版了第五本专著《民主与领袖》（Democracy and Leadership）。这本专著是他毕生思想的结晶。在这本专著中，白璧德最终将其人文主义理想延伸到政治领域，明确表明了其脱离宗教的人文主义态度。此时的白璧德已经对儒家思想有了更深入的体悟，儒家思想在该书已经成为他阐述人文政治理想的关键资源。

与此同时，白璧德所领导的美国人文主义运动成为文学评论界的焦点。对此，我们从人文主义的批评者考利（Malcolm Cowley）一段描述即可了然当时人文主义运动的盛况："今天，人文主义者的杂志、人文主义者的出版社随处可见，名牌大学的人文主义教授、人文主义批评者、人文主义科学家以及人文主义政治思想家（如果还没有人文主义艺术家的话）充斥整个社会，这一运动甚至还得到了《纽约时报》编辑的支持。"[1] 人文主义事业的发展壮大除了白璧德不断著述出版传播人文主义思想之外，也与他的传道授业密切相关。很多学生因为上了他的课而最终成为人文主义的信徒。这些学生后来都成了人文主义运动的倡导者，如谢尔曼、霍斯特等人。

在20世纪20年代，白璧德在海外也具有了一定的名声。学衡派弟子将白璧德的人文主义传入中国，他们的译介活动成为白璧德国际人文主义运动的重要一环。他的法国同事梅西埃（Mercier）于1921年在法

---

[1] C. Hartley Grattan ed., *The Critique of Humanism: A Symposium*, New York: Brewer and Warren Inc., 1968, p. 64.

国发表了《欧文·白璧德的人文主义》(*L'Humanisme Positiviste d'Irving Babbitt*) 一文，读者反响甚好①，从此白璧德之人文主义得以在法国传播。1923年，白璧德受邀到法国索邦大学讲学，并大受欢迎。据记者高曼（Marcus Selden Goldman）回忆："我发现白璧德在很多场合下都被东方学生所包围，有些学生是特地到巴黎来拜见他的。大部分学生是中国人，但是我觉得有些学生是日本人、韩国人以及印度人。这些学生围在他身边，仿佛他是位大圣人。"② 关于白璧德在海外的名声，甚至有了这样的说法："白璧德的名声早离开剑桥，走向世界了。"③ 1926年，白璧德成为法兰西学院（Institute of France）的通信院士。美国学者极少获得这一殊荣。

总体而言，白璧德的国际人文主义运动在20世纪20年代蓬勃发展，成为中美双方文学评论界的舆论焦点。到了1930年，美国的人文主义运动达到顶峰时期。5月，论争双方在纽约的卡耐基厅（Carnegie Hall）举行了一场公开辩论会。其时，三千余人参加了辩论会，场面之浩大可想而知。白璧德作为人文主义运动的代表与反对者坎比（Henry Seidel Canby）、凡·多伦（Carl Van Doren）展开辩论。不过这场辩论会以人文主义一方的失败告终。在那场辩论会中，由于白璧德习惯低头发言，再加之现场的扩音器恰好失灵，人们根本听不清白璧德的演讲，所以人文主义一方的现场发挥并不理想，甚至可以说非常失败。白璧德曾自我调侃道："虽然那是一个温暖的日子，但是现场可以说是冷如冰霜。"④ 同年，白璧德的弟子霍斯特（Foerster）主编了《美国的人文主义》(*Humanism in America*)，其中辑录白璧德定义人文主义的最后一文《人文主义的定义》(*Humanism: An Essay at Definition*) 以及追随者的文

---

① Frederick Manchester and Odell Shepard eds., *Irving Babbitt: Man and The Teacher*, New York: G. P. Putnam's Sons, 1941, p. 193.

② Frederick Manchester and Odell Shepard eds., *Irving Babbitt: Man and The Teacher*, New York: G. P. Putnam's Sons, 1941, p. 238.

③ Frederick Manchester and Odell Shepard eds., *Irving Babbitt: Man and The Teacher*, New York: G. P. Putnam's Sons, 1941, p. 159. 原文为：Babbitt's fame is going round the world, it has already left Cambridge. 原意暗指白璧德在哈佛不受重视的境遇，不过这倒从侧面反映了白璧德在海外名声之高。

④ Frederick Manchester and Odell Shepard eds., *Irving Babbitt: Man and The Teacher*, New York: G. P. Putnam's Sons, 1941, p. 283.

章。不过这部人文主义文集同样激起了反对者的斗志,他们也于同年出版了《批判人文主义合集》(The Critique of Humanism: A Symposium)。在该文集中,反对者对白璧德人文主义阵营的观点进行了驳斥。考利(Cowley)认为人文主义伦理系统是不完整的,并且忽略了社会与经济现实情况[1];威尔逊(Wilson)则批评人文主义是清教遗产那未经检验的偏见(the unexamined prejudices of a Puritan heritage)[2],等等。就其内容而言,批评者的批评虽不完全中肯,但是亦从另一个侧面丰富了白璧德人文主义理论在西方的阐释史。而这同时也反映了白璧德国际人文主义理想在西方践行之难。

　　美国的人文主义运动在20世纪30年代达到顶峰,随后便逐渐沉寂下去。追溯起来,1929年美国的经济大萧条(the Great Depression)是导致其衰落的主因之一。在经济困难之时,人文主义精英式的精神追求有点不合时宜了,人们更倾向于实用的学说与理论。[3] 另一原因则是人文主义领袖白璧德与穆尔的相继去世。自1930年后,白璧德的身体状态每况愈下,于1933年7月5日病逝,穆尔也于1937年去世。他们所领导的人文主义运动也随之淡出人们视野。但是人文主义运动的影响却没有因此消失。一群维护传统价值理念的知识分子使白璧德的人文主义理念得以延续。正如赫费勒(J. David Hoeveler)所言:"剩下的精英是一群拥有坚定的传统气质的知识分子。他们捍卫绝对的、或者永恒的道德价值体系。面对在美国生活中不断获得胜利的相对主义以及物质主义,他们或者从有神论的角度,或者从人文主义的角度发起一场无望取胜的防守。这些人让白璧德的影响得以留存。"[4] 1953年,白璧德当年

---

[1] C. Hartley Grattan ed., *The Critique of Humanism: A Symposium*, New York: Brewer and Warren Inc., 1968, p. 67.

[2] C. Hartley Grattan ed., *The Critique of Humanism: A Symposium*, New York: Brewer and Warren Inc., 1968, p. 49.

[3] 关于人文主义的衰落可参见 J. David Hoeveler, Jr., *The New Humanism: A Critique of Modern America 1900–1940*, Charlottesville: University Press of Virginia, 1977, p. 27.

[4] J. David Hoeveler, Jr., "Babbitt and Contemporary Conservative Thought in America", 1984, *Modern Age*, Vol. 28, No. 2, 1984, pp. 181–182. 原文为: What remained was the "remnant", a core of intellectuals of decidedly traditionalist temperament, who adhered to a system of absolute or permanent moral ideals and who, whether from a theistic or humanistic perspective, waged a kind of rear-guard defense against the continuing triumph of relativism and materialism in American life. These (转下页)

的学生普西(Nathan Pusey)任哈佛大学校长。1960 年,在他的大力促进下,哈佛大学比较文学系设立了"欧文·白璧德教授"(Irving Babbitt Professorship)头衔,以纪念白璧德为文学批评所做出的贡献。白璧德的另一位学生莱文(Harry Levin)是该荣誉的第一位获得者。哈佛大学的"欧文·白璧德教授"头衔一直设立至今①。

第二节 "国际人文主义"的思想线索

白璧德的"国际人文主义"会通中西,内容复杂多歧,但是其中仍有一以贯之的思想线索。这些思想线索的厘清将有助于我们进一步探讨白璧德人文主义思想的本质。首先,笔者将辨析白璧德人文主义的概念。

一 人文主义的概念

目前学界普遍把白璧德的"人文主义"思想称为"新人文主义",但笔者必须首先澄清,白璧德在阐释自己思想的时候,从未将其称为"新人文主义"。格罗塞林(Dom Oliver Grosselin)曾辨析过美国人文主义的类型:"第一种为席勒(F. C. S. Schiller)的实用人文主义(pragmatic humanism);第二种为唯一神论新人文主义(new humanism of the Unitarians);第三种曾被赋予很多名字,有时候被简单称为人文主义,有时候被称为美国人文主义、文学人文主义、白璧德-穆尔学派的人文主义(humanism of the Babbitt-More school)。"②他还指出,唯一神论一

(接上页) individuals kept Babbitt's influence alive. 达巍曾以《白璧德与美国当代保守主义思想》为译名翻译该文,该译文收入《人文主义:全盘反思》,生活·读书·新知三联书店 2003 年版。笔者在翻译时曾参考该译文。

① 参见 Harry Levin, *Irving Babbitt and the Teaching of Literature*, Cambridge: Harvard University Press, 1961, p. 2, 以及段怀清《白璧德与中国文化》,首都师范大学出版社 2006 年版,第 24 页。

② Dom Oliver Grosselin, *The Intuitive Voluntarism of Irving Babbitt: An Anti-Supernaturalistic, Anti-Intellectualistic Philosophy*, Latrobe, PA: St. Vincent Archabbey, 1951, p. 2. 原文为: The first is the pragmatic humanism of F. C. S. Schiller; the second is the new humanism of the Unitarians; the third has been given various names, sometimes simply humanism, at other times American humanism, literary humanism, or the humanism of the Babbitt-More school.

直都在使用"新人文主义"这个指称,而"白璧德的人文主义从未被人文主义者本身或者那些更为著名的评论者命名为新人文主义"①。"白璧德虽然仅提过一次'新人文主义',但是他很明显把它视为多种科学人道主义的其中一种。"② 并且据哈佛大学文理学院的记录:"他(白璧德)常说,他所寻找的东西并非新事物。人们通常把他的学说称之为新人文主义(New Humanism),对此,他是拒绝的。对他而言,不存在新人文主义,而只有自然主义(或者上帝、人和自然的一元融合,这种一元融合否定先于所有人类经验的一种律法)与人文主义之间长久以来的对立。"③ 至于"新人文主义"的指称,据莱文(Levin)说:"在二十年代末,'新人文主义'的口号变得越来越流行。"④ 格罗塞林认为,"实际上,新人文主义这个名字是被这场运动的信徒所广泛使用"⑤,而非白璧德本人。综合二者的看法可知,随着人文主义运动的发展,"新

---

① Dom Oliver Grosselin, *The Intuitive Voluntarism of Irving Babbitt: An Anti-Supernaturalistic, Anti-Intellectualistic Philosophy*, Latrobe, PA: St. Vincent Archabbey, 1951, p. 4 原文为: The humanism of Babbitt has never been so designated, neither by the humanists themselves, nor by their more noteworhy commentators.

② Dom Oliver Grosselin, *The Intuitive Voluntarism of Irving Babbitt: An Anti-Supernaturalistic, Anti-Intellectualistic Philosophy*, Latrobe, PA: St. Vincent Archabbey, 1951, p. 5. 原文为: Although Babbitt mentions new huamism by name only once, he evidently has it often in mind as one of the manifold forms of scientific humanitarianism that he opposed by reason of its concept of scientific utopianism and of the evolution of humanity.

③ "Minute on the Life and Services of Professor Irving Babbitt", Records of the Faculty of Arts and Sciences, October 3, 1933。转引自 Joseph Aldo Barney, *The Educaional Ideas of Irving Babbitt: Critical Humanism and American Higher Education*, Ph. D. dissertation, Loyola University Chicago, 1974, p. 58. 原文为: as he would often remark, what he sought to say was nothing new. He refused to have his doctrine called, as it was generally, the New Humanism. For him there was no new humanism. There was only the age-old opposition between naturalism (or the monistic merging of God, man and nature, with its consequent denial of a law antecedent to all human experience) and humanism.

④ Harry Levin, *Irving Babbitt and the Teaching of Literature*, Cambridge: Harvard University Press, 1961, p. 20. 原文为: during the later Tweenties the catchphrase "New Humanism," was more and more in the air.

⑤ Dom Oliver Grosselin, *The Intuitive Voluntarism of Irving Babbitt: An Anti-Supernaturalistic, Anti-Intellectualistic Philosophy*, Latrobe, PA: St. Vincent Archabbey, 1951, p. 4. 原文为: new humanism is, in fact, the name most commonly used by the devotees of this movement themselves. 格罗塞林曾谈到,人文主义者本身不会把白璧德的人文主义称为"新人文主义",并提及白璧德的学生霍斯特(Norman Foerster)是唯一使用了"新人文主义"来指称白璧德人文主义的人文主义者(参见 *The Intuitive Voluntarism of Irving Babbitt: An Anti-Supernaturalistic, Anti-Intellectualistic Philosophy* 第四页的脚注6)。那么,此处指的人文主义信徒(the devotees of this movement)应该指的是白璧德学生以外的参与者。

人文主义"的指称开始被这场运动参与者使用,并逐渐在二十年代末的美国学界流行起来。因此,我们可以以"新人文主义"指称运动参与者们的阐释活动,但若是以"新人文主义"指称白璧德的学说则背离了其原意。① 以此为认识基点,我们进一步讨论白璧德"人文主义"的概念。

白璧德在首部专著《文学与美国的大学》的第一章"什么是人文主义?"详细阐述了"人文主义"的概念,并以此展开对"人道主义"的批判。为了理清人文主义的概念,白璧德首先回溯了人文主义的拉丁词源 humanitas,并指出:"这个词实际上意味着信条(doctrine)与纪律(discipline),它不适用于大众,而仅仅适用于被挑选出来的小部分人——简而言之,它的寓意是贵族式的(aristocratic)而非民主式的(democratic)。"② 而"一个人如果同情全人类。信仰未来的进步以及渴望服务于这个进步的伟大事业,那么他不应该被称为人文主义者,而是人道主义者,他的信念应该被称为人道主义"③。对白璧德而言,二者存在本质区别:人文主义者关注的是个体的完善(the perfecting of the

---

① "学衡派在 20 年代,梁实秋在 30 年代介绍白璧德学说时皆未用'新人文主义'概念。"(参见朱寿桐《欧文·白璧德在中国现代文化建构中的宿命角色》,《外国文学评论》2003 年第 2 期)国内出现以"新人文主义"指称白璧德学说的做法,或许与吴宓曾以"新人文主义"指称美国新人文主义参与者的实践有关。吴宓在《穆尔论现今美国之新文学》"译者识"中说:"此篇末段列举美国新人文主义派之作家,推白璧德先生为领袖。"以白璧德为"新人文主义派"的领袖,这一说法是符合美国文学史的。吴宓在《布朗乃尔与美国之新野蛮主义》"编者识"中又说:"按美国之新人文主义,近年势力日大。"此处"新人文主义"指的是"新人文主义运动",而非白璧德学说本身。据张源考证:"直到 1931 年 3 月,第 74 期《学衡》张荫麟短篇译文《白璧德论班达与法国思想》吴宓所作按语中,才第一次出现了'可见白璧德先生新人文主义之大旨'这种表达,这也是唯一的一个特例。"(参见张源《从"人文主义"到"保守主义"——〈学衡〉中的白璧德》,第 45 页)可见,学衡派、梁实秋等白璧德弟子也有意识地区分白璧德人文主义学说与新人文主义运动,但由于他们从未著文辨析,因此造成后世研究者们认识上的混淆。

② Irving Babbitt, *Literature and the American College: Essays in Defense of the Humanities*, Boston and New York: Houghton Mifflin Company, 1908, p. 6. 原文为:The word really implies doctrine and discipline, and is applicable not to men in general but only to a select few, -it is , in short, aristocratic and not democratic in its implication.

③ Irving Babbitt, *Literature and the American College: Essays in Defense of the Humanities*, Boston and New York: Houghton Mifflin Company, 1908, p. 7. 原文为:A person who has sympathy for mankind in the lump, faith in its future progress, and desire to serve the great cause of this progress, should be called not a humanist, but a humanitarian, and his creed may be designated as humanitarianism.

individual)，人道主义者则致力于"使人类全体都得到提升的计划"(schemes for the elevation of mankind as a whole)。"虽然他（人文主义者）会在很大程度上考虑到同情（sympathy），但他坚持认为同情应该受到判断（judgment）的制约与调节。"①"真正的人文主义者能够在同情和选择之间保持合理的平衡。"② 随之，白璧德回溯了文艺复兴时期的"人文主义"思想。"早期的意大利人文主义者很少是真正人文的。对于他们大多数人而言，人文主义并非一种信条和纪律，而是对所有纪律的反抗。这是一种从中世纪的极端走向另一种对立极端的疯狂反弹。在文艺复兴的初始阶段，占主导地位的是一种解放运动——对感官的解放，对才智的解放，在北方国家还涉及对良知的解放。这是第一个伟大的现代扩张时代（era of expansion），也是对个人主义的第一次推动。"③ 而当"无政府主义的自我肯定（self-assertion）以及自我放纵（self-indulgence）不断增加，并可能威胁到社会存在的时候，社会便开始反抗个体。随之，精约时代（era of concentration）会取代扩张时代（era of expansion）"④。换言之，"文艺复兴后期的主要趋势从支持自由

---

① Irving Babbitt, *Literature and the American College: Essays in Defense of the Humanities*, Boston and New York: Houghton Mifflin Company, 1908, p. 8. 原文为：Although he allows largely for sympathy, he insists that it be disciplined and tempered by judgment.

② Irving Babbitt, *Literature and the American College: Essays in Defense of the Humanities*, Boston and New York: Houghton Mifflin Company, 1908, p. 9. 原文为：The true humanis maintains a just balance between sympathy and selection.

③ Irving Babbitt, *Literature and the American College: Essays in Defense of the Humanities*, Boston and New York: Houghton Mifflin Company, 1908, p. 13 - 14. 原文为：Very few of the early Italian humanists were really humane. For many of them humanism, so far from being a doctrine and discipline, was a revolt from all discipline, a wild rebound from the mediæval extreme into an opposite excess. What predominates in the first part of the Renaissance is a movement of emancipation-emancipation of the senses, of the intellect, and in the northern countries of the conscience. It was the first great modern era of expansion, the first forward push of individualism.

④ Irving Babbitt, *Literature and the American College: Essays in Defense of the Humanities*, Boston and New York: Houghton Mifflin Company, 1908, p. 15. 原文为：There was an increase in anarchical self-assertion and self-indulgence that seemed a menace to the very existence of society; and so society reacted against the individual and an era of expansion was followed by an era of concentration. 徐震堮在《白璧德释人文主义》（《学衡》1924 年第 34 期）将"era of concentration""era of expansion"分别译为"精约之时期""博放时期"。张源老师的专著《从"人文主义"到"保守主义"——〈学衡〉中的白璧德》沿用了学衡派的译法。但笔者将白璧德的核心概念之一"expansive desire"译为"扩张欲望"，为了保证白璧德学说的译文的统一性，笔者将"era of expansion"译为"扩张时代"，"concentration"则沿用学衡派的翻译"精约"。

扩张的人文主义转向了拥有最高纪律和选择的人文主义。"① 白璧德还进一步指出，虽然两个时期的人文主义存在差异，但它们具有"潜在的一致目标"，即："两个时期的人们都把古代人文主义者作为自己的向导，并如同他们一般致力于成为完善的人（forming the complete man）。"②

由此，白璧德总结了"人文主义"的定义："我们发现人文主义者（正如我们从历史中所了解到的人文主义者）在极端的同情和极端的纪律与选择之间移动，并根据他调节这两种极端情况的程度而相应地变得更加人文。"③ "人注定是片面的造物，但是人能达到人文的程度正在于他所能战胜其天性中宿命的程度以及他所能调和相反德性的程度。"④ 而近现代文明在白璧德看来则失去了调节的能力而走向的极端的"人道主义"。张源在解读白璧德人文主义与人道主义的概念曾说："白璧德在定义人文主义的过程中，不经意间同时运用了两种不同内涵的'人文主义'概念：一为狭义的'人文主义'，与'人律'（law for man）、'一'（the one）、'精约'（concentration）等概念相联系，一为广义的'人文主义'，其中涵括了狭义的'人文主义'以及与'物律'（law for thing）、'多'（the many）、'博放'（expansion）等概念相联系

---

① Irving Babbitt, *Literature and the American College: Essays in Defense of the Humanities*, Boston and New York: Houghton Mifflin Company, 1908, p. 16. 原文为: The main drift of the later Renaissance was away from a humanism that favored a free expansion toward a humanism that was in the highest degree disciplinary and selective.

② Irving Babbitt, *Literature and the American College: Essays in Defense of the Humanities*, Boston and New York: Houghton Mifflin Company, 1908, p. 18. 原文为: Like the ancient humanists whom they took as their guides, the men of both periods aimed at forming the complete man (*tous, teres atque rotundus*).

③ Irving Babbitt, *Literature and the American College: Essays in Defense of the Humanities*, Boston and New York: Houghton Mifflin Company, 1908, p. 22. 原文为: We have seen that the humanist, as we know him historically, moved between an extreme of sympathy and an extreme of discipline and selection, and became humane in proportion as he mediated between these extremes.

④ Irving Babbitt, *Literature and the American College: Essays in Defense of the Humanities*, Boston and New York: Houghton Mifflin Company, 1908, p. 23. 原文为: Man is a creature who is foredoomed to one-sidedness, yet who becomes humane only in proportion as he triumphs over this fatality of his nature, only as he arrives at that measure which comes from tempering his virtues, each by its opposite.

的人道主义概念,并力图协调二者之间的对立。"① 然而笔者认为虽然白璧德在讨论文艺复兴人文主义的时候使用了"扩张时代"(era of expansion,即张源所指的"博放时期")的概念,这并不意味着白璧德认为文艺复兴时期的人文主义是一种人道主义。对白璧德而言,文艺复兴扩张时期的人文主义者仍致力于"成为完善的人",但近现代的人道主义者则彻底偏离了这一目标,而致力于"使人类全体都得到提升的计划",二者存在根本区别。而对于张源以"人律"与"物律"、"一"与"多"、"精约"与"博放"等对立概念区分人文主义与人道主义的做法,笔者则认同杨劼的看法:张源的观点"并没有呈现出白璧德的'人之法则'和'物的法则'之间的真正关系,也没有呈现其他对立项与'人之法则'的实质性关联"②。而理清白璧德所论及的"一"与"多"等二元概念的关系,我们需要先从白璧德的研究方法谈起。

二 实证主义的方法

白璧德在接触学衡派后,开始在专著中融入儒学因素,而这种微妙变化始于《卢梭与浪漫主义》一书。在这本书中,白璧德展现了其人文主义思想与西方传统哲学的根本区别,而更贴近于东方的儒家思想。在该书中,白璧德明确提出了自己的"实证与批判"(positive and critical)的方法。自此,这种"实证与批判"的方法一直贯穿白璧德的人文主义体系。那么,何为"实证与批判"的方法?对此,我们不妨从白璧德对苏格拉底、柏拉图思想的反思与批判谈起。白璧德在论著中多次称道苏格拉底、柏拉图,但是他似乎又认为他们有不足之处。如他在《民主与领袖》中指出:"不对柏拉图以及苏格拉底式的知识即美德的观念产生疑问是非常困难的。"③ 言下之意,白璧德对这种说法并不

---

① 张源:《从"人文主义"到"保守主义"——〈学衡〉中的白璧德》,生活·读书·新知三联书店2009年版,第50页。
② 杨劼:《白璧德人文思想研究》,暨南大学出版社3013年版,第94页。
③ Irving Babbitt, *Democracy and Leadership*, Boston and New York: Houghton Mifflin Company, 1924, p. 172. 原文为: Yet it is difficult not to have certain doubts about the Platonic and Socratic identification of knowledge and virtue. 本书所涉及的 *Democracy and Leadership* 的译文均为笔者译。张沛、张源曾以《民主与领袖》(北京大学出版社2011年版)为译名译出全书,笔者在翻译时曾参考该译本。

满意。然而他又补充说明："确切而言，这种观念并不肤浅——像柏拉图、苏格拉底那样的人从来都不肤浅。知识是如此地完美可靠，以至于违背它就如同将手放入火中。"① 这似乎又在为"知识即美德"的观念作辩护。这种混淆不定的评价是否说明了白璧德本人思想的矛盾之处？对于以上两段看似矛盾的评价，白璧德事实上分别从实证主义以及形而上学两个角度上来讨论苏格拉底、柏拉图。从形而上学的角度而言，苏格拉底、柏拉图能通过理性的抽象思辨获得真正的知识，并由此获得真正的德性。他们无疑是人文主义的代表。但是大多数人并不能通过知识获得美德。白璧德从这个角度言道："苏格拉底的观点在某些方面与普世经验相违背。"② 换言之，白璧德更关注能施之于现象世界的经验法则，他的人文主义也从此维度展开。

白璧德曾借用爱默生的诗句来开启他的理论体系，即"物的法则"（law for thing）与"人的法则"（law for man）的对立。所谓"物的法则"指的是"科学战胜'现象自然'（phenomenal nature）所使用的方法"③。针对社会存在的用"物的法则"来取代或混淆"人的法则"的现象，白璧德明确反对自然科学对人文学科的侵犯，正如他在《文学与美国的大学》所言："在今天，我们需要捍卫人文学科免遭自然科学的入侵，正如我们曾经反对神学对它的入侵。"④ 但是白璧德并非完全反对自然科学的方法，"我反对的乃是对'物的法则'过度的强调，反对

---

① Irving Babbitt, *Democracy and Leadership*, Boston and New York: Houghton Mifflin Company, 1924, p. 172. 原文为: This identification is not superficial precisely-men like Plato and Socrates are never superficial. Knowledge may conceivably become so perfect that to act contrary to it would be like putting one's hand into the fire.

② Irving Babbitt, *Democracy and Leadership*, Boston and New York: Houghton Mifflin Company, 1924, p. 172. 原文为: the Socratic thesis runs counter in certain respects to universal experience.

③ Irving Babbitt, *Literature and the American College: Essays in Defense of the Humanities*, Boston and New York: Houghton Mifflin Company, 1908, p. 30.

④ Irving Babbitt, *Literature and the American College: Essays in Defense of the Humanities*, Boston and New York: Houghton Mifflin Company, 1908, p. 31. 原文为: The humanities need to be defended to-day against the encroachments of physical science, as they once needed to be against the encroachments of theology.

在自然主义基础上建立一套完整的生活哲学的尝试"①。事实上,白璧德在重新阐明"人的法则"的时候运用的正是自然科学的方法:"我认为,对于处在最佳状态的科学家将自然法则建立在实证以及批判的基础上所付出的努力,人们不仅应该表示欢迎,并且在处理人的法则的时候也应该努力效仿他们,从而成为一个彻底的实证主义者(positivist)。"② 因此,他在论著中多次强调他的人文主义是"实证与批判"的。白璧德所言之实证方法是将人文主义建立在"由不断增加的大量证据所支撑的心理分析(psychological analysis)。"③ 这意味着白璧德不是通过形而上学的逻辑论证来确立人文主义的权威,而是从人的经验事实来证明其合理性。实际上,白璧德对形而上学(Metaphysics)哲学颇有微词。这集中体现在他对哲学的核心问题"一"和"多"的讨论上。在白璧德看来,正确处理"一"和"多"的问题是成为"健全的个人主义"的关键。但是他同时指出,"我对这一问题的处理并不是纯粹的柏拉图式的方法"④。他认为:"那种试图用理智处理统一性与多样性关系的做法将会导致柏拉图本人在《巴门尼德篇》第二部分所提出的难题。"⑤ 因此,白璧德不认同用理性对"一"和"多"的问题进行思辨推理,并认为"这是一种远离实证及批判的态度,落入思辨态度

---

① Irving Babbitt, *Rousseau and Romanticism*, Boston and New York: Houghton Mifflin Company, 1919, p. x. 原文为: My argument is directed against this undue emphasis on the "law for thing," against the attempt to erect on naturalistic foundations a complete philosophy of life. 本书所涉及的 *Rousseau and Romanticism* 的译文均为笔者译。孙宜学曾以《卢梭与浪漫主义》(河北教育出版社 2003 年版)为译名翻译全书,但该译本存在一些错译,如将"Humanism"译成"人道主义"。

② Irving Babbitt, *Rousseau and Romanticism*, Boston and New York: Houghton Mifflin Company, 1919, p. xi. 原文为: I hold that one should not only welcome the efforts of the man of science at his best to put the natural law on a positive and critical basis, but that one should strive to emulate him in one's dealings with the human law; and so become a complete positivist.

③ Irving Babbitt, *Democracy and Leadership*, Boston and New York: Houghton Mifflin Company, 1924, pp. 7-8.

④ Irving Babbitt, *Rousseau and Romanticism*, Boston and New York: Houghton Mifflin Company, 1919, p. xiii. 原文为: My own solution of this problem, it may be well to point out, is not purely Platonic.

⑤ Irving Babbitt, *Democracy and Leadership*, Boston and New York: Houghton Mifflin Company, 1924, p. 171. 原文为: The attempt to deal intellectually with the relation of the unity to the manifoldness would seem to lead to difficulties of the kind Plato has himself set forth in the second part of his "Parmenides."

的做法；它处于建立'一'的形而上学的危险中"①。相对地，"那些特别强调事物中变化因素的人也明显处于远离实证、批判的态度，落入'多'的形而上学的危险中"②。对于古希腊以来哲学史上的坚持"一"的形而上学家与坚持"多"的形而上学家之间的冲突，白璧德甚至认为是"一种奇怪的字谜游戏"（a monstrous logomachy）③。归根结底，白璧德并不把一和多的问题主要看成是一个关于知识的问题（problem of knowledge），而是一种实证的洞见（positive perception）④。在他的阐述中一直力图避免"形而上学与神学的假设"（metaphysical and theological assumptions）⑤，而证之于经验事实。关于这点，他的好友托伊施（Henry William Taeusch）亦深有体会："在我的印象中，他一直致力于回答这个问题——我们为何会在此处？他并不关注那些形而上学的问题，如我们从哪里来？我们到哪里去？他的态度是：我们在世上有如此多关于正确行为的学问要学习，而这些都是真正触手可及的问题，在我们陶醉于形而上学的推测之前最好先处理好这些问题，毕竟我们对那些形而上学的推测没有任何材料在手。"⑥ 但是白璧德担心读者因其对形而上学的拒斥，而误会他对柏拉图的态度，在讨论过程中适时强调："我并非没有意识到柏拉图那几乎无穷的智慧储备。倘若人们希望在获

---

① Irving Babbitt, *Rousseau and Romanticism*, Boston and New York: Houghton Mifflin Company, 1919, p. xiii. 原文为: To do this is to fall away from a positive and critical into a more or less speculative attitude; it is to risk setting up a metaphysic of the One.

② Irving Babbitt, *Rousseau and Romanticism*, Boston and New York: Houghton Mifflin Company, 1919, p. xiii. 原文为: Those who put exclusive emphasis on the element of change in things are in no less obvious danger of falling away from the positive and critical attitude into a metaphysic of the Many.

③ Irving Babbitt, *Rousseau and Romanticism*, Boston and New York: Houghton Mifflin Company, 1919, p. xiii.

④ Irving Babbitt, *Democracy and Leadership*, Boston and New York: Houghton Mifflin Company, 1924, pp. 170-171.

⑤ Irving Babbitt, *Democracy and Leadership*, Boston and New York: Houghton Mifflin Company, 1924, p. 7.

⑥ Frederick Manchester and Odell Shepard eds., *Irving Babbitt: Man and The Teacher*, New York: G. P. Putnam's Sons, 1941, pp. 175-176. 原文为: My impression is that he was so intensely interested in answering the question, wherefore are we here? that he paid no real attention to the metaphysical questions of Whence? And Whither? His attitude seemed to be, There is so much to learn about right conduct on earth from sources actually available to us that we had better straighten out this business before indulging in metaphysical conjectures where no material is at hand.

得宗教洞见的同时不过度牺牲批判精神，柏拉图必然是他们的主要后盾之一。"① 可是白璧德是个关注经验世界的思想家，当他考察柏拉图思想在后世的流变时，结果让他大失所望："由于柏拉图主要进行宗教层面的工作，我们难免期待柏拉图学园能结出宗教果实。这个学园虽然培养了大量杰出的知识分子，但是他们在总体上却倾向于怀疑主义。"② 这样的结果让白璧德对古希腊形而上学的哲学进行反思，并最终将其人文主义确立在实证主义的基础上。

这种回归人的经验事实的"实证方法"与儒家关注现实世界的"实用"思维有相通之处。汤用彤在《评近人之文化研究》认为"我国几无哲学（指知识论、本质论言。人生哲学本诸实用兴趣，故中国有之）"③，即是此意。简而言之，与儒家的思维相似，白璧德的人文主义非哲学的抽象思辨，而是社会伦理维度的体悟。如此一来，白璧德将哲学上的"一"与"多"的问题由抽象思辨回归生命本身的内心感受："人生给予我们不断变化的一致。一致和变化是不可分割的。"④ 也就是说人不仅有"一的直觉"（intuitions of one），也有"多的直觉"（intuitions of many）⑤。"一"与"多"是人的不同的体验类型。可见，白璧德逐渐从实证体悟的角度提炼出了"一的直觉"与"多的直觉"的二元性。二元论是白璧德人文主义理论的核心，下面将对此作进一步的梳理。

---

① Irving Babbitt, *Democracy and Leadership*, Boston and New York: Houghton Mifflin Company, 1924, p.172. 原文为：I am not unaware of the almost inexhaustible store of wisdom in Plato. He must still be one of the chief aids of those who wish to achieve religious insight without an undue sacrifice of the critical spirit.

② Irving Babbitt, *Democracy and Leadership*, Boston and New York: Houghton Mifflin Company, 1924, p.173. 原文为：Since Plato worked primarily on the religious level, one would have expected the fruits of religion to appear in the Platonic Academy. The Academy produced a number of distinguished intellectuals who inclined on the whole towards scepticism.

③ 汤用彤：《评近人之文化研究》，《学衡》1922年第12期。

④ Irving Babbitt, *Rousseau and Romanticism*, Boston and New York: Houghton Mifflin Company, 1919, p.xiii. 原文为：It (Life) gives a oneness that is always changing. The oneness and the change are inseparable.

⑤ Irving Babbitt, *The Masters of Modern French Criticism*, Boston and New York: Houghton Mifflin Company, 1912, p.52.

三 二元论

白璧德认为"一的直觉"与"多的直觉"分别是一种"生命控制"（vital control）与"生命冲动"（vital impulse）①。在《卢梭与浪漫主义》（1919年）一书中，白璧德对人内心当中的二元性进行了更为详细的阐述：一方面，人内心存在一种永远流动和变化的因素，这种因素被感知为一种扩张欲望（expansive desire）；另一方面，人内心当中还存在着一种永恒的或伦理的因素，这种因素对扩张欲望呈现为一种抑制的力量（a power of inhibition）或者一种内在制约（inner check）②。"生命冲动"必须服从于"生命控制"。到了《民主与领袖》（1924年）一书，白璧德提出了更高意志（higher will）这个极具争议性的概念来统合自己的二元论。在该书中，二元论内涵更为丰富，意蕴亦更为复杂。笔者在此先做一个简单的介绍，即人的内心存在"更高意志或伦理意志与自然自我或扩张欲望"（higher will or ethical will and natural self or expansive desire）③之间的对立。对于这两组对立，白璧德将其称为"洞穴的内战"（the civil war in the cave）④。对此，白璧德曾用不同的词汇来意指它们，例如卑下意志（lower will）与更高意志（higher will）、伦理意志（ethical will）与自然意志（natural will）。白璧德认为，真正的二元论不仅承认这一"明显的心理事实"（naked psychological fact）⑤，还必须把伦理意志放在首要位置⑥。这就是说，人的自然自我必须服从伦理意

---

① Irving Babbitt, *The Masters of Modern French Criticism*, Boston and New York: Houghton Mifflin Company, 1912, p.52.

② Irving Babbitt, *Rousseau and Romanticism*, Boston and New York: Houghton Mifflin Company, 1919, p.150. 参见原文：there is an element within man that is in constant flux and change also and makes itself felt practically as an element of expansive desire……The permanent or ethical element in himself towards which he should strive to move is known to him practically as a power of inhibition or inner check upon expansive desire.

③ Irving Babbitt, *Democracy and Leadership*, Boston and New York: Houghton Mifflin Company, 1924, p.161.

④ Irving Babbitt, *Democracy and Leadership*, Boston and New York: Houghton Mifflin Company, 1924, p.291.

⑤ Irving Babbitt, *Democracy and Leadership*, Boston and New York: Houghton Mifflin Company, 1924, p.161.

⑥ Irving Babbitt, *Democracy and Leadership*, Boston and New York: Houghton Mifflin Company, 1924, p.226.

志，遵循适度的法则（Law of measure），控制自己的欲望。这才是人文主义的真谛："人注定是片面的造物，但是人能达到人文的程度正在于他所能战胜天性中的宿命的程度以及他所能调和相反德性的程度。"①

四　经验的三个层面

如果说白璧德从经验的实证角度确立了人的二元性，那么对于白璧德而言，人生就是一个不断体验和感悟的过程。相对地，其人文主义理论也随着人生体验的丰富而不断发展完善。在《法国现代批评大师》一书中，白璧德首次提出了存在的三个层面（three planes of being），分别为自然主义（naturalistic）、人文主义（humanistic）、宗教（religious）。其中的宗教层面即所谓的超自然主义（supernatural）层面。白璧德认为人可以从一个层面上升或下降到另一个层面②。随着白璧德对儒学的深入了解，他开始用与儒学相应的实证思维进一步完善了自己的表述。在《卢梭与浪漫主义》一书中，他抛弃以往哲学上的术语"存在"（being），而使用了"经验"（experience）来确认人生的三个层面：自然主义、人文主义、宗教。而在《民主与领袖》中，他又使用了人生观（the view of life）来描述人生的三个层面，虽然表述与《卢梭与浪漫主义》有所不同，但是意蕴大致一样。

那么，白璧德所提出的人生经验的三个层面究竟是何意？它们之间又是怎样的关系？这些问题的厘清将关涉白璧德的终极人文关怀——国际人文主义。

---

① Irving Babbitt, *Literature and the College: Essays in Defense of the Humanities*, Boston and New York: Houghton Mifflin Company, 1908, p. 23. 原文为: Man is a creature who is foredoomed to one-sidedness, yet who becomes humane only in proportion as he triumphs over this fatality of his nature, only as he arrives at that measure which comes from tempering his virtues, each by its opposite.

② Irving Babbitt, *The Masters of Modern French Criticism*, Boston and New York: Houghton Mifflin Company, 1912, pp. 112-113. 参见原文: Three such planes may be distinguished-the religious, the humanistic, the naturalistic-though there are, of course, numerous intermediary stages, the rounds of the ladder, as it were, by which man may mount or descend from one level to another of his being.

第三节 "国际人文主义"生成的思想背景

要理解白璧德"国际人文主义"的思想内涵，我们必须首先剖析其所生成的思想背景。鉴于学衡派弟子之于白璧德的影响，本节将以师徒相遇的时间（1915年）为分界点，循着白璧德对西方文明的思考路径，探讨西方文明的症结，并力图呈现白璧德"国际人文主义"构想形成的思想脉络。

一 前学衡派时期的白璧德：反思近代文明

国际人文主义的提出源于白璧德对现代文明弊病的思考。对于白璧德而言，现代文明只是自然主义的流觞，亦即白璧德后期所谓的人生经验三个层面的最底层。白璧德终其一生都在与自然主义做斗争。

（一）国际视野的检视——从美国现代文明到西方自然主义思潮

白璧德一生亲历了美国的两个重要时代，一为1865—1898年的镀金时代，二为1898—1929年的崛起和扩张的时代。美国内战（1861—1865）结束后，北方的胜利摧毁了南部奴隶制度，为资本主义的发展扫清了障碍，从此美国进入了历史上著名的"镀金时代"。此时，美国经济高速发展，然而惊人发展的背后却是诸多工商业的"强盗大王"对自然资源的疯狂掠夺以及对劳动的残酷剥削，财富越来越集中于少数个人的手中。贫富差距日益扩大，社会矛盾不断激化，政治日趋黑暗。在这个由资本主义向垄断资本主义过渡的时代，危机四伏，暗潮汹涌。进入20世纪，美国全面完成镀金时代的巨大转变，"第二次工业革命全面完成，工业化、城市化和垄断化基本实现"[①]。随着美国在西半球的崛起，它开始了对东半球的扩张。"崛起和扩张成为美国世纪之交的时代主题。"[②] 然而这个貌似生机勃发的国家并没有让白璧德欢喜雀跃，相反他看到的是这个国家潜伏的危机：

[①] 余志森主编：《美国通史》第4卷，人民出版社2002年版，第1页。
[②] 余志森主编：《美国通史》第4卷，人民出版社2002年版，第1页。

真实的情况是我们当中的最乐观的人也不能忽略道德堕落的某些征兆。但我们不是每年花费7500万元在汽车上,并且能预见成功发射宇宙飞船的美好前景吗? 在这些伟大的成就面前,我们为什么还会为不断增长的谋杀、自杀、发疯、离婚以及我们文明中某些严重或者致命的片面所呈现出来的各种各样的特征而感到不安呢?[1]

在这种时代危机的大背景下,白璧德出版了他的首本专著《文学与美国的大学》。在这本专著中,他集中批判了现代自然主义文明的弊病。但此时的白璧德尚未形成成熟的人文主义理论体系,人性二元论、人生经验三个层面等核心内容尚未被明确提出。因此,在该书中,他更多借鉴了爱默生的理论作为批判武器。在扉页中,他征引了爱默生的诗歌来描述他心中的时代症结。正如爱默生的诗歌所描述的景象,白璧德认为在现代社会中,物的法则(law for thing)已经僭越人的法则(law for man)。所谓物的法则具体指的是以科学的自然主义(scientific naturalism)与情感的自然主义(sentimental naturalism)[2]为代表的自然主义潮流。对于这两种自然主义者,白璧德又将他们分别称为"科学的人道主义者"(scientific humanitarian)以及"情感的人道主义者"(sentimental humanitarian)。这两种自然主义者分别以培根与卢梭为代表。虽然卢梭曾强烈批判科学进步所带来的道德败坏,但是在白璧德看来,无论是以卢梭为代表的情感自然主义,抑或以培根为代表的科学自然主义,他们都是近代科学的产物,亦是现代社会道德败坏的源头。

白璧德认为在现代思想史上,哥白尼天文学说对古老人类中心学说的取代给人类思想带来前所未有的冲击。人类自此有了一种时空无限的感觉。人类不再将地球视为宇宙的中心,也不再将自己视为世界的中心,而是在无限的空间中漂泊。在这种时空观念下,人类越来越难确认

---

[1] Irving Babbitt, *Literature and the American College: Essays in Defense of the Humanities*, Boston and New York: Houghton Mifflin Company, 1908, pp. 63-64.
[2] Irving Babbitt, *Literature and the American College: Essays in Defense of the Humanities*, Boston and New York: Houghton Mifflin Company, 1908, p. 33.

自己优越的本质（superiority of essence）①。也就是说，人类不能再从基督教中获得上帝子民的优越感。而当人类失去了这种超自然特权（supernatural privilege）后，他越来越把自己视为自然的一部分。这种自然与人性合一（this new feeling of the oneness of nature and human nature）的感觉给人类带来了新的安慰。对于如何与自然合一，情感自然主义者与科学自然主义者走上了不同的道路。就情感方面而言，以卢梭为代表的情感自然主义者主张回归自然，回归到未受科学玷污的人性的美好状态；就科学方面而言，根据培根的说法，人类由于渴望获得自然的支配权，他希望通过遵循自然规律来征服自然。白璧德在《文学与美国的大学》中指出，这两种自然主义在现代社会形成强大的自然主义思潮，从而共同瓦解了人文主义与宗教传统。下面将根据白璧德的思路简单呈现这种自然主义思潮。

对于科学自然主义者的代表培根，白璧德认为他是个复杂的矛盾体。一方面培根在科学方法与科学发现上取得了巨大的成就，另一方面他又具有为人所不齿的鄙陋个性。在培根身上，杰出的能力与鄙陋的人格相混杂。尽管他意识到物质进步并不能确保道德的进步，甚至有可能会破坏更高的人性（man's higher nature）。但是他还是庄严地祈祷："打开感官的路，点燃自然之光，这也许不会削弱人类灵魂中的信仰，也不会导致人类对神性奥秘的无视。"② 于是，物的法则在培根那里最终取代了人的法则。可见，所谓培根式的人道主义（Bacon's humanitarianism）指涉的正是那种相信通过科学探索与科学发现取得人类整体进步的观念③。但是白璧德指出："在 18 世纪，这种观念只有与知识与同情的扩张运动（the movement for the broadening of knowledge and sympathy）结合在一起，才显示出它的实际影响，整个欧洲，特别是卢

---

① Irving Babbitt, *Literature and the American College*: *Essays in Defense of the Humanities*, Boston and New York: Houghton Mifflin Company, 1908, p. 32.
② Irving Babbitt, *Literature and the American College*: *Essays in Defense of the Humanities*, Boston and New York: Houghton Mifflin Company, 1908, p. 40.
③ Irving Babbitt, *Literature and the American College*: *Essays in Defense of the Humanities*, Boston and New York: Houghton Mifflin Company, 1908, p. 41.

梭与狄德罗所在的法国,都感受到了它的影响。"① 换言之,到了18世纪,科学人道主义与情感人道主义的结合对整个欧洲产生了巨大影响。白璧德认为:"这场运动是现代第二次伟大的扩张运动,也是个人主义的第二次推动运动。"② 对于这场扩张运动的另一主角卢梭,白璧德认为他也是一位与培根相似的矛盾体:"卢梭是一个恶劣的卑鄙小人,但他同时又是一位自由的伟大先驱。"③ 对于卢梭而言:"美德不再是人性的否定力量,不再是对个人冲动的约束,也不再是施之于人内心当中的艰难挣扎。卢梭认为这些冲动都是好的,所以一个人应该释放自我。美德不再是独处时微弱的声音,不再是自律的鞭策,美德成为一种热情的形式(a form of enthusiasm)。"④ "由于卢梭拒绝对内心过度的欲望进行任何的约束,因此他提出用对同类的同情(sympathy for one's fellow man)来取代宗教的义务。他还将这种同情与对个人权利和自由的强烈要求结合在一起。为了鼓励人们将权利置于义务之上,他假定了无限制的个人要求会在无限的博爱精神中得到充分的制衡。"⑤ 对此,白璧德

---

① Irving Babbitt, *Literature and the American College: Essays in Defense of the Humanities*, Boston and New York: Houghton Mifflin Company, 1908, p. 41. 原文为: It becomes practically effective only when it unites with the movement for the broadening of knowledge and sympathy that makes itself felt through Europe in the eighteenth century, especially in the France of Rousseau and Diderot.

② Irving Babbitt, *Literature and the American College: Essays in Defense of the Humanities*, Boston and New York: Houghton Mifflin Company, 1908, p. 41. 原文为: This movement may be regarded as the second great era of expansion in modern times, the second forward push of individualism.

③ Irving Babbitt, *Literature and the American College: Essays in Defense of the Humanities*, Boston and New York: Houghton Mifflin Company, 1908, p. 49.

④ Irving Babbitt, *Literature and the American College: Essays in Defense of the Humanities*, Boston and New York: Houghton Mifflin Company, 1908, p. 50. 原文为: Virtue is no longer to be the veto power of the personality, a bit and a bridle to be applied to one's impulses, and so imposing a difficult struggle. These impulses, Rousseau asserts, are good, and so a man has only to let himself go. Instead of the still small voice that is heard in solitude and urges to self-discipline, virtue is to become a form of enthusiasm.

⑤ Irving Babbitt, *Literature and the American College: Essays in Defense of the Humanities*, Boston and New York: Houghton Mifflin Company, 1908, pp. 60–61. 原文为: Rousseau, who would admit of no check upon the unruly desires of the heart (libido sentiendi), was therefore led to set up sympathy for one's fellow man as a substitute for religious obligation; and he combined this with a fierce assertion of man's rights and liberties. In encouraging men thus to put a sense of their rights above their obligations, he assumes that the unbounded self-assertion that results will have a sufficient offset in unbounded brotherhood.

认为卢梭完全将"人的法则"与"自身性情相混淆"①。"如果卢梭是个恶劣的卑鄙小人,那正是因为他的自由观;这恰如培根的道德败坏……正是这种进步观导致了他的道德败坏。"② 在白璧德看来,卢梭的自由观与培根的进步观都无视了"人的法则",这最终导致了他们的道德败坏。那么,卢梭自由博爱观与培根进步观的结合可想而知——二者共同开启了现代潘多拉的盒子,从而造成了"个人主义的第二次推动运动"。白璧德认为卢梭与培根二人的道德败坏在某种程度正预言了现代精神③。然而,白璧德否定的并不是科学以及人类情感本身:"没有一个清醒的人会打算贬低文艺复兴以来科学所取得的伟大成就,更不会贬低上两个世纪以来同情的伟大的加速扩展,以至于涵盖了人民中的无权者,甚至动物。科学越进步、社会同情越多,情况越好。"④ 但白璧德指出:"当它们被当成绝对以及自足而建立起来的时候才属于需要考虑的例外情况。"⑤ 意即他批判的是被科学自然主义者视为绝对的进步观念以及被情感自然主义者视为绝对的博爱观念。那么,这种博爱观念与进步观念在现代社会又是以怎样的形态结合在一起,而成为白璧德批判的对象呢?白璧德认为:"旧有的博爱观念与进步观念紧密结合,从而不断被修正转化为人道主义;进步的观念反过来依赖于这样一种

---

① Irving Babbitt, *Literature and the American College*: *Essays in Defense of the Humanities*, Boston and New York: Houghton Mifflin Company, 1908, pp. 55-56.

② Irving Babbitt, *Literature and the American College*: *Essays in Defense of the Humanities*, Boston and New York: Houghton Mifflin Company, 1908, p. 49.

③ Irving Babbitt, *Literature and the American College*: *Essays in Defense of the Humanities*, Boston and New York: Houghton Mifflin Company, 1908, p. 38.

④ Irving Babbitt, *Literature and the American College*: *Essays in Defense of the Humanities*, Boston and New York: Houghton Mifflin Company, 1908, p. 65. 原文为:No sane person would set out to belittle the immense achievements of science since the Renaissance, and still less that great quickening and broadening out of sympathy during the last two centuries so as to include not only the disinherited among men, but even the animals. The more scientific progress and the more social pity the better.

⑤ Irving Babbitt, *Literature and the American College*: *Essays in Defense of the Humanities*, Boston and New York: Houghton Mifflin Company, 1908, p. 65. 原文为:Exception can be taken to these things only when they are set up as absolute and all-sufficient in themselves.

信仰：与自然更紧密地合作，整个人类就会得益。"① 然而这种"博爱自由"观与"进步"观的结合并没有解决它们共同释放出来的罪恶。在白璧德看来，美国的自由已经到达了极限，整个社会危机四伏。然而更让白璧德忧心的是，"我们的情感人道主义者以及科学人道主义者不断发展的最佳方案则是针对服务以及力量的训练"②。换言之，情感人道主义者与科学人道主义者根本没意识到自己就是罪恶的源头，反而继续鼓吹博爱与进步精神。这无疑是陷入了现代文明的恶性循环中。

由此可见，虽然白璧德在《文学与美国的大学》一书中以美国现代文明为批判对象，但他已将笔触伸向了整个欧洲自然主义思潮。这种批评的视野早已超越了国别的界限，从而将西方近代文明纳入其中。他曾批判赫尔德："根据赫尔德的观点：每个民族尽力培养它的民族天才，之后它会产生对其他民族创造力的广泛同情来抵消这种自我肯定（self-assertion）。"③ 这也就是说："民族主义（Nationalism）将会被国际主义（internationalism）所调和。我们所界定的民族主义和国际主义在法国大革命中第一次作为一种世界力量发挥了作用。但是这种理论早在赫尔德和卢梭那里已经发展成熟。卢梭尝试用同情（sympathy）替代节制（restraint）作为伦理基础，我们现代的世界主义（cosmopolitanism）仅仅是这种做法的其中一种形式。"④ 因此，在白璧德看来，目前的"民族主

---

① Irving Babbitt, *Literature and the American College*: *Essays in Defense of the Humanities*, Boston and New York: Houghton Mifflin Company, 1908, p. 34. 原文为：The old philanthropy, as we have said, has been profoundly modified and converted into humanitarianism by being more closely connected with this idea of progress; and the idea of progress in turn rests mainly on a belief in the benefits that are to come to mankind in the mass as the result of a closer cooperation with nature.

② Irving Babbitt, *Literature and the American College*: *Essays in Defense of the Humanities*, Boston and New York: Houghton Mifflin Company, 1908, p. 67. 原文为：the best that our sentimental and scientific humanitarians can evolve between them is a scheme of training for service and training for power.

③ Irving Babbitt, *Literature and the American College*: *Essays in Defense of the Humanities*, Boston and New York: Houghton Mifflin Company, 1908, p. 186. 原文为：According to Herder every nation is to cultivate to the utmost its own national genius, and then, as an offset to this self-assertion, have a comprehensive sympathy for other national originalities.

④ Irving Babbitt, *Literature and the American College*: *Essays in Defense of the Humanities*, Boston and New York: Houghton Mifflin Company, 1908, pp. 186 – 187. 原文为：Nationalism and internationalism, as we have thus defined them, first became effective as world forces with the French Revolution; but the theory is already complete in Herder and Rousseau. Our modern cosmopolitanism is simply one form of Rousseau's attempt to substitute sympathy for restraint as the foundation of ethics.

义""国际主义""世界主义"只是自然主义思潮另一种形式。这种国际视野在接下来的两本专著《新拉奥孔》以及《法国现代批评大师》得到进一步延伸。他在《法国现代批评大师》明确指出:"如果在这本关于法国批评的书中,我用了大量的篇幅讨论爱默生以及歌德,那是因为我希望通过这种方式强调我的信念:这种纪律以及标准的问题不能仅在法国解决,这正如现代法国思想家所倾向相信地那样,它是一个国际性的问题。"① 然而此时的白璧德并未在书中对民族主义、国际主义、世界主义等问题进行全面的探讨。

(二)"国际主义"视野的检视——从世界大战到西方近代文明

内文(Thomas R. Nevin)认为:"在第一次世界大战后,白璧德关于创造人文主义者文化的诉求变得越来越国际化。"② 换言之,"一战"的爆发使白璧德更加集中思考世界各国文明的矛盾冲突。反思"一战"的文章《国际主义的破产》(*The Breakdown of Internationalism*)应运而生。"国际人文主义"的构想亦现出雏形——国际主义(a truly international)。相比白璧德早期的著作,在这篇文章中,白璧德以开阔的国际视野探讨了人道主义最终走向帝国主义的原因。

在白璧德之前,不少学者已经发表了反思世界大战的文章。但是令白璧德失望的是:"这场战争至今为止几乎完全被视为民族心理的问题——尤其是德国人的心理问题。无数的书籍和文章都认为德国人在尼采、崔茨克、伯恩哈迪的影响下成为自大狂以及超人的民族(a race of megalomaniacs and supermen)。他们对帝国的欲望以及他们的军国主义在程度上以及形式上都异于其他民族。我们都认为如果不是那些潜伏在羊群中的普鲁士狼(Prussian wolf),地球上剩下的民族都会像无辜的羔

---

① Irving Babbitt, *The Masters of Modern French Criticism*, Boston and New York: Houghton Mifflin Company, 1912, p. 368. 原文为: If in a book on French criticism, again, I am devoting so much space to Emerson and Goethe, my purpose is to emphasize in this way my belief that this problem of discipline and standards is not to be solved in terms of French life alone, as a whole school of contemporary French thinkers incline to believe, but is international.

② Thomas R. Nevin, *Irving Babbitt-An Intellectual Study*, Chapel Hill and London: The University of North Carolina Press, 1984, p. 92. 原文为: After the World War, Babbitt's argument for the creation of a humanist culture became increasingly international in its compass.

羊静静地躺着。"① 但是白璧德指出:"在成为德国人之前,德国人首先是人。在这个被激化的民族主义(exasperated nationalism)笼罩的时代,难道我们不应该致力于一种真正的国际观点,以探讨现行的国际主义破产的原因吗?因为我认为现行的国际主义的破产是非常明显的。"② 这也就是说,白璧德认为世界大战的根源不在于德国所谓的民族性,而是人类整体的问题。并且白璧德还敏锐地察觉到"已经破产的国际主义与推翻它的民族主义其实有着相对较近的起源"③。那就是法国大革命。在白璧德看来,这场人类的灾难早在法国大革命时期就已经露出端倪了。据白璧德分析,法国大革命不同于以往任何战争之处在于:"就它的影响范围而言,它不仅是民族性的(national),也是国际性的(international)"④。在剖析法国大革命的过程中,白璧德展现了不同于一般历史学家的人文视角:

> 根据法国革命者的设想,所有民族将要去除他们的邪恶原则,亦即国王和牧师们阻碍了人类友爱本能(fraternal instinct)的展现。用另一种象征性的说法,亦即他们将要去拥抱彼此。这种观念质疑

---

① Irving Babbitt, *The Breakdown of Internationalism*, Howard Blake ed., Reprinted from The Nation (1915), 1943, p.1. 原文为: THE WAR has been treated thus far almost entirely as a problem in national psychology-especially the psychology of the German. We have been told in a thousand books and articles that under the influence of writers like Nietzsche and Treitsche and Bernhardi the Germans have become a race of megalomaniacs and supermen; that in their militarism and lust of empire they differ from other peoples, not merely in degree, but in kind. The remaining nations of the earth, we have been given to understand, might lie down together like the innocent lambs they are, were it not for the Prussian wolf in the fold.

② Irving Babbitt, *The Breakdown of Internationalism*, Howard Blake ed., Reprinted from The Nation (1915), 1943, p.1. 原文为: before being Germans, the Germans are human beings. But should it not rather be our distinction, in this age of exasperated nationalism, to work out a truly international point of view, and, as a preliminary, to inquire into the reasons for the breakdown of the present type of internationalism; for that the existing type has failed, I take to be self-evident.

③ Irving Babbitt, *The Breakdown of Internationalism*, Howard Blake ed., Reprinted from The Nation (1915), 1943, p.2. 原文为: the type of internationalism that has broken down so disastrously, as well as the type of nationalism that has overthrown it, are both of comparatively recent origin.

④ Irving Babbitt, *The Breakdown of Internationalism*, Howard Blake ed., Reprinted from The Nation (1915), 1943, p.2. 原文为: it was not merely national, but international, in its scope.

了现存欧洲政府的合法性。并且受这种观念的刺激,革命的领导者实施了一种政策,而这种政策被这些欧洲政府视为不可忍耐的干涉行为。因此,所有与此直接相关的欧洲政府结成了联盟入侵法国。这种外国威胁促使法国爆发了第一次现代意义上的民族热情。革命军队呐喊:"共和国万岁!"当歌德在瓦尔密战役炮轰的间歇听到这种呐喊时,他认为这是一个新时代的开始。我们现在在欧洲所见证的这场战争的开端,这场不同民族聚集起来互相屠杀的战争,正可以回溯到这个时期。这种战争实际上正是普遍博爱精神(universal brotherhood)的最终结果。这种新的民族热情给法国提供了如此多纯粹的战士,以至于它不仅击退了它的侵略者,还反过来以一种解放的使命侵略了其他国家。然而,真实的情况是权力的意志(the will to power)压倒了博爱的意志(the will to brotherhood)。一种以人道主义圣战名义开始的战争最终以拿破仑的帝国主义侵略结束。这种侵略反过来又唤醒了德国以及其他国家的新的民族感情。在18世纪末,幻灭的激进主义者一致指责法国不再是"基督的民族",它是"人类的叛徒"。[1]

---

[1] Irving Babbitt, *The Breakdown of Internationalism*, Howard Blake ed., Reprinted from The Nation (1915), 1943, pp. 2-3. 原文为: According to the French revolutionists, all nations were to get rid of their evil principle-the kings and priests who kept the fraternal instinct from manifesting itself-and then, figuratively speaking, were to embrace each other. This conception, that practically put in question the legitimacy of all existing European governments, inspired in the revolutionary leaders a policy that was felt by these governments themselves as intolerable meddling. Accordingly, the governments immediately concerned entered into an alliance and invaded France. This foreign menace moved France to the first great burst of national enthusiasm in the modern sense. The cry of the revolutionary army, "Vive la nation," heard by Goethe in a pause of the cannonading at Valmy, was rightly taken by him to mark the dawn of a new era. The beginnings of the very type of warfare we are now witnessing in Europe, that is, the coming together of whole nations for mutual massacre (la levée en masse), go back to this period. This type of warfare is therefore the final result of universal brotherhood. The new national enthusiasm supplied France with soldiers so numerous and so spirited that she not only repelled her invaders, but began to invade other countries in turn, theoretically on a mission of emancipation. In the actual stress of events, however, the will to power turned out to be stronger than the will to brotherhood, and what had begun as a humanitarian crusade ended in Napoleon and imperialistic aggression. This aggression awakened in turn the new national sentiment in Germany and other countries. France ceased to be the "Christ of nations" and became the "traitor to human kind," universally denounced by disillusioned radicals at the end of the eighteenth century.

在白璧德的层层剖析下，我们可以清楚地看到博爱精神如何点燃法国大革命的激情，引起法国民族情绪的高涨，进而导致法国帝国主义的崛起，并最终引起世界范围内民族情绪的泛滥。回到现代德国，白璧德认为德国文化的发展过程正遵循了与法国大革命相同的路径——"从德国所谓的人性时代（the age of humanity），经过民族性的时代（the age of nationality），直到今日的帝国主义侵略时代（the present age of imperialistic aggression）"[①]。并且，他进一步指出德国只是伟大的国际运动的一部分。因为德国人对英雄和超人的崇尚实际上源自18世纪同时流行于英法德三国"原创天才"（original genius）的观念。在此，白璧德对德国的民族性问题作了进一步的回溯，他认为先于法国大革命的18世纪的人道主义思潮才是"今天伟大的国际运动的真正开端"[②]。对于这场人道主义思潮，白璧德延续了《文学与美国的大学》的批判态度。并且经过将近十年的思想沉淀，白璧德已经发展出人文主义的"二元论"，此时的他对于人道主义思潮的批判更为鞭辟入里。他认为在这场人道主义思潮中，一种关于人性的新观点席卷了整个欧洲大陆。"这种观点最明显的特征就是缩小了人内心当中的善恶斗争，并且将这种斗争转嫁到社会。因为它的全部学说主要强调了人性和未来的进步（humanity and its future progress），所以它被恰当地命名为人道主义。所有的人道主义都预设了一种自然主义哲学，那就是对一种特殊的人的法则的否定，而这种人的法则反对现象自然的法则（the law for phenomenal nature）。过去以人的法则的名义对个体施加了种种约束（restraints），而这些约束被视为是一种与'自然'（nature）相反的'偏见'或者'习俗'而被抛弃掉了。狄德罗说，'你想简单知道我们所有不幸的故事吗？从前有一个自然人（natural man），后来在这个人身上引进了另一个人造人（artificial man），这样就造成了持续

[①] Irving Babbitt, *The Breakdown of Internationalism*, Howard Blake ed., Reprinted from The Nation (1915), 1943, p. 4.
[②] Irving Babbitt, *The Breakdown of Internationalism*, Howard Blake ed., Reprinted from The Nation (1915), 1943, p. 5.

一生的洞穴内战。'"① 这就是说，在人道主义思潮中，人们相信自然状态的人性是美好的，这就是狄德罗所说的"自然人"；但是社会将罪恶带到了人身上，亦即从自然人身上引进了"人造人"，于是人便一辈子活在不幸当中。因此 18 世纪的自然主义鼓励人们抛开传统的枷锁，释放自然状态的人性。而那些相信本能状态的人们被称为"美丽灵魂"（beautiful soul）。在这种自然主义思潮的影响下，"美丽灵魂不需要改善自身（reform himself），他只需要完全投身于改革社会（reform society）即可。至于如何改革社会，他希望根据他的理性性情或者情感性情来选择改良机械或者传播博爱精神"②。这场自然主义运动的人们认为："只要对他人的自我表达的热情表示充分同情，他便可沉溺于他的爱好以及他的独创性。"③ 从这场人道主义运动中，我们不难看出人们对人性的热情（the passion for humanity）。无论理性抑或情感，人们都认为这是美好人性的一部分。但是在白璧德看来："从一开始，这场现代运动的特征就是极大的扩张性（enormous expansiveness）。"④ 无论情感抑或理性都表现出了失衡的扩张性，并且

---

① Irving Babbitt, *The Breakdown of Internationalism*, Howard Blake ed., Reprinted from The Nation (1915), 1943, p. 5. 原文为：Its most salient feature is the attempt to minimize the struggle between good and evil in the breast of the individual and transfer this struggle to society. Putting as it does prime emphasis on humanity and its future progress, the whole doctrine is properly known as humanitarianism. All forms of humanitarianism presuppose a naturalistic philosophy, the virtual denial of a special law for man as opposed to the law for phenomenal nature. Restraints that the past had imposed on the individual in the name of such a law are to be dismissed as mere "prejudice" or "convention," as contrary to "nature." "Do you wish," says Diderot, "to know in brief the tale of almost all our woe? There once existed a natural man; there has been introduced within this man an artificial man, and there has arisen in the cave a civil war that lasts throughout life."

② Irving Babbitt, *The Breakdown of Internationalism*, Howard Blake ed., Reprinted from The Nation (1915), 1943, p. 5. 原文为：Not having to reform himself, the beautiful soul can devote himself entirely to reforming society; and this he hopes to do, according as his temper is rationalistic or emotional, either by improving its machinery or by diffusing the spirit of brotherhood.

③ Irving Babbitt, *The Breakdown of Internationalism*, Howard Blake ed., Reprinted from The Nation (1915), 1943, p. 6. 原文为：A man may, it argued, indulge his bent and unfold his originality to the utmost if only at the same time he sympathizes sufficiently with others in their passion for self-expression.

④ Irving Babbitt, *The Breakdown of Internationalism*, Howard Blake ed., Reprinted from The Nation (1915), 1943, p. 6. 原文为：The peculiar mark of this modern movement was from the start its enormous expansiveness.

"失去了内在制约 (inner check) 或者外在制约 (outer check), 再没有任何比转移自由扩张 (free expansion) 的观念更容易的东西了, 这种观念很容易就从个人性情转移到民族性情"①。而德国只不过早在一百年前就在英法两国的影响下, 开始了这种人道主义的自由扩张。因此, 对于白璧德而言, 德国的问题只是比其他国家更多了一份紧迫性。

由此可见, 白璧德认为世界大战的根源就在于全世界范围内的人道主义, 而非德国的民族性。那么, 我们又该如何结束这场可怕的战争灾难呢? 令白璧德忧心的是, "在情感型或者理性型的人道主义者看来, 通过诉诸同情的原则或者启蒙的自利原则, 不同个体或者不同国家之间的冲突能够得到充分的缓解"②。在书中, 白璧德逐一指出了这两种人道主义者的虚妄。功利和平主义者认为我们可以通过某种机械的形式 (some form of machinery) 结束战争, 而这些机械形式的成功实施"依赖于各民族对他们自身利益的正确理解"③。但是白璧德指出, 在现代社会中, 人不仅受"冷静反思" (cool reflection) 的控制, 他还受"激情和想象"的控制。换言之, 现代社会的人并非纯理性思考的人, 因此这种"启蒙的自利原则"根本无法制衡人性的欲望。至于情感主义者, "与民族性的诉求相比, 情感和平主义者在人性名义下所诉诸的激情与想象太苍白和不切实际了"④。对于这些人道主义者的失败方案, 白璧德指出, 其根本原因在于一种致命的缺陷 (fatal flaw) 已经内置在人道主义理论中: "我们最好对人道主义理论预设的中心表示怀疑, 亦即纯粹扩张的人性能在同情原则或者启蒙的自利原则得到充分的制衡。这个疑问最终会归结为一点: 如果人类正如 18 世纪所倡导的那样, 冲动地

---

① Irving Babbitt, *The Breakdown of Internationalism*, Howard Blake ed., Reprinted from The Nation (1915), 1943, p.7. 原文为: Now, nothing is easier than to transfer this conception of free expansion, without the need of either inner or outer check, from the temperament of the individual to national temperament.

② Irving Babbitt, *The Breakdown of Internationalism*, Howard Blake ed., Reprinted from The Nation (1915), 1943, p.9. 原文为: According as the humanitarian is emotional or rationalistic he assumes that the clashes which occur between different individuals or different states can be sufficiently mitigated by an appeal either to the principle of sympathy or to that of enlightened self-interest.

③ Irving Babbitt, *The Breakdown of Internationalism*, Howard Blake ed., Reprinted from The Nation (1915), 1943, p.9.

④ Irving Babbitt, *The Breakdown of Internationalism*, Howard Blake ed., Reprinted from The Nation (1915), 1943, p.10.

生活，或者生活在'自然状态'，那么什么能成为这些冲动的主人呢？"① 白璧德认为法国大革命已经对这个问题作出了回答——"权力的意志战胜了博爱的意志"②。证之今日的现实情况亦是如此，"过去一世纪的梦幻即是普遍的博爱精神，而它的现实是朝向帝国主义的"③。因此，白璧德认为现代文明真正的病根不是物质主义（materialism），而是错误的精神（sham spirituality）：

> 生命扩张性的观点（the expansive view of life）很明显不是一种和平的观点。它不能在不同民族之间建立和平和一致，它不能在同一民族内部建立和平和一致，它不能在个人内心建立和平和一致——这正是所有问题的根源。④

对此，白璧德提出真正的精神以抗衡之：

> 过去已经证明，真正的精神与错误的精神的主要区别在于：真正的精神认为人不能在普遍同情（common sympathy），而只能在公共纪律（common discipline）上团结到一起。例如，圣·保罗（外邦人的老师）可能是所有世界主义者中最成功的一位。他认为人们不能在他们普通自我的层面上达到一致。他们只能通过忠于某种高

---

① Irving Babbitt, *The Breakdown of Internationalism*, Howard Blake ed., Reprinted from The Nation (1915), 1943, p. 11. 原文为：We may well doubt the central humanitarian hypothesis that a purely expansive human nature will have a sufficient counterpoise either in the principle of sympathy or that of enlightened self-interest. The question finally reduces itself to this: if men live impulsively, or in the "state of nature," as would have been said in the eighteenth century, what will prove to be the master-impulse?

② Irving Babbitt, *The Breakdown of Internationalism*, Howard Blake ed., Reprinted from The Nation (1915), 1943, p. 11. 原文为：the will to power prevailed over the will to brotherhood.

③ Irving Babbitt, *The Breakdown of Internationalism*, Howard Blake ed., Reprinted from The Nation (1915), 1943, p. 12. 原文为：the dream of the past century has been universal brotherhood, its reality the drift towards imperialism.

④ Irving Babbitt, *The Breakdown of Internationalism*, Howard Blake ed., Reprinted from The Nation (1915), 1943, p. 12. 原文为：The expansive view of life is plainly not the peaceful view. It does not establish peace and unity among different nationalities, it does not establish peace and unity among members of the same nationality, it does not establish peace and unity—and this is the root of the whole matter-in the breast of the individual.

于他们普通自我的法则或者忠于以这种法则为特征的个人而团结到一起。因此他们首先不再是犹太人或希腊人,不再是联结的或者自由的,也不再是男人或者女人,因为他们成为"基督下的一"(one in Christ)。①

倘若说19世纪的精神是拿破仑精神(the spirit of Napoleon)取代了基督精神(the spirit of Christ),"现在的问题似乎就是抛弃拿破仑精神,重新恢复基督精神"②。但是白璧德认为:"今天不仅给宗教运动,同时也给人文主义运动提供了机会。"③ 为了抗衡国际人道主义,白璧德提出:"如果现行的国际主义是不成熟的,这正是我们发现错误和修改它的关键时刻。因为只有建立一种真正的国际主义(a truly international),亦即一种真正人性的观点(a truly human point of view),我们才有希望获得一种充足的民族凝聚力。"④ 此时虽然白璧德尚未提出"国际人文主义"的概念,但他所说的"真正的国际主义"可被看作是"国际人文主义"的雏形。

然而,问题在于如何建立真正的国际主义?亦即如何重建被人道主义破坏掉的纪律美德(disciplinary virtues)⑤?对此,白璧德不赞成回归

---

① Irving Babbitt, *The Breakdown of Internationalism*, Howard Blake ed., Reprinted from The Nation (1915), 1943, p. 13. 原文为: One of the chief distinctions between true and sham spirituality, if we are to lay any weight on the testimony of the past, is that true spirituality insists that men cannot come together in a common sympathy, but only in a common discipline. For example, Saint Paul (doctor gentium), perhaps the most successful of all cosmopolitans, proclaims that men cannot meet directly and on the level of their ordinary selves. They can come together only by allegiance to a law set above their ordinary selves or to a personality taken as a symbol of this law. They then cease to be, first of all Jew or Greek, bond or free, male or female, for they have become "one in Christ."

② Irving Babbitt, *The Breakdown of Internationalism*, Howard Blake ed., Reprinted from The Nation (1915), 1943, p. 14. 原文为: In that case, the problem would seem to be to repudiate the spirit of Napoleon and recover the spirit of Christ.

③ Irving Babbitt, *The Breakdown of Internationalism*, Howard Blake ed., Reprinted from The Nation (1915), 1943, p. 14.

④ Irving Babbitt, *The Breakdown of Internationalism*, Howard Blake ed., Reprinted from The Nation (1915), 1943, p. 18. 原文为: If the present type of internationalism is unsound, it is of the utmost moment that we should discover the error and rectify it, for only by working out a truly international, that is, a truly human point of view, can we hope to attain a sufficient degree of national cohesion.

⑤ Irving Babbitt, *The Breakdown of Internationalism*, Howard Blake ed., Reprinted from The Nation (1915), 1943, p. 18.

到清教主义："对那种即便是清教徒的后裔所提出的回归到清教主义的建议，我们只能报以微笑。"① 而对于西方文明的另一源头——古希腊文明，白璧德则认为："在目前的情况下，就获得人文主义的纪律美德最好的方法而言，我们也许仍然能受益于回归到人文主义者和批评者永恒的模范——苏格拉底。"② 由此，我们不难感受到白璧德言辞之间对古希腊文明流露出的不确定性。如此看来，他似乎并不赞成仅从西方文明来获取人文资源。其实早在 1899 年，白璧德就已经将目光投向了东方文明：

  在西方历史上，对某些真理的认识有时候需要通过与东方的交流以得到重新激活以及促进。目前也许就是这样的时刻。当我们完全沉浸于探索力量秘密的时候，如果我们要避免狂傲的话，我们最好不时求助于像印度这样的国家。因为它完全致力于探索和平的秘密。③

正如内文（Nevin）所言："他（白璧德）认为人性注定是片面的，

---

① Irving Babbitt, *The Breakdown of Internationalism*, Howard Blake ed., Reprinted from The Nation (1915), 1943, p. 18. 原文为：The suggestion that we get back to Puritanism would be received with a smile even by the descendants of the Puritans.

② Irving Babbitt, *The Breakdown of Internationalism*, Howard Blake ed., Reprinted from The Nation (1915), 1943, p. 19. 原文为：As to the best way of acquiring humanistic discipline under present circumstances we may still turn with profit to that permanent model of the critic and humanist, Socrates.

③ Irving Babbitt, *Character and Culture: Essays on East and West*, New Brunswick: Transaction Publishers, 1995, p. 146. 原文为：The present, then, is perhaps one of those moments in the history of the West when its sense of certain truths needs to be refreshed and quickened by contact with the thought of the East. Entirely absorbed as we have been in the pursuit of the secret of power, it may be well for us, if we would avoid satiety, to turn at times to a country like India, which has given itself no less entirely to the pursuit of the secret of peace. 该文原名为 "Anonymous review of a century of Indian Epigrams, by Paul Elmer More"，载 *Atlantic Monthly*, Vol. 84, 后收文集 *Spanish Character and other Essays*。该文集收录了白璧德自 1898 年至 1932 年发表的论文，由门人结集成书，并于 1940 年在作者身后初版。后该书又被白璧德再传弟子克莱斯·瑞恩（Claes G. Ryn）更名为 *Character and Culture: Essays on East and West* 于 1995 年出版。本书所涉及的 *Character and Culture: Essays on East and West* 的译文均为笔者译。孙宜学曾以《性格与文化：论东方与西方》（上海三联书店 2010 年版）为译名翻译全书，但该译本存在一些错译，如将 "Humanism" 译成 "人道主义"。

民族文化亦是如此。"[①] 白璧德早年所提出"东方的半个真理正可矫正西方的半个真理"[②]，即是此意。可见，白璧德一直在东方寻找西方所缺失的半个真理。而学衡派弟子的出现显然又为白璧德打开了另一扇东方文明的窗户。至此，白璧德终于集合了"国际主义"的所有人文资源。"国际人文主义"也在白璧德日渐丰盈的中西文化学术背景下应运而生。

二 学衡派时期的白璧德：反思西方文明

如上文所言，在接触学衡派弟子之前，白璧德已经将目光投向了东方文明，然而成长于西方文化土壤的白璧德何以如此看重东方文明？换言之，西方文明到底存在何种弊端使白璧德频频将目光投向遥远的东方？尽管在白璧德的前期著作中，我们能觉察到这些问题的一丝苗头，但是白璧德并未对此展开讨论。在接触学衡派弟子后，白璧德逐渐揭开这层面纱。对于这种变化，我们或许可以做这样的理解：通过东西文化的对比，白璧德进一步看清了西方文明的弊端，并在专著中开始全面反思西方文明。这种态度集中体现于白璧德的后期著作《民主与领袖》。

白璧德认为社会的问题归根结底为宗教问题。综观白璧德的理论体系，他所指涉的宗教问题具体而言则为人性问题。而人性问题关涉的则是社会的德性问题。换言之，白璧德一直关注的问题乃是如何获得美德。在人性问题上，白璧德认为西方文明已经陷入了困境，并且在白璧德看来，这种文明危机在古希腊时期已经露出端倪。作为西方文明源头的古希腊，从一开始就表现出顽固的理智主义（obstinate intellectualism）的倾向。"苏格拉底的美德概念重点强调了理智

[①] Thomas R. Nevin, *Irving Babbitt-An Intellectual Study*, Chapel Hill and London: The University of North Carolina Press, 1984, p. 92. 原文为：As he had maintained that human nature is doomed to occasional excesses of one-sidedness, so too, he felt, were national cultures.

[②] Irving Babbitt, *Character and Culture: Essays on East and West*, New Brunswick: Transaction Publishers, 1995, p. 147. 原文为：the half truth of the East may serve as a corrective to the half truth of the West.

(mind) 的作用。"① 然而白璧德却对 "柏拉图以及苏格拉底式的知识即美德"（Platonic and Socratic identification of knowledge and virtue）② 的观念产生了质疑。因为一个人的犯错并非完全出于无知，而往往由于意志的薄弱。代之而起的 "基督教提供了希腊哲学所缺少的东西"③。它建立了一整套教义规训人们的理性，但这种谦卑是以牺牲自立精神为代价的。谦卑在基督教里源于对上帝的信仰。但宗教的弊病在于："当意志被视为绝对的、不对任何人负责的，同时又是超越的，个体的确会变得谦卑，但是他也使自身远离了自立（self-reliant），并容易陷入东方式的宿命论。"④ 在基督教里，"理性不仅被适当地置于服从的位置，而且还受到彻底的质疑。如此一来，蒙昧主义的道路便被打开"⑤。进入17世纪，随着科学的发展以及批判精神的日益高涨，启蒙运动时期的人们不仅日趋拒绝服从于教会，甚至抛弃了对上帝的信仰，"在其中理性代替了福音"⑥。人们不再关注彼世的幸福："人生的目标是此世的幸福。这个目标可以由人自己通过科学而达到（知识就是力量）。"⑦ "人们重新获得自立，但是又以同样的程度失去谦卑。"⑧ 在理性主义大潮高涨的

---

① Irving Babbitt, *Democracy and Leadership*, Boston and New York: Houghton Mifflin Company, 1924, p. 165. 原文为: The Socratic conception of virtue encourages a primary emphasis on mind.

② Irving Babbitt, *Democracy and Leadership*, Boston and New York: Houghton Mifflin Company, 1924, p. 172.

③ Irving Babbitt, *Democracy and Leadership*, Boston and New York: Houghton Mifflin Company, 1924, p. 175. 原文为: Christianity supplied what was lacking in Greek philosophy.

④ Irving Babbitt, *Democracy and Leadership*, Boston and New York: Houghton Mifflin Company, 1924, p. 176. 原文为: when will is conceived as absolute and irresponsible and at the same time as transcendant, the individual is made humble, indeed, but he is so far from being made self-reliant that he is prone to fall into the Oriental form of fatalism.

⑤ Irving Babbitt, *Democracy and Leadership*, Boston and New York: Houghton Mifflin Company, 1924, p. 177. 原文为: The intellect was thus not only put in its proper subordinate place, but brought under positive suspicion. The way was opened for obscurantism.

⑥ [挪] G·希尔贝克、N·伊耶:《西方哲学史: 从古希腊到二十世纪》，童世骏、郁振华、刘进译，上海译文出版社2004年版，第320页。

⑦ [挪] G·希尔贝克、N·伊耶:《西方哲学史: 从古希腊到二十世纪》，童世骏、郁振华、刘进译，上海译文出版社2004年版，第320页。

⑧ Irving Babbitt, *Democracy and Leadership*, Boston and New York: Houghton Mifflin Company, 1924, p. 178. 原文为: Men were becoming self-reliant again and in almost the same measure were losing humility.

时代，卢梭号召"回归自然"，对理性主义思想进行反拨。在卢梭看来，人类的本性有先于理性而存在的因素："我相信在这里可以看出两个先于理性而存在的原理：一个原理使我们热烈地关切我们的幸福和我们自己的保存；另一个原理使我们在看到任何有感觉的生物、主要是我们的同类遭受灭亡或痛苦的时候，会感到一种天然的憎恶。我们的精神活动能够使这两个原理相互协调并且配合起来。"① 这也就是说自利 (self-love) 与怜悯是先天的，并且这两者可以相互制衡，从而使人们处于和谐的状态之中。在卢梭那里，怜悯取代了宗教义务，成为道德的基础。在这种人性本善的理论基础上，卢梭认为恶源于社会制度："战争和理性都是社会复杂化的结果，真正的自然状态是自由、平等、博爱 (fraternal pity)。"② 这就是卢梭所建立的自然人性与社会的新的二元对立。然而在白璧德看来，一方面，卢梭人性本善的立论否定了人心中的恶，鼓励人们放纵自己的感情，但是他所鼓吹的博爱精神根本无法制衡不加限制的个人欲望，"卢梭的博爱只是一个情感的幻梦"③。另一方面，卢梭将人心中的善恶冲突转化为人与社会的冲突，从而使人摆脱了道德责任，将自身的罪恶转嫁到社会制度上。因此，白璧德认为他所提出的情感宗教不仅没有解决自立与谦卑这两者的矛盾，甚至是"一种更为卑劣的蒙昧主义 (worse form of obscurantism)"④。

论述至此，我们可以看到白璧德与以往思想家的根本矛盾在于如何处理自立与谦卑之间的关系，亦即如何处理内在生命中自然之我与更高自我之间的关系。对白璧德而言，一方面理性主义者所崇尚的理性以及卢梭所崇尚的怜悯情感实际上只是自然之我的一部分，它们都应该服从于更高自我。过分推崇理性或者怜悯情感都会使人丧失谦卑的美德。另一方面，基督教虽然使人服从于更高意志，然而这种更高意志是外在于

---

① [法] 卢梭：《卢梭文集》，江文编译，中国戏剧出版社 2008 年版，第 322 页。

② Irving Babbitt, *Democracy and Leadership*, Boston and New York: Houghton Mifflin Company, 1924, p. 74. 原文为：both war and reason are the result of social sophistication. The true state of nature is liberty, equality, and fraternal pity.

③ Irving Babbitt, *Democracy and Leadership*, Boston and New York: Houghton Mifflin Company, 1924, p. 4. 原文为：Rousseau's fraternity is only a sentimental dream.

④ Irving Babbitt, *Democracy and Leadership*, Boston and New York: Houghton Mifflin Company, 1924, p. 183.

人的权威，会导致人依附于宗教，丧失自立。因此，白璧德认为西方一直没能处理好自立与谦卑之间的关系："从谦卑说的角度而言，自立说在西方从古希腊直到今天一直暧昧不明。"① "一方为过度的理智，一方为等同于轻信的信仰，自古希腊到今天，二者之间的战争乃是西方文化的真正病症所在。"② 人要同时保持自立与谦卑，必须找到"某种神恩的对应物"（some equivalent for grace）③。于是白璧德把眼光投向了东方：

在此，我们发现把亚洲的全部经验纳入考虑是非常有益的。没有一个明白事理的人会宣称远东的道德在整体上比西方更优越，但是远东至少对于西方文化的巨大弊病（理性与信仰之间的冲突）具有相对免疫力。佛陀与孔子都能把谦卑、自立及批判精神的培养结合起来。因此，人们如果希望在现代意义上让亚洲在过去一直坚持的元素回归到他们的生活之中，并且相信缺乏这些回归，西方将会在速度与力量的欲望下走向疯狂，那么孔子与佛陀对于他们具有非常大的帮助。④

---

① Irving Babbitt, *Democracy and Leadership*, Boston and New York: Houghton Mifflin Company, 1924, p. 166. 原文为：The very doctrine of self-reliance has, from the point of view of humility, a singularly clouded record in the Occident, and that from the time of the ancient Greeks to the present day.
② Irving Babbitt, *Democracy and Leadership*, Boston and New York: Houghton Mifflin Company, 1924, p. 182. 原文为：The warfare between a reason that presumes unduly and a faith that has got itself more or less identified with credulity may turn out to be the true disease of Western culture from the Greeks to the present day.
③ Irving Babbitt, *Democracy and Leadership*, Boston and New York: Houghton Mifflin Company, 1924, p. 183.
④ Irving Babbitt, *Democracy and Leadership*, Boston and New York: Houghton Mifflin Company, 1924, pp. 183-184. 原文为：It is here that we may find it profitable to take into account the total experience of Asia. While no sensible person would claim for the Far East a general ethical superiority over the West, the Far East has at least enjoyed a comparative immunity form that great disease of Occidental culture-the warfare between reason and faith. Buddha and Confucius both managed to combine humility with self-reliance and a cultivation of the critical spirit. They may, therefore, be of help to those who wish to restore to their lives on modern lines the element for which Asia has stood in the past, who believe that without some such restoration the Occident is in danger of going mad with the lust of speed and power.

白璧德认为西方的难题在孔子身上得到了解决:"这种对正确模范的效仿是文明社会的必要基础,没有人比孔子更坚信正确模范的作用以及这种模范所激发起来的模仿作用。孔子本人成为七十余代人的模范,他的模范作用成功塑造了占世界四分之一人口的民族的精神气质,并且无须诉诸此世或彼世的恐怖原则(the principle of fear)。这些都证明了孔子学说的合理性。孔子的影响力实际上比我们西方的经验更证明这种信念,即人能成为理性的动物。"[1] 因此他希望借助儒家思想与佛教思想帮助西方文明走出困境。于是白璧德将中国的儒家思想纳入了人文主义的范畴,他认为中国的核心传统即是儒学传统,而儒学传统一直是人文主义的[2]。这种融入中国儒家思想的人文主义非西方式的人文主义,而是超越了地域局限的国际人文主义。

第四节 "国际人文主义"的双面视界

如上文所言,白璧德全面反思西方思想,并将儒家思想纳入了人文主义的范畴。此时白璧德的人文主义不再是西方式的人文主义,然而正是这种对西方视域的突破引发了无数的争论。斯图尔特(Kenneth Frederick Stevvant)批评他的人文主义忽略了宗教[3],奥蒂斯(Brooks Otrs)则认为他是美国最后一位清教徒[4]。两种截然不同的评价常常出

---

[1] Irving Babbitt, *Democracy and Leadership*, Boston and New York: Houghton Mifflin Company, 1924, p. 34. 原文为: No one has ever insisted more than Confucius on a right example and the imitation that it inspires as the necessary basis of civilized society. This insistence would seem justified by the force of his own example which has moulded, for seventy generations or more, the ethos of about a fourth of the human race-and that with little or no appeal to the principle of fear either in this world or the next. The Confucian influence seems, indeed, to offer more warrant than anything in our Occidental experience for the belief that man may after all be a reasonable animal.

[2] Irving Babbitt, *Democracy and Leadership*, Boston and New York: Houghton Mifflin Company, 1924, p. 33.

[3] Kenneth Frederick Stewart, "The Humanism of Irving Babbitt", *The Intercollegiate Review*, Vol. 3, Iss. 4, 1967, p. 164. 斯图尔特说:"The missing element in his (Irving Babbitt's) system is a concept of God."

[4] Frederick Manchester and Odell Shepard eds., *Irving Babbitt: Man and The Teacher*, New York: G. P. Putnam's Sons, 1941, p. 310. 奥蒂斯说:"But perhaps after all he (Irving Babbitt) is better described as the last of the great American Puritans."

现于白璧德的评价者中。甚至与他相交多年的好友也说不清他的宗教信仰[1]。然而，西方的研究者都是从西方的文化背景出发去解读白璧德，忽略了白璧德融贯中西文化的国际人文主义视野，这自然影响了他们对白璧德宗教观点的解读。因此，笔者在该节将从国际人文主义的角度出发，力图呈现白璧德的人文主义信仰，进而探讨白璧德对于基督教的态度。

一 白璧德的思想转向——从宗教到人文主义

早在《文学与美国的大学》一书中，白璧德已经明确指出宗教在现代社会衰微后所带来的后果："在缺乏宗教约束的情况下，个人与作为整体意志的社会都在相反的极端下剧烈摇摆，正如我们现在所见到的那样，个人和社会在无政府的个人主义和乌托邦的集体主义之间不断摇摆。"[2] 但是由于其人文主义理论尚未成熟，因此他在论及人们的"内在生命"之时，尚未提出独立于宗教的人文主义："他（人文主义者）相信今天的人们如果不像过去那样套上确定信条以及纪律的枷锁，那么他至少要在内心服从高于普通自我（ordinary self）的东西，不管他把这个东西称为'上帝'，或者像远东的人们那样把它称为更高自我（his higher self），或者简单地称为'法'（the law）。"[3] 此时的白璧德的人文主义尚处于汲取宗教合理因素的阶段。在紧接着的《新拉奥孔》以及《法国现代批评大师》中，白璧德虽将论题集中于艺术与文学领域，但是他依然谈到宗教式微后，人们所产生的道德虚无感，并且依旧

---

[1] Frederick Manchester and Odell Shepard eds., *Irving Babbitt: Man and The Teacher*, New York: G. P. Putnam's Sons, 1941, p. 176. 托伊施说: "I cannot speak fully of his (Irving Babbitt's) religious beliefs in spite of our association for fifteen years."

[2] Irving Babbitt, *Literature and the American College: Essays in Defense of the Humanities*, Boston and New York: Houghton Mifflin Company, 1908, p. 62. 原文为: In the absence of religious restraint, not only individuals but society as a whole will oscillate violently between opposite extremes, moving, as we see it doing at present, from a anarchical individualism to a utopian collectivism.

[3] Irving Babbitt, *Literature and the American College: Essays in Defense of the Humanities*, Boston and New York: Houghton Mifflin Company, 1908, p. 60. 原文为: He believes that the man of to-day, if he does not, like the man of the past, take on the yoke of a definite doctrine and discipline, must at least do inner obeisance to something higher than his ordinary self, whether he calls this something God, or, like the man of the Far East, calls it his higher Self, or simply the Law.

提及更高自我在西方传统宗教之外的可能性①。正如梅光迪所言:"我不知道白璧德何时对我的祖国产生极大的兴趣。在我们第一次见面的时候,他已经非常了解孔子以及早期的道家思想,尽管他还没有在出版物中讨论过这些思想。"② 但是这种在跨文化语境下形成的儒学认知并不足以支撑他摆脱传统宗教的束缚。

然而,从第四本专著《卢梭与浪漫主义》开始,白璧德明确提出自己在实证与批判的人文主义和宗教之间,更倾向(incline)于人文主义的解决方法(humanistic solution)③。至此,人文主义开始与宗教分离,逐渐成为独立的思想体系。值得注意的是,这本专著于1919年出版,而梅光迪于1915年进入哈佛大学师从白璧德。正是从这本专著开始,白璧德在文中探讨儒学之于西方社会的价值,也愈加相信摆脱传统宗教束缚的人文主义是挽救西方文明的希望。在这个转变过程中,笔者以为白璧德的弟子梅光迪起着关键性作用。最有力的证据莫过于白璧德于《卢梭与浪漫主义》中的注释:"我被告知,最后一个符合儒家标准的中国人是曾国藩(1811—1872),虽然他出身贫困,但是他训练一支农民军队镇压太平天国运动。"④ 在这条注释中,虽然白璧德没有点明他对曾国藩的认识来自哪位中国弟子,然而在白璧德写作《卢梭与浪漫主义》的日子里,他的身边只有梅光迪一位中国学生。并且梅光迪本人对曾国藩亦是赞赏有加,他认为:"从韩愈到著名的太平天国运动的镇压者曾国藩,都不仅是伟大的作家,而且也是伟大的道德家、政治家和军

---

① 在《新拉奥孔》以及《法国现代批评大师》中,白璧德均提及上帝在远东被定义为内在制约(inner check)的说法。See *The New Laokoon*, p. 201, *The Masters of Modern French Criticism*, p. 357.

② Frederick Manchester and Odell Shepard eds., *Irving Babbitt: Man and The Teacher*, New York: G. P. Putnam's Sons, 1941, p. 119. 原文为: I do not know when Babbitt began to take a serious interest in my country. When we first met, he was already fully informed on Confucius and the early Taoist, though he had not yet said anything about them in print.

③ Irving Babbitt, *Rousseau and Romanticism*, Boston and New York: Houghton Mifflin Company, 1919, p. xx. 参见原文: I have discussed this delicate and difficult question more fully in my last chapter, but may give at least one reason here for inclining to the humanistic solution.

④ Irving Babbitt, *Rousseau and Romanticism*, Boston and New York: Houghton Mifflin Company, 1919, p. 381. 原文为: One of the last Chinese, I am told, to measure up to the Confucian standard was Tseng Kuo-fan (1811-1872) who issued forth from poverty, trained a peasant soldiery and, more than any other one person, put down the Taiping Rebellion.

事家。而曾国藩，实际上是将这些集于一身——这在现代是无人能及的。"① 可以推知，通过与学衡派弟子们的探讨，白璧德更深入地了解了儒家文化，这也正促使他进一步思考西方文明的根本问题。

在儒家思想中，白璧德看到了上帝退场后文明得以延续的可能性。对白璧德而言，他认同柏克的观点："人的道德生活植根于谦卑。"② 即是说，谦卑是人类道德的源头。失去谦卑，"在这种情况下，作为人文主义者最高品德的礼将处于堕落为伪饰的艺术的危险"③。那么，如何获得谦卑呢？在西方传统中，谦卑源自对上帝的敬畏。但是在孔子身上，白璧德却看到了另一种可能性："然而，孔子的礼不仅是真诚的，他还以其独特的机敏为人文主义者辩护。孔子的一位学生问他：'我想冒昧问一下死是怎么回事呢？'孔子答道：'当你不知道生活的时候，你怎么能知道死亡？'"④ 中国学者对此积累了相当丰富的阐释视角。有些学者以此批评孔子缺乏宗教关怀。但是白璧德对此有自己独特的见解。他在这段引文下面特地加注了《论语》其他篇章对生死的看法："'致力于你的义务，在尊敬神灵的同时远离他们，这就是智慧。'那些从古到今作为宗教流传的东西，它们主要诉诸奇迹而非敬畏；正如很多人文主义者那样，孔子是不太在意奇迹的。'这位大师不想讨论的主题为：怪异的东西、勇力、混乱以及神灵。'"⑤ 白璧德在这段引文和注解

---

① 梅光迪：《人文主义和现代中国》，梅铁山主编《梅光迪文存》，华中师范大学出版社 2011 年版，第 194 页。

② Irving Babbitt, *Rousseau and Romanticism*, Boston and New York: Houghton Mifflin Company, 1919, p. 380.

③ Irving Babbitt, *Rousseau and Romanticism*, Boston and New York: Houghton Mifflin Company, 1919, p. 380. 原文为：Under these circumstances decorum, the supreme virtue of the humanist, is in danger of degenerating into some art of going through the motions.

④ Irving Babbitt, *Rousseau and Romanticism*, Boston and New York: Houghton Mifflin Company, 1919, p. 380. 原文为：Yet the decorum of Confucius himself was not only genuine but he has put the case for the humanist with his usual shrewdness. "I venture to ask about death," one of his disciples said to him. "While you do not know life," Confucius replied, "how can you know about death?"

⑤ Irving Babbitt, *Rousseau and Romanticism*, Boston and New York: Houghton Mifflin Company, 1919, p. 380. 原文为："To give one's self earnestly to the duties due to men, and while respecting spiritual beings, to keep aloof from them, may be called wisdom." Much that has passed current as religion in all ages has made its chief appeal, not to awe but to wonder; and like many humanists Confucius was somewhat indifferent to the marvelous. "The subjects on which the Master did not talk were: extraordinary things, feats of strength, disorder and spiritual beings."

中虽然没有明确表明自己对于生死的态度,但是我们可从他对孔子的赞赏态度窥见端倪。在白璧德看来,孔子对鬼神问题的冷淡,对尘世问题的关注,并未妨碍他对谦卑美德的持守。这也就是说,谦卑美德并非只能通过宗教获取。孔子就在上帝缺席的情况下获得了谦卑的美德。倘若说此前白璧德由于缺乏对东方文明足够的认识而依赖于传统宗教,那么此时的他对于脱离传统宗教的人文主义药方逐渐充满信心。如此便能解释他何以从接触学衡派弟子后便直言自己在实证与批判的人文主义和宗教之间,更倾向于人文主义的解决方法。

在第五本著作《民主与领袖》中,白璧德的人文主义态度似乎更为坚决。他在导言部分申明:"然而,我不同于基督徒的地方在于,对更高意志以及作用于人的扩张性欲望的否定权的兴趣,我是人文主义式的,而不是宗教式的。"[①] 在此我们不妨对比一下此处的措辞与《卢梭与浪漫主义》的分别。在《卢梭与浪漫主义》中,白璧德提及自己更倾向(incline to)于人文主义,"倾向"一词隐约透露出白璧德的犹疑。这种犹疑不定的心情进一步体现在终章的表达上:"我在序言中曾提及关于现在需要的智慧应该是人文主义的智慧,抑或是宗教的智慧的问题,并且我表达了我对实证与批判的人文主义的偏向,但是我希望这是一个试验性(tentative)的方法。"[②] 可见,此时的白璧德对独立于宗教的人文主义的心情依旧是矛盾的。一方面,他在儒家思想看到了独立于宗教的人文主义的可行性,但是西方宗教文明始终萦绕于他心中。因此,他在终章修正了自己的想法,指出人文主义只是一个试验性的方法。但是到了《民主与领袖》,他对儒学的了解已经比《卢梭与浪漫主义》更进一步。关于这一点,我们可以从他对儒学译本的选择窥见端倪。根据《卢梭与浪漫主义》一书对儒学的征引以及注释,我们可以看到他对儒学的理解主要参考了理雅各的《中庸》译本 *The Doctrine of*

---

① Irving Babbitt, *Democracy and Leadership*, Boston and New York: Houghton Mifflin Company, 1924, p. 6. 原文为: I differ from the Christian, however, in that my interest in the higher will and the power of veto it exercises over man's expansive desires is humanistic rather than religious.

② Irving Babbitt, *Rousseau and Romanticism*, Boston and New York: Houghton Mifflin Company, 1919, p. 379. 原文为: I have raised the question in my Introduction whether the wisdom that is needed just now should be primarily humanistic or religious. The preference I have expressed for a positive and critical humanism I wish to be regarded as very tentative.

the Mean 以及《论语》译本 The Analects。到了《民主与领袖》,他征引的则是辜鸿铭的《中庸》译本 The Universal Order 以及翟林奈的《论语》译本 The Sayings of Confucius,理雅各译本不再作为他阐释人文主义思想的征引对象(辜鸿铭以及翟林奈的译本更符合白璧德一贯的人文主义思想,关于这点下文将分析)。此处不论译本的优劣,但是白璧德对译本的选择至少说明了他对儒学有其独特的见解。而随着他对儒学理解的不断深入,他对独立于宗教的人文主义的犹疑心情亦逐渐消散。他甚至确信其能在跨文化语境认识真正的中国传统文化。关于这点从他与妻子的俏皮对话即可了然。他的妻子 Dora 成长于中国,然而白璧德却认为他比妻子更了解中国。他的妻子反驳道:"你从未去过那里,你根本不知道它长什么样。"① 但是对于白璧德而言,"了解了中国的思想就等于知道了它的本质"②。到了《民主与领袖》一书,他的人文主义思想已经完全成熟。因此,白璧德一扫以往的矛盾犹疑,明确表明了自己的人文主义态度。至此,人文主义摆脱了宗教神学的束缚而伦理化。在论述过程中,白璧德更直言希望在远东找到神恩的某种对应物。在书末,他又再次表明自己是通过人文主义层面的工作(work),而非宗教层面的神恩(grace)来认识个体的自由。③ 白璧德的宗教态度愈加明朗。正是这种明朗引起了他的高足 T. S. 艾略特(T. S. Eliot)的不满。

 T. S. 艾略特曾是白璧德的学生,却因宗教观点与白璧德相悖而最终与其分道扬镳。作为白璧德曾经最得意的门生,T. S. 艾略特深谙老师的学说。因此他对白璧德宗教观点的转向自是多了一份敏感。以 T. S. 艾略特的批评为参照点,我们可以更清楚地窥见白璧德宗教观点转变的过程。对于白璧德早期的著作,T. S. 艾略特表示自己尚能接受,但是对于《民主与领袖》,"我们不得不提出质疑"④:"人文主义的问

---

① Frederick Manchester and Odell Shepard eds., *Irving Babbitt: Man and the teacher*, New York: G. P. Putnam's Sons, p. 217. 参见原文:"You have never been there," she would say;"you don't know how it looks and how it smells."

② Frederick Manchester and Odell Shepard eds., *Irving Babbitt: Man and the teacher*, New York: G. P. Putnam's Sons, p. 217. 原文为:To know the mind of China is to know its essence.

③ Irving Babbitt, *Democracy and Leadership*, Boston and New York: Houghton Mifflin Company, 1924, p. 316.

④ T. S. Eliot, *Selected Essays (1917 - 1932)*, London: Faber and Faber Limited, 1932, p. 420.

题无疑与宗教问题联系在一起。白璧德先生在整本书中非常明确地表示他不能接受宗教的观点。换言之,他不能接受任何教义或者启示;人文主义是宗教以外的另一选择。"① 但是对于作为基督徒的 T. S. 艾略特而言,将人文主义放在与宗教同等位置的做法触动了西方的文明结构,他批评道:"人文主义与宗教在历史上从来就不是平行的;人文主义是间歇性的,而基督教是连续性的。设想没有基督教的欧洲民族的发展是非常不恰当的——这就是说,不必去设想与真正基督教传统等价的人文主义传统……对于如何规划未来的问题,我们只能根据过去的材料来规划它;我们一定要利用我们的遗产,而不是去否定它。一个民族的宗教习惯在所有地方、所有时代,对所有人而言都是非常强的。不存在任何人文主义的习惯;我认为人文主义只是某些人在某些地方某些时间所出现的一种心理状态罢了。人文主义若想存在,它必须依赖其他态度,因为它在本质上是批判性的——我甚至认为它是寄生性的(parasitical)。"② 对于 T. S. 艾略特的批评,白璧德则在《埃利奥利校长与美国教育》(*President Eliot and American Education*)给予回应:"这并非由此得出结论,即我们必须接受 T. S. 艾略特的观点:人文主义是不稳定、寄生的东西,尤其对于西方人而言,除非人文主义获得教条及天启宗教的支

---

① T. S. Eliot, *Selected Essays*（1917 - 1932）, London: Faber and Faber Limited, 1932, p. 420. 原文为: The problem of humanism is undoubtedly related to the problem of religion. Mr. Babbitt makes it very clear, here and there throughout the book, that he is unable to take the religious view-that is to say that he cannot accept any dogma or revelation; and that humanism is the alternative to religion. 该文 *The Humanism of Irving Babbitt* 原载 1928 年的 *Forum* 杂志,后收入艾略特文集 *For Lancelot Andrewes*,后亦收入艾略特文集 *Selected Essays*。本书所涉及该文的翻译均为笔者译。李赋宁曾以《欧文·白璧德的人文主义》为译名翻译该文,该译文收入段怀清编《新人文主义思潮——白璧德在中国》(江西高校出版社 2009 年版)。笔者在翻译时曾参考该译文。

② T. S. Eliot, *Selected Essays*（1917 - 1932）, London: Faber and Faber Limited, 1932, p. 421. 原文为: Humanism and religion are thus, as historical facts, by no means parallel; humanism has been sporadic, but Christianity continuous. It is quite irrelevant to conjecture the possible development of the European races without Christianity-to imagine, that is, a tradition of humanism equivalent to the actual tradition of Christianity……Our problem being to form the future, we can only form it on the materials of the past; we must use our heredity, instead of denying it. The religious habits of the race are still very strong, in all places, at all times, and for all people. There is no humanistic habit: humanism is, I think, merely the state of mind of a few persons in a few places at a few times. To exist at all, it is dependent upon some other attitude, for it is essentially critical-I would even say parasitical.

持,否则它要走上迅速瓦解的命运。全世界都看到,人文主义的最重要的表现形式——古希腊,它并没有这种支持。"① 言下之意即对 T. S. 艾略特的批评不以为然。对比二者的观点,从表面上看,二者的争论焦点在于人文主义是否是一种可以脱离宗教的自足人生观。然而从本质上看,二者的分歧其实是一种信仰问题。白璧德所持守的是人文主义信仰,T. S. 艾略特所坚持的是基督教信仰。二者的信仰正折射出其知识文化背景的差异。相比白璧德,T. S. 艾略特对上帝缺席的儒家文化知之较浅,因此他在《欧文·白璧德的人文主义》一文压抑不住自身的宗教情感,对白璧德发出质疑:"如果没有任何'先于、外在于或者超越于'个人的东西(上帝),这个更高意志到底想要做什么?"② 也就说,T. S. 艾略特根本不相信在上帝缺席情况下,个体依靠所谓的更高意志能实现道德的完满。然而这种理解的困境并不存在于学贯中西的白璧德身上。在与学衡派弟子交流思想的过程中,白璧德对儒家文明愈加信服。此时的他深信没有基督教的支持,人文主义亦能成为西方道德选择的另一种可能。

二 "国际人文主义"的双面视界之一——内在超越的人文主义信仰

通过以上分析,白璧德的人文主义独立于宗教的倾向似乎已经相当明显。但是细读白璧德的专著,白璧德的论述常常出现让人困惑不已的言论。虽然他明确表示自己在现代更倾向于人文主义的解决方法,但是他又认为:"人文主义本身应该拥有宗教洞见的因素。"③ 人文主义在与宗教撇清关系的同时又与宗教纠结在一起。这种看似矛盾的言论引发了

---

① Irving Babbitt, *Character and Culture: Essays on East and West*, New Brunswick: Transaction Publishers, 1995, p. 204. 原文为: It does not follow that one must accept the thesis developed by Mr. T. S. Eliot, that humanism is something precarious and parasitical and that, for Occidental man in particular, it is doomed to speedy collapse unless it has the support of dogmatic and revealed religion. The most important manifestation of humanism that the world has yet seen – that in ancient Greece–did not have any such support. 该文原载 *Forum*, Vol. 8, 1929。

② T. S. Eliot, *Selected Essays (1917–1932)*, London: Faber and Faber Limited, 1932, p. 426. 原文为: What is the higher will to will, if there is nothing either 'anterior, exterior, or superior' to the individual?

③ Irving Babbitt, *Rousseau and Romanticism*, Boston and New York: Houghton Mifflin Company, 1919, p. 380. 原文为: Humanism should have in it an element of religious insight.

后世研究者无数的争论。其实,正如吉斯(William F. Giese)所言:"不管他的分析方法多么亚里士多德式的,我们只能通过东方的观点来完全理解他的人文主义背后的最终信念(这看起来仅仅是他的哲学新出现的一面)。"① 换言之,虽然东方思想是白璧德哲学思想刚出现的一面,却是理解他人文主义信仰的关键。对此,我们或许还可以作进一步的解读,白璧德的人文主义思想在接触东方思想后终得完满。白璧德曾在人文主义文集《人文主义与美国》(*Humanism and America*)上发表《人文主义的定义》(Humanism: An Essay at Definition)。这是白璧德定义人文主义的最后一文。在这篇文章中,白璧德一一回应了外界对人文主义的质疑及误解,其中就包括最受争议的宗教话题。因此该文历来被研究者视为探讨白璧德宗教观的重要文献。鉴于此,笔者将以这篇文章为主要研究对象,辅以其他研究材料,以期拨开白璧德人文主义信仰的迷雾。

白璧德通过历史的梳理,指出人文主义者有两种含义:"一种是历史的含义,它指的是那些从中世纪回归古希腊和罗马的学者们;一种则是源自历史心理学含义,它指的是在任何时代通过适度法则的培养,以达到均衡状态的人。"② 可见,能否运用"适度法则"(the law of measure)达到"均衡状态"(proportionateness)是衡量人文主义者的标准。所谓的"适度法则"指的是一种"协调人类经验中多变因素与永恒因素"③ 的能力,即凡事不要过度(Nothing too much)。在此,白璧德特别指出人文主义者"所遵从的适度法则除非是安提戈涅有直接洞见的'天堂不成文的法则'(laws unwritten in the heavens)的其中一种,

---

① Frederick Manchester and Odell Shepard eds., *Irving Babbitt: Man and the Teacher*, New York: G. P. Putnam's Sons, p. 5. 原文为: The ultimate convictions behind his humanism (which seemed then only an emerging aspect of his philosophy) are to be fully understood only in this Oriental light, however Aristotelian his analytic method.

② Norman Foerster ed., *Humanism and America: Essays on the Outlook of Modern Civilisation*, New York: Farrar and Rinehart, 1930, p. 30. 原文为: an historical meaning in its application to the scholars who turned away from the Middle Ages to the Greeks and Romans, and a psychological meaning, as one may say, that derives directly from the historical one; humanists in this latter sense are those who, in any age, aim at proportionateness through a cultivation of the law of measure.

③ Norman Foerster ed., *Humanism and America: Essays on the Outlook of Modern Civilisation*, New York: Farrar and Rinehart, 1930, p. 26.

否则它就是没有意义的。这种法则'既非今日亦非昨日'的法则,而是超越了短暂过程的法则。人文主义最后所诉诸的并不是历史习俗而是直觉(intuition)"①。可见,对于白璧德而言,"适度法则"具有超越的性质。

在讨论适度法则的时候,白璧德还特地谈及了东方的儒家思想。值得一提的是,他在《卢梭与浪漫主义》这本专著第390页与《人文主义的定义》一文分别征引理雅各与辜鸿铭的《中庸》译本。可见,对于儒家的中庸思想,白璧德同时参考了理雅各及辜鸿铭的《中庸》译本,但白璧德在《卢梭与浪漫主义》这本专著虽然征引了理雅各的《中庸》译本,却意不在阐释中庸思想。② 在阐释儒家"中庸"思想的时候,白璧德引用的是辜鸿铭的《中庸》译本 The Universal Order, or Conduct of Life。他认为辜鸿铭对"中庸"的译名 universal order 更符合"中庸"的意思:"这本儒家学说通常被命名为《中的学说》。如果我们接受辜鸿铭对它们的阐释的话,组成这个题目的两个汉字更本质的翻译应该是'普遍法则'或者'中心'。"③ 而他对"中庸"思想译法的取舍正折射了他对"中庸"一词的理解。理雅各将《中庸》译本命名为 The Doctrine of Mean,这种译法源自亚里士多德的哲学术语"Mean"。但是这种译法未为白璧德所认同。然而问题在于白璧德一向提倡融贯儒家学说以及亚里士多德学说,并且在该文中他又再次表达了这种美好愿望④,那么为什么在该文他不使用理雅各的译法? 毕竟比起辜鸿铭的译

---

① Norman Foerster ed., *Humanism and America*: *Essays on the Outlook of Modern Civilisation*, New York: Farrar and Rinehart, 1930, p. 27. 原文为: The law of measure on which it depends becomes meaningless unless it can be shown to be one of the "laws unwritten in the heavens" of which Antigone had the immediate perception, laws that are "not of today or yesterday," that transcend in short the temporal process. The final appeal of the humanist is not to any historical convention but to intuition.

② 白璧德在 *Rousseau and Romanticism* 一书中征引的理雅各《中庸》译本中的句子是: "That wherein the superior man cannot be equalled," says Confucius, "is simply this- his work which other men cannot see." 该句子并不涉及儒家的中庸思想。See *Rousseau and Romanticism*, p. 390.

③ Irving Babbitt, *Democracy and Leadership*, Boston and New York: Houghton Mifflin Company, 1924, p. 338. 原文为 This is the Confucian treatise usually entitled The Doctrine of the Mean. A still more literal rendering of the two Chinese words that make up the tile, if we accept Mr. Ku Hung Ming's explanation of them, would be the "universal norm" or "centre".

④ Norman Foerster ed., *Humanism and America*: *Essays on the Outlook of Modern Civilisation*, New York: Farrar and Rinehart, 1930, pp. 27–28.

法，理雅各的译法直接融入了亚里士多德的哲学元素。回到理雅各与辜鸿铭的译本，我们或许可以找到这种选择的缘由。

（一）God 或 universal order

中庸首章的"天命之谓性，率性之谓道，修道之谓教"的三句话是全书的总纲。这句话的重要之处在于确立了"天"作为儒学人性论的根本依据。对于这段总纲，理雅各和辜鸿铭分别将其译为：

> 理雅各译本：What Heaven has conferred is called THE Nature; an accordance with this nature is called THE PATH of duty; the regulation of this path is called INSTRUCTION.①
>
> 辜鸿铭译本：THE ordinance of God is what we call the law of our being（性）. To fulfill the law of our being is what we call the moral law（道）. The moral law when reduced to a system is what we call religion（教）.②

理雅各将"天"译为"Heaven"，表面上看似忠实原文，但是在西方文化中，"Heaven"一词实则充满了神学意味。而理雅各在译注中对这句话的阐释，则将中国语境下的"天"直接赋予了基督神学的含义："人的道德本性由天堂或上帝所赋予，通过这种道德本性，一种属于他的法则构成了他自身。"③ 对理雅各而言，Heaven 似乎是上帝的另一别名④。其实，早在1852年，他就已经宣称："他们（中国人）所言的向天献祭，他们并非指的是'物质之天'（material heaven），而是伟大的存在（the great Being）。根据《圣经》，这个伟大的存在的

---

① James Legge, *The Chinese Classics*, Volume I, Taipei: SMC Publishing Inc., 1991, p. 383.
② 辜鸿铭：《〈中庸〉英译》，黄兴涛编《辜鸿铭文集》（下），海南出版社1996年版，第526页。
③ James Legge, *The Chinese Classics*, Volume I, Taipei: SMC Publishing Inc., 1991, pp. 383-384. 原文为：To man belongs a moral nature, conferred on him by Heaven or God, by which he is constituted a law to himself.
④ 关于理雅各译本中的"天""Heaven"以及"God"的辨析，王辉的《理雅各〈中庸〉译本与传教士东方主义》亦有阐述，参见王辉《理雅各〈中庸〉译本与传教士东方主义》，《孔子研究》2008年第5期。

王座在天堂。"① 在《儒学与基督教的关系》(Confucianism in Relation to Christianity),理雅各指出:"实际上天(T'ien)或者天堂(Heaven)在儒学中经常与帝(Ti)或者上帝(God)互换。"② 由此可见,理雅各译本中的"Heaven"即是西方基督教中全知全能的人格神"God"。为了证明儒学中"天"创造万物的神性,理雅各还引用了儒学经典中"Heaven gives birth to the people"以及"Heaven gives birth to mankind"作为例证。因此,理雅各坚称:"人是天堂或者上帝的造物,这是中国宗教的信条。"③ 如此一来,对于"命"字,理雅各将其理解为"上帝赐予的东西"(what men are endowed with)④,意即彰显上帝最高权威。

辜鸿铭直接将"天"译为"God",乍看似乎使译文染上了基督教色彩。然而细读辜鸿铭译文,融入了儒家思想文化内容的"God"迥异于基督教。辜鸿铭认为"孔子也信仰上帝(God)"⑤,"可是睿智的人们对上帝的信仰异于庸众。他们对上帝的信仰是斯宾诺莎的信仰:对普遍神圣秩序的信仰(a belief in the Divine Order of the Universe)"。⑥ 这种普遍神圣秩序是一种自然规律,而非基督教的人格神 God。虽然它们同作为人存在的依据,但是这种规律没有 God 创造万物无所不能的神

---

① James Legge, *The Notions of the Chinese Concerning God and Spirits*, Hongkong:"Hongkong Register"Office, 1852, p. 37. 原文为: when they speak in a similar way of sacrificing to heaven, they do not mean "the material heavens," but the great Being, whose throne, according to the Bible, is in the heavens.

② James Legge, *Confucianism in Relation to Christianity*, Shanghai: Kelly&Walsh, 1877, p. 4. 原文为: The name T'ien or "Heaven" is, indeed, constantly interchanged in Confucianism with Ti or "God;"

③ James Legge, *The Religion of China: Confucianism and Taoism Described and Compared with Christianity*, London: Hodder and Stoughton, 1880, p. 96. 原文为: That man is the creature of Heaven, or God, therefore, is a tenet of the religion of China.

④ James Legge, *The Chinese Classics*, Volume I, Taipei: SMC Publishing Inc., 1991, p. 383.

⑤ Ku Hung-Ming, *The Spirit of the Chinese People*, Shanghai: SanLian Bookstore, 2010, p. 32. 原文为: Confucius also believed in God. 本书所涉及的 *The Spirit of the Chinese People* 的译文均为笔者译。李晨曦曾以《中国人的精神》(上海三联书店 2010 年版)为译名翻译该书,笔者在翻译时曾参考该译本。

⑥ Ku Hung-Ming, *The Spirit of the Chinese People*, Shanghai: SanLian Bookstore, 2010, p. 32. 原文为: But the belief in God of man of great intellect is different from the belief in God of the mass of mankind. The belief in God of men of great intellect is that of Spinoza: a belief in the Divine Order of the Universe.

性。因此，它是可以被人所认识的。对于"天命"，辜鸿铭译为"the ordinance of God"（上帝的法则），译文呈现出来的乃是一种自然规律，而非理雅各所言的上帝对人的赐予。如此一来，人与 God 的关系非造物主与造物的关系，而是一种主动的认知关系。辜鸿铭认为孔子所言的"五十而知天命"中的"知天命"是一种"对普遍神圣秩序的知识"（the knowledge of this Divine Order of the Universe）即是此意。这种"普遍神圣秩序"具体而言则为译文中所呈现"中庸"思想。在辜鸿铭看来，"中庸"即是普遍神圣秩序，因此他将"中庸"译为"普遍秩序"（Universal Order）。相比理雅各的英译"doctrine of the mean"，辜鸿铭的英译 universal order 突出了"中庸"形而上学的超越意义。

回到白璧德的《人文主义的定义》，白璧德认为人文主义者所遵从的乃是具有超越品格的"适度法则"（the law of measure），并且他特别指出："有一本儒家的书的题目（指《中庸》）实际上意味着'普遍法则'或者'中心'。不管在哪里，儒学总是对适度法则展现出深刻而直接的洞见。"①。可见，在白璧德看来，辜鸿铭的英译"中庸"（universal order）即是人文主义者的"适度法则"（the law of measure）。他亦认同辜鸿铭将"中庸"提升到形而上学超越的位置。这从他对辜鸿铭"中庸"的译法普遍秩序（universal order）的认可即可见一斑。这种"the ordinance of God"涤清了基督教神学的意味，而成为人们所应遵从的一种普遍律令。他对辜鸿铭的《中庸》译本 Universal Order 的认同正是以此为出发点。白璧德认为辜鸿铭的英译"中庸"，即普遍秩序（universal order），实际上正意味着"普遍法则"（universal norm）或者"中心"（centre），这种阐释其实正是对辜鸿铭英译"中庸"（the universal order）的人文主义延伸。

（二）基督教的"救赎之路"与白璧德的"内在超越之路"

徐复观认为子思在《中庸》中继承和发展了孔子的天命观："孔子所证知的天道与性的关系，乃是'性由天所命'的关系。"②亦即人的

---

① Norman Foerster ed., *Humanism and America: Essays on the Outlook of Modern Civilisation*, New York: Farrar&Rinehart, 1930, p. 28. 原文为: in a Confucian book the very title of which, literally rendered, means "universal norm" or "centre." Here and elsewhere the Confucian books reveal a deep and direct insight into the law of measure.

② 徐复观:《中国人性论史·先秦篇》，上海三联书店 2001 年版，第 103 页。

性"是由天所命，与天有内在的关连；因而人与天，乃至万物育天，是同质的，因而也是平等的。"① 然则人的性与天命如何贯通一起，以达到天人合一的境地？此即"率性之谓道"。具体而言，则为子思提出"中和"思想。子思言："喜怒哀乐之未发，谓之中；发而皆中节，谓之和。中也，天下之大本，和也，天下之达道。"在这段关于"中和"的论述中，"'中和'被认为是宇宙存在与变化的最根本、最普遍的原则"②。中和既然天道，亦是人道。"中和"成为人实现"内在超越"之路，此所谓"致中和，天地位焉，万物育焉"的天人合一的境界。然则子思何不以"中和"命名此篇，而曰"中庸"。这就涉及"中庸"与"中和"的关系。"中庸"一词，始见于《论语·雍也》。"子曰：'中庸之为德也，其至矣乎！民鲜久矣。'"孔子将"中庸"视为最高的伦理道德准则，强调的乃是行为的无过与不及。王辉认为，孔子的"中庸"大体上可以等同于亚里士多德的"Mean"③。但是孔子主要是从社会伦理层面上谈论中庸，亦即中庸只是孔子"道德范畴与方法论的原则"④，他并未"从哲学上进行理论的解释"⑤。鉴于此，子思提出"中和"观对孔子的"中庸"思想进行充分的发挥，从而将"'中庸'概念从道德范畴与方法论的原则提升到世界观的高度"⑥。那么，理雅各和辜鸿铭又是如何理解子思对"中庸"思想的发挥提升呢？我们不妨对比二者对"中和"论的翻译：

理雅各译本：While there are no stirrings of pleasure, anger, sorrow, or joy, the mind may be said to be in the state of EQUILIBRIUM. When those feelings have been stirred, and they act in their due degree, there ensues what may be called the state of Harmony. This EQUILIBRIUM is the great root from which grow all the human actings in the world, and this HARMONY is the universal path which they all should pursue.

---

① 徐复观：《中国人性论史·先秦篇》，上海三联书店2001年版，第103页。
② 刘文英主编：《中国哲学史》，南开大学出版社2002年版，第134页。
③ 王辉：《理雅各〈中庸〉译本与传教士东方主义》，《孔子研究》2008年第5期。
④ 刘文英主编：《中国哲学史》，南开大学出版社2002年版，第133页。
⑤ 刘文英主编：《中国哲学史》，南开大学出版社2002年版，第134页。
⑥ 刘文英主编：《中国哲学史》，南开大学出版社2002年版，第134页。

辜鸿铭译本：When the passions, such as joy, anger, grief and pleasure, have not awakened, that is our true self（中）or moral being. When these passions awaken and each and all attain due measure and degree, that is the moral order（和）. Our true self or moral being is the great reality（大本 lit. great root）of existence, and moral order is the universal law（达道）in the world.

如上文所言，理雅各所言的 Heaven 即是基督教中的 God，那么性与天的关系自然不是《中庸》原文中所展现的同质的、平等的关系，而是基督教中上帝与人的关系。因此，对于"率性之谓道"，理雅各将其译为："an accordance with his nature is called THE PATH of duty"，意即依据本性行事即是踏上了践行"责任之路"。他将"道"译为带有宗教神学色彩"责任之路"（the path of duty），有悖于原文中"道"超验的品格。在理雅各看来，既然人是上帝的造物，那么"人的每一种能力都有它要实现的职责（function），人的每一种关系也有要实现的义务（duty）。这种职责和义务就是人所应该遵循的律法（law）"①。也就是说，上帝赋予了"性"（nature），人就有了履行上帝赋予本性的职责。因此，遵从本性才是履行了上帝赋予的职责，这就是理雅各所理解的"率性之谓道"。在理雅各译本所呈现的"heaven"、"nature"、"the path of duty"的关系中，"heaven"与"nature"之间存在不可逾越的鸿沟，"the path of duty"则成为人不断接近上帝的救赎之路。这种宗教化的翻译进一步体现在"中和"论的翻译上。

对于"喜怒哀乐之未发，谓之中"，朱熹解释道："喜、怒、哀、乐，情也。其未发，则性也，无所偏倚，故谓之中。"② 可见，"中"即就"性"而言。对于熟知儒家学说的理雅各而言，他自然深知此意。他特地在译注中对这段话进行了阐释："朱熹认为，'这里说的是性与情的德性（the virtue of the nature and passion）'……第一句话所描述的似乎是

---

① James Legge, *The Religions of China: Confucianism and Taoism Described and Compared with Christianity*, London: Hodder and Stoughton, 1880, p. 98. 原文为：Thus every faculty of man has its function to fulfil, every relationship its duty to be discharged. The function and the duty are the laws which man has to observe.

② （宋）朱熹：《四书章句集注》，中华书局 1983 年版，第 18 页。

'性'（nature），它能管理所有感觉，但是当没有情感作用于它的时候，它处于均衡状态（equilibrium）。"① 结合理雅各的译注，不难看出理雅各是如此理解"喜怒哀乐之未发，谓之中，发而皆中节，谓之和"：当"心"没有受到"情"的干扰的时候，那么"心"便是纯然的"性"，因此"心"处于均衡状态（equilibrium）；而当情发动时合乎节制，那么心就处于和谐状态（harmony）。简而言之，他将"中"理解为一种心理状态，"和"亦然。对比原文，这种译法并未偏离原文的意思，然而理雅各的译法却并非为了呈现儒家"内在超越"的思想，而是服从他对《中庸》的神学化目的。因此，对于《中庸》以"性"为人内在超越之根据的关键段落，理雅各的译文与原文出现了相当大的断裂。"中也者，天下之大本也；和也者，天下之达道也"，朱熹阐释道："大本者，天命之性，天下之理皆由此出，道之体也。达道者，循性之谓，天下古今之所共由，道之用也。"② 可见，在此虽言"中"，但归根到底言的是"性"。"中"即"性"也。诉诸人的"天命之性"即可实现"天人合一"。然而理雅各将其译为："均衡（中）是世界上所有人的行为发展的根本，和谐（和）是他们应该追求的普遍之路。"③ 对比原文与译文可知，"中"作为天下之本就只是人们在世俗层面上行为准则的根本，朱熹所言的"大本者，天命之性"的本体论意义并没有得到彰显，"和"作为天下之"道"则成为人们应该追求的救赎之路。"均衡"（equilibrium）以及"和谐"（harmony）二字在理雅各译文中俨然成为上帝在人间的法则。原文中"中和"的超越意义被悄然抹去。然而这并非理雅各的误读之举，他很清楚孔子之"中庸"与子思之"中庸"的区别："这部作品（《中庸》）根本不是如读者所期待的那样，是一部关于'The Golden Medium''The Invariable Mean''The Doctrine of the Mean'的论著。这些名字仅仅描述了其中的一部分内容。从第二章到第十一章，我们将子

---

① James Legge, *The Chinese Classics*, Taipei: SMC Publishing Inc., 1991, pp. 384–385. 原文为：'This,' says Chu Hsi, 'speaks of the virtue of the nature and passions……What is described in the first clause, seems to be 性, 'the nature,' capable of all feelings, but unacted on, and in equilibrium.
② （宋）朱熹：《四书章句集注》，中华书局1983年版，第18页。
③ James Legge, *The Chinese Classics*, Volume I, Taipei: SMC Publishing Inc., 1991, p. 384. 原文为：This EQUILIBRIUM is the great root from which grow all the human actings in the world, and this HARMONY is the universal path which they all should pursue.

思对孔子的中庸的引用译为'the course of the Mean'或者相似的术语,但是在子思心中,这些概念是不一样的类型。"① 又言:"比起吸收孔子的学说,子思要走得更远。他以某种圣人(孔子)从未使用或者也不可能使用的方法来阐释这些学说。孔子心中真正的或者完美的人就是那种在各种各样的社会关系以及在统治实践中充分履行自己职责要求的人,但是子思心中真正的人是一种拥有改变宇宙的能力的人(a potency in the universe)。"② 但是对于作为传教士的理雅各而言,子思将"中和"提升到超越的层面,这分别为人们指明了一条不需要诉诸神恩的内在超越之路。这种"中庸"的含义是不为理雅各所接受的。这一点进一步体现在《中庸》阐释"天人合一"境界的段落"致中和,天地位焉,万物育焉"的解说上。对此,理雅各将其译为:"让均衡与和谐的状态始终保持完美,愉快的秩序将会在天堂和地上盛行,万物将会得到滋养以及繁荣兴盛。"③ 按说,这是比较符合《中庸》原意的,但是理雅各却在序言中否定了这种"天人合一"境界的可能性。他认为子思所言的"致中和,天地位焉,万物育焉"陷入了"神秘与神秘主义的境地"④,"在我们脚踏实地走上责任之路的时候,作者(子思)突然用空气的翅膀将我们带到高空,他将我们带到了未知的地方"⑤。对此,王辉认为:"理氏坚守'中庸'的本义,排斥子思对它的发展","'中

---

① James Legge, *The Chinese Classics*, Volume I, Taipei: SMC Publishing Inc., 1991, pp. 46-47. 原文为: The Work is not at all what a reader must expect to find in what he supposes to be a treatise on 'The Golden Medium,' 'The Invariable Mean,' or 'The Doctrine of the Mean.' Those names are descriptive only of a portion of it. Where the phrase Chung Yung occurs in the quotations from Confucius, in nearly every chapter from the second to the eleventh, we do well to translate it by 'the course of the Mean,' or some similar terms; but the conception of it in Tsze-sze's mind was of a different kind.

② James Legge, *The Chinese Classics*, Volume I, Taipei: SMC Publishing Inc., 1991, p. 52. 原文为: Tsze-sze does more than adopt the dicta of Confucius. He applies them in a way which the Sage never did, and which he would probably have shrunk from doing. The sincere, or perfect man of Confucius, is he who satisfies completely all the requirements of duty in the various relations of society, and in the exercise of government; but the sincere man of Tsze-sze is a potency in the universe.

③ James Legge, *The Chinese Classics*, Volume I, Taipei: SMC Publishing Inc., 1991, p. 385. 原文为: Let the states of equilibrium and harmony exist in perfection, and a happy order will prevail throughout heaven and earth, and all things will be nourished and flourish.

④ James Legge, *The Chinese Classics*, Volume I, Taipei: SMC Publishing Inc., 1991, p. 46.

⑤ James Legge, *The Chinese Classics*, Volume I, Taipei: SMC Publishing Inc., 1991, p. 46. 原文为: From the path of duty, where we tread on solid ground, the writer suddenly raises us aloft on wings of air, and will carry us we know not where, and to we know not what.

庸'作为普通的德目,与基督教教义本无冲突,一旦上升到本体的高度,成为'中和'宇宙观的载体,就等于为人类指出了一条不必依靠神恩救赎的超越途径,这自然是传教士所不愿看到的"①。因此,理雅各将子思阐释"中和"最为重要的段落由形而上层面拉回到形而下层面,他将《中庸》译为 The Doctrine of Mean 亦是出于同样原因。

那么辜鸿铭又是怎样阐释《中庸》的中和观呢?在辜鸿铭译本中,他将"中"直接译为"道德存在"(moral being)或者"我们的真我"(our true self),这与"性"(the law of our being)同义。可见,他将"中"理解成"性"。此外,他还在译注中阐释道:"'我们的真我'(our true self)实际上是我们心中的内在自我(inner self),或者正如马修·安诺德所言,'是道德存在(moral being)中将我们与普遍秩序(the universal order)结合在一起的中心线索'。安诺德先生还将它称为我们的'永恒自我'(permanent self)。因此正如上面译文所说那样,它是我们存在的根本。"②可见,辜鸿铭译本中的"普遍秩序"(universal order)与"道德存在"(moral being)的关系正是《中庸》原著中的平等、同质关系。"中也者,天下之大本也",辜鸿铭将其译为:"我们的真我或者道德存在是存在的最大事实(最大根本)"③。辜鸿铭用西方的哲学术语"存在"(existence)来翻译"天下",虽然并非完全对应,但是相比理雅各的"世界上所有人的行为"(all the human actings in the world),他将"道德存在"(moral being)提升到了形而上学的超越层面,从而使"道德存在"(moral being)成为人们"内在超越"之根据。至于"和"字,辜鸿铭在译注中借助安诺德的话阐释道:"安诺德谈到,'我们内心的所有力量和所有禀性(all the forces and tendencies in us)正如我们应有的核心道德禀性(our proper central moral tendency)一样,就它们本身而言都是有益的,但是它们需要与这个核

---

① 王辉:《理雅各〈中庸〉译本与传教士东方主义》,《孔子研究》2008 年第 5 期。
② 辜鸿铭:《〈中庸〉英译》,黄兴涛编《辜鸿铭文集》(下),海南出版社 1996 年版,第 527 页。原文为:"our true self"-literally our central(中)inner self, or as Mr. Matthew Arnold calls it, "the central clue in our moral being which unites us to the universal order". Mr. Arnold also calls it our "permanent self". Hence, the text above says, it is the root of our being.
③ 辜鸿铭:《〈中庸〉英译》,黄兴涛编《辜鸿铭文集》(下),海南出版社 1996 年版,第 527 页。原文为: Our true self or moral being is the great reality(大本 lit. Great root)of existence.

心道德禀性（central moral tendency）保持和谐.'"① 所谓的"所有力量和所有禀性"（all the forces and tendencies in us）指涉的是译文中的"情"（passion），而"我们应有的核心道德禀性"（our proper central moral tendency）指涉的是"道德存在"（性）。结合译文"当这些情都被唤醒，并且全部都恰如其分的时候，这就是道德秩序。"②，意即"情"本质为善的，但是它需要依据"我们的真我或道德存在"（性）而发，当它顺"性"而发，达到恰当的程度，它便形成了"道德秩序"（和）。"和也，天下之达道也"，辜鸿铭将其译为"道德秩序是世界的普遍律法。"③ 这自然是承接他的天人合一观：既然"道德存在"（中或性）上通于"普遍秩序"（天），那么依据"道德存在"（中或性）而形成的"道德秩序"（和）自然也是一种合乎"普遍秩序"的"普遍律法"（道）。不难看出，在辜鸿铭译本中，（道）为读者展现了一条由"道德存在"（性）出发最终达到"普遍律法"的内在超越之路。

　　回到白璧德定义人文主义的关键文本——《人文主义的定义》，白璧德对人文主义"适度原则"的阐释折射出其与基督徒的根本区别，而展现出与儒家"内在超越"思想的亲近性。他并不赞成理雅各译本中所呈现的神学思想。虽然理雅各运用亚里士多德的哲学术语"Mean"来翻译"中庸"，但是理雅各译本中"中庸"思想呈现出来乃是基督教的神学意味。相反，辜鸿铭的英译"中庸"思想则是一种具有超越意义的普遍秩序（universal order），这种"普遍秩序"与人性内心当中的道德存在并非截然对立的关系，而是平等同质的关系。要实现"普遍秩序"，只需要诉诸人内心当中道德存在便可。白璧德亦赞同回归到人的内心来寻求超越之路。白璧德认为："实际上，对'普遍中心'（universal centre）的确认意味着建立一种可供模仿的对象（pattern or model）。模仿的观点甚至比礼的观点更深刻，但是这

---

① 辜鸿铭：《〈中庸〉英译》，黄兴涛编《辜鸿铭文集》（下），海南出版社1996年版，第527页。原文为：Mr. Arnold says, "All the forces and tendencies in us are like our proper central moral tendency, in themselves beneficent, but they require to be harmonised with this central (moral) tendency."

② 辜鸿铭：《〈中庸〉英译》，黄兴涛编《辜鸿铭文集》（下），海南出版社1996年版，第527页。原文为：When these passions awaken and each and all attain due measure and degree, that is the moral order.

③ 辜鸿铭：《〈中庸〉英译》，黄兴涛编《辜鸿铭文集》（下），海南出版社1996年版，第527页。原文为：moral order is the universal law（达道）in the world.

种模仿的观点是人文主义与宗教共有的观点,然而人文主义不同于宗教之处在于宗教将模仿的基础建立在人的神性(man's divinity),而人文主义则将其建立在人性的某种东西(the something in his nature)。这种东西将人与其他动物区分开,而西塞罗将这种东西定义为'一种对言行的秩序、礼、适度的感觉'(a sense of order and decorum and measure in deeds and words)。"[1] 在此,白璧德运用自己的人文主义理论对辜鸿铭的"普遍秩序"思想作了进一步阐释。他将"普遍中心"视为人可模仿的对象,并且特别指出这种模仿的基础不在于人的神性,而是内置于人性本身。亦即人不需要诉诸外在于人的上帝,而是回归自己的内在生命(inner life)[2]。由此可见,虽然白璧德并未使用辜鸿铭的翻译术语"普遍秩序","道德存在",但是他确实通过辜鸿铭的译本把握了儒家的"内在超越"思想。这种"内在超越"思想正是白璧德一直寻找拯救西方文明的药方,亦是白璧德一生都在践行的人文主义信仰。然而,白璧德并不懂汉语,虽然在学衡派弟子出现之前,他通过译本了解辜鸿铭和理雅各自展现的儒家文化,但是"内在超越"思想究竟能否延伸为一种文化,成为人们道德选择的另一种可能性,这始终是悬而未决的问题。因此,即使白璧德对辜鸿铭译本所呈现的儒家思想深以为然,他却从未在任何专著提及儒家思想。与此同时,他的人文主义思想亦未摆脱基督教的束缚。然而学衡派弟子的出现为他揭开了儒家文化的面纱。此时的他清楚地意识到辜鸿铭的译本与他的思想更相契。更重要的是,通过学衡派,他真正确认了"内在超越"思想作为文化的可行性:"孔子本人成为七十余代人的模范,他的模范作用成功塑造了占世界四分之一人口的民族的精神气质,并且无

---

[1] Norman Foerster ed., *Humanism and America: Essays on the Outlook of Modern Civilisation*, New York: Farrar and Rinehart, 1930, p. 28. 原文为: Practically the assertion of a "universal centre" means the setting up of some pattern or model for imitation. The idea of imitation goes even deeper than that of decorum, but is an idea that humanism shares with religion. Humanism, however, differs from religion in putting at the basis of the pattern it sets up, not man's divinity, but the something in his nature that sets him apart simply as man from other animals and that Cicero defines as a "sense of order and decorum and measure in deeds and words."

[2] 张源与张沛将"inner life"译为"内在生活",杨劼译为"内在生命"。杨劼认为"考虑到白璧德的人生哲学更侧重于'意志'",因此将其译为"内在生命"。笔者认同杨劼的译法。参见张源、张沛译《民主与领袖》(北京大学出版社2011年版)以及杨劼著《白璧德人文思想研究》第112页(暨南大学出版社2013年版)。

须诉诸此世或彼世的恐怖原则（the principle of fear）。这些都证明了孔子学说的合理性。"① 可见，儒家文化的发现给予了白璧德倡导独立于宗教的人文主义体系的极大信心。自此，儒家人文资源成为他倡导纯粹人文主义的有力武器。

然而我们又该怎样理解白璧德所强调的"人文主义本身应该拥有宗教洞见的因素"。白璧德此前曾提出人生经验的三个层面，并表明人可以从一个层面上升或者下降到另一个层面。在《人文主义的定义》中，他进一步阐释了人文主义与宗教（超自然主义）的关系：

> 灵魂的力量以调节（mediation）的方式作用于人文主义层面，而在宗教层面，它会以冥想（meditation）的方式出现。宗教当然比冥想本身有更丰富的内涵。同时当人文主义有了冥想的支持的时候，我们可以说它有了宗教的背景。毕竟，调节和冥想只是同一上升"道路"的不同阶段。我们不应该武断地将它们分开。②

由此可见，白璧德此处所言的"宗教"，即人文主义的上升阶段。但是白璧德所企及的宗教绝非西方意义上的基督教。也就是说，对白璧德而言，即便他使用了超自然、宗教等词汇来阐释人文主义，它仍然隶属于人文主义框架内。"宗教"只是人文主义者所追求的最高道德境界。

白璧德的挚友穆尔是位虔诚的基督徒，他曾就宗教问题与白璧德进行过无数次激烈的讨论。在白璧德去世后，他撰写了一篇悼念白璧德的文章《欧文·白璧德》（Irving Babbitt）。在该文中，穆尔就白璧德人文

---

① Irving Babbitt, *Democracy and Leadership*, Boston and New York: Houghton Mifflin Company, 1924, p. 34. This insistence would seem justified by the force of his own example which has moulded, for seventy generations or more, the ethos of about a fourth of the human race—and that with little or no appeal to the principle of fear either in this world or the next.

② Norman Foerster ed., *Humanism and America: Essays on the Outlook of Modern Civilisation*, New York: Farrar and Rinehart, 1930, p. 41. 原文为：The energy of soul that has served on the humanistic level for mediation appears on the religious level in the form of meditation. Religion may of course mean a great deal more than meditation. At the same time humanistic mediation that has the support of meditation may correctly be said to have a religious background. Mediation and meditation are after all only different stages in the ascending "path" and should not be arbitrarily separated.

主义理论屡遭误解的内容进行了澄清。这篇文章的观点内容源自穆尔与白璧德多年的相交相知，可谓鞭辟入里。借鉴穆尔的观点，正可以对白璧德的人文主义信仰作进一步的澄清。穆尔指出："神恩的教义、那种从超人的存在（superman source）获取帮助和力量的观念，就其自身而言与他（白璧德）是不相容的。"① 而"我认为值得澄清的理由是不管他（白璧德）在其他问题上是怎样的尖锐和直接，他对超自然（supernatural）的频繁引用让他的读者们对超自然与自然之间的关系感到非常困惑。在我的记忆中，这种理解的困难源自白璧德在著作中从未对超自然与超人进行区分，以及他从未明确说明他为何接受超自然而排斥超人"②。但是穆尔是如此看待白璧德的宗教与人文主义的关系：

> 但是，准确说来，白璧德所谓的"超自然"因素并非指的是"超人"的因素。它是内在于人的，是人的存在的一部分，就像自然因素一样；伦理和宗教终极目的是一种状态，在这种状态中，通过人的努力，人内在的超自然与自然二元因素融合在一起，所有激情、贪欲以及人性中所有不能摆脱的挣扎都静止了。另外，基督教认为人内在的超自然因素是近似于，而非等同于超自然的存在（亦即超人）。神恩是人内在的超自然意志与神的意志的合作中介……人文主义主要作用于实际伦理层面，在这个层面上，自然因素与超自然因素共存。它们共同创造了一个和谐、有序、协调的世界……人文主义者并不仇视宗教，但是他会小心翼翼地将非宗教层面与宗教层面分开。同时，他若想从非宗教层面过渡到宗教层面，这个过

---

① Frederick Manchester and Odell Shepard eds., *Irving Babbitt: Man and the Teacher*, New York: G. P. Putnam's Sons, p. 332. 原文为: The dogma of Grace, the notion of help and strength poured into the soul from a superhuman source, was in itself repugnant to him. 本书所涉及的该文的翻译均为笔者译。周俐玲曾以《欧文·白璧德其人》为译名翻译该文，该译文收入段怀清编《新人文主义思潮——白璧德在中国》，江西高校出版社2009年版。笔者在翻译时曾参考该译文。

② Frederick Manchester and Odell Shepard eds., Irving Babbitt: Man and the Teacher, New York: G. P. Putnam's Sons, p. 333. 原文为: And it seems to me worth saying for the reason that, however pungent and straightforward his language may be in other matters, his frequent allusions to the supernatural left a good many of his readers puzzled over its exact relation to the natural. The difficulty is that in print, so far as I remember, he never distinguishes between the supernatural and the superhuman, or makes clear why he accepted the one and rejected the other.

渡过程是被简化了的,因为更高的层面隶属于人的范围。他并不需要走出自身(他的更高自我)之外,他也不需要引入任何与超自然因素相对的超人因素。因为超自然因素已经在人文主义层面上发挥作用。①

穆尔与白璧德同为研究东方文明的专家,又是相知相交多年的挚友,难怪乎穆尔能在西方的跨文化背景下抵达白璧德理论的核心。并且经过多年的砥砺,尽管穆尔最终回归到基督教传统,他还是认可了白璧德的文化选择:

> 对于我而言,那种拒绝承认超人现象的态度剥夺了宗教最丰富的激励资源,而这种态度通常会堕落为一种软弱的、不切实际的情感。如果我不表明我的这种态度,我就是对自己不忠。但是就我们最后的谈话而言,如果我不承认在所有论争所带来的烦躁下,他(白璧德)已经找到了永久平静与力量的源泉,那么我就是对我的朋友的不忠。在他的书中,他对于宗教问题的阐述有时很模糊,并且经常是不一致的;他的生命并不是在神的恩典下,而是遵从道德良心的不断诉求,以及作为一个卑微的人对于他们的存在法则的不

---

① Frederick Manchester and Odell Shepard eds., Irving Babbitt: Man and the Teacher, New York: G. P. Putnam's Sons, pp. 333-334. 原文为: But the supernatural so conceived is, properly speaking, not superhuman; it is within man, a part of man's being, just as the natural is; and the ultimate goal of ethics and religion is a state wherein, entirely by human effort, the dualism in man of the supernatural and the natural is dissolved, and all the passions and insatiate desires and all the unattainable strivings of nature are forever stilled. In Christianity, on the other hand, the supernatural in man is regarded as akin to, but not identical with, a supernatural which is also superhuman. Grace is the medium of co-operation between the supernatural will in man and the divine will which is God……Humanism has to do primarily with that plane of practical ethics where the natural and the supernatural meet together, producing a world of harmony and order and mediation……The humanist is not hostile to religion, but he should be careful not to confuse the plane of the non-religious with that of the religious. At the same time, his passage from the non-religious to the religious plane, when he wishes to make it, is simplified by the fact that the higher sphere is still human in the sense that no demand is made upon him to go outside of himself (his higher self), nor to introduce any element of the superhuman as contrasted with the supernatural which was already present and operative in the humanistic sphere.

断抗争中稳健地丰满起来。①

可见，穆尔承认白璧德在上帝缺席的情况下最终实现了道德的完满。从这个意义上而言，白璧德不仅为西方指明了人文主义的方向，还以自身的道德修养成为人文主义者的典范。

（三）白璧德之"二元论"与儒家之"性本善"

由以上分析可知，儒学的"内在超越"思想给予了白璧德倡导人文主义思想独立体系的极大勇气。对于白璧德融入儒家思想的做法，T. S. 艾略特曾评论道："他（白璧德）对儒学的沉迷是非常明显的：孔子在我们当代的流行是非常有意义的。然而正如我不明白人们如果不懂德语，不理解只有在德国生活才能获得的德国思想，他们怎能真正理解康德和黑格尔；同理，我不明白人们如果不懂汉语和长期接触最好的中国社会，他们怎能理解孔子。我对中国思想和中国文明怀有最高的敬意；我愿意相信鼎盛时期的中国文明拥有优雅和杰出的品格，这些都会让欧洲显得粗俗。但是就我的情况而言，我不相信我能很好地理解中国文化，从而使孔子成为我的精神支柱。"② T. S. 艾略特的评论其实正是跨文化现象的最佳注脚。我们不妨以他的评论为出发点继续探讨白璧德的

---

① Frederick Manchester and Odell Shepard eds., *Irving Babbitt: Man and the Teacher*, New York: G. P. Putnam's Sons, p. 336. 原文为：I should be untrue to myself if I did not say that the refusal to admit responsibility to the superhuman, in the full theistic sense of the word, seems to me to deprive religion of its richest source of inspiration, and to leave it too often a sort of flimsy and unpractical sentiment. But I should be false to my friend if, with that last conversation in mind, I did not assert that, beneath all the fret of controversy, he himself had reached to a fountain of perennial peace and strength. In his books he may have written sometimes vaguely, and not always consistently, of religion; his life was a steady growth, not in Grace, but in obedience to the unrelenting exactions of conscience and in a sense of the littleness of men protesting against the law of their own being.

② T. S. Eliot, *After Strange Gods: A Primer of Modern Heresy*, New York: Harcourt Brace and Conpany, 1934, p. 43. 原文为：His addiction to the philosophy of Confucius is evidence: the popularity of Confucius among our contemporaries is significant. Just as I do not see how anyone can expect really to understand Kant and Hegel without knowing the German language and without such an understanding of the German mind as can only be acquired in the society of living Germans, so a fortiori I do not see how anyone can understand Confucius without some knowledge of Chinese and a long frequentation of the best Chinese society. I have the highest respect for the Chinese mind and for Chinese civilisation; and I am willing to believe that Chinese civilisation at its highest has graces and excellences which may make Europe seem crude. But I do not believe that I, for one, could ever come to understand it well enough to make Confucius a mainstay.

人文主义信仰。首先，T. S. 艾略特立意在于批评白璧德融入儒家思想的做法。他认为中西文化背景不同，西方人不可能完全理解儒家思想。然而问题在于白璧德的人文主义信仰真的完全等同于儒家式的"内在超越"思想吗？对比辜鸿铭译本的"中和"论以及白璧德的二元论，我们即可以窥见东西方文化的微妙差异。

原文：喜怒哀乐之未发，谓之中，发而皆中节，谓之和。①

辜鸿铭译文：When the passions, such as joy, anger, grief and pleasure, have not awakened, that is our true self（中）or moral being. When these passions awaken and each and all attain due measure and degree, that is the moral order.②

对于"中和"说，朱熹是如此阐释："按文集《遗书》诸说，似皆以思虑未萌、事物未至之时为喜怒哀乐之未发。当此之时，即是此心寂然不动之体，而天命之性当体具焉。以其无过不及，不偏不倚，故谓之中。及其感而遂通天下之故，则喜怒哀乐之性发焉，而心之用可见。以其无不中节，无所乖戾，故谓之和。此则人心之正而情性之德然也。"③ 简而言之，朱熹认为"喜怒哀乐之未发"时为"天命之性"，性是纯粹的善，这是心之"寂然不动之体"；而当心与外物感而动之时，便有了喜怒哀乐之情，故"已发"为情，情有善有恶，情发而皆合中节则为善，即是"和"。可见，朱熹将人心的活动分为"未发"和"已发"两种状态，"未发"为性，"已发"为情。对于"性情"之间的关系，朱熹概括为："以'心之德'而专言之，则未发是体，已发是用。"④ 即"性"是人心之体，"情"是人心之用。可见，朱熹对"中和"说的阐发是从"性善"的基本立场出发的，此虽是朱熹的一家之言，却从本质上反映了中国人的文化心理结构。这正如辜鸿铭所言：

---

① （宋）朱熹：《四书章句集注》，中华书局1983年版，第18页。
② 辜鸿铭：《〈中庸〉英译》，黄兴涛编《辜鸿铭文集》（下），海南出版社1996年版，第527页。
③ （宋）朱熹：《与湖南诸公论中和第一书》，《朱熹集》第6册，四川教育出版社1996年版，第3383页。
④ 黎靖德编，王星贤点校：《朱子语类》第2册，中华书局1986年版，第466页。

"我重申一次：中国有无价的、不可估量的文明财富。真正的中国人就是这笔文明的财富，因为他拥有了欧洲人在战后所希冀的新文明的秘密。这个新文明的秘密就是我所言的良民宗教（the Religion of good citizenship）。这种良民宗教的首要原则就是相信人性是善的（the Nature of Man is good），相信善的力量，相信美国爱默生所言的爱和正义的法则的力量与效力。"① 回到辜鸿铭的译本，辜鸿铭将"性"译为"our true self"，"情"则译为"passion"，根据上节的分析，辜鸿铭英译的"our true self"与"passion"关系的描述上大致与朱熹的"体用"说一致。可见，无论是朱熹的阐述，抑或辜鸿铭的译文都建立在人性本善的基础上。

辜鸿铭认为人性本善，这源自儒学中的根本立论——天人同质的关系。在辜鸿铭译本中，"God"处于超越的位置，然而"God"却并非外在于人的超越性存在，而是内置于人的心中："简而言之，我们存在的真正法则（this true law of our being），也就是宗教让我们所遵从的东西。它实际上就是基督所说的我们内心的上帝之国（the Kingdom of God within us）。"② 在此，辜鸿铭运用西方的上帝来对中国的儒家思想进行比附，但是正如上文所分析，融入的儒家思想的"God"早已非基督教意义上的"God"，确切而言，它是人心中的中庸之道，或曰君子之道（the law of gentlemen）："真正让人们去服从道德行为规范的乃是君子之道——换言之，宗教所诉诸的是我们心中的天堂。因此，宗教真正的生命乃是君子之道。反之，对上帝的信仰以及宗教所教导的道德行为规

---

① Ku Hung‑Ming, *The Spirit of the Chinese People ‑ Introduction*, Shanghai: SanLian Bookstore, 2010, p. 7. 原文为: There is, I say here again, an invaluable, but hitherto unsuspected asset of civilisation here in China, and the asset of civilisation is the real Chinaman. The real Chinaman is an asset of civilisation because he has the secret of a new civilisation which the people of Europe will want after this great war, and the secret of that new civilisation is what I have called the Religion of Good Citizenship. The first principle of this Religion of Good Citizenship is to believe that the nature of man is good; to believe in the power of goodness; to believe in the power and efficacy of what the American Emerson calls the law of love and justice.

② Ku Hung‑Ming, *The Spirit of the Chinese People*, Shanghai: SanLian Bookstore, 2010, p. 36. 原文为: In short, this true law of our being, which Religion tells us to obey is what Christ calls the Kingdom of God within us.

范，这些都只是宗教的形式。"① 简而言之，"性"之外无所谓上帝。正因为天道就在我们心中，人之"性"即是天道，因此"天人合一"的境界在儒学中成为可能。

然而在白璧德的人文主义理论中，人性是分裂的。人性分为更高意志与扩张欲望二元。虽然更高意志与儒家的"性"同处于超越的位置，但是白璧德所谓之人性并非只有更高意志一元。并且这种更高意志绝非一种情感，而是一种对扩张欲望的"抑制意志"："我坚持认为，有一种能够使人之为人并最终使人变得神圣的意志品质，这种意志品质在它与普通自我（ordinary self）发生关系的时候，作为一种抑制意志（a will to refrain）被人所感知。"② 这种"抑制意志"（a will to refrain）对于东方人而言是陌生的，因为它脱胎于西方的基督文明。在此，我们不妨回顾一下西方的基督文明，这将有助于我们进一步理解白璧德所言的"二元论"。

邓晓芒认为："中世纪的基督教的个体意识走向了分裂，分裂成两半。自由意志分裂成了两种自由意志，一种是犯罪的自由意志，就是'原罪'，这肯定是通过自由意志导致的；另外一半是信仰的自由意志，信仰当然也是自由意志，你信不信也要取决于自由意志。"③ 换言之，这种犯罪的自由意志源自人们的肉体欲望，信仰的自由意志则是上帝的恩宠。于是在基督教中，人被撕裂成两半，两种自由意志在人内心当中不断斗争。白璧德坦言更高意志并非新的东西："它在圣保罗所提出的精神法则（a law of the spirit）以及肢体法则（a law of the members）之间的对立

---

① Ku Hung-Ming, *The Spirit of the Chinese People*, Shanghai: SanLian Bookstore, 2010, p. 38. 原文为: What really makes men obey the rules of moral conduct is the law of the gentleman- the Kingdom of Heaven within us-to which religion appeals. Therefore the law of the gentleman is really the life of religion, whereas the belief in God together with the rules of moral conduct which religion teaches, is only the body, so to speak, of religion.

② Irving Babbitt, *Democracy and Leadership*, Boston and New York: Houghton, Mifflin Company, 1924, p. 6. 原文为: I do not hesitate to affirm that what is specifically human in man and ultimately divine is a certain quality of will, a will that is felt in its relation to his ordinary self as a will to refrain.

③ 邓晓芒:《中西文化心理模式分析》,《西北师大学报》(社会科学版) 2010 年第 2 期。

中已经初见端倪。"① 这正说明白璧德的二元论实际上脱胎于西方的基督教文明。虽然白璧德并不否定人的自然自我，但是对于他而言，自然自我的确是罪恶的源头。当自然自我的扩张性超过一定限度的时候，它便是一种恶。此时人需要内心当中的更高意志对其进行抑制，让它遵从适度的原则。对于"恶"，白璧德并不认同基督教的"原罪"，但是他亦无法相信人性善的力量。因此他借助东方佛教的观念，以"内在的道德懒惰"（innate moral laziness）取代基督教的"原罪"：

> 比起卢梭所言的人性本善，佛祖所谓人内在的道德懒惰更符合我们大多数的经验。对于我而言，这种"内在的道德懒惰"如此重要以至于我将要以此作为我要继续发展的观点的基础，尽管这种观点并非主要是佛教式的。比起教条，这种观点具有实证的优势。它实际上正像基督教的原罪一样对人们起作用。以懒惰为起点的优势在于大多数人会承认他们是道德懒惰的，而不会承认他们是有罪的。因为原罪一词仍具有非常浓重的神学意味，而这些人仍然在这场伟大的自然主义运动中有意识地反对神学。②

由此可见，白璧德思考的乃是如何在西方文明的基础上重建新的道德秩序。在自然主义浪潮大涨的时代，个体的自由意志已经被重新确立，宗教已经式微，再以"原罪"去劝说人们服从道德秩序，这种方法已不可取。但白璧德毕竟是在西方文明下成长起来的学者，尽管

---

① Irving Babbitt, *Democracy and Leadership*, Boston and New York: Houghton Mifflin Company, 1924, p. 6. 原文为: it is implied in the Pauline opposition between a law of the spirit and a law of the members.

② Irving Babbitt, *Rousseau and Romanticism*, Boston and New York: Houghton Mifflin Company, 1919, p. 153. 原文为: Buddha's assertion of man's innate moral laziness in particular accords more closely with what most of us have experienced than Rousseau's assertion of man's natural goodness. This conception of the innate laziness of man seems to me indeed so central that I am going to put it at the basis of the point of view I am myself seeking to develop, though this point of view is not primarily Buddhistic. This conception has the advantage of being positive rather than dogmatic. It works out in practice very much like the original sin of the Christian theologian. The advantage of starting with indolence rather than sin is that many men will admit that they are morally indolent who will not admit that they are sinful. For theological implications still cluster thickly about the word sin, and these persons are still engaged more or less consciously in the great naturalistic revolt against theology.

宗教已经式微,他还是希望能找到一个类似"原罪"的"罪"。那么,这个"罪"从何而来?从东方的佛教观点中,白璧德认为自己找到了与基督教"原罪"一样的取代物——"道德懒惰"。这种道德懒惰符合人文主义的实证原则,即是可以被经验的:"大多数人会承认他们是道德懒惰的,而不会承认他们是有罪的。"这就是说,当回归到人的内在生命,人们会承认自然自我的过度即是"恶","恶"源于他们天生的"道德懒惰"。而更高意志只有在自然自我"恶"的时候才能被感知,它作为一种否定力量(veto power)出现。白璧德临终之前曾向穆尔坦言对这种更高意志的感知,以此我们正可以感悟中西不同的文化心理:

> 他(白璧德)说,人不同于动物的地方在于他能在存在的中心直接意识到一种东西,尽管这种意识是很模糊的。这种东西涤清了卑下自我(lower self)的欲望、情感、冲动、沮丧,这个卑下自我通常被认为是个性。这种东西可以被称为"伦理"意志,因为尽管它没有混同于日常生活中涌动的卑下自我,但是它确实让人在自然的层面上无形中感受到它的伦理作用。为了表达这种无法定义的关系,同时还要保持超自然与自然的区分,这种更高的能力只能被称为抑制意志,一种与"生命扩张"相对的"生命控制"。但是尽管我们只能通过否定的词语(negative terms)去定义它,就它本身而言,它仍然是真实的和实证的,它是最高的实在以及至上的因素。我们把它称为个人的品格。[①]

[①] Frederick Manchester and Odell Shepard eds., *Irving Babbitt: Man and the Teacher*, New York: G. P. Putnam's Sons, p. 335. 原文为: There is in man as distinguished from the animal, he said, a something of which he is immediately, though it may be dimly, aware at the center of his being, a something which exists apart from the desires and affections and ambitions and dejections of that lower self which is ordinarily thought of as our personality. It may be called the "ethical" will, because, though not to be confused with the lower will which is active in the affairs of life, it does yet, in some untraceable manner, make its effects felt ethically in the plane of nature. To express this indefinable relation, while maintain intact the distinction between the supernatural and the natural, the higher faculty may be spoken of as the will to refrain, the frein vital as contrasted with the élan vital; but though it can be defined only in negative terms, it is in itself real and positive, the highest reality and the supreme factor in that which we know as our individual character.

白璧德认为我们只能通过"否定的词语"去定义更高意志，这就是说我们只能通过"生命扩张"的对立面来定义更高意志。在白璧德看来，我们在日常生活中所感知到的只是卑下自我。尽管白璧德并不排斥日常生活中的卑下自我，可是"道德懒惰"的意识却根植于他的心中，这使他对日常生活保持高度的警惕，防止"自然自我"的过度。可见，性恶始终是白璧德二元论的起点。这样的文化心理迥异于辜鸿铭。中国人并没有"罪"的意识，对于辜鸿铭而言，性即天道，人是"天人合一"的道德性存在。我们可以在日常生活中真切体会到"天命之性"的存在。对这种"天命之性"，辜鸿铭认为："如果宗教的生命是君子之道，那么宗教的灵魂以及宗教激励的源泉就是爱。爱并不局限在人们首先在男女关系中所学到的爱，它还包括了人们所有真切的感情，这里有父母与孩子之间的亲情，还有对世界万物的爱、同情、怜悯、仁慈之情。"① 然而这些真切的感情在白璧德看来都只是自然之我的一部分，不足以成为道德的支撑点。白璧德认为人文主义者的德性是"均衡"（poise），这大致相当于儒学的中庸之德，但是由于人背负了"道德懒惰"的罪，所以对白璧德而言，"完美的均衡是绝对不可能的"②。

总体而言，他虽然从儒家文化中感受到内在超越的力量，然而脱离了中国传统文化的整体背景，仅凭辜鸿铭与理雅各的译文恐怕难以领会到中国以性善论为基础的道德文明。尚未有证据表明白璧德阅读了辜鸿铭的其他作品。不过白璧德还接触了翟林奈的《论语》类译本。翟林奈在序言中明确表示孔子的理论建立在人性本善的基础上③。并且白璧德还接收了学衡派弟子，对于熟知中国文化的学衡派而言，他们当然可以向白璧德阐释中国文化的精髓。然而吊诡的是，白璧德似乎一直没有

---

① Ku Hung-Ming, *The Spirit of the Chinese People*, Shanghai: SanLian Bookstore, 2010, p. 38. 原文为: But if the life of religion is the law of the gentleman, the soul of religion, the source of inspiration in religion, –is Love. This love does not merely mean the love between a man and a woman from whom mankind only first learn to know it. Love includes all true human affection, the feelings of affection between parents and children as well as the emotion of love and kindness, pity, compassion, mercy towards all creatures.

② Norman Foerster ed., *Humanism and America: Essays on the Outlook of Modern Civilisation*, New York: Farrar and Rinehart, 1930, p. 29. 原文为: Perfect poise in no doubt impossible.

③ Lionel Giles, *The Sayings of Confucius*, London: John Murray, 1907, p. 28.

领会到辜鸿铭极力向西方传播的中国文化。以"性恶"为起点的人性二元论始终是他的理论核心。这不能不归因于学衡派弟子的阐释。对于他们而言，儒学也面临着现代文明的威胁，梅光迪、吴宓等人出国留学正是为了寻找挽救儒学的良药，亦即梅光迪所言的"new interpretation"。他们未必没有体会到白璧德人文主义学说与传统儒学的微妙差别，但是对于他们而言，儒学也需要新的元素进行重新激活。在遇到白璧德之前，他们已经萌发了"发挥国有文明，沟通东西事理"①的想法，然而在宗教氛围浓厚的西方，找到与儒学相沟通的文化资源谈何容易。白璧德的人文主义与儒学天然的相近性一下子捕获了他们的心。因此，即使他们意识到白璧德人文主义理论与传统儒学之间的微妙差别，他们或许亦无意动摇中西的文化土壤，他们更关注的乃是二者的可融通之处。对他们而言，在儒学遭遇困境的时候，白璧德的二元论无疑是一种新的阐释路径。于是在师生互动的过程中，白璧德在儒家思想中发现了内在超越的可能性，而吴宓等人则接受了白璧德的人性二元论。但是吴宓等人对人性二元论的推崇造成了白璧德对中国道德文明的错位理解。正如T. S. 艾略特所言"我不明白人们如果不懂汉语和长期接触最好的中国社会，他们怎能理解孔子"。论述至此，我们不妨回顾白璧德对西方文明的批判，他认为"远东至少对于西方文化的巨大弊病（理性与信仰之间的冲突）具有相对免疫力"。按说，这种判断是正确的。但是问题在于中国自一开始就没有西方意义上的理性，即白璧德所言之"自立"精神，因此自无所谓冲突。可见，白璧德对孔子统合"自立"精神与"谦卑"精神的判断乃是在跨文化语境下以西方文化为出发点的错位理解。不过有趣的是，T. S. 艾略特知晓这一道理，却依然无法洞悉白璧德的文化错位。文化的错位就在不经意间产生，从而催生新的思想体系——独立于宗教的人文主义。这种人文主义思想在某种程度上突破了西方文明的视界，从而呈现出融贯中西文化的国际视野。尽管白璧德依然带有西方文明的痕迹，但他融入儒家思想的做法推动了其所构想的国际人文主义事业。

---

① 吴宓：《吴宓日记：1910—1915》，生活·读书·新知三联书店1998年版，第410页。

三 "国际人文主义"的双面视界之二——宗教人文主义

虽然白璧德为西方文明建构了一条内在超越的人文主义道路,但是对于宗教氛围浓厚的西方,他依然面临着如何处理人文主义与宗教关系的问题。上帝退隐后的人文主义与主流思想相抵触。尤其在《民主与领袖》出版后,他相对明确的人文主义态度招致了不少批评,T. S. 艾略特便是其中一位。他批评白璧德对基督教缺乏感情:"在我看来,他(白璧德)似乎对基督教毫无情感认同,基督教在他眼中似乎只剩下败坏和野蛮的形式(some debased and uncultured form)。"① 穆尔也曾回忆起白璧德早年站在北大街教堂前,"伴随着极其轻蔑的手势,高呼,'这是我的敌人!这里有我憎恶的东西!'"② 后来,穆尔的这段回忆成为众多批评者指责白璧德缺乏宗教感情的典型例子。然而白璧德果真如T. S. 艾略特所言对基督教毫无情感认同吗?对此,我们必须首先厘清白璧德的宗教概念。

白璧德在《民主与领袖》中指出:"人需要将普通自我服从于更高意志(higher will)或者神圣意志(divine will),这个观点不仅是基督教,而且是所有真正宗教的本质。"③ 笔者曾在上文指出"宗教"一词在白璧德的人文主义框架下指涉的乃是最高的道德境界。但是在此处,"宗教"的概念不仅涵盖人文主义的最高道德境界,还同时涵盖了基督教等神学宗教。这是白璧德所推崇的真正的宗教。然而在白璧德的理论体系中,还有一种与"真正宗教"相对的"伪宗教"。虽然白璧德没有真正定义这种"伪宗教",然而我们依然可以从他的论著以及相关朋友的回忆中窥见白璧德的态度。白璧德认为在现代社会,基督教已经受到

---

① T. S. Eliot, *After Strange Gods*: *A Primer of Modern Heresy*, New York: Harcourt Brace and Conpany, 1934, p. 42. 原文为: His attitude towards Christianity seems to me that of a man who had had no emotional acquaintance with any but some debased and uncultured form.

② Frederick Manchester and Odell Shepard eds. , *Irving Babbitt*: *Man and The Teacher*, New York: G. P. Putnam's Sons, 1941, p. 332. 参见原文: I can remember him in the early days stopping before a church in North Avenue, and, with a gesture of bitter contempt, exclaiming: "There is the enemy! There is the thing I hate!"

③ Irving Babbitt, *Democracy and Leadership*, Boston and New York: Houghton Mifflin Company, 1924, p. 161. 原文为: This idea that man needs to submit his ordinary self to a higher or divine will is essential not merely to Christianity, but to all genuine religion.

人道主义的入侵："这种帝国主义元素不仅强势入侵了所有世俗机构，世界各地的教会的情况同样是如此。"①"你今天能在教堂得到的仅是一种宗教狂热（religiosity），一种宗教情感、宗教美学、对人性的崇拜、冠冕堂皇的乐观主义、关于进步的讨论、对穷人的人道主义同情。"② 对于这种人道主义化的宗教，白璧德持坚决的反对态度。那么，白璧德如何看待真正的基督教呢？白璧德的人文主义态度在接触学衡派弟子后愈加明朗，我们不妨再以此为分界点探讨白璧德对真正基督教的态度。

白璧德在《文学与美国的大学》中谈道："他（人文主义者）相信，今天的人如果不像过去那样带上确定信条以及纪律的枷锁，那么他至少要内在地服从某种高于他的普通自我（his ordinary self）的东西，不管他把这个东西称为'上帝'，或者如同远东的人们那般把它称为他的更高自我（his higher self），或者把它简单地称为'法'（the law）。"在此，白璧德认为人文主义的标准是在"内心服从高于普通自我的东西"，并且他指出了两种人文主义者的类型，一种为西方的宗教人文主义者，另一种为远东的纯粹人文主义者。可见，在早期的著作中，白璧德的人文主义是一个极具包容性的概念。在《卢梭与浪漫主义》一书中，白璧德提出自己在宗教与人文主义之间更倾向于后者，这是否说明白璧德的人文主义不再涵括西方的宗教呢？为了表明自己独立于宗教的人文主义立场，与早期的著作相比，白璧德的确不再将人文主义笼统称为"在内心服从于普通自我的东西"，然而在论述人文主义与宗教关系的过程中，二者并非如白璧德所宣称的那般明朗：

---

① Irving Babbitt, *Democracy and Leadership*, Boston and New York: Houghton Mifflin Company, 1924, p. 141. 原文为: The intrusion of this imperialistic element is strong not only in all secular establishments, but also in the churches of the world.

② Frederick Manchester and Odell Shepard eds., *Irving Babbitt: Man and The Teacher*, New York: G. P. Putnam's Sons, 1941, p. 75. 参见原文: Defending himself for not being more of a churchgoer, Babbitt replied: "What you get in the churches nowadays is religiosity, the religion of feeling, aestheticism, the cult of nature, official optimism, talk about progress, humanitarian sympathy for the poor."

在越来越黑暗的西方，所有真正的人文主义与宗教，无论它是建立在传统的基础上，抑或是实证的基础上，它都应该受到欢迎。我曾经指出传统人文主义与宗教在某些方面存在冲突，并且我也认为将贺拉斯的模仿与基督的模仿结合起来是一件困难的事情。当我们批判性地探讨人文主义与宗教的关系的时候，这个问题依然存在，并且它是思想家必须面对的最模糊的问题之一。然而作为最诚实的思想家，不管他偏向哪一种方法，他必须首先承认尽管宗教能失去人文主义，人文主义却不能失去宗教。①

根据整段话的语境，"宗教"指涉的似乎是基督教。但是如果我们作此理解，"人文主义却不能失去宗教"的说法则有悖于白璧德在序章所宣称的独立于宗教的人文主义。笔者曾提及白璧德在创作《卢梭与浪漫主义》一书时，他的心情是矛盾的。那么，这是否只是白璧德矛盾心情的写照？然而这种混淆不定的措辞并非仅出现于《卢梭与浪漫主义》，即便是白璧德定义人文主义的最后一文《人文主义的定义》，我们依然能找到相似的表述：

> 正如我所建议的那样：人文主义，即便是我所勾勒的隶属于个人主义类型的人文主义，它应该与传统宗教和谐地合作。在那种情况下，有一个需要仔细定义的界限。虽然人文主义与宗教同处于自然主义潮流的上升阶段，但是它们都必须坚守各自的领地。那种认为人文主义能取代宗教的观点是错误的。实际上，人文主义需要宗教甚于宗教需要人文主义。当人文主义有了我所指涉的宗教背景，

---

① Irving Babbitt, *Rousseau and Romanticism*, Boston and New York: Houghton Mifflin Company, 1919, pp. 379–380. 原文为：In the dark situation that is growing up in the Occident, all genuine humanism and religion, whether on a traditional or a critical basis, should be welcome. I have pointed out that traditional humanism and religion conflict in certain respects, that it is difficult to combine the imitation of Horace with the imitation of Christ. This problem does not disappear entirely when humanism and religion are dealt with critically and is indeed one of the most obscure that the thinker has to face. The honest thinker, whatever his own preference, must begin by admitting that though religion can get along without humanism, humanism cannot get along without religion.

它将会极大地获益。①

在这段话中,"宗教"的含义是混淆不定的。"宗教"指涉的似乎是传统宗教,但是最后一句意指人文主义最高的道德境界。那么,我们该如何理解"人文主义需要宗教甚于宗教需要人文主义"呢?此处的"宗教"指的是基督教,抑或人文主义最高的道德境界呢?若是理解为基督教,这种说法有悖于独立于宗教的人文主义体系,若是理解为人文主义最高的道德境界,此话则完全不通。在这种暧昧不清的措辞下,白璧德的人文主义究竟能否独立于宗教则成为一个疑问。

其实,正如穆尔所言:"在他的书中,他对于宗教问题的阐述有时很模糊,并且经常是不一致的。"② 然而,白璧德言辞的矛盾却并非因为人文主义立场的矛盾,而是因为白璧德心中孕育着一个伟大的理想——国际人文主义。在《文学与美国的大学》与《卢梭与浪漫主义》出版的间歇,白璧德已经通过学衡派发现了儒家的内在超越思想,并最终形成国际人文主义的构想。虽然白璧德并未在专著中提及国际人文主义运动,但是他心中始终潜藏着这个伟大的理想。埃利奥特(G. R. Elliot)曾回忆:"他(白璧德)的谈话会很快从一个地域跨越到另一地域,从一个时代到另一个时代,从一个圣人到另一个圣人。比起那些仅仅通过著作了解他的读者,他的听众会慢慢意识到,这是一个习惯将世界作为整体来考虑的学者,也是一个习惯将人类历史看成世界进

---

① Norman Foerster ed. , *Humanism and America*: *Essays on the Outlook of Modern Civilisation*, New York: Farrar and Rinehart, 1930, pp. 43-44. 原文为: Humanism, even humanism of the distinctly individualistic type I have been outlining, may, as I have already suggested, work in harmony with traditional religion. In that case there must be a careful determination of boundaries. Though humanism and religion both lie on the same ascending path from the naturalistic flux, one must insist that each has its separate domain. It is an error to hold that humanism can take the place of religion. Religion indeed may more readily dispense with humanism than humanism with religion. Humanism gains greatly by having a religious background in the sense I have indicated.

② Frederick Manchester and Odell Shepard eds. , *Irving Babbitt*: *Man and the Teacher*, New York: G. P. Putnam's Sons, 1941, p. 336. In his books he may have written sometimes vaguely, and not always consistently, of religion.

程的学者。"① 可见，国际人文主义的构想从未离开他的研究视域。在这个伟大的蓝图下，白璧德一方面融入东方儒家的内在超越思想，从而使纯粹的人文主义成为西方道德文明的另一选择；另一方面他也希望联合基督教共同拒斥现代的自然主义潮流："另一方面，人文主义者与真正的基督教之间存在着重要的合作空间。"② 这个合作空间的基础就在于"伟大的传统信仰，尤其是基督教和佛教，他们都有人文主义的一面。更紧密的合作在人文主义层面是可能的"③。虽然白璧德从未明言要将基督教纳入国际人文主义运动的框架下，但是白璧德认为基督教也有"人文主义的一面"，言辞之间透露出联合基督教之意。

然而，如果要争取基督教加入国际人文主义运动的阵营，那么白璧德在言辞之间则要对宗教问题作出让步。如此便能理解他的宗教观点的前后矛盾之处。毕竟在宗教氛围浓厚的西方，倡导独立于宗教的人文主义动摇了西方宗教文明的根基，势必会激起宗教人士的不满。作为白璧德的挚友，穆尔深知白璧德言辞含糊的用心："他的想法是非常实际的，因为他一心要获得结果，因此他会有多种攻击策略。他会尽量不去唤起他希望说服的人们的敌意，他认为这是一种稳妥的策略。因此在可能的情况下，他会大度地作出让步。他过去常常笑着责备我，有时候是满怀着同情责备我，因为就如他所言，我常常奋不顾身地把每一个阵营的敌人都引到争论中去。而他在写作的时候则会煞费苦心地避免引起基督徒读者的不满。但是除了策略性的考虑外，还有一个原因就是，在那种他称之为教条式信仰（dogmatic faith）的心理影响中，他认可其中被培养

---

① Frederick Manchester and Odell Shepard eds., *Irving Babbitt: Man and the Teacher*, New York: G. P. Putnam's Sons, 1941, p. 153. 原文为：His talk passed rapidly from land to land, from age to age, and from sage to sage. His listeners came to realize, far more vividly than those who knew him only in his writings, that here was a man who habitually thought of the world as a unit and of human history as a single world-wide process.

② Norman Foerster ed., *Humanism and America: Essays on the Outlook of Modern Civilisation*, New York: Farrar and Rinehart, 1930, p. 37. 原文为：Between the humanist and the authentic Christian, on the other hand, there is room for important co-operation.

③ Norman Foerster ed., *Humanism and America: Essays on the Outlook of Modern Civilisation*, New York: Farrar and Rinehart, 1930, p. 49. 原文为：the great traditional faiths, notably Christianity and Buddhism, have their humanistic side where closer agreement may be possible.

起来的道德和精神纪律。"① 这就是说，尽管白璧德倡导纯粹的人文主义精神，但是他亦认可真正的基督教精神，为了避免引起宗教人士的不满，因此他在论述二者关系的过程中会适当地对基督教作出让步。如此一来，白璧德的论述就难免出现前后矛盾之处。这种让步的确为白璧德争取到不少宗教人文主义者。然而这种"取巧"的做法却瞒不过高徒T. S. 艾略特："我们要想通过白璧德先生的术语去定义人文主义多少有些困难，因为当要去对抗人道主义以及自然主义的时候，白璧德会适时地将人文主义与宗教排成统一战线。而我试图去做的事情就是将它与宗教做比较。"② 可见，T. S. 艾略特并未被白璧德的言辞策略所迷惑，他深知白璧德想要在西方文明的土壤上建构一条独立于宗教的人文主义道路，所谓的"人文主义需要宗教甚于宗教需要人文主义"只是白璧德暂时的让步而已。并且作为白璧德身边的高徒，尽管在留美中国学生会东部会的夏季年会以外的公开场合，白璧德从未明言联合基督教发动国际人文主义运动，但他还是比旁人更懂导师之心："就他（白璧德）的思想以及与他的交流过程而言，他是完全国际化的（cosmopolitan）。"③ 然而由于宗教文明的局限，T. S. 艾略特始终认为："在我看来，他（白璧德）文化的广度、聪明的折衷主义（eclecticism）就其本身而言只是偏狭传统的表征罢了。"④ 对于白璧德融贯中西文化的国

---

① Frederick Manchester and Odell Shepard eds., *Irving Babbitt*: *Man and The Teacher*, New York: G. P. Putnam's Sons, 1941, pp. 331-332. 原文为: His mind was eminently practical in that he aimed at getting results and thought much of strategy in attack. He held it a law of sound tactics not to arouse the hostility of those whom he desired to convince, but to make concessions where this could be done with honor; and he used to scold me laughingly, sometimes almost pathetically, for going out of my way, as he said, to make enemies among every party to a controversy. Thus it was that he took pains in his writing to avoid irritating the sensibility of Christian readers. But besides the strategic motive, perhaps explaining it, was the fact that he recognized in what he would call the psychological effects of dogmatic faith a moral and spiritual discipline to be acclaimed and fostered.

② T. S. Eliot, *Selected Essays（1917-1932）*, London: Faber and Faber Limited, 1932, p. 421. 原文为: It is a little difficult to define humanism in Mr. Babbitt's terms, for he is very apt to line it up in battle order with religion against humanitarianism and naturalism; and what I am trying to do is to contrast it with religion.

③ T. S. Eliot, *After Strange Gods*: *A Primer of Modern Heresy*, New York: Harcourt Brace and Conpany, 1934, p. 42. 原文为: in his thought and in his intercourse he was thoroughly cosmopolitan.

④ T. S. Eliot, *After Strange Gods*: *A Primer of Modern Heresy*, New York: Harcourt Brace and Conpany, 1934, p. 42. 原文为: And yet to my mind the very width of his culture, his intelligent eclecticism, are themselves symptoms of a narrowness of tradition.

际人文主义，T. S. 艾略特认为只是一种"聪明的折衷主义"。在宗教感情的左右下，他根本不相信纯粹人文主义能成为西方道德文明的另一选择。对于他而言，人文主义只能是宗教人文主义，不存在纯粹的人文主义。因此他不可能赞成白璧德所谓的联合纯粹人文主义者与宗教人文主义者开展国际人文主义运动的构想。那么，他对白璧德缺乏宗教情感的指责自然也是为自身的宗教情感所激。由此可见白璧德在西方倡导纯粹人文主义所受的压力，更勿论国际人文主义运动的开展。或许正因为如此，除了《中西人文教育谈》一文外，白璧德在专著中均未提及国际人文主义运动。对他而言，开展国际人文主义运动最可行的方法莫过于将国际人文主义的思想潜移默化地融入专著中。这就是说，为了开展国际人文主义运动，白璧德除了在言辞上对宗教问题让步以外，他还必须在理论上包容宗教神学。

在接触学衡派弟子后，白璧德提出了独立于宗教的人文主义，自此"人文主义"一词在白璧德的理论术语中不再蕴含宗教的神学意味。但与此同时，人文主义的核心概念内在生命（inner life）、更高意志（higher will）却呈现出极大的包容性。在白璧德看来，无论是基督教徒，抑或纯粹的人文主义者，他们最终都要回归到人的内在生命。这种内在生命即白璧德所言的基督教"人文主义的一面"："内在生命的真理可以以多种形式显现，它在过去已经通过人文主义的或者宗教的形式显现，并且每一种形式都通过生活和行为的成果证明了自身。因为我不能在当前任何一种流行哲学中找到这种真理，因此比起当代的智慧（the wisdom of the age），我更倾向于永恒的智慧（the wisdom of the ages）。"[①] 可见，尽管在后期的著作中，白璧德的人文主义已经独立于宗教，但白璧德心中还孕育着国际人文主义。他将国际人文主义的基础建立在人的内在生命上。白璧德相信无论是基督教徒抑或纯粹的人文主者，他们都能在人文层面上达到一致。因此，在论述更高意志的时候，他谈道："我没有傲慢到否定其他确认更高意志的方法

---

① Irving Babbitt, *Democracy and Leadership*, Boston and New York: Houghton Mifflin Company, 1924, p. 26. 原文为：The truths of the inner life may be proclaimed in various form, religious and humanistic, and have actually been so proclaimed in the past and justified in each case by their fruits in life and conduct. It is because I am unable to discover these truths in any form in the philosophies now fashionable that I have been led to prefer to the wisdom of the age the wisdom of the ages.

的有效性，或者将这些传统形式看成过时的而废弃掉，而这种意志正是通过传统形式阐释给想象力。"① 在此更高意志取代了人文主义，成为一个极具包容性的概念。它既指涉人文主义的内在生命，同时也暗指基督徒的内在生命。

总体而言，白璧德并非对基督教毫无情感认同，他认可基督教内在生命的真理。对他而言，宗教人文主义亦是国际人文主义的重要一环，因此，他在言辞上不断对宗教人文主义者让步，如此一来就造成了他宗教观点的前后矛盾。然而即便如此，他还是无法获得 T.S. 艾略特的支持。或许从一开始，白璧德已经料想到倡导国际人文主义运动的困难，因此除了《中西人文教育谈》的讲演稿以外，他从未提及国际人文主义运动，只是将国际人文主义的思想融入专著中，从而使人文主义理论体系呈现出极大的包容性。

第五节 "国际人文主义"教育理念的内核

白璧德于留美中国学生会东部会的夏季年会上讲演中，首次亦是唯一一次明确提出国际人文主义（humanistic international）的概念。然而白璧德为何仅仅选择在这个夏季年会上提出此构想？该讲演稿乃就教育而言，即关涉如何实践国际人文主义的问题。并且在该讲演中，白璧德对中国传统教育模式颇为赞赏。这也就是说，白璧德认可中国传统教育中实践人文主义的方式。然而中国传统的儒学教育一直与政治息息相关，"学而优则仕"几乎成为所有儒家学子的最高理想。那么，白璧德在该讲演中特别肯定了中国传统的教育模式，此间究竟有何深意？此前，白璧德仅在《国际主义的破产》中提出国际人文主义的雏形——国际主义，那么国际人文主义的提出又将有着怎样国际主义所未尽的意蕴？笔者将在本节围绕这个问题进行探讨。

---

① Irving Babbitt, *Democracy and Leadership*, Boston and New York: Houghton Mifflin Company, 1924, pp. 316–317. 原文为：I am not so arrogant as to deny the validity of other ways of affirming the higher will, or to dismiss as obsolete the traditional forms through which this will has been interpreted to the imagination.

一 贵族式的人文主义教育

白璧德于 1908 年出版了第一本专著《文学与美国的大学》，对美国现行的教育体制进行了严厉的批评，并由此提出人文主义教育与之相抗衡。1908 年恰是主宰哈佛大学教育命运长达 40 年之久的埃利奥特校长退休的前一年。这或许是白璧德有意而为之。然而无论如何，白璧德与埃利奥特教育理念确有巨大的差异。饶有趣味的是，白璧德在《中西人文教育谈》对中国传统的教育模式颇为赞赏，那么，白璧德究竟何以如此赞赏中国传统的教育模式？要回答这个问题，我们不妨再从前学衡派时期的白璧德谈起。

17 世纪初，首批英国移民到达北美。他们中有一部分乃清教徒。这批清教徒在英国的大学接受过良好的古典教育。他们希望其后代亦能接受相同的教育。因此，他们于 1636 年建立了美国第一所学府——哈佛大学。此后，哈佛大学在教育上一直颇受英国贵族文化的影响，其教育的目的就是培养绅士[①]。由是，古典课程一直是学校教育的核心。然而这种教育模式随着美国工业化的发展逐渐被打破。古典的教育模式已经不能满足工业化发展的需求，新的科学知识不断涌现，社会对实用知识的需求也日益增大。在这样的社会背景下，埃利奥特校长对哈佛的教育体制进行了大刀阔斧的改革。其中选修制（elective system）作为教育改革的核心逐渐在哈佛展开。到了 1883 年，曾经作为教育核心的古典语言不再是必修课[②]。1897 年，必修课程只有一年级的修辞学。学生只需要 1/4 的课程在 C 或 C 以上，其余的课程为 D 即可毕业。"这种教育理想无疑适用于这些本科生的需求：他们成熟、勤奋、上进，他们来到哈佛后能同时兼顾学习与娱乐。但是对于那些缺乏责任心的学生而言，这种教育模式可能会比传统的教育模式，即所谓的日常背诵以及规定课程，学得更少。在每个班级，总有一定数量的学生会非常巧妙地选择那

[①] 赵一凡：《哈佛教育思想考察——兼评鲍克校长〈超越象牙塔〉》，《读书》1987 年第 1 期。

[②] 关于 Charles William Eliot 新教育政策的实施可参见 Thomas R. Nevin 的 *Irving Babbitt-An Intellectual Study*, p. 84 以及 Stephen C. Brennan and Stephen R. Yarbrough 的 *Irving Babbitt*, pp. 104-106.

些付出最少努力便可混过去的课程。"① 另外，由于埃利奥特校长于 1890 年将劳伦斯科学学院（Lawrence Scientific School）与传统文学院合并，从而混淆了文学士与理学士的区别。理学士的学位往往三年即可获得，因此学生大多选择较易获得的理学士学位。到了 1906 年，已经有 36% 的本科生选择三年制匆匆毕业。可见，选修制实施后，学生有了自主选择课程的权利，然而相应的弊端也由此产生。针对选修制的弊端，白璧德站在了埃利奥特校长的对立面，对其进行了严厉的批评。白璧德以为这些改革背后正反映了埃利奥特校长本身的人道主义精神，即培根式的进步观念以及卢梭式的自由精神：

> 当给予学生卢梭式的全部自由，埃利奥特校长显然希望学生能在培根式精神的指导下运用他的自由。但是如果学生如卢梭一般享受这种"愉快的懒惰"，那么他将一事无成。学生应该根据他个人的兴趣以及天资以最大的精力投入学习中。然而令人遗憾的是，比起埃利奥特校长，我们大部分本科生在这个方面是更彻底的卢梭主义者……埃利奥特校长一定非常失望，因为大部分学生不是利用选修制来根据自己的兴趣努力学习，相反他们只是以最少的阻力来混过大学课程。②

白璧德认为在这种教育政策的引导下，哈佛原本的精英教育已经完全堕落："大学本应定义为一个为塑造社会精英而精心挑选课程的场所。就现在的趋势而言，它应该定义为任何人随意做任何事的某个东西。"③ 实际上，二者的分歧归根结底还是人文主义与人道主义人性论的分歧。倡导民主教育（democratic education）的埃利奥特校长对人性的善更有信心。

---

① Arthur Stanwood Pier. *The Story of Harvard*. Boston: Little, Brown, and Company, 1913, pp. 201–202.
② Irving Babbitt, *Literature and the American College: Essays in Defense of the Humanities*, Boston and New York: Houghton Mifflin Company, 1908, pp. 52–53.
③ Irving Babbitt, *Literature and the American College: Essays in Defense of the Humanities*, Boston and New York: Houghton Mifflin Company, 1908, pp. 74–75. 原文为：As formerly conceived, the college might have been defined as a careful selection of studies for the creation of a social élite. In its present tendency, it might be defined as something of everything for everybody.

在民主思想的影响下,埃利奥特校长相信学生充分具备选择学习课程的能力,他谈道:"比起大学老师、那些不了解他和他的祖先以及他过去生活的所谓智慧的人为他所选择的课程,一个受过良好教育的十八岁青年能够为他自己——不为其他人,也不为想象中的普遍的人,只是为了他自己——选择更好的课程。"① 选修制便是埃利奥特校长民主教育的重要措施。然而这种措施对于持人性二元论的白璧德而言是不可取的。他并不相信学生具备这样的能力。他认为:"比起埃利奥特校长,我们的大部分本科生在这个方面是更彻底的卢梭主义者",意即大部分学生都服从人性中的"普通自我"。这似乎也在暗示老师代表了人性中的"更高自我"。虽然白璧德对此并未明言,但是我们仍可从他一贯所秉持的精英贵族立场而得之。他反驳埃利奥特校长道:"这里没有人文主义者所相信的普遍标准、人之律,这些都是个体选择所应参照的标准。现在他要完全根据他的性情以及独特的需求来做出他的选择。与一个大学二年级学生的倾向相比,万世的智慧变得毫无价值。任何对这种倾向的约束都是不公正的束缚,更别提不可容忍的专制。然而即便一个'受过良好教育的十八岁青年',他对于自己以及自身能力的看法也可能随着某一时刻的感觉而改变,因此我们也许可以把这种强调这些看法的教育系统称为'教育印象主义'(educational impressionism)。"② 对比埃利奥特校长的民主立场,白璧德则站在精英的立场来指导学生。这也导致了二者教育宗旨的进一步分歧。

---

① Charles William Eliot, *Educational Reform*, New York: The Century Co., 1909, pp. 132-133. 原文为: a well-instructed youth of eighteen can select for himself-not for any other boy, or for the fictitious universal boy, but for himself alone-a better course of study than any college faculty, or any wise man who does not know him and his ancestors and his previous life, can possibly select for him.

② Irving Babbitt, *Literature and the American College: Essays in Defense of the Humanities*, Boston and New York: Houghton Mifflin Company, 1908, pp. 47-48. 原文为: There is then no general norm, no law for man, as the humanist believed, with reference to which the individual should select; he should make his selection entirely with reference to his own temperament and its (supposedly) unique requirements. The wisdom of all the ages is to be as naught compared with the inclination of a sophomore. Any check that is put on this inclination is an unjustifiable constraint, not to say an intolerable tyranny. Now inasmuch as the opinions of even a "well-instructed youth of eighteen" about himself and his own aptitudes are likely to shift and veer this way and that according to the impressions of the moment, we may, perhaps, designate the system that would make these opinions all-important "educational impressionism."

在白璧德看来，教育的宗旨在于培养少数的精英贵族。而对于秉持民主教育的埃利奥特校长而言，教育的宗旨乃在于"将人们的智力、行为以及幸福提升到一个更高的水平"。① 然而这种"提高人类整体的计划"② 在白璧德看来乃是人道主义的做法，而非人文主义。他曾在《文学与美国的大学》中严肃指出，人文主义是"贵族式"（ariscocratic）的立场，人道主义则是"民主式"（democratic）的立场。其专著《文学与美国的大学》即以这小部分优秀群体的教育为主要论题。不过白璧德并非民主精神的反对者，他谈道："从某种意义上而言，大学的目的不是为了鼓励民主精神，相反，它应该制约那种向纯粹民主（pure democracy）滑落的趋势。如果我们对人文主义的定义有任何价值，现在所需要的并不是民主本身，也不是纯粹的贵族，而是二者的混合——一种贵族的、选择式的民主（an aristocratic and selective democracy）。"③ 换言之，虽然白璧德倡导人文主义教育的贵族精神，但是这种贵族精神是在民主精神的基础上提出的。因此，他认为："就大学应该取消一切家庭以及等级的区别而言，它应该是民主的。"④ 但是在他看来，个体存在禀赋的差异。由是，"贵族的、选择式民主"坚持大学教育的目标乃是在这个量化的时代造就"质的人才"（men of quality）⑤，亦即培养"品格与智力的贵族"（aristocracy of character and intelligence）⑥。用这种"品格与智力的贵族"取代"世袭贵族"（aristocracy of birth）以及新兴的"金钱贵族"（aristocracy of money）。

---

① Charles William Eliot, *Educational Reform*, New York: The Century Co., 1909, p. 403.

② Irving Babbitt, *Literature and the American College: Essays in Defense of the Humanities*, Boston and New York: Houghton Mifflin Company, 1908, p. 8.

③ Irving Babbitt, *Literature and the American College: Essays in Defense of the Humanities*, Boston and New York: Houghton Mifflin Company, 1908, p. 80. 原文为: In one sense the purpose of the college is not to encourage the democratic spirit, but on the contrary to check the drift toward a pure democracy. If our definition of humanism has any value, what is needed is not democracy alone, nor again an unmixed aristocracy, but a blending of the two-an aristocratic and selective democracy.

④ Irving Babbitt, *Literature and the American College: Essays in Defense of the Humanities*, Boston and New York: Houghton Mifflin Company, 1908, p. 75.

⑤ Irving Babbitt, *Literature and the American College: Essays in Defense of the Humanities*, Boston and New York: Houghton Mifflin Company, 1908, p. 87.

⑥ Irving Babbitt, *Literature and the American College: Essays in Defense of the Humanities*, Boston and New York: Houghton Mifflin Company, 1908, p. 105.

在他看来，人道主义者那种将大学视为"提高大多数人而非针对少数个体进行彻底训练"①的做法降低了学位的含金量，从而滑向了纯粹民主。对此，他特别批评了美国教育中现存的三年学位制："在这个国家，好学生被鼓励三年末离开学校，差学生或者懒散的学生则留下来接受人道主义老师的训练，配合他们活跃整体、提高社会平均水平的伟大计划。"② 对于这种"大学降低自身标准以适应普通个体水平"③的做法，白璧德称为"转瞬即逝的印象式民主"（the democracy of the passing impression）。相比埃利奥特校长的民主精神，白璧德所言之"贵族的、选择式的民主"自然是一种贵族意识。这种贵族意识在对待大众意见的问题上展露无遗："难道因为普通人的要求在过去遭到轻视，所以我们现在就要轻视卓越个体（superior man）的要求吗？"④虽然白璧德也曾说过"较为低等的学校应为一般市民的教育做好充足的准备"⑤，但是他的人文主义教育真正着眼的乃是一小部分"卓越个体"（superior man）。不过有趣的是，"民主"与"贵族"本属政治领域的术语，然而无论是埃利奥特校长，抑或白璧德，都常常用它们指涉文化领域。作为哈佛大学的校长，埃利奥特的教育理念自是与政治直接相关。埃利奥特校长曾如此谈到他的教育理念："我们希望培养实干家、成功者，他们的成功能对公共利益有非常大的帮助。我们对培养这些人毫无兴趣：无益于世

---

① Irving Babbitt, *Literature and the American College: Essays in Defense of the Humanities*, Boston and New York: Houghton Mifflin Company, 1908, p. 78. 参见原文: In general, the humanitarian inclines to see in the college a means not so much for the thorough training of the few as of uplift for the many.

② Irving Babbitt, *Literature and the American College: Essays in Defense of the Humanities*, Boston and New York: Houghton Mifflin Company, 1908, p. 79. 原文为: In this country the good man is encouraged to leave at the end of three years, and the inferior or idle student who remains is labored over by a humanitarian faculty in accordance with its great design of leavening the lump and raising the social average.

③ Irving Babbitt, *Literature and the American College: Essays in Defense of the Humanities*, Boston and New York: Houghton Mifflin Company, 1908, p. 105.

④ Irving Babbitt, *Literature and the American College: Essays in Defense of the Humanities*, Boston and New York: Houghton Mifflin Company, 1908, p. 105.

⑤ Irving Babbitt, *Literature and the American College: Essays in Defense of the Humanities*, Boston and New York: Houghton Mifflin Company, 1908, p. 106.

界的观察者、游戏生活的观众或者挑剔他人劳动的批评者。"① 他的教育信条为:"进则增长智慧,出则服务国家以及人类。"② 而白璧德只是比较文学一位教授,不居行政要职,这种富含政治意味的言辞是否有特殊的含义?事实上,白璧德从不是活在象牙塔中的学者,他有着与埃利奥特校长相似的政治情怀。据他的学生马格(William F. Magg, Jr.)回忆,白璧德曾批评诺顿仅仅满足于象牙塔的生活,而不以其文化品格作用于他的时代③。此虽是批评他人之言,未尝不反映出白璧德本人积极介入社会的政治姿态。白璧德在《文学与美国的大学》一书使用这些富含政治意味的术语讨论人文主义的教育事业,这不仅是要在教育事业与埃利奥特校长相抗衡,更重要的乃是提出与之相抗衡的政治理念。因此,虽然《文学与美国的大学》主要讨论了美国的人文主义教育,但是这种政治色彩的着墨实际上在为下一步政治理想的阐发做准备④。于是他的专著《民主与领袖》终于将人文主义指向政治领域。

二 精英式的德治理念

西方近代民主政治以个体意识的觉醒为开端。个体意识的觉醒从政治上而言即每人都有独立自主的权利。为了保护个体的权利,就有必要通过宪法划定个体的权利,限制统治者的权力。"美国宪法的分权也是限制政府权力的一种形式。这种限制政府权力、保障个人权利的制度安

---

① Richard Norton Smith, *The Harvard Century*, Cambridge: Harvard University Press, 1986, p. 29. 参见原文: "We seek to train doers," he explained of the new, intensely practical Harvard, "achievers, men whose successful careers are much subservient to the public good. We are not interested here in producing languid observers of the world, mere spectators in the game of life, or fastidious critics of other men's labors."

② Richard Norton Smith, *The Harvard Century*, Cambridge: Harvard University Press, 1986, p. 29. 原文为: Enter to grow in wisdom; Depart to serve thy country and thy kind.

③ Frederick Manchester and Odell Shepard eds., *Irving Babbitt: Man and The Teacher*, New York: G. P. Putnam's Sons, 1941, p. 85. 参见原文: Although he (Charles Eliot Norton) was Babbitt's friend and patron, Babbitt could not help deploring that so great a scholar, whose leadership was needed in the battle for liberal education, had been content to abide in his ivory tower and had made so little effort to leave "the impress of his taste and culture upon his times."

④ 张源的《从"人文主义"到"保守主义"——〈学衡〉中的白璧德》一书对于白璧德的文化与政治之关系论之甚详,详见第165—180页。笔者亦受其启发。

排，就是宪政制度。"① 而在白璧德看来，美国的宪政制度正遭受严重的挑战，如"伍德罗·威尔逊总统比起其他美国人都要致力于将我们的理想主义延伸到我们的国界以外。在追求他的全球服务（world service）的计划中，他无视宪法对他的权威的制约，几乎主动地去争取无限制的权力"②。在这种宪政制度的危机中，白璧德以为人文主义思想的注入乃是解决问题的关键。因为在他看来，"政府即是权力，这种权力是道德的或者不道德的，换言之，它是否服从于真正的正义，这将最终取决于管理政府的人的意志品质"③。在法治的基础上，白璧德看到了执行权力的领袖的道德品质在其中所起的重要作用。这就是说，在白璧德看来，"法治"需要"德治"的补充。这种想法与儒家的德治文化有异曲同工之妙。事实上，白璧德在《民主与领袖》正是通过儒家的政治思想来阐发自己的政治理想。对此，侯建教授曾评论道："《民主与领袖》一书，几乎是以儒家思想立言。"④ 那么，白璧德究竟如何在跨文化语境下完成对儒家政治思想的想象？对此，我们还是先从此前白璧德在《文学与美国的大学》中所隐约透露的政治思想谈起。

（一）德治思维模式的形成

在《文学与美国的大学》中，白璧德已经关注到了民主社会中领袖道德品质的问题。他谈道："确保我们的安全的希望在于我们能够引导未来的哈里曼们和洛克菲勒们解放自己灵魂，换言之，即让他们接受正确的教育……我们知道苏格拉底训练青年的目的不是让他们拥有杰出的能力，而是激发他们的敬畏和节制之心。苏格拉底认为让青年拥有杰出

---

① ［美］罗森:《最民主的部门——美国最高法院的贡献》，胡晓进译，中国政法大学出版社2013年版，第241页。

② Irving Babbitt, *Democracy and Leadership*, Boston and New York: Houghton Mifflin Company, 1924, p. 288. 原文为: Mr. Woodrow Wilson, who, more than any other recent American, sought to extend our idealism beyond our national frontiers. In the pursuit of his scheme for world service, he was led to make light of the constitutional checks on his authority and to reach out almost automatically for unlimited power.

③ Irving Babbitt, *Democracy and Leadership*, Boston and New York: Houghton Mifflin Company, 1924, p. 308. 原文为: government is power. Whether the power is to be ethical or unethical, whether in other words it is subordinated to true justice, must depend finally on the quality of will displayed by the men who administer it.

④ 侯健:《梅光迪与儒家思想》，周阳山、杨肃献编《近代中国思想人物论——保守主义》，时报文化出版事业有限公司1982年版，第264页。

的能力而不具备敬畏和节制之心,这简直就是为他们装备上作恶的武器。"① 不过白璧德在此只是在教育领域中讨论领袖的德性问题,并未在政治领域进一步展开。到了《民主与领袖》,领袖的德性问题得到了全面的阐述。他谈道:"孔子对于政治问题总是避而不谈,似乎觉得无足轻重,但有一个例外,即领袖的问题。孔子说,'领袖的品德就像风,人民的品德就像草。'因为草的本性就是随风倒伏。"② 白璧德又如此谈到儒家的德治思想:"一个人只要正己(set himself right),那么正义(rightness)会首先扩展到他的家庭,最后在越来越大的范围内扩展到整个社会。"③ 在接触学衡派弟子之前,白璧德对领袖德性问题的关注仅局限于领导者的维度,并未延伸到被领导者的层面,而在《民主与领袖》,白璧德在儒家思想中看到了一种由内而外、推己及人的政治思想。领袖的德性问题在社会的维度上得到全面的阐释。在该书中,他还引用了儒家的圣王舜来论证人文主义的政治抱负:"孔子是如此谈到他的理想领袖舜:'舜什么都没有做,却管理得很好。'实际上,他做了什么呢?他只是虔诚地关注自身,庄重地坐在王位上,仅此而已。"④ 他认为舜是在柏拉图意义上关注自身事务的人,他的榜样作用使大众也如他

---

① Irving Babbitt, *Literature and the American College: Essays in Defense of the Humanities*, Boston and New York: Houghton Mifflin Company, 1908, p. 71. 原文为: Our real hope of safety lies in our being able to induce our future Harrimans and Rockefellers to liberalize their own souls, in other words to get themselves rightly educated……We are told that the aim of Socrates in his training of the young was not to make them efficient, but to inspire in them reverence and restraint; for to make them efficient, said Socrates, without reverence and restraint, was simply to equip them with ampler means for harm.

② Irving Babbitt, *Democracy and Leadership*, Boston and New York: Houghton Mifflin Company, 1924, p. 35. 原文为: In dealing with the political problem, Confucius is inevitably led to brush aside, as of slight account, everything except the question of leadership. "The virtue of the leader," he says, "is like unto wind; that of the people like unto grass. For it is the nature of grass to bend when the wind blows upon it."

③ Irving Babbitt, *Democracy and Leadership*, Boston and New York: Houghton Mifflin Company, 1924, p. 201. 原文为: if a man only sets himself right, the rightness will extend to his family first of all, and finally in widening circles to the whole community.

④ Irving Babbitt, *Democracy and Leadership*, Boston and New York: Houghton Mifflin Company, 1924, p. 200. 原文为: Of his ideal ruler, Shun, Confucius says: "Shun was one who did nothing, yet governed well. For what, in effect, did he do? Religiously self-observant, he sat gravely on his throne, and that is all."

一般回归自身的完善①。社会只要拥有足够多的具备人文精神的领袖，社会便会在这些领袖的带领下逐渐完善。不难发现，白璧德在此处所言的即儒家"内圣外王"的德治思想。不过儒家的政治思想自古就受限于封建专制制度。而白璧德对儒家思想的运用已经摆脱了封建的专制思想，而提炼出可用于当世的政治精神。那么，白璧德究竟如何在跨文化语境下完成儒家政治思想的现代转型？笔者曾谈及白璧德在跨文化语境主要依靠儒学译本以及学衡派弟子的阐释来完成对儒家思想的想象。他在《卢梭与浪漫主义》与《民主与领袖》分别征引了理雅各《论语》译本 Confucian Analects 以及翟林奈《论语》译本 The sayings of Confucius，但是在探讨儒家政治思想的时候，白璧德征引的则是翟林奈《论语》译本。可见，白璧德更认同翟林奈译本所呈现的政治思想。因此，我们先从白璧德所接触的译本谈起，再进而追溯学衡派弟子在其中所起的作用。

（二）摒弃德治文化的外在维度——封建的政治体制

在翟林奈的译本中，翟林奈在序言对孔子的时代背景进行了简要的介绍："武王将他的王国分为许多诸侯国，这些诸侯国乃武王授予那些帮助他获得王位的亲属朋友。因此，王国实际上非常像巨大的联合家庭。中国的政治理论家们也是持有这种看法。在短期，这种政策看起来非常有效。但是随着亲属联系的松弛，中央政府慢慢失去了对这些任性孩子的有效控制。除了与家长王朝不和外，诸侯国之间很快陷入了无休止的战争……为了遏制这种中央权力分散的趋势，维护天子的最高权威，反对过于强大的诸侯，孔子强烈反对诸侯、大夫与军队的非法篡权以及他们之间的互相倾轧。他以毫不含糊的言辞表达了他对这种行为的反感。"② 在简要介绍孔

---

① Irving Babbitt, *Democracy and Leadership*, Boston and New York: Houghton Mifflin Company, 1924, p. 200.

② Lionel Giles, *The Sayings of Confucius*, London: John Murray, 1907, pp. 14-16. 原文为：He divided his realm into a large number of vassal states, which he bestowed upon his own kith and kin who had helped him to the throne. Thus the Empire really came to resemble the huge united family which Chinese political theorists declare it to be, and for a short time all seems to have worked smoothly. But as the bonds of kinship grew looser, the central government gradually lost all effective control over its unruly children, and the various states were soon embroiled in perpetual feuds and struggles among themselves, besides being usually at loggerheads with the parent dynasty……Wisely opposing the dangerous tendency to decentralisation, and upholding the supreme authority of Emperor as against his too powerful vassals, he heartily disapproved of the illegal usurpations of the dukes, the great families and the soldiers of fortune that preyed one upon the other, and did not shrink on occasion from expressing his disgust in unequivocal terms.

子的时代背景后,翟林奈进一步阐述了孔子所希望复兴的政治制度。他指出中国封建政治制度的本质乃在于家长制,亦即家国同构的思想:

> 孔子关于人的社会责任的理论首先立足于这样的事实:人是巨大的社会机器的一部分——一个以家庭为单位的集合。在中国人看来,家庭是国家的缩影,或者说家庭在时间上先于国家,它是更为庞大的社会有机体塑造自身的原型……君主至少在理论上对他的诸侯拥有家长的权威,而诸侯除了在与兄弟的关系中相互扶持以外,他们也被视为自己子民的父亲。现在,保证这个机器顺利运作的方法则是让每一部分以恰当服从其他部分的方式实现它的职能……现在,孔子看到了管理家庭的原则同样适用于最大的家庭——国家。最高的权威在君主手中。我们必须让君主如家庭的家长一般行使他的职能。但是如果他的权威是最高权威,他的责任也必须是最高的责任。尊重是他所应得的东西,但这只是因为他将自己的利益等同于人民的利益。在公共事务上,就如在家庭里一样,君主必须遵从和谐的原则来调配统治者与被统治者的关系,否则机器就不能运作。①

从以上的阐述可见,翟林奈对中国封建政治制度作了颇为明晰的介

---

① Lionel Giles, *The Sayings of Confucius*, London: John Murray, 1907, pp. 28-31. 原文为: The Confucian theory of man's social obligations rests first and foremost on the fact that he forms part of a great social machine-an aggregation of units, each of which is called a family. The family, in Chinese eyes, is a microcosm of the Empire, or rather, since the family is chronologically prior to the State, it is the pattern on which the greater organism has moulded itself……The Emperor had, in theory at least, paternal authority over his feudal princes, who in turn, standing to one another in the relation of elder and younger brothers, were regarded as the fathers of their respective peoples. Now, the way to ensure that a machine as a whole may run smoothly and well, is to see that each part shall fulfil its own function in proper subordination to the rest……Now Confucius saw that the same general principles which govern the family are applicable also to that greatest of families, the State. Here we have the Emperor, in whose hands the supreme authority must lie, exercising functions exactly analogous to those of the father of a family. But if his is the supreme authority, his must also be the supreme responsibility. Veneration and respect are his due, but only because he identifies himself with the good of the people. In public affairs, just as in the home, there must be that same principle of harmony to regulate the relations of governor and governed, otherwise the machine will not work.

绍。而在理雅各译本中，虽然理雅各并未针对中国封建政治制度进行专门的介绍，但是其译注补充了相关的背景知识。在这些译本的帮助下，白璧德对于中国封建政治制度应该有所认识。然则，白璧德如何理解依附于封建政治制度的德治文化？根据白璧德对孔子德治思想的征引，他更认同翟林奈的译本。我们不妨进一步分析翟林奈以及理雅各二者的翻译：

原文：
君子之德风，小人之德草，草上之风，必偃。

翟林奈：
The virtue of the prince is like unto wind; that of the people, like unto grass. For it is the nature of grass to bend when the wind blows upon it. ①

理雅各：
The relation between superiors and inferiors, is like that between the wind and the grass. The grass must bend, when the wind blows across it. ②

白璧德的征引：
"The virtue of the leader," he says, "is like unto wind; that of the people, like unto grass. For it is the nature of grass to bend when the wind blows upon it." ③

从以上的译本对比，我们不难看出，白璧德的征引完全脱胎于翟林奈的译本。并且白璧德的征引对翟林奈的译本进行细微的改动，即用 leader 取代翟林奈译本中的 prince。那么，白璧德为何对翟林奈的译本格外青睐？白璧德对翟林奈的译本的改动是否有意而为之？经过白璧德改动后的译文与翟林奈的译文又有怎样的区别？对于这种种疑

---

① Lionel Giles, *The Sayings of Confucius*, London: John Murray, 1907, p. 42.
② James Legge, *The Chinese Classics*, Volume I, Taipei: SMC Publishing Inc., 1991, pp. 258-259.
③ Irving Babbitt, *Democracy and Leadership*, Boston and New York: Houghton Mifflin Company, 1924, p. 35.

问，我们先从翟林奈所阐释的儒家德治文化谈起。翟林奈在序言中曾详细阐述德治思想。他指出："同样是在家庭里，孔子发现了一种自然的力量。他认为这种自然力量能作为美德的最大推力。这就是人们普遍的模仿倾向。父亲通过自身的榜样来教育儿子什么是正确的东西。由于孔子知道个体的榜样是最有效的方法，他坚定地认为统治者的个体行为具有同样巨大的影响力，他甚至宣称如果统治者是正义的，他的臣民也会毫不犹豫地履行他的职责；如果他不是正义的，臣民也不会遵从，无论他的要求是什么。"① 这也就是说，孔子对德治的推崇乃建立在家国同构的社会结构上。正如张锡勤教授所言："在中国古代社会，'君与父无异'，'家与国无分'（近人吴虞语），君主即是全国的大家长，故亦称'君父'。君臣关系则被视为父子关系，'臣之于君，犹子之于父'。"② 由于君主在国家中拥有父一样的权威，他的德性才能在社会中扩展，臣民才会在他的带领下日进于善。这种封建政治思想自然与现代国家的民主思想截然不同。关于这点，翟林奈在序言中亦有相当精准的评价："我们必须承认孔子在此处有点言过其实，他对于榜样力量的评价过于乐观。但是如果我们将这种观点建立在与现代民主国家的类比上，这显然是不公平的。因为在民主国家中，控制权已经被分散到好几个机构上，君主的权威已经大大减弱。这并不是说今天的君主立宪制不能拥有很大的道德的影响力。但是当君主拥有绝对的专制权力的时候，这种影响力要大很多。当等级的世袭层次以及得到合理安排的官员的等级制度（每一个官员都对上层负责）都特地被用来传播以及渗透这种影响力的时候，这种道德影响力

---

① Lionel Giles, *The Sayings of Confucius*, London: John Murray, 1907, p. 32. 原文为: It was in the family again that Confucius found a natural force at work which he thought might be utilised as an immense incentive to virtue. This was the universal human proneness to imitation. Knowing that personal example is the most effective way in which a father can teach his sons what is right, he unhesitatingly attributed the same powerful influence to the personal conduct of the sovereign, and went so far as to declare that if the ruler was personally upright, his subjects would do their duty unbidden; if he was not upright, they would not obey, whatever his bidding.

② 张锡勤：《中国传统道德举要》，黑龙江教育出版社1996年版，第102页。

是封建时代最大的影响力。"① 在翟林奈的层层分析下，白璧德应该可以把握到儒家德治思想对封建政治制度的依赖。但是在白璧德的征引中，他却用 leader 取代翟林奈译本中的 prince。如此一来，儒家思想中的封建君主思想完全被现代意义的领袖所取代。那么，此举应该是白璧德有意而为之。经过白璧德改动后的译文，其意思与翟林奈所阐释的儒家德治文化已经大不相同。白璧德在民主的大背景下注入儒家的德治文化，此举使儒家的德治文化摆脱了封建的政治制度而彰显出现代意义。然而，白璧德何以对挣脱封建政治制度的德治思想如此自信？毕竟他知晓中国传统的德治文化乃是依附于封建政治体制才发挥如此重大的作用。个中原因除了他自身对德治体系的建构外（下节将详细释之），或许还与学衡派弟子密切相关。学衡派弟子在遇到白璧德之前已经对儒家的德治文化相当信服。如吴宓留美前即与同窗发起"天人学会"，而天人学会的最终目的即在于"影响社会，改良群治"。至于改良群治之法，他们希望以自身为起点，"造成一种光明磊落，仁心侠骨之品格"②，如此则"道德与事功合一，公义与私情并重，为世俗表率，而蔚成一时之风尚"③。可见，吴宓不仅对儒家德治文化信之爱之，还将其付诸实践。对于学衡派弟子而言，儒家的德治文化已经摆脱了对封建政治体制的依附，指向人的内在维度。当白璧德接受学衡派弟子后，想来学衡派弟子也乐于向导师传播这种纯粹的德治文化。那么，白璧德能跳出翟林奈所阐述的封建政治体制的框架亦不足为怪了。

（三）误读德治文化的内在维度——性善论

虽然翟林奈认为儒家的德治文化依附于封建的政治制度，不过他在

---

① Lionel Giles, *The Sayings of Confucius*, London: John Murray, 1907, pp. 32-33. 原文为：It must be admitted that Confucius has in this particular somewhat overshot the mark and formed too sanguine an estimate of the force of example. It would be unfair, however, to base our argument on the analogy of modern democratic states, where the controlling power is split up into several branches, and the conspicuousness of the monarch is much diminished. Not that even the constitutional sovereign of today may not wield a very decided influence in morals. But this influence was much greater while the king retained full despotic power, and greatest of all in feudal times, when the successive gradations of rank and the nice arrangement of a hierarchy of officials, each accountable to the one above him, were specially designed to convey and filter it among all classes of the community.
② 吴宓：《吴宓诗话》，商务印书馆2007年版，第180页。
③ 吴宓：《吴宓诗话》，商务印书馆2007年版，第180页。

序言中更进一步地指出封建政治制度背后所依托的伦理思想:"他(孔子)的全部体系都建立在人性的知识上。人的本性是社会的,并且基本上是好的,而自私从根本上而言是人为的产物与罪恶(an artificial product and evil)。"① 正因为此,家国才能最终实现和谐。他曾在序言中阐述实现家庭和谐的最终源泉:"显然,这是通过家长的控制意志实现的,因为他在所有成员中拥有最高权威。但这种权威绝不是暴君的残忍力量。首先,这是基于事物本身的自然规律,因为父亲显然希望成为他的孩子的保护者;其次,鉴于此,孩子心中也会自然涌出对他们的保护者的爱和尊敬。"② 简而言之,家庭和睦的最终源泉来自父母子女之间最真挚的感情。虽则中国封建社会一直是家国同构的社会结构,但是君主与臣民之间毕竟没有父亲与子女之间的亲密关系。因此,在翟林奈看来,孔子对礼的重视正是用以激发每一个社会成员对统治者的忠诚感以及敬意③。在翟林奈的阐释中,孔子所希冀复兴的家国同构的社会结构诉诸的乃是人们内心当中的情感,这种情感归根结底建立在对人性的信任上。正如徐复观所言,德治的政治思想"由内圣以至外王,只是一种推己及人的'推'的作用,亦即是扩而充之的作用。其所以能推、能扩充,是信任'人皆可以为尧、舜'的性善。只要治者能自己尽性以建中立极,则风行草偃,大家都会在自己的性分上经营合理的生活"④。由此可见,翟林奈在序言中对儒家政治伦理思想的阐述可谓相当精准地把握到其中的核心。然而,正如笔者于前文所言,白璧德一直没有领会到儒家思想的性善论。那么,他究竟如何建构具备现代意义的德治文化?对此,我们需要从白璧德的人性论谈起。

---

① Lionel Giles, *The Sayings of Confucius*, London: John Murray, 1907, p. 28. 原文为: His whole system is based on nothing more nor less than the knowledge of human nature. The instincts of man are social and therefore fundamentally good, while egoism is at bottom an artificial product and evil.

② Lionel Giles, *The Sayings of Confucius*, London: John Murray, 1907, p. 29. 原文为: Obviously through the controlling will of the father, who has supreme authority over all the other members. But this authority is not by any means the mere brute force of a tyrant. It is based firstly on the natural order of things, whereby the father is clearly intended to be the protector of his children, and secondly, as a consequence of this, on the love and respect which will normally spring up in the minds of the children for their protector.

③ Lionel Giles, *The Sayings of Confucius*, London: John Murray, 1907, p. 31.

④ 徐复观:《中国思想史论集》,上海书店出版社2004年版,第244页。

正如人性存在更高自我与普通自我的对立一样,白璧德也认为国家也存在更高自我与普通自我的对立,亦即体现更高自我的宪制以及体现普通自我的大众意志之间的对立。在白璧德看来,美国从建制之初便存在这两种不同的政治观念,分别为宪制民主(constitutional democracy)以及直接民主(direct democracy)。如同他对人性中的普通自我的贬抑,白璧德强烈反对体现大众意志的直接民主。对于白璧德而言,所谓的直接民主根本是一种幻想。关于这点,他征引了歌德的说法并论述道:

> 歌德说过:"没有任何东西比大众更可恶;因为它由少数强大的领袖、一定数量的帮闲恶棍以及服帖的弱者,还由一大部分跟在他们后面、毫无主见的人所组成。"如果这种分析多少包含一些真理的话,那么在极端民主(radical democracy)中,多数人的统治只是名义上的统治而已。实际上,没有任何运动比起所谓的民主运动更清楚表明:高度组织的、具有决断力的少数人,他们的意志如何压倒无能的、无组织的大众的意志。即使大众不愿意跟随少数人,他们也越来越不可能反抗它了。①

由此,我们不难看出白璧德对大众意志的不信任。在他看来,大众意志正体现了人性中的"普通自我",它虽不是恶的,但亦绝非德性的存在,它的主要特性是无定见,最终会被"高度组织的、具有决断力的少数人"的意志所控制。那么,这个强大意志本身是否具有德性就变得尤为关键。据此,白璧德建构起精英般的德治理念。如此一来,民主的问题则归结为领袖的问题。他批评了美国民主制对领袖作用的回避:

---

① Irving Babbitt, *Democracy and Leadership*, Boston and New York: Houghton Mifflin Company, 1924, pp. 264-265. 原文为:"There is nothing," says Goethe, "more odious than the majority;" for it consists of a few powerful leaders, a certain number of accommodating scoundrels and subservient weaklings, and a mass of men who trudge after them without in the least knowing their own minds." If there is any truth in this analysis the majority in a radical democracy often rules only in name. No movement, indeed, illustrates more clearly than the supposedly democratic movement the way in which the will of highly organized and resolute minorities may prevail over the will of the inert and unorganized mass. Even though the mass does not consent to "trudge" after the minority. It is at an increasing disadvantage in its attempts to resist it.

"真正的领袖,无论其好坏,永远都会存在,当民主制度试图回避这一真理,它就会成为文明的威胁。"① 在白璧德看来,那些表面上服从民意、推崇直接民主的领袖实际上是为自己的权力意志服务:"我已经试图指出,一个打算成为'普遍意志'(general will)或者'神圣大众'(divine average)的工具的领袖,一个有时被认为本质上是理性的,有时又被认为本质上是博爱的领袖,他最终将会成为帝国主义的领袖。"② 不过此就消极一面而言。从积极方面而言,虽然大众的道德是不健全的,但这种无定见的特性也正是实现真正的道德国家(ethical State)的契机。白璧德指出:"人性对正确的模范是敏感的,这是人性中最令人鼓舞的特性。实际上,如果模范足够正义的话,他的劝导作用是无可限量的。如果少数重要个体充满道德活力,并因此变得正义以及具有表率作用,那么一个道德国家就是可能的。"③ 当白璧德以这种视角进入儒家的德治思想,他自是得出与翟林奈相异的结论,即不需要依附封建政治制度也能发挥德治的作用。这也回答了为何相比理雅各的译文,他更倾向于翟林奈的译文。"草上之风,必偃",相比理雅各的译文,翟林奈的译文直接指明了草的本性便是随风倒伏,寓意人民的本性极容易受到领袖的影响。想来,白璧德觉得这才真正表明了儒家德治文化的可能性。因此,他并不认为德治思想需要依附封建的专制制度。而翟林奈虽然没有对此译文进行阐释,但是结合他在序言中对儒家性善论的简要介绍,我们可以推知翟林奈在此处将人民的本性喻为草随风倒伏的内在根据在于性善。此与白璧德对大众意志的贬抑态度截然不同。不过在这种跨文化的语境中,倘若没有学衡派弟子,白璧德或许不会对翟

---

① Irving Babbitt, *Democracy and Leadership*, Boston and New York: Houghton Mifflin Company, 1924, p. 16.

② Irving Babbitt, *Democracy and Leadership*, Boston and New York: Houghton Mifflin Company, 1924, p. 266. 原文为: I have already tried to show that a leader who sets out to be only the organ of a "general will" or "divine average," that is conceived at times as essentially reasonable and at other times as essentially fraternal, will actually become imperialistic.

③ Irving Babbitt, *Democracy and Leadership*, Boston and New York: Houghton Mifflin Company, 1924, pp. 308-309. 原文为: Human nature, and this is its most encouraging trait, is sensitive to a right example. It is hard, indeed, to set bounds to the persuasiveness of a right example, provided only it be right enough. The ethical State is possible in which an important minority is ethically energetic and is thus becoming at once just and exemplary.

林奈的译本作如此曲解,毕竟翟林奈的译本曾明确说明了儒家的性善论。白璧德深信自己在跨文化的语境中读懂了中国文化,这种自信正源自学衡派弟子。由此可见,白璧德与译文、学衡派弟子之间形成非常复杂的跨文化场域。白璧德对儒家德治文化的建构既有他自身的理论思考,又受到了学衡派弟子的影响,再加上他对译文的阅读体悟。如此看来,侯健所言之《民主与领袖》"几乎是以儒家思想立言"就颇值得商榷了。实际上,此儒家思想已经不是中国传统意义上的德治思想,而是白璧德在跨文化语境下所建构起来的精英式的德治理念。

三 "国际人文主义"教育的展开

在白璧德精英式的德治理念中,具备人文精神的领袖是建立"道德国家"的关键所在。然则这种领袖从何而来?白璧德于《中西人文教育谈》一文给出了答案。在该文中,白璧德以一种融贯中西文化的国际人文主义姿态阐述了政治与教育二者的相关性。

在这篇文章中,白璧德表达了对儒家"内圣外王"德治思维的赞赏:"我们最好考虑一下孔子是怎样谈论他的理想统治者舜。他说,舜只是虔诚地关注自身,庄重地坐在王位上,所有事情都被安排得很好。舜是在柏拉图意义上关注自身事务的人。他的模范作用使其他人如他般行事。"[1] 更为重要的是,他在该文中表达了对中国传统教育模式的赞许:"我所描述的这种人文主义观念在过去的中国是由一种教育系统来维系的。"[2] 他认为中国的科举制度尽管有重大缺陷,但是它亦有可取之处,那就是能通过"严格的人文标准"将"致力于服务国家的人"挑选出来,并且"这种选择的基础是民主的。这种结合民主与贵族选择

---

[1] Irving Babbitt, "Humanistic Education in China and the West", *The Chinese Students' Monthly*, Vol. 17, No. 2, 1921, pp. 89-90. 原文为:It might be well to reflect on what Confucius says of his ideal ruler, Shun. Religiously self-observant, he says, Shun simply sat gravely on his throne and everything was well. Shun was minding his own business in the Platonic sense and the force of his example was such that other people were led to do likewise.

[2] Irving Babbitt, "Humanistic Education in China and the West", *The Chinese Students' Monthly*, Vol. 17, No. 2, 1921, p. 90. 原文为:Humanistic ideas of the kind I have been describing were maintained in old China by a system of education.

原则的方式在西方从未实现过"[1]。白璧德这种理解是较为切合科举制的事实的。"科举制发端于隋,成形于唐,其基本特点是公开考试,择优授任。比起汉代之察举制、魏晋时代之九品中正制,科举制打破了官吏职务的世袭制,这无疑是一大进步。"[2] 而学子一旦步入仕途,便成为社会的精英。由于资料的缺陷,笔者无法知道白璧德如何在跨文化语境下如此真切地体会到中国教育与政治的相关性。然而无论如何,这种教育模式确与白璧德《文学与美国的大学》中所主张的"贵族的、选择式民主"的理念有相似之处。白璧德认为这种教育模式能为国家挑选理想的领袖,并且这种教育模式的关键之处在于教师对培养人文政治领袖的精英立场的坚持。白璧德甚至认为精英立场正是中国传统文化的正义所在:"在我看来,这种正义源自这种观念:文明的维持不依靠大众以及卢梭意义上源自神圣大众的'公意',而是依靠精英或者少数领袖。"[3] 至此,白璧德希望通过精英人文教育实现政治抱负的目的展露无遗。而我们亦了然白璧德在《文学与美国的大学》中使用政治术语指涉教育领域的根本原因。对白璧德而言,文化领域与政治领域始终是密切相关的。文化问题是社会所有问题的根本:"当经济问题研究到一定的深度就会归结为政治问题,政治问题接着就会转化为哲学问题,哲学问题最后则不可避免地与宗教问题联系在一起。"[4] 政治问题在一定程度上反映了文化领域的症结。从这个角度,白璧德才言:"对民主制

---

[1] Irving Babbitt, "Humanistic Education in China and the West", *The Chinese Students' Monthly*, Vol. 17, No. 2, 1921, p. 90. 原文为: the basis of the selection was to be democratic. This combination of the democratic with the aristocratic and selective principle is one that we can scarcely be said to have solved in the Occident.

[2] 罗安宪:《学而优则仕"辨"》,《中国哲学史》2005年第3期。

[3] Irving Babbitt, "Humanistic Education in China and the West", *The Chinese Students' Monthly*, Vol. 17, No. 2, 1921, p. 90. 原文为: This rightness seems to me to derive from the perception that the maintenance of civilization is due, not primarily to the multitude and to some "general will" in Rousseau's sense that emanates spontaneously from a supposedly divine average, but to a saving remnant or comparatively small number of leaders.

[4] Irving Babbitt, *Democracy and Leadership*, Boston and New York: Houghton Mifflin Company, 1924, p. 1. 原文为: When studied with any degree of thoroughness, the economic problem will be found to run into the political problem, the political problem in turn into the philosophical problem, and the philosophical problem itself to be almost indissolubly bound up at last with the religious problem.

度的最终检验就是看它是否有力量培养并鼓励产生杰出的个体。"① 持这种观念的白璧德将现代民主制验之于现实情况，结果大失所望。当代美国的民主制并没有产生出白璧德心中的理想领袖："今天普遍存在的不安与混乱情绪说明了我们的领袖并没有克制自身，而是极其放纵自己心灵，他们应该对此负有罪责。"② 因此，白璧德终其一生都奋斗于文化教育领域，捍卫人文主义的精英立场，力求为国家提供理想的政治领袖。

论述至此，我们发现白璧德所建构的精英式德治理念最终落脚于教育，亦即白璧德等人文教育工作者本身。这种政治情怀与中国传统士人的"出为帝王师，处为万世师"的理想有异曲同工之妙。尽管他们都不直接参与政治，但是他们都希望以自身的文化行为影响政治。那么，对白璧德而言，他的教育任务不仅在于培养具备人文精神的政治领袖，还在于培养具备人文精神的教育工作者。因之，这些教育工作者承担着教育未来政治领袖，影响未来政治动向的重任。在该讲演中，白璧德希望中西方大学各自展开人文主义的跨文化实践，并由此对中国留美学生发出国际人文主义的号召，他认为"这将促进东西方知识领袖的真正理解"③。白璧德以"知识领袖"称许在座各位留学生，似乎别有用意。关于这一点，我们可以从白璧德此后的《卢梭与宗教》一文窥见其中曲意："如果要开展人文主义运动（humanistic movement），第一阶段，就像我曾经所提及的那样，它应该是苏格拉底的定义阶段；第二阶段是在这个定义的基础上一群人聚集到一起——简而言之，就是一起建构一种真正意义上的习俗（这个词曾受到不公正的败坏）；第三阶段则是尝试通过

---

① ［美］白璧德：《文学与美国的大学》，张沛、张源译，北京大学出版社2004年版，第71页。

② Irving Babbitt, *Democracy and Leadership*, Boston and New York: Houghton Mifflin Company, 1924, p. 205. 原文为：The mood of unrest and insurgency is so rife to-day as to suggest that our leaders, instead of thus controlling themselves, are guilty of an extreme psychic unrestraint.

③ Irving Babbitt, "Humanistic Education in China and the West", The Chinese Students' Monthly, Vol. 17, No. 2, 1921, p. 91. 原文为：promoting a real understanding between the intellectual leaders of Orient and Occident.

教育让这种习俗变得有效。"① 第二阶段乃是集合人文知识领袖建构人文习俗的过程，第三阶段则是通过教育培养人文政治领袖，从而使人文习俗通过领袖的"德治"不断延伸到整个社会。白璧德在该文的号召是在为第二阶段做准备。不过按照白璧德的计划，第二阶段最终指向的乃是第三阶段的政治社会领域。那么，白璧德以"知识领袖"② 期许在座各位留学生，这并非将其视为一般意义上的文化知识分子，而是暗含着白璧德对各位留学生的政治期许。白璧德不仅希望集合他们的力量一起建构国际人文主义的习俗，他亦希望这些留学生能开展第三阶段的运动，即以知识领袖的身份在教育领域捍卫人文主义的精英立场，培养具备人文精神的政治领袖。那么，白璧德所构想的国际人文主义运动就颇值得玩味了。以白璧德一向强烈干预社会的政治倾向而言，这场在教育领域所展开的国际人文主义运动不仅是一种文化行为，亦是一种潜移默化的政治行为，最终会慢慢影响国际政治的动向。相比《国际主义的破产》，此时的白璧德不仅在东方发现了"一种真正人性的观点"（a truly human point of view），还在东方发现了与之相似的政治理念以及教育理念。在《中西人文教育谈》中，白璧德的文化观念、政治观念最终在教育领域达到统一。正如他的学生莱文（Harry Levin）所言："高等教育是白璧德的起点，亦是他的回归点。"③ 而白璧德的文化观、政治观无一不受到儒家学说以及学衡派弟子的影响，并且他以为其文化观与政治观就是儒家的文化观与政治观。那么，在面对着在儒家文化成长起来的中国学子，白璧德自然可以在中方的教育平台上道尽在西方世界所不能言明的意蕴。毕

---

① Irving Babbitt, *Character and Culture: Essays on East and West*, New Brunswick: Transaction Publishers, 1995, pp. 243 – 244. 原文为: if there is to be anything resembling a humanistic movement, the first stage would, as I have said, be that of Socratic definition; the second stage would be the coming together of a group of persons on the basis of this definition-the working out, in short, in the literal sense of that unjustly discredited word, of a convention; the third stage would almost inevitably be the attempt to make this convention effective through education.

② 张源认为："知识界领袖所教化的对象，并非一般群体成员，而是未来的领袖。"参见张源《从"人文主义"到"保守主义"——〈学衡〉中的白璧德》，生活·读书·新知三联书店2009年版，第185页。

③ Harry Levin, *Irving Babbitt and the Teaching of Literature*, Harvard University Press, 1961, p. 6. 原文为: Higher education was Babbitt's point of departure and point of return.

竟在西方倡导纯粹人文主义文化已经甚为困难，更何况关涉政治。在这种情况下，白璧德对中国人文主义运动抱有极高的期待。文末，他以极为高昂的情绪指出："无论如何，这场人文主义者与功利主义者、情感主义者的决定性战斗（decisive battle）将在中国与西方教育领域同时展开。"① 如此看来，中国的人文主义运动是他所建构的国际人文主义运动的主战场之一，期望之高由此可见一斑。想来，白璧德在与学衡派弟子交流过程中亦曾常常以这种愿望期许他们。对此，我们可以从吴宓的日记中寻到一丝踪迹："巴师谓于中国事，至切关心。东西各国之儒者，Humanists 应联为一气，协力行事，则淑世易俗之功，或可翼成。故渠于中国学生在此者，如张、汤、楼、陈及宓等，期望至殷云云。"② 不过白璧德的这种期许对于未曾接受其人文训练的胡先骕而言就更值得玩味了。

---

① Irving Babbitt, "Humanistic Education in China and the West", *The Chinese Students' Monthly*, Vol. 17, No. 2, 1921, p. 91. 原文为：In any case the decisive battle between humanists on the one hand, and utilitarians and sentimentalists on the other will be fought in both China and the West in the field of education.

② 吴宓：《吴宓日记》第 2 册，生活·读书·新知三联书店 1998 年版，第 212—213 页。

第二章

学衡派"国际人文主义"实践史溯源

在新文化运动者高举浪漫主义、自由主义等旗帜的时候,学衡派却以《学衡》杂志为阵地开展"国际人文主义"的跨文化实践,回应白璧德"国际人文主义"运动。那么,学衡派为何逆时代主流而上,接受白璧德之"国际人文主义"?笔者以为学衡派在遇到白璧德之前的教育背景、文化思考等因素已经为日后追随白璧德埋下了伏笔。但是目前学界并没有对此问题给予足够的重视,即使有学者谈到学衡派前白璧德时期的历史,也由于对白璧德"国际人文主义"的视野缺乏认知,忽略了学衡派前期开放的文化思考,从而遮蔽了学衡派的"国际人文主义"跨文化实践。鉴于此,本章将以梅光迪、吴宓、胡先骕为代表,梳理其接受白璧德之历史,探讨其中的动因,并追溯学衡派开展"国际人文主义"运动最初的历史因缘。

第一节 梅光迪

梅光迪是"发现"白璧德的第一人。在他引荐下,《学衡》主编吴宓投到白璧德门下学习,同时也是在他的组织安排下,《学衡》杂志才得以面世,高举人文主义的旗帜。他对白璧德文化价值的发现在一定程度上影响了五四文坛的走向。然而他究竟因何最终选择了白璧德的人文主义,并终身捍卫始终不渝?笔者在本节将围绕这个问题对前白璧德时期梅光迪的留美经历、文化思考进行细致的考察梳理。

一 留美初期的文化心态

梅光迪,字迪生,另一字谨庄,安徽宣城人。梅氏家族乃是宣城望族，宋代文学家梅圣俞、清初数学家梅文鼎都是梅光迪的先祖。对此，梅光迪深以为傲。他在日记曾道："梅氏一姓之名人，在宣城又首屈一指。故以后宣城梅氏之子孙，无论侨居何地，总须保存其宣城籍贯。盖因宣城梅氏在中国族姓中实为最光荣之一也。"① 生于名门望族，梅光迪自小就被寄予厚望。其父是当地学校的老师，他负责了梅光迪早期的传统文化教育。在父亲的谆谆教导下，再加之梅光迪天资聪慧，五岁便能背诵四书，十二岁应童子试，便中了秀才②。此后，梅光迪入安徽高等学堂接受新学教育。1910 年，梅光迪参加留美庚子赔款考试，名落孙山。1911 年参加清华考试分班，又多门考试不及格。对此，梅光迪不禁感慨道，"今岁西渡无望矣"③。不过当梅光迪再次参加庚子赔款考试时，成功通过考核，进入美国斯威康辛大学就读，但是他的专业选择却异于寻常。

据竺可桢回忆："我们这批七十人中，学自然科学、工、农的最多，约占百分之七十以上。……不仅我们这批如此，恐怕全部庚款留学生中学工农理科的都要占百分之七八十。"④ 这种状况的出现与政府政策的推动有关。当时的清政府为了鼓励留美学生学习实用科学，"以便回国后能服务于社会，更有鉴于以往的文法科留学生容易滋生革命意识，所以特别限定留美学生必须'以十分之八习农、工、商、矿等科，以十分之二习理财师范诸学'"⑤。然而学校在执行该规定并非全然不顾学生的兴趣爱好，而是会根据学生填报的志愿做出适当的调整，如胡适与吴宓二人都是自己做出的专业选择。清末民初，新学已经深入人心，大部分人都志于国外学习先进科学。政府的这项规定虽有其政治目的，然而大部分人也乐意遵从学校的选派。胡适留美前，他的哥哥就特地从东北赶到上海为其送行，并叮嘱胡适学习开矿或造铁路等有用之学，"千万不

---

① 梅光迪：《日记选录》，梅铁山主编《梅光迪文存》，华中师范大学出版社 2011 年版，第 561 页。

② Richard Barry Rosen, *The National Heritage Opposition to the New Culture and Literary Movements of China in the 1920's*, Ph. D. dissertation, University of California, 1969, pp. 2-3.

③ 梅光迪：《致胡适四十六通》，梅铁山主编《梅光迪文存》，华中师范大学出版社 2011 年版，第 498 页。

④ 元青等：《五千年中外文化交流史》（第 4 卷），世界知识出版社 2002 年版，第 21 页。

⑤ 元青等：《五千年中外文化交流史》（第 4 卷），世界知识出版社 2002 年版，第 22 页。

要学些没用的文学、哲学之类没饭吃的东西"。① 于是胡适听从了哥哥的意见,选择了自己并不感兴趣的农学。可见,实用科学乃是当时学生填报志愿的主流。然而,梅光迪并非如胡适等人由理科转向文科,而是一开始就选定文科作为自己所从事的专业。梅光迪对于自己的专业选择似乎比其他留洋学子更多了一份坚定。梅光迪并非不知道科学的重要性,在得知胡适出国读农学后,他曾如此勉励胡适:"康乃耳农科最称擅长,足下将欲为老农乎?救国之策莫先于救贫,救贫尤当从振兴农业入手。"② 但是梅光迪对自己的性情禀赋还是有较为清楚的认识,科学技术虽有用,然而自己真正热爱与擅长的还是文史类。虽然梅光迪对胡适的专业选择表示赞许,然而他赞许的只是科学技术的有用性,而并非胡适之材。也就是说,农科有助于救国,胡适倘能学有所成自然是好事,但是胡适能否在农科成才就另当别论了。事实上,梅光迪除了在刚开始对胡适的选择表示赞许外,在以后的信函往来中反而常常责望胡适认真治学,"读尽有用之书而通其意,将来学问经济必有可观"③。在得知胡适转科之后,梅光迪则抑制不住自己的兴奋之情如此道:"来书言改科一事,迪极赞成……足下之材本非老农,实稼轩、同甫之流也。望足下就其性之所近而为之,淹贯中西文章……"④ 言下之意,梅光迪早意识到胡适并非农科之材,而是文科之材。梅光迪对胡适的性情禀赋尚且有如此深入的认识,更何况自身之材?"望足下就其性之所近而为之",此言不仅是对胡适选择的肯定,同时也是对自身选择的认同。梅光迪清楚意识到自己"性之所近"为文科。对于文科,梅光迪不仅甚爱之,并且充分肯定其对于社会的价值。他并不以文科为无用之学,他批评胡适"年来似有轻视文人之意,殊所不解。吾谓吾国革命,章太炎、汪精卫之功,实在孙、黄之上也。"⑤ 在捍卫传统文化的立场上,

---

① 胡适:《胡适自传》,人民文学出版社2013年版,第117页。
② 梅光迪:《致胡适四十六通》,梅铁山主编《梅光迪文存》,华中师范大学出版社2011年版,第497页。
③ 梅光迪:《致胡适四十六通》,梅铁山主编《梅光迪文存》,华中师范大学出版社2011年版,第498页。
④ 梅光迪:《致胡适四十六通》,梅铁山主编《梅光迪文存》,华中师范大学出版社2011年版,第504页。
⑤ 梅光迪:《致胡适四十六通》,梅铁山主编《梅光迪文存》,华中师范大学出版社2011年版,第528页。

梅光迪颇似晚清的守旧派。然而与晚清的守旧老学究相比，此时的梅光迪对于国学并无多深入的研究。虽然他早期接受的是旧式教育，然而自从科举制度废除之后，他已经进入晚清的新式学堂学习新学。在新学席卷全国之时，梅光迪似乎没有一丝的动摇，而即便后来致力于佛学的汤用彤在青年时期也时常流露出对国学价值的怀疑。①"性之所近"固然是其中重要原因，个中或许还有为人所忽略的原因。探讨梅光迪留美时期的心理状态或许能带给我们一些启示。

八国联军侵华后，列强通过《辛丑条约》后获得巨额赔款，史称"庚款"。当时美国一些议员基于对华的长远利益，主张退还庚款，作为中国向美国选派留学生的经费。经过中国驻美公使梁诚与美国政府的斡旋，美国国会于1908年正式通过庚款余额退还中国以资送中国青年赴美留学的议案。庚款留美计划从本质上来说是美国对华文化侵略的长远计划。但是从总体上而言，梅光迪、胡适留美时期其实正处于美国人对中国人的"仁慈"时期（1905—1937）②。虽然庚款留美计划是一种意识形态的控制，然而留美学生切身体会到乃是美国人的热情招待。如胡适这批留学生"乃由有远见的美国人士如北美基督教青年会协会主席约翰·穆德（John R. Mott）等人加以接待"③。在胡适笔下，留美经历总是呈现出温情脉脉的景象："远客海外，久忘岁月，乃蒙友朋眷念及此，解我客思，慰我寥寂，此谊何可忘也。思及此，几为感激泪下。白特生夫妇视我真如家人骨肉，我亦以骨肉视之。"④胡适不仅深感于美国家庭的温暖，还对美国的政治活动产生强烈的兴趣。他在留美时期积

---

① 汤用彤曾致信吴芳吉倾诉心中的苦闷："吾现自觉学问一事，如堕人深渊。吾信孔子仁心仁德，而不许其对于现在社会有魔力。吾羡老氏之高远，而不信其可行于世。对于耶教，吾常辞而辟之，而或一许之。对于物质文化，常痛恨之，而有时亦欣之、羡之。近读近世激进派自由思想派之歌剧诗文，则又不能不寄以同情也。故吾现在之情，状如一叶扁舟处大洋之中，遇惊涛骇浪狂风巨飓四面砰击，其苦万状。故知半解之学问，决不可图精神上之生存，无强有力之信仰，必不可以驱肉体之痛苦……其余西国文化之弊，若极力讲求科学，极力讲求速率，人之言行无不以之为准，故哲学者至有讥其自性泪没，目为机械人者。他若资本劳工之冲突，社会无似中国和平亲爱之风，祸源杀机，处处隐伏，实不能谓其国家社会为安全也。"参见吴芳吉《吴芳吉集》，巴蜀书社1994年版，第1217—1229页。
② [美]哈罗德·伊萨克斯：《美国的中国形象》，于殿利、陆日宇译，时事出版社1999年版，第86页。
③ 胡适：《胡适口述自传》，唐德刚译，华文出版社1992年版，第31页。
④ 胡适：《胡适留学日记》（上），安徽教育出版社2006年版，第330页。

极参加各种团体活动，热衷于到处演说。可以说，胡适完全融入了美国式的生活，并对美国文明时时流露出崇尚之意。反观梅光迪，他对留美初期的生活经历的描述则是："在 Wis. 两年，为吾生最黑暗最惨苦时代。内则心神恍惚，如风涛中绝桅之船，体气尤亏，日夜惧死期之将至。外则落寞潦倒，为竖子欺凌。所谓自重自信诸德，盖消磨殆尽。"① 这种"血与泪"的控诉除了梅光迪个人留美初期所遭遇的不顺等外部原因外，恐怕还源于梅光迪自我封闭的心理机制。

梅光迪和胡适虽然同为旧学出身的青年，然而梅光迪的性格则更为内向而敏感，甚至有点偏执。这一点可以从梅光迪留美前对待庚款的态度上窥见端倪。对于庚子赔款，中国人的心情是复杂而矛盾的。大部分人对美国多少怀有感激之情，并伴有一定的耻辱感。然而这种民族的耻辱感对于敏感的梅光迪来说似乎更为深切强烈。他在清华读书之时对学校的办学曾如此评论道："美教员近二十人，中人任教席者亦极一时之选。以现在情形观之，尚可差强人意。然以此和款项，由奇辱大恨而得者，再不能办一切实之校，则真无人心者也。"② 其实，梅光迪对于自己的个性有较为清醒的认识。密友的疏远使他有时在信中不得不反省自己"性僻隘，不能容物，又有童心，遂至龃龉"③。回溯梅光迪的成长经历，我们不难理解这种"僻隘"性格的养成。

少年得志，神童的美誉使梅光迪从小养成骄傲的性格，然而科举制度的废除，社会对传统国学价值的否定，梅光迪自小所获得的荣光在历史的大潮中似乎变得毫无意义。虽然梅光迪顺应时代潮流学习新学，然而在新学的学习上却并不如意，第一年的留美庚款考试落榜，清华分班考试有多门考试不及格。新学对于这位接受旧学教育成长起来的青年而言似乎有点力不从心。然而以梅光迪的聪慧，倘若潜心专研新学，未必不能如胡先骕那般从旧学中蜕变，于科学上创一番成就。但是"性僻隘"梅光迪对待新学的态度似乎并不热烈，甚至有些抗拒。他在此时有

---

① 梅光迪：《致胡适四十六通》，梅铁山主编《梅光迪文存》，华中师范大学出版社 2011 年版，第 534 页。
② 梅光迪：《致胡适四十六通》，梅铁山主编《梅光迪文存》，华中师范大学出版社 2011 年版，第 498 页。
③ 梅光迪：《致胡适四十六通》，梅铁山主编《梅光迪文存》，华中师范大学出版社 2011 年版，第 504 页。

一个举动颇值得玩味：

> 迪来美时，西文程度极浅，此足下所深悉。清华校所遣派之一班，程度多不高，迪遂侥幸与其列，此不足讳。然迪颇扬扬自得，睥睨一世。来此挟吾国古籍颇多，以傲留学界之放弃国文者。①

根据这段话的含义，我们可以推测所谓"留学界之放弃国文者"指的应该是治科学之人。本来，治科学者与治国学者并不冲突。可是梅光迪却"颇扬扬自得，睥睨一世"，甚至以"挟吾国古籍颇多"，傲视治科学之人。然而这种骄傲的外表折射的正是他的自卑感。对于头顶儿时光环的他，新学考试的挫败对他的打击可想而知。但是这种前所未有的失败感在"性僻隘"的梅光迪身上所产生的心理机制非向外求新学，而是愈加封闭自我，退回自己所熟悉的旧学研究，并且以傲慢的态度来掩盖自己在新学中的挫败感。他对于胡适在国外所取得的成绩甚为羡慕，他盛赞胡适："足下以西文撰述，为祖国辩护，为先民吐气，匪但私心之所窃喜，抑亦举国人士所乐闻者也"②，又曰胡适"得被选为某会会员，喜何可言！吾喜足下在此邦真能代表吾族少年，尚望足下努力，他日在世界学人中占一位置"③。然而梅光迪有时又对胡适的成就含一点嫉妒之意："英语演说，固亦应有之事。然归去后为祖国办事，所与游者皆祖国之人也。若用英语演说，势必先使祖国四万万人尽通英语始可，岂非一大笑话乎！吾国人游学此邦者，皆以习国文、讲国语为耻，甚至彼此信札往来，非蟹行之书不足重，真大惑也。"④梅光迪该函表达了对胡适热衷于英语演说的不以为然，然而这种不以为然恰恰正反映了梅光迪自身"西文程度极浅"的自卑心理。他批评胡适英语演

---

① 梅光迪：《致胡适四十六通》，梅铁山主编《梅光迪文存》，华中师范大学出版社2011年版，第530页。
② 梅光迪：《致胡适四十六通》，梅铁山主编《梅光迪文存》，华中师范大学出版社2011年版，第512页。
③ 梅光迪：《致胡适四十六通》，梅铁山主编《梅光迪文存》，华中师范大学出版社2011年版，第524页。
④ 梅光迪：《致胡适四十六通》，梅铁山主编《梅光迪文存》，华中师范大学出版社2011年版，第501—502页。

说的理由更是无中生有，属于典型的嫉妒心理。如此骄傲的他根本无法与同学和睦相处。他在信中常常向胡适吐露自己在校孤独的处境：

> 来此挟吾国古籍颇多，以傲留学界之放弃国文者。彼辈多窃笑吾为老学究。迪之西文程度又低，他人之来者多已有十余年之程度，而迪学西文之时间不及他人三分之一，因之彼辈轻吾西文，笑吾学究。而我方昂首自豪，以彼辈无古籍，吾学西文之时间不及彼辈三分之一，而收效与彼辈等（因皆出洋）。吾之轻视彼辈更可知。又他人之新来美者，多喜步老学生后尘，效其风尚。迪不屑为此，宁固步自封。所谓各种 activity，吾更不屑与列。每留学生会中开会，吾从未立起发一言，因吾不喜 make a show。他人之新来者未几日即衣裳楚楚，应酬周到，吾更无瑕于此致意，又无同学故人为之揶揄鼓吹（不但不揶揄鼓吹，且造谣污蔑如某同学）。吾语学尤不佳，不能与外人游，积此种种原因，而吾名誉扫地矣。①

与胡适在美国如鱼得水的情况相比，梅光迪则处处碰壁。梅光迪在信中指责"彼辈轻吾西文，笑吾学究"，然根据梅光迪的描述，此事的起因似乎源于其"傲留学界之放弃国文者。"试想，倘若梅光迪虚怀若谷，或事不至于此。虽然梅光迪言辞之间极力想向胡适塑造其铮铮傲骨的文人形象，然而一句"吾更无瑕于此致意，又无同学故人为之揶揄鼓吹"又多少暴露了他的世俗之心。他何尝不想 make a show 和参加各种 activity，只是因外文程度低，而自尊心又极强，免得徒为他人笑柄罢了。备受孤立的他只有胡适一个可倾诉的朋友，因此他对胡适颇推心置腹。他在另一函如实表露了他囿于外文水平而不能登台演讲的遗憾："迪西文太浅，有意无辞，又于先哲学术所得实少，而为时又促，不能营思，然亦洋洋数千言，读之颇自喜，以为对外人立言，能少发挥先哲学术及国人性质，亦足自豪。惟不能如足下登坛说法，有 Ladies and

---

① 梅光迪：《致胡适四十六通》，梅铁山主编《梅光迪文存》，华中师范大学出版社 2011 年版，第 530—531 页。

gentlemen 耳。"① "于先哲学术所得实少"自然是自谦之词，然而他确有一腔抱负无法施展。自负的他无法容忍别人对他轻视，在遭遇种种挫折后，他已决计离开该校，另"择一稍僻处之地，埋头数年不见祖国人士，转与此邦士女混"②，以期学好外语。不过此已是梅光迪对西方文明改观之时了。

其实，梅光迪初到美国时对西方文明非常排斥。国家的羸弱确实让梅光迪看到了新学的重要性，然而他无意于新学，而是选择回归自己的老本行。此时的国学已经成为梅光迪人生价值的依归，对于国学，他固然相信其价值，然而这又多少夹着不容他人置喙的骄傲之心。那么，他在面对西方文明时，这种心理状态就更为微妙了。庚款的耻辱投射到梅光迪的身上使他在西人面前极为自卑。与胡适甚念美国人视其"如家人骨肉"的情况相比，梅光迪在留美初期所感受到的乃是"此间人中下社会对于吾辈甚加侮慢，上等人外面尚好。迪以为吾辈在此犹行荆棘中，跬步皆须小心。盖吾辈一举一动，彼等皆极注意，一有不慎，贻为口实，真毫无乐处也"③。当然，自尊心极强的梅光迪不会在外人面前表露这份自卑感，表现于外的乃是对国学的极力拥护以及对西方文明的极端排斥。他在远赴重洋求学之时携带了多本古籍：

> 迪此次经学携有《十三经注疏》、《经籍纂诂》、《经义述闻》、段氏《说文》、史学有四史、《九朝纪事本末》、《国语》、《国策》、《文献通考》、详节《十七史商榷》，诗文集有昌黎、临川、少陵、香山、太白、温飞卿、李长吉、吴梅村及归、方、姚、施愚山、梅伯言诸家，又有子书廿八种。此外，又有陆宣公及象山、阳明、黎洲诸家。总集有《文选》、《乐府诗集》、《十八家诗钞》、《古文辞类纂》，词类有《历代名人词选》、《花间集》，理学书有《理学宗传》、《明儒学案》，余尚有杂书十余种。《牧斋集》未之携。迪竟

---

① 梅光迪：《致胡适四十六通》，梅铁山主编《梅光迪文存》，华中师范大学出版社 2011 年版，第 506 页。
② 梅光迪：《致胡适四十六通》，梅铁山主编《梅光迪文存》，华中师范大学出版社 2011 年版，第 526 页。
③ 梅光迪：《致胡适四十六通》，梅铁山主编《梅光迪文存》，华中师范大学出版社 2011 年版，第 510 页。

不知牧斋好处，足下能告我否？迪一切学问皆无根底，现拟于此数年内专攻经书、子书、《史记》、《汉书》、《文选》、《说文》，以立定脚跟。①

按说，梅光迪远赴美国学习，应致力于学习西学，然而他却决心于数年内专攻国学。他对于国学的执着甚至让远在国内的老父都禁不住屡次来函叮嘱："文集亦止可研究三五种，诗一二种，如此足矣。身在数万里之外，求不急之学问，那有此等闲工夫。"② 如此执着于国学恐怕也源于民族耻辱感对他的极大刺激。胡适曾向他提及在康奈尔大学添一中文部的想法，对此，梅光迪极为赞成，然最终目的即在于洗刷国耻，使西人"轻我之心当一变而为重我之心"③。这种由民族自卑感而导致的狂傲使他在留美初期抱有非常强的文化本位意识：

> 其实吾国言修己之书，汗牛充栋，远过西人，独吾人多知之而不能行，反令西人以道德教我（此间亦有 Bible Class），似若吾国哲人许多道德之书，不如一神鬼荒诞腐烂鄙俚之《圣书》，殊可耻也。(此等狂言只可为足下道，若对别人迪亦满口称颂《圣书》也。)④
>
> 至名学讲堂，自觉彼讲师读书太少，以其不懂吾孔教也。又觉西洋人所著哲学史不足读，以其中无孔子学说，即有，亦皮毛也。⑤
>
> 吾人道德文明本不让人，乃以无物质文明，不远三万里而来卑辞厚颜以请教于彼，无聊极矣！吾人在此所习虽亦多关于道德，然系究其文明之原因与吾国较，并非一一取法。(足下试思，吾人非

---

① 梅光迪：《致胡适四十六通》，梅铁山主编《梅光迪文存》，华中师范大学出版社 2011 年版，第 521 页。
② 《附：梅先生尊翁教子书》，罗刚、陈春艳编《梅光迪文录》，辽宁教育出版社 2001 年版，第 188 页。
③ 梅光迪：《致胡适四十六通》，梅铁山主编《梅光迪文存》，华中师范大学出版社 2011 年版，第 502 页。
④ 梅光迪：《致胡适四十六通》，梅铁山主编《梅光迪文存》，华中师范大学出版社 2011 年版，第 505 页。
⑤ 梅光迪：《致胡适四十六通》，梅铁山主编《梅光迪文存》，华中师范大学出版社 2011 年版，第 506 页。

日在卑辞厚颜之境遇否?）幸而尚有道德文明，不必事事取法于彼，清夜思之，稍足自豪。①

梅光迪留美在外，本应虚心学习西学，然而他却以国外讲师"不懂吾孔教"，即认定他们"读书太少"。这种歪曲的逻辑不仅反映梅光迪的狂傲之处，而且折射出他内心深处的自卑感。此时的他对于西方文化并无深入研究，然而却主观地认为"令西人以道德教我"，"殊可耻也"，甚至认为《圣经》乃"一神鬼荒诞腐烂鄙俚"之书。这种对西方文明的排斥之语在他留美之初的信函随处可见。

然而大抵敏感之人情感较常人丰富，因此梅光迪对于他人的友善亦甚有所感。他对于西方文明的改观正是始于此。梅光迪于1913年6月25日参加了青年会大会，自这次会议之后，梅光迪一改之前对耶教鄙夷的态度，"盖今后始知耶教之真可贵，始知耶教与孔教真是一家"②，"故吾辈今日之责，在昌明真孔教，在昌明孔、耶相同之说，一面使本国人消除仇视耶教之见，一面使外国人消除仇视孔教之见，两教合一，而后吾国之宗教问题解决矣"③。然而，梅光迪于此次会议"其中人物虽未与之细谈，其会中组织虽未细究"④，却认为"耶教之精神已能窥见一斑，胜读十年书矣"⑤。可见，他于耶教的改观并非学理研究的深入，只是情感的转变罢了。

尽管梅光迪此时已经对西方文明改观，然而他骄傲如初，其孤独处境亦一如既往。他向胡适倾诉："吾两年来所受之种种揶揄、笑骂，不堪罄述，而吾又不肯变易面目，以阿世好，由是一意孤行，由轻视留学生而为痛恶（迪在 Wis. 两年，虽未与人为仇，然无一知己之可言），

---

① 梅光迪：《致胡适四十六通》，梅铁山主编《梅光迪文存》，华中师范大学出版社2011年版，第507页。
② 梅光迪：《致胡适四十六通》，梅铁山主编《梅光迪文存》，华中师范大学出版社2011年版，第514页。
③ 梅光迪：《致胡适四十六通》，梅铁山主编《梅光迪文存》，华中师范大学出版社2011年版，第515页。
④ 梅光迪：《致胡适四十六通》，梅铁山主编《梅光迪文存》，华中师范大学出版社2011年版，第514页。
⑤ 梅光迪：《致胡适四十六通》，梅铁山主编《梅光迪文存》，华中师范大学出版社2011年版，第514页。

专从其缺点处观察。虽留学界亦间有美处,然迪以感情用事,不暇计及之矣。此系人情之偏。"① 从这段真率的独白中,我们不仅可以看到梅光迪孤独的处境,亦可以更明了他性格的僻隘之处:因痛恶留学界而"专从其缺点观察"。在如此孤独的处境中,他倍加珍惜胡适这个密友,而且愈加投入到自己的国学研究中。他甚至在国学研究中获得了精神困境的解脱:

> 迪谓古今大人物为人类造福者皆悲观哲学家,皆积极悲观哲学家。何则?彼皆不满意于其所处之世界,寻出种种缺点,诋之不遗余力,而立新说以改造之。孔、老、墨、佛、耶、路得、卢骚、托尔斯泰及今之社会党,无政府党人皆此一流。尚有一种消极悲观哲学家,以人世为痛苦场,为逆旅,而以喜笑怒骂或逍遥快乐之。如杨朱、Epicurus 及吾国之文人皆属此流。此种人于世无用,吾辈所深恶。至有所谓 optimism 哲学,吾谓毫无价值,其实即 positive pessimizm 之变名耳。有悲观而后有进化。西洋人见人生有种种痛苦,思所以排除之,故与专制战,与教会战;见人生之疾病死之,遂专力于医学;见火山之爆裂,遂究地质;见天灾之流行,遂研天学及理化,此皆积极悲观,因有今日之进化。吾国数千年来见人生之种种痛苦,归之于天,徒知叹息愁困而不思所以克之,此纯属消极悲观,所以无进化也。同一悲观,一为积极,一为消极,收效相反至于如是。明于此即可知中西文明与人生哲学之区别矣。今人多谓西洋人生哲学为乐观,东洋人生哲学为悲观,而不知皆为悲观,特有积极消极之不同,此迪所独得之见,不知足下以为何如?故吾辈之痛恶留学界,亦系积极悲观,非可以痛恶了事也。②

梅光迪以为"古今大人物为人类造福者皆悲观哲学家",而自己正属于"积极悲观"一派。按照梅光迪的逻辑,悲观的情绪正可以促使

---

① 梅光迪:《致胡适四十六通》,梅铁山主编《梅光迪文存》,华中师范大学出版社 2011 年版,第 531 页。
② 梅光迪:《致胡适四十六通》,梅铁山主编《梅光迪文存》,华中师范大学出版社 2011 年版,第 531 页。

自己对社会"寻出种种缺点，诋之不遗余力，而立新说以改造之"。在自己所构想的"积极悲观论"中，梅光迪找到了支撑自己致力于国学研究的精神力量。当然，这不过是梅光迪在孤独处境中的自我安慰之词罢了。

论述至此，我们已经明了梅光迪在留美初期投身于国学研究的心态。对于国学，他固然爱之信之，然而又多少夹杂着逃避新学的自卑心理。留洋在外，这种自卑感愈加加重。首先，他"西文程度极浅"；其次，国家的羸弱、庚款的耻辱始终萦绕在他心中。但是"性僻隘"的梅光迪应对困境的做法并非敞开胸怀接触新朋友，接纳新文明，而是愈加退回到自己的国学圈子，甚至以学问的渊博傲待留学界，从而使自己处于被孤立的状态。虽然此时的他构想出一套"悲观"理论聊以自慰，然而终究无法摆脱孤独的精神困境。那么，他在域外遇到一位欣赏他，并且又"懂吾孔教"的洋外教，其激动心情可想而知。白璧德不仅是他学问的归宿，更对他有知遇之恩，使他从此摆脱了"老学究"的精神困境[①]。在白璧德的身边，他不仅得到了导师学问上的指导，还收获了一群志同道合的朋友。这种良师益友齐聚一堂切磋学问的境遇又岂是"内则心神恍惚""外则落寞潦倒"的日子所能堪比？转学哈佛，幸得名师，梅光迪可谓重获新生，恢复了往日的"自重自信诸德"。他对导师白璧德的敬仰固然因其学识的渊博，然而也是一种情感使然。如此便更能理解梅光迪对导师白璧德人文主义思想的终生捍卫，矢志不渝。想来导师对他的肯定与赏识，敏感的梅光迪自是大受感动，深感师恩之如山，无以为报了。

二 留美初期的文化思考

如前所述，梅光迪在留美初期已经抱定复兴儒学的想法，但是在遇到梅光迪之前，白璧德的著作中并未提及儒家思想，那么梅光迪究竟是如何在著作中发现这位西方的哲人，从而投拜门下？本一小节将从梅光迪前白璧德时代的文化思考为切入点，探讨梅光迪接受白璧德人文主义

[①] 王晴佳亦曾从梅光迪的学识背景、留美准备等因素探讨其追随白璧德的原因。参见王晴佳《白璧德与学衡派——一个学术文化史的比较研究》，《"中研院"近代史研究所集刊》2002年第37期。

的文化动因,并追溯梅光迪参与"国际人文主义"跨文化实践最初的历史因缘。

(一) 对儒学的思考

梅光迪在留美初期已经对儒学的前途命运展开思考。并且由于他出身旧学,中过秀才,因此在儒学问题上他比同龄人更多了一份见识。对于儒学,梅光迪固然爱之信之,但是社会的动荡不安让他迫切寻找救世的方案,他对儒学的思考正以此为起点。他认为儒学流弊太多而导致今日的局面:"迪思吾国风俗其原始皆好,惟二千年来学校之制亡,民无教育,遂至误会太甚,流弊太深。"① 在梅光迪看来,这种流弊始于秦汉时期:"秦汉之余,匪但礼教丧亡,凡神舟学术皆随之尽。汉儒传经之徒多秦遗老,衰朽残年,其初幸免于坑杀之祸,而后数十年犹岿然如硕果之尚存者。"② 但梅光迪认为这些幸存者只是秦时的无名小儒,及汉惠帝除挟书之禁时,此辈"如伏生辈年已九十余,幼时所读之书大半已遗忘,其力所能仿佛记忆者,又安知无讹乱谬误耶!况鉴于暴秦之祸,卑鄙小儒焉敢奉圣人遗经发明其中真理,昌言无忌,以再蹈前辙。故其师弟授受,只以侥幸免祸为要,其注解遗经以远于事情不切时用为上。一若圣人之言,只等诸周鼎、商彝,与人生日用毫无关者,而自不足以取世主之忌"③。而"至宋儒则更变本加厉矣"。在与胡适的往来书信中,梅光迪严厉批判了宋明理学,他甚至认为宋明理学乃是亡国的根源:"宋有理学,宋乃亡于异族;有明有理学,有明亦如之。果使瞑目静坐之学有用者,其结果当不至如今日。"④ 鉴于此,他指出:"吾辈改良之法,尚须求其原意。盖原意皆深含哲理,无所不适用于今也。"⑤ 梅光迪主张回到秦汉之前的儒学求得原意,但是究竟如何阐释

---

① 梅光迪:《致胡适四十六通》,梅铁山主编《梅光迪文存》,华中师范大学出版社2011年版,第507页。
② 梅光迪:《致胡适四十六通》,梅铁山主编《梅光迪文存》,华中师范大学出版社2011年版,第518—519页。
③ 梅光迪:《致胡适四十六通》,梅铁山主编《梅光迪文存》,华中师范大学出版社2011年版,第519页。
④ 梅光迪:《致胡适四十六通》,梅铁山主编《梅光迪文存》,华中师范大学出版社2011年版,第500页。
⑤ 梅光迪:《致胡适四十六通》,梅铁山主编《梅光迪文存》,华中师范大学出版社2011年版,第507页。

孔孟之意还是取决于阐释者本身。因此他所指称的"原意"亦不过是他个人见解罢了。他认为秦汉之后的"注解遗经以远于事情不切时用为上",不难看出,他对儒学思考带有明显的时代烙印,其基本思路依然不脱于当时的实用思潮,只不过"实用科学"直接作用于社会生产力,而儒学作用于社会人心。在这种经世致用的思维下,他无法认同侧重内心修养的宋明理学,而推崇实学的颜李学说。他认为:"正心诚意在致知格物,非瞑目静坐之谓也。心不必强使之正,意不必强使之诚,只须致知格物,而自收正诚之功矣。致知格物泛言之,如为君者,日思所以治国利民之道,己饥己溺,不使一夫不获其所,则为君者之心自然正,意自然诚矣。他如为子者,日思所以事亲之道,为父者日思所以教子之道,亦莫不然……盖心中不能无事,时时有正当之事牵住,一切邪念妄念自不得而生。"[1] 可见,在梅光迪看来,必须先"致知格物",才有"正心诚意"之功。因此,他批评程朱的静坐观心之法,"是以心中无事为主,何以解致知格物?"[2]

(二) 对西方文化的思考

由以上所述可知,梅光迪对儒学已经有了自己独立的思考方向。然而梅光迪远渡重洋是为了学习西学,那么他又是如何进入西方文化?梅光迪在留美初期曾谈到自己的历史责任:"吾人生于今日之中国,学术之责独重:于国学则当洗尽二千年之谬说;于欧学则当探其文化之原与所以致盛之由,能合中西于一,乃吾人之第一快事。"[3] 然而作为旧学出身的新青年,他的"合中西于一"带有"为我所用"的儒学本位色彩。在学习西学的过程中,他认为:"西人正心诚意之学多主此说(即正心诚意在致知格物一说)。正心诚意以西文 Control of mind 译之甚切,迪尝见某书论治心之法曰:The most effective way to control the mind is to plan one's work as to insure the complete occupation of the mind with affairs that are wholly independent of evil considerations. 又曰:Go to work,

---

[1] 梅光迪:《致胡适四十六通》,梅铁山主编《梅光迪文存》,华中师范大学出版社2011年版,第502—503页。
[2] 梅光迪:《致胡适四十六通》,梅铁山主编《梅光迪文存》,华中师范大学出版社2011年版,第503页。
[3] 梅光迪:《致胡适四十六通》,梅铁山主编《梅光迪文存》,华中师范大学出版社2011年版,第504页。

develop your muscles and brain; resolve to become at least useful if not famous. The activity necessary in carrying out these ambitions will divert the mind from imaginary evils, if they are imaginary, and will be one of the best means to cure the real ones. 此两说皆与致知格物之说相合。"① 按说，梅光迪初到美国之时"西文程度极低"，他对西方文化缺乏深入的了解。然而他却认定西人多主"正心诚意在致知格物"一说。这种主观臆断正折射出其"为我所用"的文化心态。对于西方文化，梅光迪着眼的乃是能印证儒学致知格物之说的西学。但是由于他身处宗教氛围浓厚的美国，基督教无疑是他绕不开的关卡，而他在思考迥异于儒学致知格物之说的基督教时就有点无所适从了。

1. 对基督教的思考

其实，在梅光迪留美初期，陈焕章等人曾在上海发起孔教会。心怀祖国的梅光迪自然也关注到此事。他认为："泸上有人发起孔教会，此亦未始非孔教复兴之见端也。"② 言下之意对孔教会的发起颇为赞成。由于资料的缺乏，我们无法知晓梅光迪对上海孔教会的了解程度，但从他与胡适的往来书信可窥见他对成立孔教所展开的思考。在初步了解基督教历史后，他认为："一教之兴亡，全在其代表之人，有中世纪之教皇教士，耶教安得不亡；有马丁路得出，耶教安得不兴！"③ 而"吾人复兴孔教，有三大要事，即 new interpretation, leadership and organization 是也。耶教有此三者，所以能发挥光大，吾人在此邦宜于此三者留意"④。可见，基督教最初给他的启示只是将其作为"复兴孔教"的参考模板。而随着梅光迪对基督教文明的改观，他开始萌发融合孔、耶两教的想法：将来孔、耶两教合一，通行世界，非徒吾国之福，亦各

---

① 梅光迪：《致胡适四十六通》，梅铁山主编《梅光迪文存》，华中师范大学出版社2011年版，第503页。
② 梅光迪：《致胡适四十六通》，梅铁山主编《梅光迪文存》，华中师范大学出版社2011年版，第508页。
③ 梅光迪：《致胡适四十六通》，梅铁山主编《梅光迪文存》，华中师范大学出版社2011年版，第507页。
④ 梅光迪：《致胡适四十六通》，梅铁山主编《梅光迪文存》，华中师范大学出版社2011年版，第508页。

国之福也。① 但是正如上文所言，此时的梅光迪对于基督教并无深入的研究分析，这种"两教合一"的想法乃为一时情感所激而发。不过这倒也折射出青年梅光迪欲为世界建立道德规范的雄心壮志。这点与白璧德的"国际主义"颇有异曲同工之妙。白璧德后期受学衡派影响所提出的"国际人文主义"构想的历史因缘或许可以追溯至此，而梅光迪接受白璧德之人文主义，与吴宓创办《学衡》，开展"国际人文主义"跨文化实践的历史因缘也同样可以追溯至此。但是梅光迪此时的学力并不足以驾驭这样宏大的主题，因此这种想法在以后的思考中很快出现了不可弥合的裂缝。他曾认为："孔子不论来世，谓其诚实，尤令吾叹赏。可见其他宗教家专以天堂地狱惑人，乃骗子耳。"② 言下之意对基督教的一神论并不以为然。在萌发"两教合一"的想法后，他依然认为："吾国宗教原于古代鬼神卜筮之说，又崇拜偶像，起于传所谓'以勋死事则祀之'一语。在古人之意，不过备其学说之一端及崇德报功之意，并无所谓迷信，无所谓因果祸福。后世教育不讲，民智日卑，而鬼神祸福之说乘势以张。"③ 可见梅光迪并不赞成以鬼神之论去统治民众的思想。他所言的"两教合一"更倾向于"以儒化耶"，其中折射出的依然是"为我所用"的文化心态。在维护儒学原意的基础上，他所倡导的孔教并不主张融入基督教的有神论，而只是一种为人们提供道德规范的思想体系。因此他才认为，陈焕章所倡导的孔教会"以孔教为宗教，若以吾子之说绳之，亦有缺憾"④。但是在不承认有神论的前提下，梅光迪究竟要汲取基督教何种精神，这点在梅光迪的言论中始终暧昧不明。他认为我国有其独立的文化，对于耶教只能吸收其精神，而决不能"全弃其旧者而专奉耶教"⑤。问题在于何谓"耶教之精神"。在不承认有神

---

① 梅光迪：《致胡适四十六通》，梅铁山主编《梅光迪文存》，华中师范大学出版社2011年版，第516页。
② 梅光迪：《致胡适四十六通》，梅铁山主编《梅光迪文存》，华中师范大学出版社2011年版，第506页。
③ 梅光迪：《致胡适四十六通》，梅铁山主编《梅光迪文存》，华中师范大学出版社2011年版，第514页。
④ 梅光迪：《致胡适四十六通》，梅铁山主编《梅光迪文存》，华中师范大学出版社2011年版，第517页。
⑤ 梅光迪：《致胡适四十六通》，梅铁山主编《梅光迪文存》，华中师范大学出版社2011年版，第528页。

论的前提下，梅光迪或许也意识到其中难以弥合的裂缝，因此他在讨论如何融入基督教思想时不免避重就轻，流于空泛。在不涉及基督教精神的制度形式的吸取上，梅光迪的思考则明晰多了。他认为："礼拜寺与教士非代表耶教者也"①，而"中国有僧尼受养于人，吾民已不堪其苦，今犹欲添一班教士乎！以道德牖民，乃学校教师之责，吾国数千年来已然。故教师对于学生之道德负完全之责任。今如取法西洋，教师之外有教士，学校之外有礼拜寺，则道德之事，教师诿诸教士，教士诿诸教师，无人负完全责任，吾恐道德将日益隳落耳。西洋之道德教育，吾绝对所不赞成。彼之 Tradition 如是，吾人无此种 Tradition，可盲从之乎？"②故对于国内"倡说兴礼拜寺之制于中国者"③，梅光迪表示竭力反对。

2. 对现代文明的思考

因梅光迪在孜孜以求印证致知格物之说的西学，所以他在探寻基督教文明的同时，也对西方的现代文明展开了思考。他认为西方现代文明的破灭已为"有心人所公认"④，可见，西方反思现代文明的思潮也影响到了梅光迪。以梅光迪欲为世界立道德标准的雄心壮志，他不会"满意于所谓 modernization civilization"⑤，而"必求远胜于此者"⑥。但是与此同时，他又对近代某些思想家极为佩服，其中包括为导师白璧德强烈批判的托尔斯泰。他曾对胡适言道："近日得读 Tolstoy 书，其学说虽不足全信，其人实极可爱。迪于近世人物所最服膺者有三：Lincoln,

---

① 梅光迪：《致胡适四十六通》，梅铁山主编《梅光迪文存》，华中师范大学出版社 2011 年版，第 528 页。
② 梅光迪：《致胡适四十六通》，梅铁山主编《梅光迪文存》，华中师范大学出版社 2011 年版，第 528—529 页。
③ 梅光迪：《致胡适四十六通》，梅铁山主编《梅光迪文存》，华中师范大学出版社 2011 年版，第 529 页。
④ 梅光迪：《致胡适四十六通》，梅铁山主编《梅光迪文存》，华中师范大学出版社 2011 年版，第 525 页。
⑤ 梅光迪：《致胡适四十六通》，梅铁山主编《梅光迪文存》，华中师范大学出版社 2011 年版，第 525 页。
⑥ 梅光迪：《致胡适四十六通》，梅铁山主编《梅光迪文存》，华中师范大学出版社 2011 年版，第 525 页。

Tolstoy and Booker T. Washington，是也，故于三人生平特详。"① 然而他之所以服膺托尔斯泰在于其改造社会之功："吾愿为 Tolstoy，George Bernard Shaw，不愿为 Dickens、Stevenson。归、方及 Dickens、Stevenson 于社会上无甚功业，若王、曾与 Tolstoy、G. B. Shaw 则真能以文字改造社会者也。"② 可见梅光迪赏析人物的标准仍不离经世致用的思维。而他认为托尔斯泰的学说不足全信，恐怕也在于其不合于儒学的致知格物之说。这点在梅光迪后来回忆先师白璧德的一篇文章中即可窥见端倪：

> 那时，我和大多数同龄人一样沉浸于托尔斯泰式的人道主义梦幻中，同时我又渴望能在西方现代文学中寻找到更加阳刚、更加理性，并且能与儒学传统相协调的因素。③

结合梅光迪留美初期对儒学的思考方式，不难发现，其所言的"更加阳刚、更加理性，并且能与儒学传统相协调的因素"，实际上只是致知格物之说的一种隐晦表达。

从总体而言，梅光迪在留美初期对西学的思考是比较琐碎而不成系统的。这固然与他"西文程度极浅"、西学涵养不足有关。但是"为我所用"的儒学本位思维也一直影响他对西方文明的探究。在这种文化心态下，无论基督教文明，抑或现代文明，他都不甚满意。对于基督教文明，他投以更多的关注，可是在否定有神论的前提下，他在"两教合一"的问题上始终难以有思想上的突破。因此他的"两教合一"的想法终难免沦为空泛之谈。不过他从未停止过"合中西于一"的步伐，这正预示着他日后走向白璧德的"国际人文主义"运动。

（三）"发现"白璧德

在遇到梅光迪之前，白璧德从未提及儒家思想。那么对于抱有寻找

---

① 梅光迪：《致胡适四十六通》，梅铁山主编《梅光迪文存》，华中师范大学出版社 2011 年版，第 508—509 页。
② 梅光迪：《致胡适四十六通》，梅铁山主编《梅光迪文存》，华中师范大学出版社 2011 年版，第 527—528 页。
③ Frederick Manchester and Odell Shepard eds., *Irving Babbitt: Man and The Teacher*, New York: G. P. Putnam's Sons, 1941, p. 112. 原文为：I was then, perhaps like many others of my age, reposing in the lap of Tolstoyan humanitarianism, at the same time yearning for something in modern Western literature more virile and levelheaded to reconcile with the old Confucian traditions.

西方致知格物之说的梅光迪而言,他对"美儒"白璧德的发现就颇值得玩味了:

> 我第一次听说白璧德是在 1914 年或者 1915 年间,那时我还是西北大学的一位本科生,一次偶然的机会,我听到了 R. S. 克莱恩教授的一次报告。他指着《法国现代批评大师》说道:"这本书将会使你思考。"……带着几乎宗教般的热情,我不断重读了当时白璧德面市的三本著作。对我而言,它们是一个新的世界,或者说是一个被新意义重构了的旧世界(an old world reoriented in the new terms with new significance)。我第一次意识到中国需要在相同精神的指导下去填补以下的鸿沟:在过去 20 年里,由于我们对自己的文化基础进行不加分辨的无情的掏空,这种新与旧之间的鸿沟不断扩大。我也第一次意识到:在这个史无前例的紧急时期,中国需要在相同精神的指导下利用过去积累的资源财富,以恢复及加强中国人的历史继承感。①

言下之意,他此前从未意识到白璧德所提倡的这种精神。那么,白璧德的人文主义所带给他的震撼与启迪可想而知。值得注意的是,梅光迪是通过《法国现代批评大师》发现了这位西方的哲人。那么,《法国现代批评大师》自然是我们透析梅光迪接受白璧德人文主义文化动因的关键。在这本书中,即便白璧德从未提及儒家思想,但是以梅光迪的洞察力,他还是发现了其苦苦寻找的致知格物之说的对应物。白璧德在此

---

① Frederick Manchester and Odell Shepard eds., *Irving Babbitt: Man and The Teacher*, New York: G. P. Putnam's Sons, 1941, p. 112. 原文为: I first learned of Irving Babbitt through a chance remark in 1914 or' 15 by Professor R. S. Crane, then of Northwestern University, where I was an undergraduate. "That book will make your think," said he, pointing to *The Masters of Modern French Criticism*. …… With almost religious enthusiasm I read and reread all of Babbitt's three books then in existence. They were a new world to me, or rather an old world reoriented in new terms with new significance. I became for the first time aware that something might be done in China in a similar spirit to bridge over the gap that a ruthless and indiscriminate undermining of her cultural foundations for the past two decades had widened between the old and the new, to restore in the Chinese mind a sense of historical continuity, and to reinforce it, in a period of unprecedented emergency, with its wealth of accumulated resources.

书中对法国批评家们的点评针砭分明透露出他的倾向态度：

> 歌德坚持认为人类的堕落并非由于缺乏对最终问题的洞见，而是由于忽略了直接摆在他们面前的显而易见的谦卑责任以及日常的要求。在关注直接实践（immediate practice）的问题上，歌德与约翰生观点一致。他是已经展现行为天赋的种族的代表。约翰生认为所有理论都与自由意志相违背，所有经验都与自由意志相一致——这是我所熟悉的命题里最让人满意的言论。①

可见，白璧德并不主张虚无缥缈的理论，而是着眼于经验事实。这点与梅光迪此前的儒学思考颇为契合，白璧德的人文主义自然一下子虏获了青年梅光迪的心。梅光迪形容自己"带着几乎宗教般的热情"不断重读了白璧德的三本著作，激动心情可想而知。此外，他还谈及白璧德专著对他的启迪。他指出自己当时第一次意识到，中国需要在人文主义精神的指导下填补新与旧之间的鸿沟，以及恢复中国人的历史继承感。按说，虽然梅光迪此前所强调的儒学"合中西于一"亦是对新与旧之间的鸿沟的填补，但是以梅光迪的学力，他此时还不足以驾驭这个宏大的论题。并且他正处于被同辈孤立的精神困境中，文化心态也愈趋保守。无论从文化思考，抑或文化心态上，梅光迪都无法在新与旧之间获得相对的平衡。因此他有时难免展现出原儒主义般的姿态。与梅光迪相比，白璧德对待传统与现代的态度则公允多了，颇有儒家的中庸之范。对比二者的言辞，我们可窥见其中的微妙差别：

> 白璧德：
> 我们所寻找的是这样一种批评家：他的标准和选择依靠传统，

---

① Irving Babbitt, *The Masters of Modern French Criticism*, Boston and New York: Houghton Mifflin Company, 1912, pp. 370-371. 原文为: Men do not fail, Goethe insisted, so much from lack of light on ultimate problems as from neglect of the very obvious and often very humble duty which is immediately before them; from not having met, as he puts it, the demands of the day (*die Forderung des Tages*). In thus looking to immediate practice Goethe is at one with Dr. Johnson, the fit representative of a race that has shown a genius for conduct. All theory, says Johnson, makes against the freedom of the will and all experience in favor of it- the happiest utterance on this subject with which I am familiar.

但是他又非传统主义者；/他对传统的观点经过了严肃而清晰的思考，换言之，他会根据现在发展需要对传统经验进行持续的调整。①

梅光迪：

吾辈改良之法，尚须求原意。盖原意皆深含哲理，无所不适用于今也。②

虽然二者都强调传统对当今社会的价值，但是梅光迪言辞之间分明透露出他对孔子原意几乎宗教式的崇拜。他之所以认为儒学"无所不适用于今"，乃是因为他深信"原意皆深含哲理"。他的原儒情结由此可见一斑。相比之下，白璧德对待传统与现代的态度则客观中和多了。他既认为批评家需要依靠传统，但他同时又强调批评家需要根据现实进行调整。当然，梅光迪也察觉到了这点微妙差别。因此，他才言自己第一次意识到中国需要填补新与旧之间的鸿沟。倘若说之前他由于自卑而始终抱有文化本位主义的心态，那么在域外寻觅到与儒学相得益彰的人文主义，他自然愿意放下姿态诚心学习。倘若说梅光迪此前在对待新与旧的问题上多少夹杂着不容他人置喙的骄傲之心，那么在这位学问纵横古今的"洋教练"上，他自然是心悦诚服。

总体而言，梅光迪接受白璧德的人文主义与其教育背景、文化心态、文化思考等都有密切关系。遇到白璧德之前，梅光迪陷入了精神与学问的双重困境。在白璧德身上，梅光迪不仅找到了精神困境的出路，更找到重新激活儒学的学问之道。他的"合中西于一"的文化理想也终在白璧德"国际人文主义"运动的框架下真正展开。

第二节　吴宓

在白璧德的弟子中，吴宓可谓最奇特的一个。在五四新文化时期，

---

① Irving Babbitt, *The Masters of Modern French Criticism*, Boston and New York: Houghton Mifflin Company, 1912, p. 362. 原文为：What we are seeking is a critic who rests his discipline and selection upon the past without being a mere traditionalist; whose holding of tradition involves a constant process of hard and clear thinking, a constant adjustment, in other words, of the experience of the past to the changing needs of the present.

② 梅光迪：《致胡适四十六通》，梅铁山主编《梅光迪文存》，华中师范大学出版社2011年版，第507页。

他以捍卫传统礼教道德、批评新派浪漫主义的姿态为人诟病,然而吊诡的是,他又是实践新派浪漫情爱最为坚决的一人。他与发妻陈心一的离婚、与新派女性毛彦文的情爱纠结成为当时轰动文坛的新闻,一时舆论纷纷。在这场"爱情闹剧"上,吴宓似乎成了言行不一的"伪君子",招致不少责难。这种"抛弃糟糠之妻"的行为无论如何都不符合传统道德。针对吴宓言行的矛盾,不少学者做了专门的研究,有的学者认为他是伪人文主义者。然而吴宓果真是言行不一的"伪君子"吗?对此,笔者以为追溯吴宓前白璧德时代的文化经历或许能为我们找到问题的答案。如此一来,吴宓的国际人文主义跨文化实践才不至于被历史所湮没。

一 早年经历——浸染于"关学"

吴宓生于陕西泾阳的名门望族,而泾阳正是"关学"重镇。在近代,这里出了一位大儒刘古愚。关于刘古愚的学识,维新派人士于右任评价:"刘先生治今文之学,兼长历算,以经世之学教士,一时有南康北刘之称。"① 康有为则称许:"博大哉,古之文儒君子也,则刘先生古愚是也。"② 刘古愚一生致力于教育事业,历主泾阳、味经、崇实诸书院。他秉承了传统关学的实学传统,结合当时国家的时局,"汲汲采西人之新学、新艺、新器,孜孜务农工"③,大昌经世致用的实学教育。同时他注重弟子们的道德修养,特定为书院学生列了六条学规:历耻、习勤、求实、观时、通识、乐群。其中"历耻"作为学规第一条,强调的正是学员们立志之功。虽然他倡导新式教育,认为学者不能空谈性理之学,但是他始终认为儒学作为国家文化根基是不可动摇的。他曾谆谆叮嘱出任两广总督幕府的陈涛(吴宓姑丈):"近日人多痛诋宋儒,此人心世道之忧,汝不可效也。""宋儒守身之学,汝不可不讲。"④ 回顾吴宓的早期受业经历,他的教育背景都与刘古愚息息相关。他的家族

---

① 参见张岂之主编《陕西通史·思想卷》,陕西师范大学出版社1997年版,第331页。
② 康有为:《烟霞草堂遗书序》,吕效祖主编《刘古愚教育论文选注》,陕西人民出版社1988年版,第266页。
③ 康有为:《烟霞草堂遗书序》,吕效祖主编《刘古愚教育论文选注》,陕西人民出版社1988年版,第262页。
④ 参见任大援、武占江《刘古愚评传》,陕西人民出版社1997年版,第267页。

大部分成员都是刘古愚的弟子,如"吾生父芷敬公、嗣父仲旗公及陈伯澜故丈、王幼农姨丈、李孟符世丈、邢瑞生世丈、张扶万世丈等,皆相从受业"①。根据《吴宓自编年谱》记载,他八岁由叔父仲旗公教授识字,十月之间,即认识三千多字,并且能读懂小说、戏剧、传奇、弹词等;九岁之时则由继母教他读书,以《蒙学报》为课本,还读了《泰西新史揽要》《地球韵言》等书。并且仲期公还按期从上海寄来《新民丛报》,吴宓甚喜读之。十岁的时候,吴宓结束庭训,出就外傅,进入私塾读书。该私塾的老师恩特亨孝廉也是刘古愚的弟子。在老师的指导下,吴宓读完了《史鉴节要便读》《上孟子》,并且均能背诵,此外兼肄习《笔算数学》。十一岁之时,吴宓仍从恩特亨孝廉老师学习,是年读完四书,开始读《春秋》《左传》,并能背诵《春秋》以及《左传》的选读。老师还命吴宓阅《凤洲鉴》,即明王世贞所批点之《通鉴》,"又续肄习《笔算数学》,至诸等法及杂题"②。十二岁的时候,因恩特亨孝廉就任陕西省高等学堂教务长,所以吴宓的父亲及姨丈决定设立家塾,聘请姚焕为师。此年,吴宓读完《普通学歌诀》。其中"经史源流、理学宗传、中外地理、声光电化等章",③大大扩充了他的知识。后又因父亲接任三原县善堂董事,遂将家塾设于三原南丈家,特聘王麟编为师。王老师"通新旧学,家塾亦半采用新式学校办法"④。并且王老师注重因材施教,对"每一学生各订计划,单独讲授"⑤。因此吴宓在王老师的指导下,续读《左传》,同时阅读《西洋史要》以及上海、东京的报章、小说。十三岁那年,吴宓转入敬业学塾读书。敬业学塾是张密臣所创办的家塾,他专授"理化"一课,此外还聘来妹夫刘、杨二先生为老师。张密臣亦是刘古愚的弟子。从《吴宓自编年谱》来看,吴宓对此家塾的国文课印象最为深刻。他多年后仍能回忆《国文读本》第一篇"力言孔子之伟大,与开学典礼中谒圣(拜跪)之重要"⑥。从1906年冬到1911年,吴宓进入宏道高等学堂学习。特别值得一提的是

---

① 吴宓:《吴宓诗话》,商务印书馆2007年版,第184页。
② 吴宓:《吴宓自编年谱》,生活·读书·新知三联书店1995年版,第53页。
③ 吴宓:《吴宓自编年谱》,生活·读书·新知三联书店1995年版,第55页。
④ 吴宓:《吴宓自编年谱》,生活·读书·新知三联书店1995年版,第58页。
⑤ 吴宓:《吴宓自编年谱》,生活·读书·新知三联书店1995年版,第58页。
⑥ 吴宓:《吴宓自编年谱》,生活·读书·新知三联书店1995年版,第62—63页。

该学堂的主要教职员：斋务长兼理化教授张密臣已如前述是刘古愚的弟子；校长为吴宓的七舅父胡均，他不仅是刘古愚的得意门生，还是他的女婿；教务长兼数学教授王绍庭也是刘古愚的弟子，精通文史；据吴宓回忆，国文教授冯光裕似乎亦是刘古愚的学生，"喜称说桐城派方、姚之古文"①。虽然吴宓从未亲炙刘古愚的学问，但是可以推知，刘古愚的思想主张通过他的弟子们滋养了少年吴宓的心灵。刘古愚弟子们兼顾中学西学的教育模式不仅为吴宓打下了良好的国学基础，还培养了吴宓兼容并包的治学胸襟。

不过若是论及对吴宓日后文化态度的影响，嗣父（吴宓叔父）仲旗公恐怕是其中的主导因素。由于吴宓的生母李孺人在他出生后一年就去世了，并且由于吴宓的生父芷敬公较为严厉，因此自"1907年祖母殁后，宓独与仲旗公亲，事无不告，理无不问"②。吴宓在自编年谱中曾多次提到自己对仲旗公的敬佩之情："宓生平最崇拜父仲旗公，在宓少年时期尤甚。"③那么，仲旗公本人对少年吴宓文化观的影响可想而知。仲旗公作为刘古愚的弟子，常常以注重道德修养教育吴宓："浩然之气，须集义以善养。"④自小崇拜叔父的吴宓深以为然："行义愈多，则此心愈安，遇事乃不役于物。欲有所成就，必有赖于自信力。然亦惟能多行义之人，其自信力，始衷于理，为可用耳。"⑤除叔父仲旗公外，吴宓家族中还有另一位刘古愚弟子陈涛对其影响颇大。吴宓自述小时候"秦、晋、陇之留日学生所出之《夏生》杂志，宓惟爱读其中所登陈伯澜姑丈（涛）之诗"⑥。姑丈生平亦甚爱重吴宓，吴宓"常自命能知丈之一人"⑦。而姑丈谨遵刘古愚先生的训导，始终以儒学为安身立命之根本。当他察觉吴宓对其"复古灰心之议论，少所附和"⑧时，马上"戒余以近颇好崇拜西人，有厌薄一切之意"⑨。吴宓亦"深感丈爱之深

---

① 吴宓：《吴宓自编年谱》，生活·读书·新知三联书店1995年版，第77页。
② 吴宓：《吴宓自编年谱》，生活·读书·新知三联书店1995年版，第23页。
③ 吴宓：《吴宓自编年谱》，生活·读书·新知三联书店1995年版，第124—125页。
④ 吴宓：《吴宓日记》第1册，生活·读书·新知三联书店1998年版，第402页。
⑤ 吴宓：《吴宓日记》第1册，生活·读书·新知三联书店1998年版，第402页。
⑥ 吴宓：《吴宓自编年谱》，生活·读书·新知三联书店1995年版，第79页。
⑦ 吴宓：《吴宓日记》第2册，生活·读书·新知三联书店1998年版，第248页。
⑧ 吴宓：《吴宓日记》第1册，生活·读书·新知三联书店1998年版，第460页。
⑨ 吴宓：《吴宓日记》第1册，生活·读书·新知三联书店1998年版，第460页。

则责之切之美意，当益自省察，而求有以善处其间也"①。可见，吴宓对叔父、姑丈的"德教"相当信服。成长于关学氛围如此浓重的家族，儒家的道德学说早早就扎根于他幼小的心灵。

二 清华学堂的学习经历

吴宓于1911年进入清华学堂学习。秉承家学传统，他一方面认真学习实学，另一方面也注重自身的道德修养："余当立起一番新志愿，事事改去旧观，必期事均有合于道德，乃可算一人。余向来大病为思想多而实行少，故今当屏去一切无谓之思想，研究实学，练习纯德。"②乍看，"实学"与"修德"二者似乎并不相悖。然而问题在于吴宓是个情感丰富的青年，专于实学有悖于他的性情，但是他又"目睹夫时危国病，非实学无以济急"③。因此他的日记时常流露出国家需要与个人理想之间的冲突：

> 尝语友人，苟余非生于今日之中国、如此之境遇者，则纵其所欲，倾其所蕴蓄，而加以研炼工夫，为文学家，或兼为哲学家，不论成功如何，已足以娱乐一生。惟其然也，故有所警惕，不敢不别求实用之归宿，即他年以一部分光阴，从事此途，而精神力量，决不使多费于其中。郁折深曲之意，非自解其孰能晓之也。④

与梅光迪相比，吴宓对文科于社会的价值更多了一份犹疑。并且对于情感丰富的吴宓而言，愈是压抑本性学习实学，感慨也就愈加浓烈，也就愈加确证自己文人的本性，便愈是陷入无法自脱的精神死循环中：

> 新生之感慨，以视夙昔旧有，愈征实，愈繁复，愈缠绵，愈微茫，愈阔大，而愈觉其惊心动魄，荡性移情。似秘不语人，则辜负此种感慨。而默思沉计，又无一人可语。即有之，亦一部而非全

---

① 吴宓：《吴宓日记》第1册，生活·读书·新知三联书店1998年版，第460页。
② 吴宓：《吴宓日记》第1册，生活·读书·新知三联书店1998年版，第277页。
③ 吴宓：《吴宓日记》第1册，生活·读书·新知三联书店1998年版，第407页。
④ 吴宓：《吴宓日记》第1册，生活·读书·新知三联书店1998年版，第459页。

体。夫以师友之评论规戒，此等感慨如潮，本非余之长处，更非人之福分。然既有此，而不能有以利用之，则余实自暴自弃。故时或絮絮记之，储为他日资料，今则无暇用之。

又当感慨深时，而文学之思潮，乃如横流骤雨，侵寻相逼而来。凡中西诗文中之事理、之境遇、之感情，及种种极美妙确切之词章，皆若为吾人写抒其胸怀。虽即以逸才，作之未能更工丽有加，而常怦怦然不能自制，屡欲摘藻抒思，及转念辄止。①

处于精神危机的吴宓似乎一直在寻找精神出路。虽然他在日记中多次告诫自己要专于实学，然而日记却处处可见他与师友之间关于文章道义的切磋交流。他似乎一直在为文章道义寻找"实用"的理由。最明显的例子莫过于他日记里多次记载有关外籍教师对于中国片面追求西方物质文明的警示，如 Smith 先生以及美国 Wilder 博士等人的伦理演讲。现以 Wilder 博士的演讲为例分析吴宓的精神困境以及文化思考：

我们目前教育之目的，应为：不仅开发自然资源财富，还必须开发心灵、才智和意识资源；并将其纳入社会及国家的组织之中……过去，在每个国家都存在一种趋势——教育脱离实际事务，工匠蔑视学习，蔑视理论并蔑视高尚的理想……但是我们要将它们结合在一起。②

针对这次讲演，吴宓展开了自己的思考。他认为："故学理皆有用，特表见有迟速之异耳。"③ "中国人士现今多言实业，而知其真利害者盖鲜。昔在英国，当机器工业初盛时代，贫民失业，多成饿莩。其后，终依赖于有机器者之手。工价日形低微，竞争剧烈，女工及小孩工盛行。人种日弱，甚至以兵力迫人民产育子女。故营业至大团体愈盛，则贫民之生计愈蹙。其间种种变迁，所谓 Industrial Revolution of England 是也。在美亦然，而变化更速。若中国，则始见端倪。就上海一处工界情形，

---

① 吴宓：《吴宓日记》第1册，生活·读书·新知三联书店1998年版，第459页。
② 吴宓：《吴宓日记》第1册，生活·读书·新知三联书店1998年版，第339—340页。
③ 吴宓：《吴宓日记》第1册，生活·读书·新知三联书店1998年版，第340页。

亦可知贫工之惨状。若机器之输入日多,则影响之巨,益有不可设想者,亟宜预筹补救。故专言提倡实业,实不足为爱国,不知其道,且从而害之。"①

按说,西方正经历文明危机,外籍教师持有这种观点实在不足为奇。但是清华还举行了其他话题的演讲②。奇怪的是吴宓似乎只对这种伦理讲演兴致盎然。这些讲演切中吴宓心扉的原因,或许不仅在于其事实确然,还在于它们给予了他投身精神之学的力量。正处于精神困顿中的吴宓突然发现"洋教练"也支持精神之学,那么他便更有理由回归到自己所热衷的文科了。除了老师的指导外,吴宓平常也广泛涉猎西方文本。通过阅读,他进一步确证了精神之学的重要性:"续读 Carlyle 文集。其论世变始末,谓今世为机械时代,Age of mechanicism……精神的科学,与形而上之观感,几于泯灭。是不可不急图恢复,以求内美之充实,与真理之发达。""虽然,Carlyle 亦非尽悲观派,其结论之言,深足启发壮志,愿与有心人共究之。"③吴宓在此表示愿与有心人共究精神的科学,但是对于成长于浓重关学氛围下的吴宓,他的精神科学自然指的是儒学,"有心人"则指的是儒学的有心人。幸运的是,吴宓在清华之时确得到了"有心人"的帮助,从而加深了对国学的认识。在国文老师饶麓樵和好友汤用彤的推荐下,吴宓阅读了《东塾读书记》,悟得解经的重要性。于是,他开始重读儒家经典:"近日愈看得《论语》《孟子》等经书价值至高,无论其文章、哲理,即所含关于日常事务之规诫,以及政刑理教之设施,虽一二语而用新眼光、新理想咀嚼寻味,可成千百言,且皆系对于今时对症下药。说经贵得法,然说经之事何可废也。"④吴宓认为,只要对儒家经典进行重新阐释便能有裨于社会。可见,此时他已经慢慢摸索到精神困境的出路。于是,他逐渐萌发新的志向理想:"又及锡予谈将来志向,谓拟联络同志诸人,开一学社,造

---

① 吴宓:《吴宓日记》第 1 册,生活·读书·新知三联书店 1998 年版,第 340—341 页。
② 据吴宓记载,他还听了 Dr. Bolt 演讲的进化论。但是他在日记中只简要记录了这一次讲演,并未发表任何评论。参见吴宓《吴宓日记》第 1 册,生活·读书·新知三联书店 1998 年版,第 275、278、281 页。
③ 吴宓:《吴宓日记》第 1 册,生活·读书·新知三联书店 1998 年版,第 441 页。
④ 吴宓:《吴宓日记》第 1 册,生活·读书·新知三联书店 1998 年版,第 280 页。

成一种新学说,专以提倡道德、扶持社会为旨呼号。"① 并且清华中西学兼顾的教育模式也进一步启发了青年时期的吴宓。通过历史课的学习,吴宓悟到:"文艺复兴之大变,极似我国近数十年欧化输入情形。然我之收效,尚难明睹。至于神州古学,发挥而光大之,蔚成千古不磨、赫奕彪炳之国性,为此者尚无其人。近数年来,学术文章,尤晦昧无声响。俯仰先后,继起者敢辞此责哉?"② 发挥广大古学,并以古学铸造国性,已经成为此时吴宓心中熊熊燃起的理想火焰。并且他通过学习思考有了更为明确的计划。他希望通过"发挥国有文明,沟通东西事理"造成一种新学说,并通过印刷杂志业的宣传作用达到"以熔铸风俗、改进道德、引导社会"③。可见,他已经找到解开"精神科学"与"实用之道"矛盾的钥匙。他的精神困局日渐明朗。值得一提的是,此时他对文化的思考与白璧德的人文主义有诸多暗合之处,如他的"发明国有文明,沟通东西事理"的想法与白璧德的国际人文主义构想颇为相似。在平常的阅读中,吴宓也常常从"沟通东西事理"的角度展开思考,譬如他通过读 History of Ancient Philosophy 一书,"知希腊哲学,重德而轻利,乐道而忘忧,知命而无鬼。多合我先儒之旨,异近世西方学说,盖不可以道里计矣"④。这种从希腊哲学的角度沟通传统儒学的观点亦正是白璧德"国际人文主义"事业的基本内容。不难发现,他在清华初步形成的国际视野已经超越了哺育他成长的传统关学,而逐渐朝向日后的导师白璧德。他"于言论行事,常欲作一世界的人物"⑤。因此他在不断汲取中西文化营养的同时还常常内省,剔除身上的"旧痕迹":"自比于同学多人,则旧社会事理之中吾心者,已不为少,改之较难,故窃愿常自勉也。"⑥ 那么,吴宓和家族成员之间的分歧亦是必然之事了。据吴宓记载,"丈又论余家事,而所硁硁力争之点,谓为礼法要义必须改革者,皆实无关宏旨,且于事实之结果,处处反背"⑦。

---

① 吴宓:《吴宓日记》第 1 册,生活·读书·新知三联书店 1998 年版,第 312 页。
② 吴宓:《吴宓日记》第 1 册,生活·读书·新知三联书店 1998 年版,第 381 页。
③ 吴宓:《吴宓日记》第 1 册,生活·读书·新知三联书店 1998 年版,第 410 页。
④ 吴宓:《吴宓日记》第 1 册,生活·读书·新知三联书店 1998 年版,第 440 页。
⑤ 吴宓:《吴宓日记》第 1 册,生活·读书·新知三联书店 1998 年版,第 462 页。
⑥ 吴宓:《吴宓日记》第 1 册,生活·读书·新知三联书店 1998 年版,第 402 页。
⑦ 吴宓:《吴宓日记》第 1 册,生活·读书·新知三联书店 1998 年版,第 462 页。

吴宓欲"改革礼法要义"而遭到姑丈的批评。虽然吴宓出于对姑丈的尊重,"力事附和,未敢以一语自明"①,但是他在日记里为自己辩驳:"惟视余之所好,初何悖于道德,而待丈之评判疏解也哉?"② 可见,吴宓已不认同姑丈的传统关学那一套理论了。若说早年的吴宓浸染于关学传统,从而对儒学抱有好感,那么在青年时期,清华中西学兼顾的教育模式为吴宓打开了儒学的另一扇窗户,从而使他超越了传统关学,形成"发挥国有文明,沟通东西事理"的国际视野。

至此,他终于找到了走出精神困境的道路:放弃"工业机械一途",选"最合适一己之能力与嗜好"③的杂志专业。对吴宓而言,杂志专业正可以兼及"发扬国粹"④与"针砭社会"⑤。"精神科学"与"实用之道"在杂志专业上得到完美的统一,吴宓青年时期的精神危机也就此画上句号。而他在清华时期对文化问题的思考与白璧德的国际人文主义颇多契合,这些都为他下一步接受国际人文主义埋下了伏笔。

三 接受白璧德人文主义的契机

虽然吴宓在清华之时确已经形成基本的文化倾向,但这是否可以说明吴宓一定会走向新文化运动派的对立面呢? 笔者并不认为如此。对国学的偏好并不一定与新派形成截然对立之势,如新儒家代表梁漱溟就认同使用白话阐释儒学,再如白璧德的弟子梁实秋亦是新文化运动的代表人物。并且以吴宓多情的个性,新派所倡导的思想也颇合他的性情。如他在清华之时曾以新派倡导的自由、平等思想来阐释儒学:"如我国旧以仁义为根本道德,近乃有吐弃诟病之者。自由平等,盛倡一时,其实真解自由平等之义者,尚无其人……实则自由者,不以威力服人,仁之至也。平等者,即恕之道,义之至也。耶言博爱,佛言入地狱等等,即皆仁也。所谓道以一贯,万变而不离其宗。然仁义与自由、平等,为人生一日不可缺之粮,则无可疑义。"⑥ 可见,吴宓在清华之时极为赞同

---

① 吴宓:《吴宓日记》第1册,生活·读书·新知三联书店1998年版,第462页。
② 吴宓:《吴宓日记》第1册,生活·读书·新知三联书店1998年版,第462页。
③ 吴宓:《吴宓日记》第1册,生活·读书·新知三联书店1998年版,第508页。
④ 吴宓:《吴宓日记》第1册,生活·读书·新知三联书店1998年版,第509页。
⑤ 吴宓:《吴宓日记》第1册,生活·读书·新知三联书店1998年版,第509页。
⑥ 吴宓:《吴宓日记》第1册,生活·读书·新知三联书店1998年版,第510—511页。

新派的自由、平等思想，至于投到白璧德门下，转为大力抨击新派的自由平等思想则又是后话。如此看来，吴宓接受白璧德人文主义思想的契机就颇值得玩味了。吴宓在晚年的时候曾回忆当年投入白璧德门下的一段经历，他谈到若"与梅光迪君在美国末由相识，无从接受其反对陈独秀、胡适新诗、白话文学、新文化运动之主张"①。言下之意即他此前并不持有反对新派的观点。那么，他究竟因何接受梅光迪的意见，进而接受白璧德的人文主义？对此，我们不妨结合吴宓的性情来探讨其接受白璧德人文主义的契机。而最能体现吴宓个性特征的事情莫过于他的情史。他与陈心一的订婚之事正是发生在其转学入哈佛不久之后。因此，笔者以为正可以此事窥见吴宓性情，再以此来反观他接受白璧德人文主义的契机。

据《吴宓日记》第 2 册记载，1918 年 9 月 24 日，哈佛大学"派 Prof. I. Babbitt 为予之 Adviser，从予之请也"②。同年九月，陈心一哥哥陈烈勋"以函抵我求婚。略谓其姐素慕宓之文章，许为不与世俗浮沉之人，欲归于我，蓄意数年，其家中亲长，亦皆愿攀附云云"③。对此，吴宓刚开始的回复是"遭母丧，无心再议婚，此事请即中止"④。然而，陈烈勋"力求从缓接续商议"⑤。1919 年 6 月，陈烈勋晤吴宓，再次对其劝说。而关于此事，吴宓则是如此考虑："惟念国事方急，时世多艰，志业繁重，况嗣母新丧，乃遽议婚，端居自省，惭怍难安。若大节已失，而于枝节琐细情形，反复详审苛求，徒见舍本逐末，轻重倒置，是诚无以自解也。"⑥吴宓以"志业"为重，因此不考虑婚事，这亦符合吴宓清华时期一贯的理想追求。只不过，这种"志业追求"被加上太重的道德负担了，他认为婚事乃"枝节琐细情形，反复详审苛求，徒见舍本逐末，轻重倒置"。由于缺乏恋爱经历，他活在了自己所建构的"道德怪圈"里，他谈道："宓平昔于论婚之事专取'宁人负我，毋我

---

① 吴宓：《吴宓自编年谱》，生活·读书·新知三联书店 1995 年版，第 176 页。
② 吴宓：《吴宓日记》第 2 册，生活·读书·新知三联书店 1998 年版，第 14 页。
③ 吴宓：《吴宓日记》第 2 册，生活·读书·新知三联书店 1998 年版，第 33 页。
④ 吴宓：《吴宓日记》第 2 册，生活·读书·新知三联书店 1998 年版，第 34 页。
⑤ 吴宓：《吴宓日记》第 2 册，生活·读书·新知三联书店 1998 年版，第 34 页。
⑥ 吴宓：《吴宓日记》第 2 册，生活·读书·新知三联书店 1998 年版，第 34 页。

负人'之主张。"① 其实，对于陈烈勋的恳求，大可再次拒绝便可，这并不违背道德。然而青年时期的吴宓从一开始就给自己的婚姻加上了道德的枷锁，这种"宁人负我，毋我负人"的婚姻观不仅悖于人性，更悖于吴宓多情的性格。经过几番周折，吴宓最终服从了自己所构建的"道德怪圈"，亦即他后来所言的"慈善事业"②，于10月19日复函允婚，并在函中提出"拟与令姐时时通信，庶于彼此性情，渐得晓悉"③。不过婚事虽定下来了，但是吴宓的情感并没有因此定下来。自允婚后，他的"心情甚为烦苦，总觉得此事不妥"④。1920年2月15日，即订婚后四个月后，他接到陈烈勋函言："得其父谕，与乃姐通信之事，须俟正式聘定后，方准行之云云。"⑤ 根据传统礼法，陈父的做法并无不当之处。然而，吴宓对此甚为愤怒，认为："陈君父子俗人，不足与言高尚之道理。种种商量，皆如对牛弹琴。况今中国局势如此之恶，有室家之累，终非正道，婚姻既不满意，则以此而害大节，更为轻重失次，不若此刻一刀断绝，以后亦不另聘妻，翻觉清净而爽适。"⑥ 于是便草一长函，取消婚约。可见，自订婚以后，吴宓的心情极为反复，悔婚的念头常常萦绕他心中，然而他对自身的道德要求又极为苛刻。当长函于早晨发出之后，他"又大悔"，"今我既明白允婚，而复断绝之，则使陈女士受屈。宓日前之允婚，乃宓之失误，然一诺千金，不能自食其言，况以愤恨其父若弟之故，而使陈女士见弃受辱，迹近迁怒，实非平允之行事。君子当全始全终，不当专以一己之得失苦乐为断。取消婚约，不惟人将訾议，即自心亦觉不安，终留遗憾"⑦。因此，吴宓于当日午间"急又函陈君，自承前函为病后狂言，作为无效"⑧。在短短一日内，吴

---

① 吴宓：《吴宓日记》第2册，生活·读书·新知三联书店1998年版，第34页。
② 吴宓：《吴宓日记》第4册，生活·读书·新知三联书店1998年版，第130页。
③ 吴宓：《吴宓日记》第2册，生活·读书·新知三联书店1998年版，第86页。
④ 吴宓：《吴宓自编年谱》，生活·读书·新知三联书店1995年版，第201页。
⑤ 吴宓：《吴宓日记》第2册，生活·读书·新知三联书店1998年版，第129页。关于吴宓订婚退婚的记录，《吴宓日记》与《吴宓自编年谱》的记载有较大的差异，黎汉基著的《社会失范与道德实践：吴宓与吴芳吉》第142页有详细的阐述，笔者认同黎汉基的看法，以日记的记录为准。参见黎汉基《社会失范与道德实践：吴宓与吴芳吉》，四川出版集团巴蜀书社2006年版，第142页。
⑥ 吴宓：《吴宓日记》第2册，生活·读书·新知三联书店1998年版，第129页。
⑦ 吴宓：《吴宓日记》第2册，生活·读书·新知三联书店1998年版，第129—130页。
⑧ 吴宓：《吴宓日记》第2册，生活·读书·新知三联书店1998年版，第130页。

宓的心理从"取消婚约"迅速过渡到"取消婚约无效"。由此可见，吴宓的个性极容易为情感所激。陈烈勋深知吴宓的个性，在收到这两封反复的信件之后，并不以为忤，因此未惊动陈心一及其家人。同时他还致函汤用彤："忽接雨僧兄来函，欲取消其与家姐之婚约。我深知雨僧兄之脾性，一时心绪不宁，感情所激，便作出此类意外、惊人之举动，然不久必悔之。故今将其原函寄还，作废。"[1] 而汤用彤在接到陈烈勋之函后，亦按照其建议将吴宓的原函存好，等待吴宓后悔之时。如此看来，吴宓易为情感所激的个性甚为友人所熟知。只是他们没有料想到如吴宓这般情感丰富的诗人，若理想的爱情婚姻生活不得满足，这场一开始便建构在"慈善事业"上的婚姻终有破碎的一天。若是从起初吴宓为自己所预设的"道德怪圈"来看，吴宓的离婚虽不符合传统道德，然确又有可理解之处，毕竟他的订婚从一开始就是为他所预设的"道德怪圈"所致，并无爱情可言。那么，沈卫威对吴宓的解读"他自知生性浪漫，花心荡漾（在追逐女性方面，他有些近于病态），所以说自己张扬的新人文主义和以白璧德信徒自居都是表面的。从这一点上说，他实际上是一个伪人文主义者（他自己承认是浪漫派，倡导的新人文主义是表面现象，不是真实的自我）"[2] 便过于流于表面了，误读了真实的吴宓。因为吴宓正是太坚守道德到极端才最终答应订婚，如此一位严秉道德以至于苛责自身，甚至于埋没自己一生情感幸福的人怎么会是"伪人文主义者"呢？至于后来的离婚虽不符合传统道德，但又终是无可奈何之事。诚如陈寅恪所言，"此事已成悲剧之形式"[3]。熟知吴宓性情的人终不至于以此否定吴宓的道德人格。以"伪人文主义者"定位吴宓怕是亵渎了他一生为之奋斗的国际人文主义事业。在了解了吴宓的性情之后，我们再回看他接受白璧德人文主义的契机。

据吴宓记载，他本在弗吉尼亚大学学习文学，后因法文成绩不及格而报名哈佛大学的暑期学校补习法文。他刚到哈佛大学之时，清华的同班同学施济元即告知，有位清华公费生梅光迪"正在'招兵买马'，到

---

[1] 吴宓：《吴宓自编年谱》，生活·读书·新知三联书店1995年版，第203页。
[2] 沈卫威：《回眸"学衡派"：文化保守主义的现代命运》，人民文学出版社1999年版，第264页。
[3] 吴宓：《吴宓日记》第4册，生活·读书·新知三联书店1998年版，第168页。

处搜求人才,联合同志,拟回国对胡适作一全盘之大战"①。施济元认为吴宓的"文学思想态度,正合于梅君之理想标准,彼必来求公也"②。而梅光迪听到施济元的推荐后果来访吴宓。可见,梅光迪看中的确是吴宓与其相似的文化倾向。但吴宓又是因何与梅光迪结成同盟?吴宓晚年的时候曾回忆二人见面的情景:"梅君慷慨流涕,极言我中国文化之可宝贵,历代圣贤、儒者思想之高深,中国旧礼俗、旧制度之优点,今彼胡适等所言所行之可痛恨。"③ 按说,吴宓确实胸怀"发扬国粹"的大志,但是他此时并不了解胡适所要倡导的新文化运动。换言之,"发扬国粹"并非要与"新文化运动"形成截然对立之势。然而梅光迪一番"慷慨流涕"的陈词让吴宓"十分感动"④,当即表示"愿效驰驱"⑤。倘若说吴宓的订婚是为情感所激而下的决定,那么对于捍卫儒家思想,这本是吴宓一贯的志向,他又怎会拒绝。只是此时的他没想到,胡适所倡导的新文化运动的思想亦有可与儒家思想相融合之处。由此可见,吴宓接受梅光迪的邀请并非经过仔细的斟酌思考,而是为一时的情感所激。就吴宓感情用事的冲动个性而言,加盟梅光迪此举亦是情理之中。至于其后来接受梅光迪反对新派之观点则又是后话了。只不过这一契机极具历史意义,从此,吴宓转学到哈佛奉白璧德为师,接受其人文主义思想,成为中国传播国际人文主义思想的主力,从而使儒家思想逐渐在新时代背景下呈现新的意蕴与内涵。

  回顾吴宓接受白璧德人文主义的经历,他对其思想的接受既是必然,亦是偶然。从必然性的一面而言,吴宓自小就生活在儒学氛围浓厚的大家族中,他对儒学有深厚的体悟,其言行举止无一不力图符合儒家道德规范,而在清华时期,他对儒家思想的思考也超越了传统儒学,逐渐形成"发挥国有文明,沟通东西事理"的国际视野,这种对儒学的基本文化态度乃是他接受白璧德人文主义之必然性。不过历史又有着偶然的契机,这种契机的关键即在于吴宓易为感情所激之性情。就其历史

---

① 吴宓:《吴宓自编年谱》,生活·读书·新知三联书店1995年版,第177页。
② 吴宓:《吴宓自编年谱》,生活·读书·新知三联书店1995年版,第177页。
③ 吴宓:《吴宓自编年谱》,生活·读书·新知三联书店1995年版,第177页。
④ 吴宓:《吴宓自编年谱》,生活·读书·新知三联书店1995年版,第177页。
⑤ 吴宓:《吴宓自编年谱》,生活·读书·新知三联书店1995年版,第177页。

现场而言，正是由于吴宓一贯冲动的个性，使他接受白璧德之人文主义，从此开始为国际人文主义事业奋斗的一生。

第三节　胡先骕

在白璧德的弟子中，胡先骕的身份迥异于其他弟子。他并非专事国学的学者，而是一位成就斐然的科学家。他并未系统跟随白璧德学习，但他是译介白璧德学说的第一人。他所翻译的《白璧德中西人文教育谈》是《学衡》杂志译介白璧德学说的第一篇译文，亦是白璧德唯一一篇专论中国教育的文章，更是白璧德唯一一篇明确提出国际人文主义运动的文章。并且他所翻译的 Humanism 的译名得到学衡派的一致认可，从而使 Humanism 的译名"人文主义"为世人所熟知。胡先骕作为传播白璧德国际人文主义思想的第一人，其历史功绩不言而喻。因此，尽管胡先骕并未正式跟从白璧德学习，但是吴宓仍然将其视为白璧德的弟子①。那么，作为科学家的胡先骕何以会对白璧德之国际人文主义备感兴趣而"亲承教诲"？笔者在本节将围绕这一问题进行探讨。

一　留美前的"君国相合"思想

胡先骕（1894—1968），字步曾，江西新建人。与梅光迪、吴宓相似，他亦是生于传统大家族。曾祖父胡家玉于道光二十一年中新丑一甲进士第三名，钦点探花，授翰林院编修。后官至太常寺卿、左都御史。父亲胡承弼则于光绪二年中举人，官至内阁中书。可见，自曾祖父胡家玉开始，胡先骕家族代代都是有功名之人。生于传统大家族，胡先骕自小便被寄予厚望。"骕"一字便为古良马之意，以"步曾"为字则寄寓父亲希望他步曾祖父之后，光耀门楣之意。胡先骕四岁接受启蒙教育，五岁受《论语》《诗经》等传统经典，有神童之誉。六岁便能识字万余，晓反切，通训诂。十二岁之时，他与传统学子一般参加科举考试，

---

①　"门弟子以外，如（九）胡先骕君，曾译述先生之著作，又曾面谒先生，亲承教诲。"参见吴宓《悼白璧德先生》，段怀清编《新人文主义思潮——白璧德在中国》，江西高校出版社 2009 年版，第 9 页。

后因意外未获录取①。次年（1906年）科举制度被废，他便进入南昌府洪都中学接受新式教育。十五岁考入了京师大学堂预科。十九岁（1912年）参加江西省教育司选送赴美留学考试，被录取为留美学生。1913年进入美国加利福尼亚大学农学院攻读植物学，1916年获农学士学位归国。如此看来，胡先骕的早年教育似乎与梅光迪等人并无二致，然而他为何没有如学衡派诸君般投入国学研究而走上了科学之路？当他走上为众人所艳羡的科学之路，他为何又持守为众人所鄙薄的"旧学"，甚至与新文化运动相颉颃？对此，我们不妨从胡先骕归国后一首诗谈起：

> 髫年负奇气，睥睨无比伦。颇思任天下，衽席置吾民。二十不得志，翻然逃海滨。乞得种树术，将以疗国贫。千年茂楩梓，万里除荆榛。岂惟裕财用，治化从可臻。乃今事攘夺，吾谋非所珍。囊书意恻恻，归卧庐山春。②

在胡先骕的诗中，他将众人所艳羡的留美经历形容为"二十不得志，翻然逃海滨"。言下之意，留美似乎是不得已的选择。那么，在胡先骕看来，到底怎样的人生才是"得志"之人生呢？胡先骕言道，"颇思任天下，衽席置吾民"。可见胡先骕此前一直胸怀入朝为官，经世济民的博大情怀。然而倘若胡先骕只是一心从事仕途，那么留美的经历毫不碍于仕途，反而有帮助之力。但是胡先骕却仍然认为留美乃是"翻然逃海滨"之举，可见胡先骕心系的"仕途"有别于众人。胡先骕于1952年所作的一份检讨书③或许能给予我们启示。胡先骕谈道："我幼时便有为满清皇朝尽忠的心，在庚子年慈禧幽禁光绪，立大阿哥的时候，我母亲告我这个消息，我曾大哭一次，以为我年纪太小，不能为太子尽忠。"④这份检讨书虽为政治形势所迫，然而这些真实的回忆却从侧面反映了胡先骕的志向。封建的伦理道德乃是他自小安身立命的根

---

① 参见胡宗刚《胡先骕先生年谱长编》，江西教育出版社2008年版，第18页。
② 胡先骕：《忏庵诗选注》，四川大学出版社2010年版，第11页。
③ 1952年，中科院开展思想改造运动。胡先骕在批判会上作了万余言的书面检讨。参见《胡先骕先生年谱长编》。
④ 胡宗刚：《胡先骕先生年谱长编》，江西教育出版社2008年版，第13—14页。

本，塑造了其传统士人的文化品格。因此，在动荡的年代，他幼时树立的乃是为清朝尽忠的理想。①"颇思任天下"的"天下"乃是清皇朝的天下，"衽席置吾民"的"衽席"指的则是清皇朝的官员。这种忠于清室的想法一直伴随胡先骕的成长。他如此说道：

> 由于祖先做过满清皇帝的大官，我自幼时便有为满清皇朝服务的志向，我在十二岁考科举进业，更加深了这种志向。在那时连民族主义的思想都没有，进中学后，受了《新民丛报》的影响，改良主义的思想渐渐萌芽，深惜戊戌政变的失败，以为若戊戌变法成功，中国可能走上明治维新变成富强的国家的道路；同时受《国粹学报》的影响，渐渐有了民族主义的思想，但这思想并不浓厚，所以对于孙中山的革命运动漠然视之，毫无关心。宣统元年，听见清朝的摄政王罢免了袁世凯，我还对于新皇朝抱以莫大的希望。后来看见朝政日非，革命运动愈演愈烈，感觉到满清皇朝必被推翻，但个人对于孙中山的革命并未热情参加，且以为像我这样家庭出身的人是不应该参加的，并广听了我母亲的教训，想学中医来维持生活，做满清皇朝一个遗民。②

这段回忆分明可见胡先骕忠于清室的赤子之心。"忠君"的伦理道德始终伴随他成长。在这种封建伦理思想的左右下，胡先骕坦言幼时并无民族主义思想，进中学后这种思想才萌发，而且并不浓厚。可见，对他而言，"君"便是"国"，"忠君"便是"爱国"。关于这点可从他对恩师沈乙庵的悼念诗得到进一步确证：

> 爱国同忠君，国俗古如此。共和假名义，坐见纲纪驰……六朝与五季，祸乱行不已。宁止易代哀，恐有灭国耻。所以七十翁③，

---

① 张源对胡先骕的政治理想亦有所阐述。参见张源《从"人文主义"到"保守主义"——〈学衡〉中的白璧德》，第154—158页。
② 胡宗刚：《胡先骕先生年谱长编》，江西教育出版社2008年版，第32—33页。
③ 七十翁，指沈乙庵。《忏庵诗选注》（第100页）有："辛亥革命后沈氏隐居沪上，后竟为康有为所鼓动，参加复辟之役。"

海滨复蹶起。觥觥维新魁①，乃与殷顽比。奉新②果何物，亦知无幸理。鹿死不择荫，臣心如此尔。吾哀吾师遇，狂言探微旨。身虽共和民，爱国有同轨。

该诗意在缅怀恩师沈乙庵。沈乙庵乃清朝遗老，后与康有为一起参与张勋复辟。胡先骕认为恩师沈乙庵参与复辟之举乃是爱国忠君之举。"奉新果何物，亦知无幸理。鹿死不择荫，臣心如此尔"正是称许恩师明知复辟不可成功而仍为之的一片忠心。其实在民国时候，"爱国"思想与"忠君"思想已经分离③。然而这种忠君爱国思想仍然根植于大部分清朝遗老的心中。对于沈乙庵而言，复辟虽是忠君，亦是爱国之行为。胡先骕对恩师忠君爱国精神的称许，以及他对恩师复辟失败遭遇的同情，多少透露出自身的"遗民情结"。与恩师沈乙庵相似，他亦曾怀有"忠君爱国"之心。尽管这种封建伦理思想自他上中学以后受到民族主义的冲击，却始终没有完全根除。1912年清皇朝终结，此时胡先骕的"忠君"思想所依托的"君"已不复存在，其从小所树立的忠于清室，报效朝廷的理想被彻底摧毁。自此，他便以"清朝遗民"自居。胡先骕对自身"清朝遗民"身份的认同在当时的青年中是极为特殊的。首先，他并非如"清朝遗老"有入朝为官的经历，对封建伦理思想有深切的体悟感；其次，按说，如他一般年纪的青年在接受新式教育后，已经逐渐摆脱了封建儒家伦理思想的束缚，例如梅光迪、吴宓等人。梅光迪比胡先骕年长四岁，根据目前的资料，他丝毫没有流露出对封建制度的留恋之情，传统的"忠君爱国"思想已经彻底分离。再如与他同龄的吴宓亦毫不眷恋过去的封建制度，一心融贯中西文化。唯独胡先骕始终心系逝去的清皇朝，个中原因或许只能从其官宦家庭背景中寻找。可以推知，胡先骕家族一直以封建伦理思想严格要求胡先骕。这种封建伦理思想极大影响了胡先骕后来的事业选择。

---

① 维新魁，指康有为，见《忏庵诗选注》（第100页）。
② 奉新，指张勋。《忏庵诗选注》（第100页）："张勋为江西奉新人，因用以代指张勋。"
③ 参见赵馥洁、段建海、董小龙《中华民族爱国主义史论》，中国社会科学出版社2008年版，第195页。

清皇朝覆灭后，胡先骕此前一直视为安身立命根本的"忠君爱国"思想被现实无情地撕碎。倘若说与他同辈的知识分子乃是在新思潮的影响下，逐渐将"忠君"与"爱国"相分离，那么对于胡先骕而言，这种分离并非内在的潜移默化的改变，而是因现实情况而不得已的分离。这种分离对于胡先骕而言是极为痛苦的，"二十年不得志，翻然逃海滨"正是他痛苦内心的真实写照。然而无论他如何痛心清皇朝的覆灭，现实的情况是"君"已不在，"国"尚在。他的志向也终因此由"君"向"国"过渡。那么，这种思想的剧烈变化是如何影响其事业的选择？他在留美期间致胡适的信中如此谈及自己专业选择："别无旋乾转坤之力，则以有从事实业，以求国家富强之方。此所以未敢言治国平天下之道，而惟农林山泽之学是讲也。"① 诗亦云："乞得种树术，将以疗国贫。"可见，清皇朝覆灭之后，他已经在国家的维度上重构了自己的理想志向。然而问题在于同是救国，梅光迪、吴宓等人形成了融贯中西文化的想法，而胡先骕则走向了科学救国之路。虽说科学救国乃是当时思想的主流，但是胡先骕与梅光迪等人一样认同传统文化，甚至有过之而无不及。那么，他为何没有走上文化之路？对此，我们亦可从他的"忠君爱国"思想窥见其与学衡派诸公的根本区别。在吴宓、梅光迪那里，儒学已经与封建政治体制分离，成为独立之学问。这使得他们能从封建的儒学思想抽离出来，萌发融贯中西文化的想法。然而与他们相比，胡先骕对儒家思想的体认乃依附于封建的政治制度，这种伦理思想是既定的三纲五常，自无所谓重新阐释。在他看来，国家所需要并非是重新阐释儒学，而是科学。如此便能理解他没有走上文化之路，而走向科学之路的根本原因。就胡先骕与一般的科学学子而论，虽然他们同是走上了科学之路，然而背后的心理动机却大不相同。胡先骕并非不认同传统文化，而正是由于对传统文化的根本认同，所以他才留洋学习中国所缺少的科学。其中所延续正是晚清以来的"中学为体，西学为用"的思维模式。这种思维模式即便是归国回来亦无改变。他在《说今日教育之危机》谈道："彼旧学家，一面既知物质科学之不可不治，一面复以人文主义之旧学不可或弃。乃倡中学为体，西学为用之说。然一般青年，则

---

① 胡宗刚：《胡先骕先生年谱长编》，江西教育出版社2008年版，第40页。

认此为旧学派抱残守缺者之饰辞而心非之,以为既治西学,则旧日之人文学问必在舍弃之列。"① 言下之意即对旧学家所提出的"中学为体,西学为用"表示赞同,并且批评治科学者忽略了人文主义之旧学。胡先骕把其植物学专业称为"种树术"②,即将其视为工具之物,而非作为天下之根本的"道"。关于"术"与"道"的区别,胡先骕在《教育之改造》一文有更为详细的阐述:"今日物质科学之发达,日新而月异,此术惊人之发展也,然人与人之关系,则数千年来并无变更与进步。天下之达道古犹今也……范文正公为秀才时,即以天下为己任,在今日至少每一大学生,于入大学时,即当立任天下之志,存以先知觉后知之心,斯之谓立德,至于术则次要之事耳。"③ 胡先骕以为"术则次要之事",此虽是阐明教育之宗旨的言论,但亦是他对科学的态度。对他而言,科学只是"种树术",他真正看重乃是作为天下之根本的儒家之道。

二 留美时之思想探究

(一) 政治理想之重构——从"帝王师"到"万世师"的转变

"出为帝王师,处为万世师"乃传统士人的理想。这种理想乃是在政治的维度上构建的,亦即"为师"在儒学中自古便是一种政治行为。李春青教授主编的《先秦文艺思想史》如此谈及儒家的"为师"的理想:"所谓'出为帝王师,处为万世师'——总之无论出处进退都是扮演师的身份,绞尽脑汁建构种种话语体系,使之影响人心,主要是执政者之心,从而间接地决定政治的格局……士人阶层掌握着教育领域的话语权,他们因此而成为上至君主、下至黎庶的名副其实的'师'。"④ 这种儒学的最高理想在胡先骕身上表现得尤为突出。在清皇朝覆灭之前,胡先骕一直怀有入朝为官,经世济民的志向。虽然这种政治理想随着清

---

① 胡先骕:《说今日教育之危机》,张大为、胡德熙、胡德焜合编《胡先骕文存》(上),江西高校出版社1995年版,第84页。
② 对于"术"与"道"的区别,张源也有所阐述,参见张源《从"人文主义"到"保守主义"——〈学衡〉中的白璧德》,第155页。
③ 胡先骕:《教育之改造》,张大为、胡德熙、胡德焜合编《胡先骕文存》(上),江西高校出版社1995年版,第409页。
④ 李春青主编:《先秦文艺思想史》(下册),北京师范大学出版社2012年版,第586页。

政府的覆灭而被击碎，但是这种"为帝王师"的思想即便在后来的学术生涯中亦未退却。他在新中国成立后曾谈及自己对蒋介石的批评是一种"我为王者师的思想"①。胡先骕积极参与政治、匡正社会之心由此即可见一斑。那么，在清皇朝覆灭之后，胡先骕如何放置自己的政治理想？

胡先骕在《对于我的旧思想的检讨》中曾多次谈及自己对政治的冷淡，如"一九一八年我到南京高等师范学校农业专修科当教授，从此便获得了我所希求的铁饭碗，便以纯学术观点去服务，绝对不问政治"②。按说，自清皇朝覆灭后，胡先骕确没有参加任何政治活动，然而所谓的"绝对不问政治"倒是颇值得商榷。一踏入美国，胡先骕即参加了极具政治意味的社团美国西部留学生会，并担任其中的书记一职。美国西部留学生会隶属于留美中国学生会。这种社团乃是民主政治的实验场。"通过参加以留美学生会为代表的学生社团活动和参与美国校园生活，一些中国留学生学习着如何参加辩论、组织选举和主持会议等英美民主制度中的重要技能。"③ 可以推知，胡先骕进入美国后对其政治体制产生了极大的兴趣。这种积极参与社团活动的举动恰与吴宓形成鲜明对比。吴宓对留美中国学生会极为不满，这诚与学生会的种种弊病有关④，不过倒也反映出吴宓独善其身，专注书斋的文人气禀。胡先骕亦并非认同留学生会的弊端，而是他向来浓厚的政治倾向使然。一方面，这种社团体验相当于亲历美国的民主政治体制。这对素来怀有政治理想的胡先骕而言当然具有极大的吸引力。另一方面，"在当时国人的心目中，留学生是

---

① 胡宗刚：《不该遗忘的胡先骕》，长江文艺出版社2005年版，第123页。
② 胡宗刚：《胡先骕先生年谱长编》，江西教育出版社2008年版，第58页。
③ [美]叶维丽：《为中国寻找现代之路：中国留学生在美国（1900—1927）》，周子平译，北京大学出版社2017年版，第20—21页。
④ 《吴宓日记》第2册有："其（留学生）专门职业，共有二种，而读书为学不与焉。凡在纽约读者，均只挂名校籍，平日上课，亦或到或不到。该处学位既易取得，考试又皆敷衍，故无以学问为正事者。其二种职业为何？（一）曰竞争职位。结党倾轧，排挤异党之人。而如学生总会、年会之主席、会长等，及《月报》、《季报》之编辑、经理等，必皆以本党之人充任，不惜出死力以相争，卑鄙残毒，名曰'Play Politics'。而国家及公益事业，则鲜有谈者，更安望其实力尽忠耶？（二）曰纵情游玩。"（第60页）又如："九月上旬，中国学生留美者，开大会Annual Conference于Princeton大学……中国学生，借其地开会，不闻讨论国政，砥砺志节，行其所当为，已为可耻；而又肆为交际运动、卑下粗俗之事。"（第181—182页）

'祖国未来的领袖'"①，而胡先骕参与留学生会，并担任书记一职，其行为本身已经具有政治意义。胡先骕本人对此是否有所意识？我们不妨从他在留美期间与胡适的一封通信谈起。

胡适在留美学生中名气甚大，胡先骕素有意结识，便托杨杏佛、饶树人介绍，与其通信。胡先骕在致胡适信中特地谈道："嗣读新作，《非留学篇》及英文论孔教之言，皆适得我心，乃窃自喜，引为同调。"②那么，胡适的《非留学篇》及《中国的孔教运动》(The Confucianist Movement in China) 到底谈了什么而得到胡先骕的极高赞赏？在《非留学篇》中，胡适批评了政府留学政策之失败，并指出失败之二因："一误于政府之忘本而逐末，以留学为久长之计，而不知振兴国内大学，推广国内高等教育，以为根本之图。……再误于留学生之不以输入文明为志，而以一己之衣食利禄为志，其所志不在久远，故其所学不必高深；又蔽于近利而忘远虑，故其所肄习多偏重工程机械之学，虽极其造诣，但可为中国增铁道若干条，开矿产若干处、设工厂若干所耳！于吾群治进退，文化盛衰，固丝毫无与也。"③虽然胡适立意之一在于批评留学生"不以输入文明为志"，不过这也从侧面反映出胡适对留学生政治意义的认识，即他们是"输入文明"之主体。对胡适的见解，胡先骕深以为然。胡先骕回信中谈道："我邦迩年鉴于外患，都人咸以致用为经，至于文物之盛衰，风俗人心之进退，咸漠视之，以为迂阔无当事情。则弟又窃为此敧重物质为忧，敧重物质之弊，则几于上下交争利……故亦尝自矢，当以正人心风俗为己任。"④这未尝不是留学界道德败坏的暗指。由此看来，胡先骕对留学生的政治意义还是有较为清醒的认识。那么，胡先骕担任美国西部留学生会书记，不仅为体验美国的民主政治体制，更是欲以一己之力"正人心风俗"。他对胡适《非留学篇》的赞赏亦是出于相同之原因。面对留学生会的种种弊端，胡先骕并非如吴宓般选择"独善其身"，而是"兼善天下"。

---

① 王奇生：《中国留学生的历史轨迹：1872—1949》，湖北教育出版社1992年版，第39页。
② 胡宗刚：《胡先骕先生年谱长编》，江西教育出版社2008年版，第40页。
③ 胡适：《非留学篇》，柳芳、季维龙整理《胡适全集》第20卷，安徽教育出版社2003年版，第17页。
④ 胡宗刚：《胡先骕先生年谱长编》，江西教育出版社2008年版，第40页。

然则何以胡先骕归国后不直接参政，而是在教育领域耕耘不辍。追溯起来，此或许亦是胡先骕一贯的儒家思想所致。以"清朝遗民"自居的胡先骕认为改投新政府乃是一种变节行为。他曾批评张勋："彼号称为清室忠臣之张勋。既已旗帜大明，为清室复辟之谋主。则是失败之后，宜若不再为民国服官，以全其臣节也。"① 此虽是批评张勋之言，何尝不是归国后胡先骕对自身品德的要求。在民国的政治环境下，"出为帝王师"已为自身的封建伦理道德所不许，那么他只能通过"处为万世师"来实现自己匡正社会的政治理想。胡先骕终其一生都对教育问题极为关注，曾发表多篇改革教育的文章，如《说今日教育之危机》（1922年）、《留学问题与吾国高等教育之方针》（1925年）、《师范大学制平议》（1925年）、《学阀之罪恶》（1926年）、《致熊纯如先生论改革赣省教育书》（1926年）、《论博士考试》（1933年）、《大学生所应抱之目的及进德修业之方针》（1940年）等。这种为"万世师"的教育姿态与吴宓纯粹的文化态度有根本区别。对于胡先骕而言，教育的目标即是传统儒家所倡导的"正心诚意修身齐家治国平天下"②，最终的目标乃是指向政治的维度。吴宓虽亦是持有相同看法，然而其政治倾向较为淡薄。他看重乃是儒家的修身之学，至于"治国平天下"，吴宓曾言"非无此志，实无此力"③。胡先骕后来与吴宓等人的分歧或许亦可由此窥见端倪。胡先骕第二次留美归国后，吴宓本望胡先骕作为《学衡》社友，"多年暌隔，今兹重述，志同道合，必可于事业有裨"④。然而令吴宓始料不及的是："胡先骕不惟谓（一）专心生物学，不能多作文。（二）胡适对我（胡）颇好，等等。且谓（三）《学衡》缺点太多，且成为抱残守缺，为新式讲国学者所不喜。业已玷污，无可补救。"⑤ 第一、二点自是胡先骕的婉拒之词，第三点倒是道出其拒绝之真意。在胡先骕看来，吴宓已经为"旧式讲国学者"。所谓"新旧"本是胡先骕个

---

① 胡先骕：《说今日教育之危机》，张大为、胡德熙、胡德焜合编《胡先骕文存》（上），江西高校出版社 1995 年版，第 88 页。

② 胡先骕：《教育之改造》，张大为、胡德熙、胡德焜合编《胡先骕文存》（上），江西高校出版社 1995 年版，第 409 页。

③ 吴宓：《吴宓日记》第 2 册，生活·读书·新知三联书店 1998 年版，第 68 页。

④ 吴宓：《吴宓日记》第 3 册，生活·读书·新知三联书店 1998 年版，第 437 页。

⑤ 吴宓：《吴宓日记》第 3 册，生活·读书·新知三联书店 1998 年版，第 437—438 页。

人之定位，却反映出胡先骕与吴宓文化态度的相异。虽然吴宓日记中并未阐明何为胡先骕心中之"新式讲国学者"，但是自二者一开始的文化态度而观之，或许《学衡》杂志纯粹的文化姿态早已为二人此后的分歧埋下伏笔。

（二）自身价值体系之重构——儒学体系的打开

胡先骕留美前对儒家之"道"的认可乃是依附于封建政治体制。清皇朝覆灭以后，胡先骕在国家维度上重构了自己的政治理想。那么，在重构自己政治理想的同时，他也要重新阐释此前认可的儒家之道。胡先骕在致胡适信中曾谈及其在《中国留美学生月报》中所撰写的英文论孔教之言"适得我心"。特别值得一提的是，《中国留美学生月报》曾发生关于是否应该定孔教为国教的讨论。当时的留学生魏文彬、徐承宗等都曾就此问题发表了评论。然而唯独胡适的《中国的孔教运动》被胡先骕引为同调。那么，胡适此文究竟有何特别之处以至于深得胡先骕之心？其中又折射出胡先骕怎样的儒学观？这种儒学观又是如何影响他对白璧德学说的翻译？鉴于此，笔者在该小节将以胡适的《中国的孔教运动》为切入点，反观胡先骕在清皇朝覆灭后所形成的新儒学观。

胡适在文首指出，中国的孔教运动可追溯至 19 世纪 80 年代的康有为。他言道，康有为以"变"或者"进步"的眼光来重新阐释儒学。"他们（维新派）不仅将孔子称为素王，而且在孟子身上发现了中国的卢梭。孟子的学说从前被认为是专制仁政的学说（precepts of benevolent despotism），现在他则被看作人民至上论（the Supremacy of the People）的倡导者。儒学在新的视角下得以重新阐释，因此它便具有了现代和国际意义（a modern and international significance）。"[①] 这场孔教运动轰动了全国。"领导者们提出了很多政治和社会的改革，因此导致了 1898 年的变法。随着变法的失败，儒学的复兴随之沉寂下去。但是

---

① Suh Hu, "The Confucianist Movement in China", 胡适研究会编《胡适研究通讯》2013 年第 3 期。原文为：They not only hailed Confucius as the "crownless king" (suwong) of China, but in Mencius they also discovered a Chinese Rousseau. Mencius, whose teachings had long been looked upon as precepts of benevolent despotism, was now regarded as the advocate of the Supremacy of the People. Confucianism, interpreted in the new light, thus assumed a modern and international significance. 原文载于 *The Chinese Students' Monthly*, Vol. 9, No. 6, 1916。

儒学家们从没有停止以新的视角阐释儒学。"① 胡适进一步指出戊戌变法失败后，中国思想界发生了巨大的革命，这种思想的革命最终导致了辛亥革命的发生。"1776 年（美国革命）以及 1789 年（法国大革命）所代表的精神最终战胜了东方的保守主义。旧的迷信已经破产，取而代之的则是以新道德面孔出现的新迷信。但这种新道德是什么呢？无视他人自由的自由；不计才能和贡献的平等；等同于暴民统治的民主！军人以爱国的名义腐败堕落；以自由的名义行放荡之行径！暗杀已经成为复仇的常见手段！"② 胡适以为这些道德败坏的现状给传统的忧时之士敲响了警钟。"他们意识到中国在'全盘'打破旧习的方向上已经走得太远了。他们相信这个民族如果缺少高远的、稳定的道德将会崩溃。在这个警钟下，一个问题随之产生，即是否要为中国选定一种国教。而在解决这个至关重要的问题的所有方案中，孔教的复兴以及基督教的引介获得了绝大多数人的支持。但是基督教有许多要克服的困难。在目前的情况下，将基督教定为国教将是另一场灾难。因此孔教的复兴运动得到了人们的支持。"③ 在简单梳理孔教运动的始末后，胡适驳斥了西方

---

① Suh Hu, "The Confucianist Movement in China"，胡适研究会编《胡适研究通讯》2013 年第 3 期。原文为：The leaders advocated many reforms both political and social, thus bringing about the Reforms of 1898. With the downfall of the reformers of 1898, the revival of Confucianism sank into obscurity. But the Confucian scholars have never ceased to interpret the Confucian doctrines from the new point of view.

② Suh Hu, "The Confucianist Movement in China"，胡适研究会编《胡适研究通讯》2013 年第 3 期。原文为：The triumph of the principles of 1776 and 1789 over the conservatism of the Orient was complete. The old superstitions have fallen and in their stead there have arisen new superstitions in the guise of a new morality. But what is this new morality? Liberty unlimited by the like liberty of others; equality unqualified by the regard for talent or merit; democracy identified with mob rule! Patriotism has spoiled the soldiers, and freedom has given excuse to licentiousness! Assassination has become the common weapon of vengeance!

③ Suh Hu, "The Confucianist Movement in China"，胡适研究会编《胡适研究通讯》2013 年第 3 期。原文为：They have realized that China has gone too far in the direction of "wholesale" iconoclasm. The nation, they are convinced, cannot stand without a high and stable morality. It is this general alarm that has given rise to the question of choosing a religion for China. Of all the possible solutions to this all-important question, the revival of Confucianism and the introduction of Christianity seem to be the most widely supported. But Christianity has yet many difficulties to conquer. A present adoption of Christianity for the Chinese nation means another iconoclastic disaster. Thus the movement of reviving Confucianism has gradually gained the support of the people.

盛行的两种观点，其一即认为"这场孔教运动是中国进步历史上的倒退"①，其二则认为"这场运动对其他宗教是一种威胁，尤其是在中国新兴的基督教"②。不过胡适也承认这是一场非常不完美的运动。"它最大的缺陷是它远非孔教的革新运动（a reformation of Confucianism），而只是一场孔教的复兴运动（a mere revival of Confucianism）。新孔教的阐释者只是很少的一部分人，因此它对整个体系的重新建构难以产生很大的影响力。其他人附和这个运动仅仅是因为它高举了孔教的旗帜。真正的孔教革新运动还没到来。比起获得政府承认孔教乃是一种国教，这些儒学家们要面临更为重要以及关键的问题。"③ 由是，胡适列出了新孔教要解决的一系列问题：

1. "孔教"到底意味着什么？它是否只包括儒家经典的学说？或者它应该包括古代中国的国教？这种国教早存在于孔子时代之前，并且经常会被混同于儒家思想里的宗教元素。或者它也应该包括宋明理学？

2. 哪些应该作为孔教的真正和基本的典籍？我们应该接受现有的经典吗？或者我们是否应该运用现代历史研究和批评的科学方法去整理它们，以确定它们的真实性？

3. 新孔教应该是中国意义上的宗教（即"教"，或言最充分意义上的教育）或者它是西方意义上的宗教？换言之，我们应该满足于重新阐释儒家的伦理政治学说，还是我们应该重新建构儒家关于上帝（God）或者天的概念、生与死的概念，以便使孔教既成为超

---

① Suh Hu，"The Confucianist Movement in China"，胡适研究会编《胡适研究通讯》2013年第3期。

② Suh Hu，"The Confucianist Movement in China"，胡适研究会编《胡适研究通讯》2013年第3期。

③ Suh Hu，"The Confucianist Movement in China"，胡适研究会编《胡适研究通讯》2013年第3期。原文为：Its greatest defect is that it is not so much a reformation as a mere revival of Confucianism. The real interpreters of the new Confucianism are too much in the minority to effect any considerable reconstruction of the system. The rest of the people hail the movement simply because it hoists the banner of Confucianism. A real Confucian Reformation has yet to come. The Confucianists have to face problems far more important and vital than the mere governmental recognition of an established religion.

日常的精神力量,又成为日常生活以及人伦关系的向导?

  4. 我们通过怎样的渠道和方法来宣传儒家思想?我们如何运用儒家思想教育民众?我们如何才能使儒家思想适应现代的需求以及现代的变化?①

  胡适指出:"这些才是真正关键的问题,它们值得每一个中国学生仔细和严肃地研究,不管他们信不信孔教。否则,即便政府制定祭祀之法,或者政府制定宪法和法律条文,或者在学校重新推广读经,孔教也不可能复兴。因此在我看来,我们实在没有必要争论是否应该将孔教定为国教。好好对以上问题做些研究以及思考,比起征引理雅各、毕海澜以及'《中国评论》的大学者'支持或者反对儒教的观点,这难道不是更加有益和恰当吗?"② 从胡适这篇文章的观点来看,胡适对孔教运动表现出极为正面的态度。但是他也指出现时的孔教运动只是一种复兴运

---

① Suh Hu,"The Confucianist Movement in China",胡适研究会编《胡适研究通讯》2013年第3期。原文为:I. What does the term "Confucianism" actually imply? Does it simply comprise the doctrines contained in the Confucian Classics? Or shall it also include the State religion of ancient China, which had existed long before the time of Confucius, and which has often been loosely identified with the religious element in Confucianism? Or shall it also include the metaphysical and ethical philosophies which sprang up in the Sung and Ming dynasties? II. What shall we recognize as the authentic fundamental scriptures of Confucianism? Shall we accept all the Sacred Books as they are? Or shall we apply to them the scientific methods of modern historical research and criticism in order to ascertain their authenticity? III. Shall the new Confucianism be a religion in the Chinese sense (that is, Kiao, or education in its fullest meaning), or a religion in the occidental sense? In other words, shall we content ourselves with re-interpreting the ethical and political doctrines of the Confucian school or shall we also reconstruct the Confucian conception of God or Tien and that of life and death, so that Confucianism may become a spiritual and transmundane power as well as a guiding light in every-day life and human relations? IV. By what means and through what channel are we going to propagate the Confucian teachings? How shall we inculcate and instill the Confucian doctrines into the minds of the people? How can we adapt the Confucian teachings to the modern needs and to the modern changes?

② Suh Hu,"The Confucianist Movement in China",胡适研究会编《胡适研究通讯》2013年第3期。原文为:But they are the real and vital issues and deserve the careful and serious investigation of every Chinese student, Confucian or Non-Confucian. Confucianism can never hope to be revived by any official formulation of its rituals of worship, nor by a mere constitutional or statutory provision, nor by the re-introduction of the study of Confucian classics into the schools. It seems to me, therefore, quite unnecessary for us to engage in any controversy over the the question of establishing Confucianism as a State religion. Will it not be far more fruitful and far more proper for us to do some study and some thinking of our own on some of the questions suggested above, than to resort to Dr. Legge and Dr. Beach and "the learned writer in the *China Review*" for arguments pro or con Confucianism?

动,而非一种革新运动。换言之,所谓的新儒学并没有真正诞生。由此可见,胡适所希冀之新孔教并非复古守旧,而是具备现代意义的新孔教。据此,胡适提出了一系列如何革新儒学的问题。

  胡先骕对胡适这篇文章赞赏有加,并在信中表达其"苟绵力所及,则亦当一以宏恢圣道,通贯中西名言哲论为旨归也"①。对比胡先骕留美前所持有的依附封建政治体制的儒家伦理道德,此时的胡先骕在接触西方思想后产生了重新阐释儒家思想的看法。然而这种新阐释对于以"清朝遗民"自居的胡先骕而言,其矛盾的心情可想而知。因之,一方面,胡先骕对"清朝遗民"身份的认同乃是源自封建的儒家伦理道德;另一方面,他又以"万世师"的姿态匡正民主共和体制下的社会,这意味着他必须否定自己安身立命之根本——君臣伦理体系,重新阐释儒家学说以使之适应新社会。"清朝遗民"与"共和民"两种矛盾的身份似乎同时存在于胡先骕身上。然而无论如何,胡先骕还是在新的政治体制下统合了他自身的矛盾。或许"清朝遗民"只是胡先骕对自身道德的要求,他展现于世人面前更多的乃是"共和民"的身份。并且这种"清朝遗民"的身份随着时间的流逝而逐渐让渡于"共和民"的身份。对此,我们可以从胡先骕于1922年所发表《评赵尧生香宋词》窥见其与清朝遗老之不同。胡先骕在该文谈道,"以吾辈青年而抱忠于清室之志,则为妄谬"②,言下之意似乎表明自己并不抱有"忠于清室之志"。然则又如何解释胡先骕后来所言之以"清朝遗民"自居?莫非这是为政治形势所迫而言之?但他又确曾为"不能为太子尽忠"而大哭一次。胡先骕在此文又道:"彼生于君主时代,仕于君主时代,自幼所受之教育,皆适应于君主时代者,则求不欺其心以随世俯仰,必以王室倾覆为一生中最大之不幸。"③按说除了未曾"仕于君主时代",胡先骕早年的教育经历与清朝遗老们并无二致,那么,"以王室倾覆为一生中最大之不幸"应是感同身受之言。只是与清朝遗老们相异,胡先骕此后还接受了新式教育,并赴美国亲历民主政治体制,此时的他自不会如清朝遗老

---

  ① 胡宗刚:《胡先骕先生年谱长编》,江西教育出版社2008年版,第40页。
  ② 胡先骕:《评赵尧生香宋词》,熊盛元、胡启鹏编校《胡先骕诗文集》(下),黄山书社2013年版,第369—370页。
  ③ 胡先骕:《评赵尧生香宋词》,熊盛元、胡启鹏编校《胡先骕诗文集》(下),黄山书社2013年版,第369页。

般渴望复辟帝制。并且此时距离清皇朝覆灭已有十年之久，想来当初那般"二十年不得志，翻然逃海滨"的"忠君爱国"之心亦随时间的流逝而淡然了不少。尽管他此时的诗歌偶尔还透露出"遗民情结"，但是此时的他更以"共和民"的身份而自居。一句"亦犹民主政治下之士君子，决不愿帝制之复生也"的确真实反映出他此时的政治心态。

简而言之，胡先骕言道"以吾辈青年而抱忠于清室之志，则为妄谬"，只是他矛盾身份之一面，不可以之覆盖胡先骕身份之全部。不过这确实折射出此时的胡先骕已经慢慢过渡于"共和民"之身份了。如此才能理解胡先骕自身儒学体系的打开。他希望"宏恢圣道，通贯中西名言哲论为旨归"，其开放的心态由此可见一斑。这种开放的心态为后来接受白璧德的"国际人文主义"思想，进行"国际人文主义"跨文化实践埋下了伏笔。只不过比起学衡派诸子，对怀揣"兼善天下"政治理想的胡先骕而言，其对"国际人文主义"的进入更耐人寻味。

三 留美归国后之政治思想

胡先骕于1916年留美归国，其时至遇到白璧德弟子梅光迪、吴宓之间，他发表《中国文学改良论》《欧美新文学最近之趋势》《新文化之真相》三篇文章。前两篇文章都着眼于文化领域，唯独在《新文化之真相》一文，胡先骕将笔触伸向了政治。

在这篇文章中，胡先骕以西方民主之观念审视中国传统文化。他谈道："新文化与旧文化之根本差别约有二端：一为民本主义，俾人人得有均等之机会，以发展其能力，而得安乐之生活，一为进步主义，俾文化日以增进，使人人所得均等之享受日益增进，其余纷纷之争点，皆方法之不同。"[①] 他进一步指出："旧文化首不认民本主义之可能，而认治人治于人两种阶级，为天经地义。故在中国则有君子治人小人治于人之说。而在希腊亚里士多德乃承认奴隶贵族为自然之阶级。故虽知民为邦本，然必曰天视自我民视，天听自我民听。虽以民意为从违，然必托之于天命，对于理民之官吏，则曰视民如伤，如保

---

① 胡先骕：《新文化之真相》，《公正周报》1920年第1卷第5期。

赤子，道之以礼，齐之以德。虽为之谋福利，然必驱之驰之鞭之策之，而不认其主体。此种为民 for the people 而非由民 by the people 之观念，虽以孔孟之圣不能或免，盖亦时势使然也。"① 在此，我们可以看到此时的胡先骕完全接受了西方直接民主之观念。以西方民主之观念审视中国传统文化，胡先骕认为中国旧文化不以民为政治之主体，所谓的"道之以礼，齐之以德"乃是一种"为民"的思想，而非一种"由民"的思想②。可见，他将"民"置于政治最高位，"一政治之选择，要以民意为从违"③。不过虽然胡先骕此时将人民视为政治之主体，然而他似乎没有意识到，此时的他对直接民主的倡导正是从精英立场出发，为国家政治走向筹谋划策。换言之，直接民主的倡导与其精英身份成了悖论的存在。他对民主政治倡导仍是为儒家"兼善天下"的精英立场所驱动，并且这种干预政治的倾向比白璧德其他弟子都要强烈。那么，胡先骕心中所重新建构的直接民主就有随时崩溃的可能性，毕竟其政治行为背后所秉守仍是儒家传统士人的精英立场。

综上所述，胡先骕作为白璧德最特别的弟子，其思想迥异于学衡派诸公。他虽然对儒学深爱之，但是其对儒学的体认绝非如学衡派诸公般仅仅局限于文化的角度，而是延伸到政治领域。这种积极干预政治的文化心态使其身份认同呈现出相当大的裂缝。一方面，他以"清朝遗民"的身份认可封建儒学伦理体系；另一方面，他又以"共和民"的身份重新打开封闭的儒学体系。但是无论如何，在新的时代背景下，他完成了对自我身份的重新整合，"清朝遗民"的身份逐渐让位于"共和民"的身份。只是那份儒家的"兼善天下"之心依然如初。当胡先骕以"兼善天下"之心进入西方民主思想的时候，他完全接受了西方的直接民主思想。但是这种对西方民主思想全盘接纳的背后仍是为儒家"兼善天下"的精英意识所驱动。可以言之，儒家"兼善天下"的政治理想乃是胡先骕一生的追求。那么，胡先骕与白璧德国际人文主义的碰撞自然不同于学衡诸公。胡先骕"兼善天下"的政治理想为此后儒家政治思想的重新阐发埋下了伏笔。

---

① 胡先骕：《新文化之真相》，《公正周报》1920年第1卷第5期。
② 胡先骕：《新文化之真相》，《公正周报》1920年第1卷第5期。
③ 胡先骕：《新文化之真相》，《公正周报》1920年第1卷第5期。

第三章

汉译中的人文儒学

白璧德的人文主义思想通过学衡派的翻译而为国人所熟知。不过学衡派在翻译时经常使用儒家思想的术语来对译其人文主义思想，从而使白璧德的人文主义呈现儒学的意蕴。这正如张源所言："需知经过'学衡派'阐释的白璧德，已不再是'美国的'白璧德，而成了中国的、特别是《学衡》中的白璧德"①。然而笔者要进一步追问的是，传统儒学在白璧德的人文主义思想的背景下究竟呈现出怎样的新含义？白璧德曾表达了希望中国开展新儒学运动的期待，学衡派弟子虽然并未构建出新儒学体系，但是他们译文中所呈现的儒学新内涵在某种程度上正回应了白璧德的期待。鉴于此，笔者在该章将以吴宓以及胡先骕的人文主义译文为研究对象，探讨儒学意蕴在白璧德人文主义思想背景下所发生的变化。

第一节 吴宓之译文示例

一 译文选择的双重动因

吴宓作为学衡派的主将，亲手翻译了白璧德的四篇文章，其中两篇均出自《民主与领袖》。如前文所言，此书是白璧德融贯中西文化的经典之作。在书中，白璧德不仅明确提出独立于宗教的人文主义体系，还大量融入儒家思想来阐释人文主义的内在超越思想。白璧德本人相当重视此书。《民主与领袖》甫一出版，白璧德随即将新著寄给吴宓，并且

---

① 张源：《从"人文主义"到"保守主义"——〈学衡〉中的白璧德》，生活·读书·新知三联书店 2009 年版，第 217 页。

特地去信询问是否收到该书①。而吴宓在收到该书后，旋即进行阅读，并马上翻译了该书的绪论部分，还撰写一篇关于该书内容的简介，刊登于同年8月的《学衡》。师徒二人对该书的推崇可谓相当一致。可见，该书的两篇译文成为《学衡》杂志的重要文本并非偶然。鉴于此，笔者在本节将呈现这一现象背后的双重动因。

在白璧德寄给吴宓《民主与领袖》之前曾有一段小插曲。为了帮助吴宓的人文主义事业，白璧德曾去信特地推荐了马西尔（Mercier）教授介绍人文主义的文章，希望能对吴宓有所启发。而吴宓则在接收文章后，"自作主张将马西尔先生的论文《欧文·白璧德之人文主义》翻译成中文"②，并提出："您帮助我们最有意义的一种方式，即是您出版的任何新书（如《民主与领袖》），或穆尔先生的书（如《希腊的传统》第二卷），S. P. 薛尔曼先生的新书，或是您发现的任何新书（英语、法语或德语的），您认为它所表达的思想观念与您近似，因而对我们的事业非常有用，请立即写一短笺给在安诺德植物园的胡先骕君或我，注明作者和出版者即可。胡君或我可买到该书，用为翻译或摘要的材料，在《学衡》上刊出。"③从白璧德与吴宓的书信往来可知，白璧德并未要求吴宓翻译马西尔的文章，但是吴宓在收到文章后马上着手翻译，数月后即登于《学衡》。由此可见，白璧德的偏向直接影响了吴宓对人文主义译文的选择。自此，吴宓亦直接请求白璧德的荐书以作翻译材料。那么，在寄给吴宓《民主与领袖》一书之前，白璧德应该知晓其中的思想即将在中国传播。如此看来，白璧德寄给吴宓《民主与领袖》一书的举动就颇值得推敲。

其实，早在《民主与领袖》出版之前，吴宓与白璧德一直保持着紧密的联系。白璧德多次来信表达了对中国文化现状的关心。在得知吴宓回国的消息后，白璧德随即复信道："希望你与我保持紧密的联系。写信的时候不仅要告诉我你个人的际遇，还要告诉我中国总体的情况。正如你所知，我尤其关注中国人的教育问题。如果我能给予你任何帮助，

---

① Wu Xuezhao, "The Birth of a Chinese Cultural Movement: Letters Between Babbitt and Wumi", *Humanitas*, Vol. 17, No. 1/2, 2004, p. 14.
② 吴学昭编：《吴宓书信集》，生活·读书·新知三联书店2011年版，第18页。
③ 吴学昭编：《吴宓书信集》，生活·读书·新知三联书店2011年版，第20页。

请毫不犹豫告诉我。"① 在《学衡》创刊后，白璧德也相当关注《学衡》的发展。他指出："在我的印象中，中国人非常乐观、勤劳和智慧。它过去成功处理了很多次严重的危机。它也可以成功处理这次的危机。正如你所指，我特别关注伟大的儒学传统以及它内含的令人钦佩的人文主义元素。这个传统需要被重新激活，并根据新形势进行调整。但是那种与它完全决裂的方式，在我看来，将是中国巨大的灾难，最终也将是我们的灾难。"② 白璧德以为中国的文化危机不仅是中国的灾难，也是全世界的灾难。可见，白璧德一直将重新激活儒学视为国际人文主义运动的重要一环。因此，他高度肯定了吴宓的工作，他认为《学衡》所倡导的人文主义正是中国现在所需要的东西。③ 那么，当吴宓向导师请求人文主义事业的帮助，他应该希望自己的论文能对激活传统儒学有所帮助。并且经过多年的沉淀，白璧德在《民主与领袖》建构了一条超越西方视界，融入东方文明元素的国际人文主义道路。此时的他深信自己已经了解中国文明的本质，那么，他寄出该书的动机乃是站在国际人文主义的高度来指导中国人文主义运动。作为白璧德的高徒，吴宓自然了然白璧德这份欲为世界文明导师的心。因此，即便白璧德并未言明寄送该书的目的，吴宓仍复信道：

> 非常感谢您送给我们每人一本您所著的《民主与领导》，对此我们期盼已久。请放心，虽然我们现在在地球的另一半，我们经常

---

① Wu Xuezhao, "The Birth of a Chinese Cultural Movement: Letters Between Babbitt and Wumi", *Humanitas*, Vol. 17, No. 1/2, 2004, p. 12. 原文为: Do not fail to write me, not only about your personal fortunes, but about the Chinese situation in general. I am especially interested, as you know, in the problem of Chinese Education. If I can be of help to you in any way do not hesitate to call on me.

② Wu Xuezhao, "The Birth of a Chinese Cultural Movement: Letters Between Babbitt and Wumi", *Humanitas*, Vol. 17, No. 1/2, 2004, p. 12. 原文为: My impression, such as it is, is that the Chinese are a cheerful, industrious and intelligent folk who have coped with many a serious emergency in the past and may succeed in coping with this one. My special interest, as you know, is in the great Confucian tradition and the elements of admirable humanism that it contains. This tradition needs to be revitalized and adjusted to new conditions but anything approaching a complete break with it would in my judgment be a grave disaster for China itself and ultimately perhaps for the rest of us.

③ Wu Xuezhao, "The Birth of a Chinese Cultural Movement: Letters Between Babbitt and Wumi", *Humanitas*, Vol. 17, No. 1/2, 2004, p. 12. 参见原文: I hear favorable comment from Chinese at Harvard on your new Critical Review. It seems to me just the kind of thing that is needed.

重温您的理念,阅读您写的书(新旧兼读),认真和专注的程度远胜于我们当年坐在西华堂听您讲课。无论我们做什么,无论我们走向何方,您永远是我们的引路人和导师,我们的感受非言语所能表达。我尤其要努力使越来越多的中国学生在他们的本土受益于您的理念和间接的激励。[①]

以吴宓至真至情的个性,此番自是发自肺腑的感激之词。当吴宓说道:"我尤其要努力使越来越多的中国学生在他们的本土受益于您的理念和间接的激励",这自是了然白璧德之意后对导师所表明的决心。因此,在收到白璧德的赠书之后,吴宓"决将其所著各书,悉行译出,按序登载"。[②] 然而后来由于人手问题,此项大计由此作罢。不过吴宓确实将《民主与领袖》作为《学衡》倡导人文主义的重要文本。在学衡社四分五裂,《学衡》资金紧缺的情况下,吴宓仍致力于翻译白璧德的《民主与领袖》,前后推出了该书的"绪论"《论民治与领袖》以及第五章《白璧德论欧亚两洲文化》。在宣传《民主与领袖》的人文主义思想上,吴宓可谓白璧德弟子中最为勤勉的学生。不过除了回应导师的期盼外,吴宓亦通过阅读认识到这本书的超凡价值。与以往的著作相比,白璧德在该书明确提出独立于宗教的人文主义体系,并融入了大量的儒家思想。从整体上而言,该书的思想相对澄清了宗教神学的意味而趋向伦理化。对吴宓而言,这正是重新阐释儒学,"昌明国粹"的极佳文本。无怪乎吴宓在收到该书后旋即进行阅读翻译,并撰写了全书的纲要。吴宓在《白璧德论民治与领袖》"译者识"中的一番慷慨陈词下分明可见其"昌明国粹"的赤诚之心:

> 逆料其本国而外,英法德等国之著名杂志,深心学者,必著为文章而批评之,颂誉之,又争先购读,纷纭谈论,或译为本国文而覆刊。其视此书之重要,可想象而知之也,即在日本,若丸善书店等处亦必有发售。独怪吾中国之人,昏昏扰扰,既蔑弃古来文化,又不问世界思潮……如此之国民,安望其能读白璧德之书,更安望

[①] 吴学昭编:《吴宓书信集》,生活·读书·新知三联书店2011年版,第24页。
[②] 吴宓:《白璧德论民治与领袖》,《学衡》1924年第32期。

其追踪白璧德之成学立教也哉。彼其于白璧德以外,千百之学者及其著述,固亦同此视之耳。窃尝以人事之繁、虚文之多,为中国社会之病根,即不论古圣之道理,但言今日之"效率",宜乎中国之贫弱危乱而不能自存也。吾译述白璧德先生之学说,又不禁感慨系之矣。①

吴宓这番慷慨陈词乍看似乎为白璧德学说风靡世界,而独在中国不为人所重视的情况惋惜痛心,然而一句"既蔑弃古来文化,又不问世界思潮"又多少暴露了他的真实心情。所谓"世界思潮"自然指的是包含儒学的国际人文主义。吴宓言下之意即在于,作为世界思潮的人文主义亦看重儒学,奈何"中国之人,昏昏扰扰","不论古圣之道理,但言今日之'效率'",吴宓对此又如何能不"感慨系之"。吴宓"昌明国粹"之用心良苦由此可见。倘若说此前吴宓由于时间与精力的关系尚怀有翻译白璧德所有学说的雄心壮志的话,那么在《学衡》杂志最为困难的时期,他考虑的更多的则是译文的"昌明国粹"之效。吴宓在翻译《民主与领袖》绪论之时,学衡社诸君已经散之四方,《学衡》仅靠吴宓独立支撑②,在这种窘迫的环境下,吴宓实在没有人手,亦无过多的精力翻译白璧德的全部著作。此时,他不得不在白璧德专著的章节中进行选译。而他最终选择了《民主与领袖》伦理倾向最为明确,探讨儒家思想最为频繁的一章"欧洲与亚洲"(Europe and Asia)。正是在该章,白璧德发出了向东方孔子、佛陀学习的伟大号召。对于吴宓而言,这无疑是对国人"昏昏扰扰,既蔑弃古来文化,又不问世界思潮"的警醒。该章对吴宓的重要性可想而知。因此,他特地在"译者识"强调:"惟以其第五章 Chapt. V-Europe and Asia 论欧亚两洲文化,与吾国及东洋关系尤切,故先取而译之。"③

综上所述,《民主与领袖》最终成为吴宓介绍人文主义思想的重要文本,并非偶然。白璧德与吴宓二人的介绍目的是译文选择背后的双重动因。白璧德对该书的重视成为吴宓选择该书的直接动因,但是吴宓本

---

① 吴宓:《白璧德论民治与领袖》,《学衡》1924 年第 32 期。
② 吴宓:《吴宓日记》第 2 册,生活·读书·新知三联书店 1998 年版,第 265 页。
③ 吴宓:《白璧德论欧亚两洲文化》,《学衡》1925 年第 38 期。

人亦通过阅读意识到该书的价值。对他而言,《民主与领袖》正是重新阐释儒学的极佳文本,因此即便在极为窘迫的环境下,他亦坚持译出"与吾国及东洋关系尤切"的一章。

二 译文的现代姿态

在新文化运动派一统文坛之时,吴宓曾一度被新派视为"复古派",如此名号多少夹杂着派别之见。进入新时期,随着学界对学衡派研究的深入,"复古"的帽子也逐渐被"文化保守主义"所取代,然其间仍透露出吴宓与时代相抗衡的斗争姿态。吴宓因"昌明国粹"的宗旨似乎给人们留下了"埋头故纸堆"的学究形象。然而这项"文化保守主义"的帽子果真涵盖了吴宓真实的文化姿态吗?回归吴宓的译文,笔者将试图向读者展示译文所呈现的文化姿态。

事实上,吴宓虽推崇儒学,却并非徒知守旧的学究,他看重的乃是儒学之于现代的意义。这种面向现代的文化取向在其译文中得到充分的展现。如以下两个例子:

1. Herein he seems to go deeper than those who relate democracy, not to the question of civilization versus barbarism, but to the question of <u>progress</u> versus <u>reaction</u>.①

他人之提倡民主政治者,咸以进步与守旧之对待立说,而卢梭则以文明与野蛮之对待立论。②

2. We should probably dismiss as somewhat old-fashioned, as a mere survivor of the nincteerth century, the man who puts his primary emphasis on the contrast between the <u>progressive</u> and the <u>reactionary</u>.③

今人立论,尚多因袭十九世纪之陈言,以<u>进步者</u>与守旧者相对待。然细思之,则此等言论实陈腐虚泛。④

---

① Irving Babbitt, *Democracy and Leadership*, Boston and New York: Houghton Mifflin Company, 1924, p. 2.
② 吴宓:《白璧德论民治与领袖》,《学衡》1924年第32期。
③ Irving Babbitt, *Democracy and Leadership*, Boston and New York: Houghton Mifflin Company, 1924, p. 2.
④ 吴宓:《白璧德论民治与领袖》,《学衡》1924年第32期。

通过以上两个例子，我们可以看到吴宓将 progress 与 reaction、progressive 与 reactionary 分别译为进步与守旧、进步者与守旧者。Reaction 在英文语境中为回应、抗拒之意，再结合原文，白璧德在此主要批评了主张民主制之人依然沉浸于"进步与反进步"的话语界定中。在白璧德看来，现代社会的问题不在于"进步者与反动者"之间的斗争，而是"文明"与"野蛮"之间的对立。19 世纪的人们以为所谓的"进步"就是通向文明，却最终走向了世界大战。因此，白璧德认为现代的进步运动与文明无涉，而是逐步迈向野蛮。从这个角度而言，白璧德赞同卢梭对现代文明所提出的尖锐批判。但是当时的美国国民依然没有认识到现代社会的根本弊端，社会舆论依然集中于"进步与反动"之间的斗争。对白璧德而言，这种论调是 19 世纪的陈词滥调。回到吴宓的译文，吴宓将 reaction 译为"守旧"，则将原文的西方语境进行了本土化的置换。西方的 reactionary（反动者）并非全然是"守旧派"。如卢梭对现代文明的批判，虽然他认为现代物质文明的进步正是人们精神堕落的开端，但是他并不主张回归西方古典文化，而是号召回归自然。因此，吴宓翻译的"守旧派"缩小了原文所指涉的范围，仅仅指涉于西方的"古典主义者"。那么，吴宓在此使用"守旧"一词是否别有用意？须知"守旧"一词在中国当时的时代背景下具有特殊的派别指向。在五四新文化运动席卷全国之时，林纾曾因撰文强烈批判新文学而被视为"守旧派"的代表。守旧派与新派在当时形成分庭抗礼的对立之势。新派对守旧势力大张挞伐，从而激起文坛的狂澜。此时的吴宓使用"守旧"对译 reaction，译文所呈现出来的姿态似乎更多了一层现实指向。"他人主张民主政治者，咸以进步与守旧之对待立说"，这种论调更像是吴宓对当时学界派别之见的肺腑之言。倘若此例尚不足说明问题，我们还可以综观《白璧德论民治与领袖》的全部译文。最明显的例子莫过于 traditionalist、tradition 的翻译。如以下例子：

1. Under existing conditions, the significant struggle seems to me to be not that between the unsound individualist and the <u>traditionalist</u>, nor again, as is currently assumed, that between the unsound individualist

and the altruist, but that between the sound and the unsound individualist. ①

窃谓今日世局转移升沈之枢纽,不在彼托名个人主义者与<u>守旧派</u>相争之胜败如何,亦不在彼托名个人主义者与兼爱派(救世派)相争之胜败如何,而实视真正之个人主义者与彼托名之个人主义者相争之胜败如何耳。②

2. The higher will cannot, after all, act at random. It must have standards. Formerly the standards were supplied by <u>tradition</u>. ③

然所谓高上意志者,并非可以任其胡乱行事,而必遵从一定之标准。在昔之时,此标准可得之于<u>古昔传来之礼教</u>。④

3. I not only have more to say of will and less of reason than the humanist in the Greece-Roman <u>tradition</u>. ⑤

则及吾所主张之人文主义之另一端,特注重人之意志,而轻视理智。此吾异乎希腊罗马<u>古学派</u>之人文学者之处。⑥

4. The right opponents of these anarchical individualists, one may venture to affirm, were not the mere <u>traditionalists</u>, but the individualists who had qualified for true leadership by setting bounds to their expansive lusts, especially the lust of domination. ⑦

窃谓若欲除治此等暴乱之个人主义者,非可赖彼<u>恪遵古来礼教之人</u>,而须觅先能自制其豪纵攘夺之欲之人。⑧

在上面四个例子中,白璧德虽然都使用了 tradition、traditionalist 进

---

① Irving Babbitt, *Democracy and Leadership*, Boston and New York: Houghton Mifflin Company, 1924, p. 8.
② 吴宓:《白璧德论民治与领袖》,《学衡》1924 年第 32 期。
③ Irving Babbitt, *Democracy and Leadership*, Boston and New York: Houghton Mifflin Company, 1924, p. 9.
④ 吴宓:《白璧德论民治与领袖》,《学衡》1924 年第 32 期。
⑤ Irving Babbitt, *Democracy and Leadership*, Boston and New York: Houghton Mifflin Company, 1924, p. 10.
⑥ 吴宓:《白璧德论民治与领袖》,《学衡》1924 年第 32 期。
⑦ Irving Babbitt, *Democracy and Leadership*, Boston and New York: Houghton Mifflin Company, 1924, p. 19.
⑧ 吴宓:《白璧德论民治与领袖》,《学衡》1924 年第 32 期。

行阐述，但是褒贬意蕴大不相同。在第一个以及第四个例子中，白璧德再次强调了当今社会的主要问题不在于"不健全的个人主义者"以及"传统主义者""利他主义者"之间的对立，而是"健全的个人主义者"以及"不健全的个人主义者"之间的对立。联系上下文可知白璧德所言之"健全的个人主义者"才是走向文明的关键，而当今社会的"传统主义者""利他主义者"都无助于文明，更有甚之，"利他主义者"会诱导人们进入野蛮之境。然在第二个以及第三个例子中，白璧德却流露出对传统文化的认同。回看吴宓的译文，在第一个例子中，吴宓将traditionalist（传统主义者）译成"守旧派"，虽然并未偏离原意，但是"守旧派"一词本身所具有的现实意蕴却一下子将读者带入当时中国的时代背景。再联系第四个例子，我们可以看到吴宓所言之"守旧派"即"恪遵古来礼教之人"。然而美国的文化背景绝无中国传统意义上的礼教，用"恪遵古来礼教之人"对译 traditionalists，吴宓应该是有意为之。此外，对于白璧德对传统文化表示认同的第二个以及第三个例子中，吴宓分别使用"古昔传来之礼教"以及"古学派"来翻译tradition。而对于白璧德持批判之意的例子，吴宓则使用"守旧派""恪遵古来礼教之人"来对译 traditionalist。那么，吴宓如此翻译背后的动机何在？要回答这个问题，我们先审视原文所呈现出来的文化态势。

白璧德在该文中是以现代文明批判者的姿态呈现于读者面前。他集中批判了现代文明中卢梭式的友爱精神以及功利主义者的进步精神。这场人道主义运动丢失了人的法则。他举例某份畅销杂志的作者痛批说"不要"（don't）的人，这位作者认为那些说"不要"的人是创造力的破坏者。① 但是白璧德指出该书的目的就在于清理现代运动中宣称"去除 don't 就便可以获得完满人生（在宗教层面上）的说法"②，即为否定权（the veto power）辩护。这种否定权具体而言则为上文所言的更高意志对卑下意志的制约作用。白璧德在文中流露出来的对现代文明的批判以及对古希腊文明的崇尚似乎给读者留下了"传统主义者"的形象，

---

① Irving Babbitt, *Democracy and Leadership*, Boston and New York: Houghton Mifflin Company, 1924, p. 5.

② Irving Babbitt, *Democracy and Leadership*, Boston and New York: Houghton Mifflin Company, 1924, p. 5. 原文为: the assertion that one attains to more abundant life (in the religious sense) by getting rid of the don'ts.

然而细读全文，笔者发现白璧德实际上是以现代人的身份来强调他的文化姿态。白璧德曾言："我们年轻的激进派的真正困难不在于他们太现代了，而在于他们还不够现代。"① 对于这些贸然与传统决裂的激进派，白璧德将其称为现代主义者（Modernist）。他以为真正现代的精神乃是一种"实证与批判的精神，一种拒绝以权威对事物进行判断的精神"②。在白璧德看来，这种现代主义者"由于在批判性不够（insufficiently critical）的基础上，与传统形式决裂，因此将会处于完全失去更高意志真理的危险中"③。他们对更高意志的否定态度并不为白璧德所认可的。在白璧德看来，正因为现代主义者实际上并不具备这种现代的批判精神，所以才不加选择地否定了具备内在生命真理的传统。从这个角度而言，白璧德之人文主义亦有别于传统主义者。与传统主义者"以古观今"的思维角度相比，白璧德打破了以时间远近来衡量现代与否的思维模式。他指出："虽然现代这个词经常被用来，或者说不可避免地被用来描述比较近或者最近发生的事情，但这不是它的唯一用法。"④ 确切而言，"现代"指涉的乃是上文所言的实证与批判的精神。正是由于白璧德赋予"现代"一词新的内涵，而柏拉图、亚里士多德又属于一个"自由批判以及质疑的年代"（an age of free critical inquiry）⑤。他才言柏拉图、亚里士多德是真正的"现代人"（moderns）⑥。回到吴宓译文的

---

① Irving Babbitt, *Rousseau and Romanticism*, Boston and New York: Houghton Mifflin Company, 1919, p. xi. 原文为: the true difficulty with our young radicals is not that they are too modern but that they are not modern enough.

② Irving Babbitt, *Rousseau and Romanticism*, Boston and New York: Houghton Mifflin Company, 1919, p. xi. 原文为: the positive and critical spirit, the spirit that refuses to take things on a authority.

③ Irving Babbitt, *Democracy and Leadership*, Boston and New York: Houghton Mifflin Company, 1924, p. 317. 原文为: those (Modernist) who, as a result of having broken with the traditional forms on grounds insufficiently critical, are in danger of losing the truths of the higher will entirely.

④ Irving Babbitt, *Rousseau and Romanticism*, Boston and New York: Houghton Mifflin Company, 1919, p. xi. 原文为: though the word modern is often and no doubt inevitably used to describe the more recent or the most recent thing, this is not its sole use.

⑤ Irving Babbitt, *Democracy and Leadership*, Boston and New York: Houghton Mifflin Company, 1924, p. 30.

⑥ Irving Babbitt, *Democracy and Leadership*, Boston and New York: Houghton Mifflin Company, 1924, p. 30.

原文，在该文中，白璧德秉持一贯的实证精神，再次强调其所运用的乃是现代自然主义的研究方法——实证主义的研究方法。这种研究方法的运用使他脱离了传统主义者的窠臼。在谈到如何对待传统文化的问题上，他的实证态度也毫不含糊。他甚至认为，为了成为一名真正意义上的现代人，"即使完全割断与过去的联系"①，"与传统的统一生活模式决裂。"② 基于实证经验，他认为人的内心存在"卑下意志与更高意志"（lower will and higher will）的对立。尽管卑下意志必须服从于更高意志，但是更高意志并非先验地知晓一切行事的标准。更高意志行事的标准（standards）在过去是由基督教教义所提供的，但是随着现代批判精神的兴起，基督教已经逐渐衰微，基督教传统的教义逐渐为人们所抛弃。倘若现代人想重新获得标准，必须借助批判精神，在实证的基础上决定认可何种人生观。白璧德认为，古希腊文化在某些方面符合人"内在生命的真理"，可以为现代人提供行事之标准。据此，白璧德才主张重新审视古希腊文化，发掘传统文化可运用于现代社会的价值。可见，白璧德在该文中一直用现代的眼光去审视传统文化。因此，他在行文过程中一直强调其人文主义与传统主义的区别。

再回看吴宓的译文，吴宓在"译者识"中特别强调了白璧德人文主义的现代精神："其异乎昔时（如希腊罗马）异国（如孔子）之人文主义者，则主经验，重实证，尚批评，以合于近世精神"③。吴宓在此还特别提到了白璧德的人文主义与孔子的人文主义的区别。

在东周末年，王权衰落，礼崩乐坏，孔子以恢复三代尤其是周礼为己任，于乱世中力挽狂澜，重铸道德。子曰："周监于二代，郁郁乎文哉！吾从周。"④ 意即在此。在孔子看来，尧舜禹是他理想中的圣王，是值得后世宗法的至德之人。他对尧舜禹文武王黄金时代的追慕诚然源于对礼崩乐坏的抗争，但是其"祖述尧舜，宪章文武"，"述而不作，信而好古"的态度却开启了后世"信古"的风潮。这种尊古、信古的

---

① Irving Babbitt, *Democracy and Leadership*, Boston and New York: Houghton Mifflin Company, 1924, p.8. 原文为：even though breaking more or less completely with the past.
② Irving Babbitt, *Democracy and Leadership*, Boston and New York: Houghton Mifflin Company, 1924, p.9. 原文为：his break with the traditional unifications of life.
③ 吴宓：《白璧德论民治与领袖》，《学衡》1924 年第 32 期。
④ 杨伯峻：《论语译注》，中华书局 2006 年版，第 30 页。

传统一直延续到近代,以至于晚清有人批评道:"崇拜古人之风遂成特质:论文章则动称八家;论哲理则动尊五子;论治法国本之大要,则尤攘臂奋舌曰,三代、三代、三代。无一言不以古人以护身符,无一事不以古人为定盘针,束缚思想,拙塞灵明。"① 此言虽为启民智、新新民而发的激愤之言,然"尊古"传统却是不争的事实。梁启超言:"中国数千年学术之大体,大抵皆取保守主义,以为文明世界,在于古时,日趋而日下。"② 亦是此意。但是这种将未来置于过去黄金时代的守旧思维并不合于现代社会的要求。白璧德虽认为孔子是真正的人文主义者,却对孔子的"信古"思想进行了批评:"实际上,孔子虽然是一位道德现实主义者,却不能被称为实证主义者,他更致力于使人紧紧依附于过去。"③ 而白璧德不审中文,他对孔子的理解源自西方汉学家的儒学译本以及学衡派弟子们的阐释。那么,为了更深入探讨白璧德对孔子"信古"思想的理解,笔者以为需要对以上两方面进行分别的探讨,以便明晰白璧德是如何形成这种思想,以及吴宓又是如何与老师产生思想上的共鸣。首先,白璧德对于孔子思想的理解最直接的便是来自汉学家理雅各以及翟林奈的《论语》英译本。理雅各在涉及孔子"信古"思想的言语如此译道:

子曰:述而不作,信而好古,窃比于我老彭。

The Master said, "A transmitter and not a maker, believing in and loving the ancients, I venture to compare myself with our old P'ăng."④

子曰:我非生而知之者,好古,敏以求之者也。

The Master said, "I am not one who was born in the possession of knowledge; I am one who is fond of antiquity, and earnest in see-

---

① 张枬、王忍之编:《辛亥革命前十年间时论选集》第 1 卷下,生活·读书·新知三联书店 1960 年版,第 555 页。

② 梁启超:《南海康先生传》,夏晓虹编《梁启超文选》(上集),中国广播电视出版社 1992 年版,第 306 页。

③ Irving Babbitt: *Rousseau and Romanticism*, Houghton Mifflin Company, p. xx. 原文为:Confucius indeed, though a moral realist, can scarcely be called a positivist; he aimed rather to attach men to the past by links of steel.

④ James Legge, *The Chinese Classics*, Volume I, Taipei: SMC Publishing Inc., 1991, p. 195.

king it there."①

在以上两个例子中,译文忠实地反映了原文的意思。但是历代儒学家对它们有多种角度的阐释。理雅各作为西方权威的汉学家,对各种阐释亦有了解。他在译注中特地注明:"评论者认为,孔子在此的言论源于他极度的谦虚。"②但是理雅各并不认同这种阐释,他认为:"它表达了孔子对他的位置以及工作的真正意思。"③言下之意,理雅各认为"述而不作,信而好古"是孔子真正的态度。而翟林奈对于以上的言论则如此译道:

> The Master said: My function is to indicate rather than to originate. Regarding antiquity as I do with trust and affection, I would venture to compare myself with our ancient patriarch P'êng Tsu.④
> The Master said: In me, knowledge is not innate. I am but one who loves antiquity and is earnest in the study of it.⑤

翟林奈的译文与理雅各相差无几,但是翟林奈并不认为孔子是一个"信古"之人。他甚至认为这是西方人对孔子的误解:"难道这个名字(孔子)不是让大多数人联想到一个极度刻板的哲学家形象吗?他们都认为,孔子在他那无可挑剔的个人行为上是死板的、正式的、学究的、几乎是非人性的。他的礼仪的概念是刻板而精确的。他的情怀无疑是让人敬仰的,但他更多是一个言多于行的人。"⑥并且翟林奈认为理雅各

---

① James Legge, *The Chinese Classics*, Volume I, Taipei: SMC Publishing Inc., 1991, p. 201.
② James Legge, *The Chinese Classics*, Volume I, Taipei: SMC Publishing Inc., 1991, p. 195. 原文为: Commentators say the Master's language here is from his extreme humility.
③ James Legge, *The Chinese Classics*, Volume I, Taipei: SMC Publishing Inc., 1991, p. 195. 原文为: It expresses his true sense of his position and work.
④ Lionel Giles, *The Sayings of Confucius*, London: John Murray, 1907, p. 84.
⑤ Lionel Giles, *The Sayings of Confucius*, London: John Murray, 1907, p. 86.
⑥ Lionel Giles, *The Sayings of Confucius*, London: John Murray, 1907, p. 20. 原文为: Does not the name conjure up in most minds the figure of a highly starched philosopher, dry, formal, pedantic, almost inhuman in the unimpeachable correctness of his personal conduct, rigid and precise in his notions of ceremonial, admirable no doubt in his sentiments, but always more a man of words than of deeds?

的译本在一定程度上导致了西方人对孔子的负面形象的形成。他以孔子对"仁"的强调反驳理雅各认为孔子"被古人思想束缚"(fettered by the decisions of men of old)①的观点。他甚至认为:"孔子勇敢地尝试打破束缚在国民身上的偏执与偏见的枷锁。"②在翟林奈看来,孔子的所谓"信而好古"只是一种尊重传统的态度罢了。不过吊诡的是,白璧德一向倾向于翟林奈的译本,但是对于孔子"信古"的态度,白璧德却更倾向于理雅各本人的理解。那么,其间白璧德对孔子"信古"思想的批判还有没有受到学衡派弟子的影响呢?对此,我们需要分别回看前白璧德时代梅光迪与吴宓的儒学思想。如上文所言,梅光迪此前一直抱有回归原典的想法,对秦汉之前的原典奉为圭臬,欲复兴孔孟真学说。此时他的学力不足以形成对孔子的批判思想。而细阅吴宓与白璧德相遇之前的言论,笔者亦无发现任何对孔子的批判之词,吴宓对孔孟思想强调的乃是对其进行新阐释,以使其能符合今日形势。不过尽管如此,他们还是影响了白璧德对孔子形象的认知。因为白璧德不审汉语,他根本无法分辨孔子的形象。可以推知,在导师白璧德谆谆教导下,梅光迪与吴宓接受了其批判的、实证的人文主义态度,从而以现代的姿态重新审视儒学。如此一来,梅光迪、吴宓一改以往对孔子学说盲目推崇的态度,同时儒学的"信古"传统亦受到他们的批判。他们对儒学"信古"传统的批判自是影响了白璧德对儒学的理解。如此便不难理解白璧德何以会认为孔子将"使人紧紧依附于过去"。对于秉持"实证"态度的白璧德而言,孔子的"信古"思想是不可取的守旧思维。而白璧德这种"现代"的实证精神对于一直渴望"实用之道"的吴宓而言,则是其精神困境的出路。因此,继承老师的现代精神,与"以古观今"的守旧派相比,吴宓强调的亦是儒学之于现代的价值。他希望儒学能摆脱"尊古"的守旧立场,以一种现代的姿态重新为世人所接受。如此便能理解他对白璧德原文的意译。他先在"译者识"区分白璧德人文主义现代精神与孔子的"尊古"姿态,接着便将白璧德西方语境下的

---

① Lionel Giles, *The Sayings of Confucius*, London: John Murray, 1907, p. 22.
② Lionel Giles, *The Sayings of Confucius*, London: John Murray, 1907, p. 22. 原文为: It was his (confucius's) hand that valiantly essayed to strike the fetters of bigotry and prejudice from the necks of his countrymen.

reaction 以及 traditionalist 译为"守旧者"以及"守旧派",意即与守旧派盲目尊古的文化姿态划清界限,而主张以"现代精神"重新阐释儒学。最能说明吴宓此意图的例子莫过于他对 tradition 的翻译以及 traditionalist 的另一译法。他刻意将美国的 tradition 披上儒学的外衣,即想借助白璧德的译文表达自己的文化立场。对于儒学,他肯定其对现代有价值,因此当白璧德肯定传统文化能为人们提供高上意志行事标准的时候,他有意将 tradition 译为"古昔传来之礼教";另外,他反对盲目尊崇古代文化的"守旧"态度,因此当白璧德申明其与传统主义者的区别时,他将 traditionalist 译为"恪遵古来礼教之人"。合而论之,在吴宓看来,礼教固然有合理之处,但不能盲目照搬。再结合上文所分析的白璧德原文中所彰显的"现代"文化姿态,吴宓将蕴含儒学意味的礼教一词置入译文中,从而使得原文隐约呈现出"儒学"现代化的文化姿态。在白璧德表明自己现代立场的心迹之时,吴宓译文所呈现出来的现代姿态毫不亚于原文。如以下例子:

> To be a sound individualist, one needs, as I take it, to retain one's hold on the truths of the inner life, even though breaking more or less completely with the past.①
> 吾以为真正之个人主义者,必能坚守其内心生活之真理。诚如是,则虽尽反前古之成说,亦在所不顾者矣。②

吴宓在此将 past(过去)译为"前古之成说",乍看似未偏离原意,然而仔细推敲,则会发现译文已经缩小了原文的意域,而仅仅局限于学理层面。再联系上下文,便能了然吴宓所翻译的"前古之成说"实际上暗指在"信古"传统下不断僵化的儒学。对于这种僵化的儒学,吴宓认为虽尽反之,"亦在所不惜"。对吴宓而言,儒学应该是面向现代社会的新学。他在"译者识"中对白璧德人文主义"合于今世精神"的评价,既是实言,更寄寓他对儒学现代化的理想。

---

① Irving Babbitt, *Democracy and Leadership*, Boston and New York: Houghton Mifflin Company, 1924, p. 8.
② 吴宓:《白璧德论民治与领袖》,《学衡》1924 年第 32 期。

综上所述,吴宓对白璧德西方文化背景进行了本土化的改译,从而使白璧德的人文主义披上了儒学的外衣。如此一来,白璧德译文中所呈现出来的现代姿态也彰显出儒学现代化的意味。

三 译文中的"新儒学"

吴宓将蕴含儒学意味的礼教一词对译西方人文主义传统,其用意在于借助白璧德译文表明自己面向"现代"的儒学立场。那么,在吴宓看来,何为"现代"的儒学呢?在白璧德的西方语境下,译文又呈现出怎样的儒学内涵呢?以下将围绕这个问题,探讨译文中所呈现出来的"新儒学"。

(一)译文的儒家伦理化

二元论是白璧德的理论体系的核心概念,具体则为高上意志与卑下意志之对立。白璧德在谈及人们如何以现代方式处理宗教问题时如此说道:"人们将不得不做出他的明确选择,这种选择不是在教条、天启宗教与纯粹的现代主义之间的选择,而是在两种不同的二元论之间的选择:一种为认同个体内心中存在善与恶之间的斗争的二元论,一种如卢梭般将斗争转嫁到社会的二元论。"[1] 而白璧德所认同的二元论自然是第一种二元论。那么,如此可否推论出白璧德所言之高上意志与卑下意志的对立即是善与恶的对立?对此,吴宓在译文中鲜明地标示出自己的态度。如以下例子:

> In view of the duality of human experience, the whole question is, however, vastly more complex than the ordinary progressive has ever suspected.[2]
>
> 而不知人性本为二元(善恶)。故此问题极为复杂,绝非如彼

---

[1] Irving Babbitt, *Character and Culture: Essays on East and West*, New Brunswick: Transaction Publishers, 1995, p. 234. 原文为: He will have to make his clear-cut choice, not between dogmatic and revealed religion, on the one hand, and mere modernism, on the other, but between a dualism that affirms a struggle between good and evil in the heart of the individual and a dualism which, like that of Rousseau, transfers the struggle to society.

[2] Irving Babbitt, *Democracy and Leadership*, Boston and New York: Houghton Mifflin Company, 1924, p. 3.

辈之所想象者。①

对比原文，我们可以看到善恶为吴宓增译的内容。由于学衡派的译文，善恶二元论基本上成了学界对白璧德二元论的基本定论。然而细读白璧德原文，二元论绝非具有如此鲜明的价值判断。对白璧德而言，人性中的更高意志确为善的。在他的言辞之中，确亦流露出对卑下意志的贬斥。但是白璧德并不全然否定人性中"自然之我"，这一点在其对宗教的批判中即可得知："尽管宗教与最好的人文主义在对谦卑的强调上保持一致，但是他们在对待扩张欲望的态度上则分道扬镳。为了获得和平这种彼岸美德，宗教完全否定了这些欲望，然而人文主义仅仅节制、调和这些欲望，以期最好地生活在此世。"② 对于白璧德而言，欲望具有为恶的可能性，但是他并不以为欲望全然是恶的。因此他并不赞成宗教对人欲的全盘否定。然而就欲望的本性而言，白璧德认为欲望确是恶的根源。在白璧德看来，欲望具有扩张性，失去了更高自我的约束，那么欲望便会走向恶的一面。就其为恶的可能性而言，自然之我与更高自我常常处于对立之中，白璧德将其称为"洞穴里的内战"（the civil war in the cave）。据此，白璧德认为："个体内心中存在善与恶之间的斗争的二元论"③。但是当我们回归到白璧德的核心概念——更高自我与自然之我的对立的时候，善恶的二元对立并不能完全涵盖这两者的内涵。吴宓在译文中特地标注白璧德的二元为善恶，在一定程度上缩小了原文的意域。此外，善恶二字在中国语境下具有非常浓重的道德说教意味，吴宓此处的增译似乎别有用意。通读吴宓的译文，笔者发现译文中的二元论始终呈现出强烈的道德意味。如以下例子：

---

① 吴宓：《白璧德论民治与领袖》，《学衡》1924 年第 32 期。
② Irving Babbitt, *Democracy and Leadership*, Boston and New York: Houghton Mifflin Company, 1924, pp. 195-196. 原文为：Though religion and the best type of humanism are at one in stressing humility, they diverge widely in their attitude towards the expansive desires. In its pursuit of the otherworldly virtue of peace, religion tends to renounce these desires completely, whereas humanism would simply moderate and harmonize them with a view to living to the best advantage in this world.
③ Irving Babbitt, *Democracy and Leadership*, Boston and New York: Houghton Mifflin Company, 1924, p. 76.

> If instead of taking the point of view of one's ordinary self, one heeds the admonitions of the inner monitor, the result is two of the most positive of all things: character and happiness.①
>
> 人苟不从物欲行事，而能听内心之告戒（即高上之意志，制止之精力），则必能养成品德而享受幸福。②

Ordinary self（普通自我）是白璧德二元论的其中一面。在原文中，白璧德虽然不赞成从普通自我的角度来看待问题，但是吴宓的译文却带有更为强烈的道德色彩。朱子说："众人物欲昏蔽，便是恶底心。"吴宓在此用物欲来翻译 ordinary self（普通自我）正是承接上文他对白璧德善恶二元的定位。然而物欲一词不仅不能涵盖白璧德所言之"普通自我"的含义，甚至披上了中国传统道德的外衣。那么，这位接受了中西文化熏陶的新青年到底在白璧德与儒学之间发现了怎样的联系，以至于他的译文呈现出中国传统道德的意味？试看以下例子：

> When studied with any degree of thoroughness, the economic problem will be found to run into the political problem, the political problem in turn into the philosophical problem, and the philosophical problem itself to be almost indissolubly bound up at last with the religious problem.③
>
> 盖若稍事通澈研究，则凡经济问题必卷入政治问题，政治问题必卷入哲学问题，而彼哲学问题又必与宗教问题关系密切，不可分离。④

这段译文非常忠实地反映了白璧德的原意。然而有趣的是，吴宓在"译者识"中如此介绍白璧德全书大旨："白璧德先生以为政治之根本，

---

① Irving Babbitt, *Democracy and Leadership*, Boston and New York: Houghton Mifflin Company, 1924, p.24.
② 吴宓:《白璧德论民治与领袖》,《学衡》1924年第32期。
③ Irving Babbitt, *Democracy and Leadership*, Boston and New York: Houghton Mifflin Company, 1924, p.1.
④ 吴宓:《白璧德论民治与领袖》,《学衡》1924年第32期。

在于道德。"① 这句话正与译文浓重的道德说教意味相对应。并且相对于原文中所说的政治问题最终与宗教问题密切相关，吴宓将其解读为"宗教已见弃于今人，故白璧德提倡人文主义以代之"②。这种解读虽有悖于白璧德的原意，但是吴宓这种解读并不与其译文相悖。而他这种译法正归功于白璧德人文主义的伦理化。在《白璧德论民治与领袖》原文中，白璧德即表明了自己在现代社会中舍宗教而选择人文主义的立场。细读白璧德原文，即可体悟到白璧德人文主义选择的伦理化趋向：

> I differ from the Christian, however, in that my interest in the higher will and the power of veto it exercises over man's expansive desires is humanistic rather than religious. I am concerned, in other words, less with the meditation in which true religion always culminates, than in the mediation or observance of the law of measure that should govern man in his secular relations. （参考译文：然而，我不同于基督徒之处在于我对更高意志以及作用于人的扩张性欲望的否定权的兴趣不是宗教式的，而是人文主义的。换句话说，比起宗教通常达到的冥想状态，我更关注调和或者遵从管辖人类世俗事务的适度法则。）③

在这段心迹独白中，白璧德谈到自己与基督徒相异之处在于自己更关注"管辖人类世俗事务的适度法则"。在此，白璧德人文主义与儒家思想的相近之处不言而喻，对西方宗教则表示出相当程度的疏远。对于白璧德在《民主与领袖》中人文主义的伦理化趋向，其门下两位高徒吴宓与T. S. 艾略特截然相反的读后感则从侧面反映了这点。T. S. 艾略特对于《民主与领袖》的人文主义观点愤然驳斥。这种愤慨之情不仅源自他对基督教的捍卫之意，或许还源自对白璧德越来越独立的人文主义体系或将完全取代传统宗教体系的恐惧："白璧德先生在整本书中非常明确地表示他不能接受宗教的观点——这就是说他不能接受任何教义

---

① 吴宓：《白璧德论民治与领袖》，《学衡》1924年第32期。
② 吴宓：《白璧德论民治与领袖》，《学衡》1924年第32期。
③ Irving Babbitt, *Democracy and Leadership*, Boston and New York: Houghton Mifflin Company, 1924, p. 6.

与启示；人文主义是宗教以外的另一选择。如此便引出了一个问题：这种选择是否是一种代替品。如果人文主义是一种代替品，它与宗教的关系岂不是等同于人道主义与人文主义的关系？"这是 T. S. 艾略特作为基督徒的担忧，然而对于没有宗教信仰的吴宓，这层忧虑自不在他的考虑范围。二人同作为白璧德的高足，他们对《民主与领袖》截然相反的评价正反映了二者不同的文化考虑。与 T. S. 艾略特强烈的批判态度相反，白璧德人文主义伦理化的趋向倒是越来越与吴宓"昌明国粹，融化新知"的诉求相契合。T. S. 艾略特担心白璧德的人文主义或将完全取代宗教，而吴宓则乐于将白璧德之意解读为："宗教已见弃于今人，故白璧德提倡人文主义以代之。"换言之，人文主义伦理化正为吴宓实现"昌明国粹、融化新知"的跨文化实践提供了极佳的阐释文本。对于熟知儒家思想的吴宓而言，运用儒家伦理道德来对译人文主义思想可谓驾轻就熟。对于上文白璧德的心迹独白，吴宓则译为：

  但吾力持人文主义而不涉宗教，此又吾与耶教徒不同之处也。转言之，即吾不甚注重宗教中最高归宿之深思玄想，而力求中节及合度之律，以施之于人事（是入世法，非出世法）。[①]

  吴宓将白璧德这段独白中的关键词 "mediation" 以及 "observance of the law of measure" 分别译为"中节"及"合度之律"。因白璧德人文主义的伦理化趋向，再加之其人文主义思想本就与儒家思想多有相通之处，因此吴宓在此处的译法并未偏离白璧德的原意。只是"中节""合度"之词在中国语境下更多了一重儒家伦理道德的指向。在吴宓看来，剔除了封建伦理道德的儒家修身之学正是可以施之于当今社会的"国粹"。他频频使用极具儒家伦理道德色彩的词语来对译人文主义思想，正是希望借助人文主义的西方文化背景昌明儒家修身之学。这并非笔者的过度阐释，倘若说以"中节""合度之律"对译 "mediation" "observance of the law of measure" 尚可认为是原意使然，那么以下的例子则更为明确地彰显了吴宓"昌明国粹、融化新知"的跨文化诉求：

[①] 吴宓：《白璧德论民治与领袖》，《学衡》1924 年第 32 期。

1. My own objection to this substitution of social reform for self-reform is that it involves the turning away from the more immediate to the less immediate.① (参考译文：我反对用改革社会取代改善自身，因为这是一种从直接经验转向间接经验的做法。)

吾之不谦于彼不务修身，而专图改良社会者。以其蹈空而远于事实经验也。②

2. Progress according to the natural law must, if it is to make for civilization, be subordinated to some adequate end.③ （参考译文：根据自然法则，进步如果要趋向文明，它必须服从于某种适当的目的。）

从物质之律而进步，则必具有高尚之目的，方可底于文明。④

3. This is to deny not merely outer authority, but something that is a matter of immediate experience, the opposition, namely, of which the individual is conscious in himself, between a law of the spirit and a law of the members.⑤ （参考译文：这不仅否定了外在权威，还否定了某种直接经验的东西，这种东西是一种个人能在自身体悟到的精神之律与肢体之律之间的对立状态。）

盖如此，则不惟无外铄之道德（即身外之制裁），且并人切己省察内心经验所得之事实而蔑弃之，不认有心神之法与四体之法之对峙而互争。⑥

4. This conceit encourages one to substitute for the vital control, which is the true voice of man's higher self, expansive emotion.⑦ （参考

---

① Irving Babbitt, *Democracy and Leadership*, Boston and New York: Houghton Mifflin Company, 1924, p. 7.
② 吴宓：《白璧德论民治与领袖》，《学衡》1924 年第 32 期。
③ Irving Babbitt, *Democracy and Leadership*, Boston and New York: Houghton Mifflin Company, 1924, p. 3.
④ 吴宓：《白璧德论民治与领袖》，《学衡》1924 年第 32 期。
⑤ Irving Babbitt, *Democracy and Leadership*, Boston and New York: Houghton Mifflin Company, 1924, p. 7.
⑥ 吴宓：《白璧德论民治与领袖》，《学衡》1924 年第 32 期。
⑦ Irving Babbitt, *Democracy and Leadership*, Boston and New York: Houghton Mifflin Company, 1924, p. 17.

译文：这种幻想鼓励人们用扩张性情感去取代生命制约，而生命制约正是一个人更高自我的真实呼唤。)

遂令世人不以<u>良心之制裁</u>、高上之意志，管理自身，而以放纵之感情代之。①

5. The truths of the inner life may be proclaimed in various forms, religious and humanistic, and have actually been so proclaimed in the past and justified in each case by their fruits in <u>life and conduct</u>.② (参考译文：内在生命的真理可以以多种形式显现，它在过去已经通过人文主义的或者宗教的形式显现，并且每一种形式都通过它们在生活和行为的成果证明了自身。)

今夫内心生活之真理，或赖宗教而成立，或藉人文主义而宣示，二法并行之于古昔，结果均大有裨于人类之<u>品德行事</u>。③

6. In spite of its many merits and partial successes, Stoicism was on the whole a failure; and the same must be said of the whole Greek attempt to deal critically with <u>the problem of conduct</u>, to work out, in other words, a sound type of individualism.④ (参考译文：尽管斯多噶派有诸多长处以及获得了局部成功，但是它从总体上看还是失败的。希腊人亦然，他们试图批判地处理行为问题，也就是说他们希望建立一种成熟的个人主义，结果同样是失败的。)

故斯多噶派虽多可取之处，在当时亦颇有影响，而全局终归失败，不但该派为然也。希腊人欲以批评之精神解决<u>道德品行之问题</u>(即欲造出一种稳健之个人主义)，盖无不归于失败者。⑤

在第一个例子中，吴宓用儒家术语"修身"来翻译"self-reform"，从表面上看并未偏离原意，但是"修身"一词在中国语境下与儒家学

---

① 吴宓：《白璧德论民治与领袖》，《学衡》1924年第32期。
② Irving Babbitt, *Democracy and Leadership*, Boston and New York: Houghton Mifflin Company, 1924, p. 26.
③ 吴宓：《白璧德论民治与领袖》，《学衡》1924年第32期。
④ Irving Babbitt, *Democracy and Leadership*, Boston and New York: Houghton Mifflin Company, 1924, p. 174.
⑤ 吴宓：《白璧德论欧亚两洲文化》，《学衡》1925年第38期。

说牵涉甚深，如此的翻译难免不让读者产生与儒家修身之学相关的联想。而这恰是吴宓的用意所在。细辨笔者所列举的其他例子即可了然吴宓之用心。在第二个例子中，原文的背景是批判进步论者宣扬所谓的物质进步即是文明进步的论调。白璧德认为所谓的物质进步不能带来道德进步，亦不能迈向文明。因此他提出进步需要服从某种适当的目的。联系上下文，这种"适当的目的"确实指涉与道德相关的东西。然而如上文所言，白璧德的人文主义虽然逐渐伦理化，但是在西方的文化背景下，基督教是道德的源泉，他不可能完全否定宗教本身。因此，他言词之间总是试图将联合宗教开展国际人文主义运动来对抗国际人道主义，在第二个例子中，白璧德用了中性色彩的"适当的目的"，这给基督教留下了空间。而吴宓将"适当的目的"译为"高尚之目的"，如此则将白璧德之原文伦理化了。在笔者所列举的其他例子中，白璧德的原文均无如此强烈的伦理道德倾向，但是在吴宓的译文中，这些相对中性的西方语言全负上了强烈的道德色彩。由此可见，吴宓将白璧德的人文主义儒家伦理化并非随意为之，而是出于"昌明国粹、融化新知"的跨文化诉求。此举意在于告诉读者："爱护先圣先贤所创立之精神教化，有与共生死之决心，如是则不惟保国，且可进而谋救世。"① 换言之，儒家的修身之学并非无用之学，而是能施之今日社会，挽救人心的国粹。

（二）Higher will 与理

在白璧德的人文主义理论体系中，更高意志与卑下意志的对立乃是其中的核心概念。对于此二元论，吴宓将其译为：

> Though the basis of the inner life is the opposition between a lower and a higher will. ②
>
> 今夫人之高上意志及卑下意志之对峙。（吾国先儒常言"以理制欲"，所谓理者，并非理性或理智，而实为高上之意志。所谓欲者，即卑下之意志也。）③

---

① 吴宓：《白璧德论欧亚两洲文化》，《学衡》1925 年第 38 期。
② Irving Babbitt, *Democracy and Leadership*, Boston and New York: Houghton Mifflin Company, 1924, p. 9.
③ 吴宓：《白璧德论民治与领袖》，《学衡》1924 年第 32 期。

对比原文与译文可知，虽然吴宓将白璧德的 higher will 与 lower will 之间的对立准确地译为高上意志与卑下意志的对立，但是吴宓特地在译文中加以夹批，将白璧德的人文主义思想与宋明理学联系在一起。而在同段的数行后，吴宓又再次将二者相关联。由此可见，吴宓此举并非随意为之，亦是出于"昌明国粹，融化新知"的跨文化诉求。在第二章的时候，笔者曾谈及吴宓成长于关学氛围浓厚的家庭中。刘古愚作为近代的大儒，对宋代理学相当看重，认为此乃"守身之学"，并以此教导吴宓家族的大部分成员。吴宓在求学期间亦秉承家学传统，以理学作为修身养性之圭臬："《朱子语类》云'用功须存一定格目，格目之内常切存心，格目之外不要妄想。……否则方寸之间、顷刻之际千头万绪，卒然便要主一，如何按伏得下？'此言为学必专，而求专又难又如此。余年来正犯此病，故学少长进，间有经营，皆非满足之成就；而致心灵起灭、常苦劳疲，此不专之过也。"①那么，当吴宓将理学植入白璧德人文主义思想的时候，理学到底呈现出怎样全新的内涵？要回答此问题，笔者以为必须先了解朱熹的理学含义。

朱熹言："天地之间，有理有气。理也者，形而上之道也，生物之本也；气也者，形而下之器也，生物之具也。是以人物之生，必禀此理，然后有性，必禀此气，然后有形。"②理在朱子体系中便是超越的本体。一事物之理，便是该事物最完全的形式，即该事物最高之标准，亦即"极"③。然而朱熹的理并非仅就事物的本源而言，它还是人世伦常之理。太极"只是个表德"，即是此意。又如，"未有这事，先有这理。如未有君臣，已先有君臣之理；未有父子，已先有父子之理"④。如此一来，朱熹便将作为宇宙本体之理与人世伦常之理直接等同，并未加以论证，天理即是伦理纲常。在这样的理学框架下，天理是既定的三纲五常，人存在的意义便是服从既定的三纲五常。人的独立性完全消泯于社会伦理关系中。不过这一个格局在五四时期被彻底打破，三纲五常成为五四新文化运动强烈抨击的对象，人的独立性自此从传统的社会伦

---

① 吴宓：《吴宓日记》第 1 册，生活·读书·新知三联书店 1998 年版，第 308 页。
② 参见冯友兰《中国哲学史》（下），重庆出版社 2009 年版，第 281 页。
③ 参见冯友兰《中国哲学史》（下），重庆出版社 2009 年版，第 278 页。
④ 黎靖德编，王星贤点校：《朱子语类》第 6 册，中华书局 1986 年版，第 2436 页。

理中解放出来,"自由、平等、独立"成为新时代人们的价值取向。从这个角度来看,吴宓在此时将 higher will 与 lower will 分别译为"理""欲",这一举动似乎颇有与时代潮流相顽抗的意味。然而,被置于人文主义译文中的"理"真的仍是传统意义上的宋明理学?对此,我们不妨先分析一下白璧德的人文主义原文。

笔者曾谈到白璧德的人文主义思想其实脱胎于西方文明。对于白璧德而言,人是具有自由意志的主体。这种自由意志源自古希腊的个体独立精神,这意味着人意识到"他的个体意识与群体之间有了一种独立的、不受束缚的关系"[①]。白璧德所言的更高意志与卑下意志的对立在某种程度上也反映了自古希腊所延续下来的文化心理——个人内心的群体意识与个体意识之间的对立。虽然在西方,传统的基督教文明饱受激进自由主义者的攻击,从而使人们的精神面临着重重危机,但是白璧德并未因此否定个人的自由意志,而是在自由意志的基础上重新为人们指明了方向。然而这种自由意志在儒家文明是不存在的。在朱熹看来,人必须无条件服从三纲五常。在这种情况下,人并无选择的自由意志,而是完全从属于既定的伦理道德。吴宓认为:"所谓理者,并非理性或道理,而实为高上之意志,所谓欲者,即卑下之意志也。"此举将西方的自由意志置入传统理学的体系中。在这种人文主义思想的背景下,人具备了独立的自由意志,如此一来,人便不再无条件服从于既定的伦理纲常,而是诉诸自身的心灵体悟。从这个角度而言,吴宓站在与新派一样的革新立场。但是与新派相异的是,他走的乃是引入西方自由意志激活理学之路:

原文:Formerly the standards were supplied by tradition. The man who accepted Christian tradition, for example, was in no doubt as to the kind and degree of discipline he needed to impose on his lower nature. He thus achieved some measure of moral unity with himself and also with other men who accepted the same discipline. If the individualist, on the other hand, is to have standards, he must rely on the critical spirit in di-

---

① 邓晓芒:《中西文化心理模式分析》,《西北师大学报》(社会科学版) 2010 年第 2 期。

rect ratio to the completeness of his break with the traditional unifications of life. ①

译文：在昔之时，此标准可得之于古昔传来之礼教。例如耶教徒莫不遵从耶教之教理。稔知一己卑下之性行，应如何施以规律而矫正之。惟其然也，故每人之道德观念、道德行为，有定而如一。而凡守耶教之规训者，亦皆同此。然在今日，奉行个人主义者，既将古昔礼教所定为人之标准完全破坏，欲另得新标准，须由自造，而惟赖乎批评之精神。②

对比原文与译文，虽然吴宓使用了儒家的礼教来翻译原文，但是原文肯定自由意志的立场并未改变。并且原文所表达出来的抨击个人主义的做法正可作为吴宓回击新派的有力武器。吴宓曾在该译文的"译者识"中道："本志以先生之学说，在今世为最精无上，而裨益吾国尤大。"③ 这有助于促进读者在阅读译文时对中国文化现状的联想。译文所言虽为耶教，但何尝不是中国现状的写照。对于中国文化的困局，吴宓虽不赞成新派的做法，但亦非复古守旧。他特地将白璧德的更高意志译为"理"，并又通过译文指出"欲另得新标准，须由自造，而惟赖乎批评之精神"。此举打开了宋明理学相对封闭的伦理道德体系，从而为人们指明一条在自由意志的前提下重新阐释宋明理学的路径。

（三）以理制欲

在白璧德的二元论中，白璧德认为卑下意志需要服从于更高意志，遵从适度的原则。对于这两者的关系，吴宓则用"以理制欲"来进行阐释。这种译法并未偏离原意，不过问题在于吴宓所言之"以理制欲"果真是传统理学上的"理""欲"关系吗？这个问题关涉理学的人性论以及心性论。

如上文所言，在朱熹的宇宙论中，理是形而上的超越性本体。而在人性论上，他则通过宇宙万物的生成阐述"性即理"的根据。朱熹云：

---

① Irving Babbitt, *Democracy and Leadership*, Boston and New York: Houghton Mifflin Company, 1924, p. 9.
② 吴宓：《白璧德论民治与领袖》，《学衡》1924年第32期。
③ 吴宓：《白璧德论民治与领袖》，《学衡》1924年第32期。

"命，犹令也，性，即理也。天以阴阳五行化生万物，气以成形，而理亦赋焉，犹命令也。于是人物之生，因各得其所赋之理，以为健顺五常之德，所谓性也。"① 如此一来，宇宙本体之"理"便落实到人之"性"上，从而使人具备了内在超越的依据——"性"。并且"这个理在天地间时，只是善，无有不善者。生物得来，方始名曰'性'。只是这理，在天则曰'命'，在人则曰'性'"②，因此人之"性"也是至善的。然则，又该如何解释人间善恶的存在？朱子云："人物之生，必禀此理；然后有性，必禀此气，然后有形。"③ 这就是说，除了形而上的"理"以外，人还必须禀"气"才能存在，因气质"不能无浅深厚薄之别"④，从而使人出现善恶的差异。这种展现于实在的人之中的人性，朱子将其称为"气质之性"。

虽然朱子使用了"天地之性"以及"气质之性"两个概念，但是它们并非如白璧德所言的人性二元论。朱子云："论天地之性，则专指理而言；论气质之性，则以理与气杂而言之。"⑤ 又云："气质之性，便只是天地之性。只是这箇天地之性却从那里过。好底性如水，气质之性如杀些酱与盐，便是一般滋味。"⑥ 他又答弟子问："问：'人之德性本无不备，而气质所赋，鲜有不偏。将性对'气'字看，性即是此理。理无不善者，因堕在形气中，故有不同。所谓气质之性者，是如此否？'曰：'固是'……"⑦ 可见，朱子以为"性"始终只是"天地之性"，"天地之性"是人性的本然状态，"气质之性"则是"理"堕入气质中所展现的人性的实然状态。朱子曾明确反驳人性二元论："气质是阴阳五行所为，性则太极之全体。但论气质之性，则此全体堕在气质之中耳，非别有一性也。"⑧ 因此，尽管朱子使用了"天地之性"和"气质之性"两个概念，然而二者并非对立的二元人性。确切而言，"天地之

---

① （宋）朱熹：《四书章句集注》，中华书局1983年版，第17页。
② 黎靖德编，王星贤点校：《朱子语类》第1册，中华书局1986年版，第83页。
③ 参见冯友兰《中国哲学史》（下），重庆出版社2009年版，第281页。
④ 黎靖德编，王星贤点校：《朱子语类》第1册，中华书局1986年版，第68页。
⑤ 黎靖德编，王星贤点校：《朱子语类》第1册，中华书局1986年版，第67页。
⑥ 黎靖德编，王星贤点校：《朱子语类》第1册，中华书局1986年版，第68页。
⑦ 黎靖德编，王星贤点校：《朱子语类》第1册，中华书局1986年版，第71页。
⑧ 黎靖德编，王星贤点校：《朱子语类》第6册，中华书局1986年版，第2379页。

性"与"气质之性"乃人性的两层结构。正如陈来教授在《朱子哲学研究》所言:"在朱熹哲学中本然之性(天地之性)是比气质之性更深一个层次的概念。这样本然之性与气质之性被规定为两层而不是两个人性,在这种意义上亦可谓采取了一元而多层次的形式。"① 就气质之性而言,它杂以"理与气"。理无不善,然所禀之气却有昏明清浊之异,因此气质之性有善恶之别。并且因朱子预设了人有一个纯粹的、不杂气的本然之性,由是,人要不断修养气质,复归"天地之性"。至于如何复归"天地之性",朱熹根据一元二层的人性论进一步推演出了心性论。

朱熹认为,人禀"理""气"而生,因此作为知觉主体的"心"亦有两面,分别为"人心"与"道心"。朱熹云:"只是这一箇心,知觉从耳目之欲上去,便是人心,知觉从义理上去,便是道心。"② 可见,道心根源于本体的"理",人心根源于构成人之形的气。朱熹还认为人心乃是心从形体上知觉,它"生于形气之私"③,不加以控制,便容易流于私欲,此乃人心"危殆而不安"④;而道心则常潜藏于内心深处,此乃道心"微妙而难见"⑤。因此,他主张:"必使道心常为一身之主,而人心每听命焉,则危者安、微者著,而动静云为自无过不及之差矣。⑥"不难发现,朱熹的"人心""道心"论颇似白璧德之更高意志与卑下意志论。就人的内心体验而言,自然存在善恶的斗争。无论朱熹,抑或白璧德都不可能否定这点。两者的区别在于朱熹将人的内心斗争绝对伦理化,"道心"所知觉的义理是既定的伦理纲常,而"生于形气之私"的"人心"要听命于"道心"。并且二者之间的关系亦并非白璧德所言的"更高意志"与"卑下意志"的对立关系。朱熹云:"人心只见那边利害情欲之私,道心只见这边道理之公。有道心,则人心为所节制,人心皆道心也。"⑦ 可见,在朱熹看来,追逐个人欲望的"人心"

---

① 陈来:《朱子哲学研究》,生活·读书·新知三联书店2010年版,第242页。
② 黎靖德编,王星贤点校:《朱子语类》第5册,中华书局1986年版,第2009页。
③ (宋)朱熹:《四书章句集注》,中华书局1983年版,第14页。
④ (宋)朱熹:《四书章句集注》,中华书局1983年版,第14页。
⑤ (宋)朱熹:《四书章句集注》,中华书局1983年版,第14页。
⑥ (宋)朱熹:《四书章句集注》,中华书局1983年版,第14页。
⑦ 黎靖德编,王星贤点校:《朱子语类》第5册,中华书局1986年版,第2011页。

一旦服从于伦理纲常，"人心"便可转化为"道心"。然而这种转化过程恰是作为主体的人的自由意志消失的过程。虽然白璧德也讲卑下意志要服从更高意志，然而这种"服从"却并非"转化"。在白璧德的人文主义体系中，卑下意志与更高意志之间一直保持着一定的张力，而这种张力正是建立在对个人自由意志的肯定上。但是这种个人私欲与道德意识之间的张力在朱熹理学是不存在的，所谓的内心知觉只是对外在的道德公理的无条件服从，出于人之私的欲望被框定于社会公理中，这就导致了朱熹从心性论最终推演到理欲对立论。

朱熹云："饮食者，天理也；要求美味，人欲也。"① 可见，朱熹将人的感性欲望抑制到基本的生活需要层面，超过基本生活需要的"人心"便是"人欲"。"人欲"是与"天理"截然区分的"恶"。朱熹如是谈道："人心是知觉，口之于味，目之于色，耳之于声底，未是不好，只是危。若便说做人欲，则属恶了。何用说危？"② 又云："凡一事便有两端：是底即是天理之公，非底乃人欲之私。"③ 鉴于此，朱熹认为："人之一心，天理存，则人欲亡，人欲胜，则天理灭，未有天理人欲夹杂者。"④ 在这种理欲截然对立的关系中，个体的欲望根本没有任何延展的空间，天理成为不容侵犯的道德律令。在这种文化土壤下，自然无法产生西方意义上的个体的自由意志。

吴宓在《白璧德论民治与领袖》译文中用"以理制欲"来阐释白璧德的更高意志与卑下意志的对立，从而改造了理学的"存天理、灭人欲"。吴宓曾在《我之人生观》中详细解说了"以理制欲"，以此我们正可进一步分析吴宓心中的理学的新内涵：

> 主张人性二元者，以为人之心性 Soul 常分为二部，其上者曰理（又曰天理）Reason，其下者曰欲（又曰人欲）Impulses or Desire，二者常相争持，无时或息。欲为积极的，理为消极的；欲常思行事，而理则制止之，阻抑之。故欲（笔者按此应为"理"）又称为 Inner

---

① 黎靖德编，王星贤点校：《朱子语类》第1册，中华书局1986年版，第224页。
② 黎靖德编，王星贤点校：《朱子语类》第5册，中华书局1986年版，第2013页。
③ 黎靖德编，王星贤点校：《朱子语类》第1册，中华书局1986年版，第225页。
④ 黎靖德编，王星贤点校：《朱子语类》第1册，中华书局1986年版，第224页。

Check 或 Will to Refrain。(苏格拉底所谓灵几常"戒余毋为某事,于欲为之顷,而未尝诏余当为何事",灵机即理也)彼欲见可求可恋之物近前,则立时奔腾激跃,欲往取之,而理则暂止之,迅为判断,如谓其物而合于正也,则任欲之所为而纵之。如谓其物之不合于正也,则止欲使不得往。此时,欲必不甘服,而理欲必苦战一场。理胜则欲屈服,屡屡如是,则人为善之习惯成矣。若理败,则欲自行其所适,久久而更无忌惮,理愈微弱,驯至消灭,而人为恶之习惯成矣。其关系犹御者之于马(西语谓 The bridle and the spur,盖鞭马使之前进,而冲动则所以止之,二者相济为用。《柏拉图语录》中常有黑白二马共曳兵车之喻。)理所以制欲者也,或疑所谓理者,太过消极,不知理非不许欲之行事,乃具辨择之功,于所可欲者则许之,于所不可欲者,则禁之而已……[1]

可见,如上文所言,在吴宓心中之"理"非传统意义上的三纲五常,而是诉诸人内心当中的道德意识。吴宓说道:"制欲使之有节,故与完全禁欲 Asceticism 不同"[2],客观上即肯定了个人私欲存在的合理性。因此,理欲的关系非朱子理学中非此即彼的关系,而是一种协调制约的关系,个人私欲与道德公理之间存在着一定的张力。笔者已谈及白璧德更高意志与卑下意志对立的这种张力源自西方个体的自由意志。而留学美国的吴宓对这种自由精神自然有所感知:"然人各有其意志之自由(Freedom of the will),易言之,选择之结果,为善为恶,为祸为福,固非吾所能前知,亦非吾所能转移,所能补救。然当选择之顷,则吾有全权自由决断,舍生而取义,可也;去膏粱文绣而趋鼎镬斧锯,亦可也。吾诚欲之,无人得而阻之,或强吾以所不欲为也,二也。"[3] 那么,在肯定人的自由意志的前提下,理学到底可以有哪些可施之于今世的内容?对吴宓而言,"以理制欲"正可作为一条诉诸人内心当中真实体验的修养方式。

---

[1] 吴宓:《我之人生观》,《学衡》1923 年第 16 期。
[2] 吴宓:《我之人生观》,《学衡》1923 年第 16 期。
[3] 吴宓:《我之人生观》,《学衡》1923 年第 16 期。

（四）礼

"礼"是中国文化的核心部分。"礼"起源于祭祀活动。到了周代，周礼已经在原始巫术礼仪的基础上发展出一套完整的社会规范。自此，"礼"所内含的社会等级性被延续下来。① 白璧德在了解中国文化的过程中，自然绕不开此，那么他到底如何看待中国之礼？这种看法又将如何影响吴宓对礼的阐释。借助白璧德之译文，我们正可窥见这种双重跨文化诉求如何碰撞融合，最终诞生符合现代诉求的"礼"。对于白璧德有关"礼"的阐释，吴宓如是翻译：

> The decorum or principle of inner control that he would impose upon the expansive desires is plainly a quality of will. ②
>
> 孔子尝欲以礼（即内心管束之原理）制止放纵之情欲。其所谓礼，显系意志之一端也。③

由原文可知，白璧德认为孔子的"礼"实质上是一种意志的品质。白璧德曾在《人文主义的定义》谈及他对"礼"的理解。他认为人文主义者是指"在任何时代通过适度法则的培养，以达到一种均衡状态的人"。所谓的"均衡状态"即是一种"礼"（decorum）。就"礼"与"适度法则"的关系而言，"礼只是适度法则更实在的表现形式"④，即礼是适度法则的外在表现形式。这也就是说，人文主义者需要遵从"礼"。但是在白璧德看来，守"礼"并非谨遵传统意义上的礼节，它依靠的是一种内心的洞见（deep insight），亦即适度法则的运用。简而言之，即外在需要内在起作用。白璧德认为，如果礼失去了内在的适度法则的调节，它就会堕落为一种空洞的形式主义（empty formalism）。他指出人文主义者在现代社会遭受污蔑的根源所

---

① 参见李泽厚《中国古代思想史论》，天津社会科学出版社 2003 年版，第 2 页。
② Irving Babbitt, *Democracy and Leadership*, Boston and New York: Houghton Mifflin Company, 1924, p. 165.
③ 吴宓：《白璧德论欧亚两洲文化》，《学衡》1925 年第 38 期。
④ Norman Foerster ed., *Humanism and America*: Essays on the Outlook of Modern Civilisation, New York: Farrar and Rinehart, 1930, p. 26. 原文为：Decorum is simply the law of measure in its more concrete aspects.

在:"人们在特殊时期所遵从的得体行为的概念通常是地方性的和相对的(local and relative)。如此一来他们就很容易假设这些概念只能是地方性的和相对的"[1]。因此人文主义常常被讥讽为"高贵的落伍"(noble anachronism),或者被视为"从现代到过去的逃离"(take flight from the present into a past)。但是白璧德指出这种观点不仅是"对礼的颠覆,也是对人文主义的颠覆"[2]。"人文主义不同于这种或那种传统教条。"[3] 因为"它所遵从的适度法则除非是安提戈涅有直接洞见的'天堂不成文的法则'(laws unwritten in the heavens)的其中一种,否则它就是没有意义的。这种法则'既非今日亦非昨日'的法则,而是超越了短暂过程的法则。人文主义最后所诉诸的并不是历史习俗而是直觉(intuition)。"[4] 不难发现,白璧德在此对传统意义上的"礼"进行了现代的置换。白璧德所言之"礼"不再是传统的繁文缛节,而是指向了人内在的适度法则。而在白璧德的理论体系中,适度法则最终诉诸的乃是人的更高意志。那么,白璧德认为孔子的"礼"是一种意志品质,即意指人的更高意志。白璧德的这种理解其实正源自他所接触的译本以及学衡派弟子的阐释。关于译本,白璧德主要参照了理雅各的 *Confucian Analects* 和翟林奈的 *The Sayings of Confucius*,不过他在阐释儒家之礼时征引的是翟林奈的译本,可见他更认同翟林奈译本对礼的阐释。那么,他究竟为何对翟林奈译本情有独钟?其中又折射出他怎样的儒学观?我们不妨先看看理雅各与翟林奈二人如何译介儒

---

[1] Norman Foerster ed., *Humanism and America: Essays on the Outlook of Modern Civilisation*, New York: Farrar and Rinehart, 1930, p. 27. 原文为: Moreover the nations of decent behaviour to which men have conformed at any particular period have always been more or less local and relative. It is easy to take the next step and assume that they have been only local and relative.

[2] Norman Foerster ed., *Humanism and America: Essays on the Outlook of Modern Civilisation*, New York: Farrar and Rinehart, 1930, p. 27.

[3] Norman Foerster ed., *Humanism and America: Essays on the Outlook of Modern Civilisation*, New York: Farrar and Rinehart, 1930, p. 27.

[4] Norman Foerster ed., *Humanism and America: Essays on the Outlook of Modern Civilisation*, New York: Farrar and Rinehart, 1930, p. 27. 原文为: The law of measure on which it depends becomes meaningless unless it can be shown to be one of the "laws unwritten in the heavens" of which Antigone had the immediate perception, law that are "not of today or yesterday," that transcend in short the temporal process. The final appeal of the humanist is not any historical convention but to intuition.

家之礼。在《论语》中，涉及自我与礼的关系的讨论是"颜渊问仁"这一小章节，我们且看理雅各与翟林奈如何译介：

原文：

颜渊问仁。子曰："克己复礼为仁，一日克己复礼，天下归仁焉，为仁由己，而由人乎哉？"

理雅各译文：

Yen Yuan asked about perfect virtue. The Master said, "To subdue one's self and return to propriety, is perfect virtue. If a man can for one day subdue himself and return to propriety, all under heaven will ascribe perfect virtue to him. Is the practice of perfect virtue from a man himself, or is it from others?"①

对于"克己"，理雅各征引朱熹的说法指出，己乃"身体的私欲"(the selfish desires of the body)，"克己则非征服和抛弃自我，而是征服和抛弃自我之中的私欲"②。他还进一步指出："在《翼注》中，己是与道心(the mind of reason)相对的人心(the mind of man)。"③ 笔者已指出，这种二元的思维确与西方的人性论有相似之处。然而笔者亦曾论及，在朱熹的人心道心论中，人心是可以转化为道心，亦即人是可以实现内在超越的，然而这种转化在理雅各的译注中却受到遮蔽。并且理雅各还在译注中将朱熹的人心直接等同于基督的原罪，他指出："这些论点正承认了这样的事实——人性的缺陷状态，而这正

---

① James Legge, *The Chinese Classics*, Volume I, Taipei: SMC Publishing Inc., 1991, p. 250.

② James Legge, *The Chinese Classics*, Volume I, Taipei: SMC Publishing Inc., 1991, p. 250. 原文为：克己 is not subduing and putting away the self, but subduing and putting away the selfish desires in the self.

③ James Legge, *The Chinese Classics*, Volume I, Taipei: SMC Publishing Inc., 1991, pp. 250–251. 原文为：the 己 is said, in the 翼注, to be the 人心 as opposed to the 道心, "the mind of man" in opposition to "the mind of reason."

是基督教条中的原罪。"① 这种阐释极大地歪曲了朱熹的原意。白璧德虽然亦是从西方文化的根基出发去建构人文主义，但是他并不认同基督教的原罪说。翟林奈则在序言中明确批评理雅各的传教意图："尽管他（理雅各）为他的翻译工作做了很充分的准备，然而奇怪的是他作为一位公认的伟大的汉学家，大半生都致力于翻译儒家学说，却如此偏离儒家学说的核心与本质。唯一的解释就在于他首先是一个基督教传教士，其次才是一个客观的学生；他是来教育和改造这些异教徒的，而不是被他们教育和改造。"② 而对于以上那段"颜渊问仁"，翟林奈是如此翻译：

> Yen Yüan inquired as to the meaning of true goodness. The Master said: The subdual of self, and reversion to the natural laws governing conduct-this is true goodness. If a man can for the space of one day subdue his selfishness and revert to natural laws, the whole world will call him good. True goodness springs fron a man's own heart. How can it depend on other men?③

其实，细究起来，翟林奈此处的译法与理雅各相差无几，但是翟林奈在译注中并不将其与基督教神学进行比附，再加之其去宗教化的态度在序言即已阐明，那么，读者在此自不会作过多的联想。而翟林奈与理雅各对"礼"的译介的根本区别在于翟林奈对"礼"之内在维度的强调。我们将"颜渊问仁"这一章余下部分进行对比即可知晓：

---

① James Legge, *The Chinese Classics*, Volume I, Taipei: SMC Publishing Inc., 1991, p. 251. 原文为: In all these statements there in an acknowledgment of the fact-the morally abnormal condition of human nature-which underlies the Christian doctrine of original sin.

② Lionel Giles, *The Sayings of Confucius*, London: John Murray, 1907, p. 12. 原文为: Thus equipped for his task, it cannot but appear strange that he, admittedly a great sinologue, should have gone so far astray as to miss the very core and essence of the doctrines to the elucidation of which he devoted most of his life. The explanation may lie in the fact that he was a Christian missionary in the first place, and only secondly a scientific student; he had come to teach and convert the heathen, not to be taught or converted by them.

③ Lionel Giles, *The Sayings of Confucius*, London: John Murray, 1907, p. 62.

原文：

颜渊曰："请问其目。"子曰："非礼勿视，非礼勿听，非礼勿言，非礼勿动。"颜渊曰："回虽不敏，请事斯语矣。"

理雅各译文本：

Yen Yüan said, "I beg to ask the steps of that process." The Master replied, "Look not at what is contrary to propriety; listen not to what is contrary to propriety; speak not what is contrary to propriety; make no movement which is contrary to propriety." Yen Yüan then said, "Though I am deficient in intelligence and vigour, I will make it my business to practise this lesson."①

翟林奈译文：

Yen Yüan said：Kindly tell me the practical rule to be deduced from this.——The Master replied：Do not use your eyes, your ears, your power of speech or your faculty of movement without obeying the inner law of self-control.——Yen Yüan said：Though I am not quick in thought or act, I will make it my business to carry out this precept.②

在此，理雅各将"礼"译为了"propriety"，而翟林奈则将其译为了"the inner law of self-control"，并且翟林奈还在译注中特地批评了理雅各的译法，认为"这是理雅各提供给读者的严肃的废话（solemn nonsense）"③，批评之意可谓相当强烈。并且，他在序言中也指出理雅各的译文使西方人对孔子造成了严重的误读："他（孔子）经常被指责过于强调外在，低估了内心的自然冲动。理雅各说：'礼是孔子之道的绊脚石，他的道德是平衡深受古人思想限制的理智的结果，而不是那颗爱心喷涌的结果，这颗爱心受天堂激励而同情罪孽深重和脆弱不堪的人类。'现在正是对这些误读进行有效反驳的时候。虽是逆耳之言，但是我们必须反驳道，'li'这个中国词一直都遭到这种荒谬的翻译的严重限制。

---

① James Legge, *The Chinese Classics*, Volume I, Taipei：SMC Publishing Inc., 1991, p. 250.

② Lionel Giles, *The Sayings of Confucius*, London：John Murray, 1907, p. 62.

③ Lionel Giles, *The Sayings of Confucius*, London：John Murray, 1907, p. 62. 原文为：This is the solemn nonsense dished up by Legge.

它确实是个绊脚石，但是不是孔子的绊脚石，而是理雅各本人的绊脚石。"① 可见，翟林奈的"the inner law of self-control"针对的正是理雅各过于强调外在礼仪的译法。相比理雅各，"the inner law of self-control"确实直接指向人的内在维度。对于一直关注人的内在维度的白璧德而言，翟林奈的"the inner law of self-control"更切合其人文主义学说。然而白璧德对儒学的理解与翟林奈所呈现的儒学还是有相当大的裂缝。其区别有以下两点。

首先，翟林奈在序言中指出儒家的性善论，并且他还明确指出孔子之"仁"与"礼"之关系："他（孔子）非常重视 jen（仁），这种心灵的感受（the feeling in the heart）是所有正确行为的源泉，他强调内在以反对外在，他甚至强调动机而不是外在的行为。"② 那么，翟林奈之所以将"礼"译为"the inner law of self-control"正是为了强调人内心当中的"仁"。对此，翟林奈在讨论儒家政治理念时有详细的阐述："我们同样需要 li（礼），因为统治者不可能如同父亲和儿子般，与他的臣民保持私人的亲密联系。我们必须依赖符号（symbols）以及将内在的忠诚感以及尊敬感付诸外在的和可见的表达方式。这些内在感受能唤醒民族中每一个成员的心灵，而这些符号就是习俗（rites）以及礼节（ceremonies）。孔子被认为是这些礼仪的高手。孔子的确看到了这些符号的重要性，但是他同样知道如果没有内在的情

---

① Lionel Giles, *The Sayings of Confucius*, London: John Murray, 1907, pp. 20-21. 原文为: He has been constantly accused of laying undue weight on things external, of undervaluing natural impulses of the heart. "Propriety," says Legge, "was a great stumbling-block in the way of Confucius. His morality was the result of the balancings of his intellect, fettered by the decisions of men of old, and not the gushings of a loving heart, responsive to the promptings of Heaven, and in sympathy with erring and feeble humanity." It is high time that an effective protest was made against such an amazing piece of misrepresentation. With bitter truth we may retort that "propriety" —that is, the Chinese word li which has been cruelly saddled with this absurd rendering—has indeed been a stumbling-block, but a stumbling block not so much to Confucius as to Dr. Legge himself.

② Lionel Giles, *The Sayings of Confucius*, London: John Murray, 1907, p. 21. 原文为: it is the supreme importance which he attached to jên, the feeling in the heart, as the source of all right conduct, the stress which he laid on the internal as opposed to the external, and even on motives rather than outward acts.

感（inward feeling），这些符号是毫无意义和价值的。"① 但白璧德是如此理解"仁"与"礼"的关系："爱（love）是践行法则（law）之后的结果，因此对 jen（仁）的颂扬仅仅是儒家强调其立场的一种方式。"② 此处的 Law 指的是人的法则（law for man），即白璧德一直所强调的更高意志。这就是说，"仁"只有在卑下意志服从更高意志才会出现。如此看来，白璧德虽然认同翟林奈对儒家之礼的内在维度的强调，但是二者背后的文化意蕴截然不同：翟林奈的"the inner law of self-control"诉诸的乃是人性中"仁"的力量；而白璧德所理解的"the inner law of self-control"则是一种更高意志对卑下意志的控制。那么，白璧德对翟林奈的认同仅限于其译本比理雅各略高一筹罢了。不过白璧德如此自信自己了解儒家思想，个中原因或许只能从学衡派弟子中找寻答案。然而，即使白璧德受到了学衡派弟子的影响，从而将"礼"理解为一种意志的品质，但是翟林奈并非完全忽略外在之"礼"，如以下例子：

原文：
子曰："事君尽礼，人以为谄也。"
翟林奈译本：

The Master said: He who serves his prince with all the proper ceremony will be accounted by men a flatterer. ③

再者，白璧德亦参考了理雅各的译本。理雅各的译本不仅展现了"礼"的外在维度，他还在译注中充分呈现了中国儒家之"礼"的社会

---

① Lionel Giles, *The Sayings of Confucius*, London: John Murray, 1907, pp. 31-32. 原文为：There must be li here as well, but it is not possible for the sovereign to maintain with his subjects the personal intimacy which unites a father and his sons, it is necessary to fall back upon symbols, and to give outward and visible expression to the inward sentiments of loyalty and respect which should animate the breast of each member of the nation. These symbols are the rites and ceremonies of which Confucius was considered such a past-master. He saw indeed their full importance as symbols, but he also knew that, divorced from the inward feeling, they were meaningless and without value.

② Irving Babbitt, *Democracy and Leadership*, Boston and New York: Houghton Mifflin Company, 1924, p. 151. 原文为：The exaltation of jên is simply the Confucian way of affirming that love is the fulfilment of the law.

③ Lionel Giles, *The Sayings of Confucius*, London: John Murray, 1907, p. 96.

等级性。而这种社会等级性乃是一种历史的叙述,白璧德即使不认同理雅各过分强调"礼"的外在维度的译法,对于这些历史描述,白璧德不可能否定其存在。如《论语·八佾篇》,理雅各在译注中特地指出:"佾,一行舞者……在古代的宗庙里,天子使用八行的礼,每一行由八人组成。诸侯使用六行,大夫只能使用四行。因此,对于季氏而言,他使用八行是一种僭越之行。"① 通过理雅各的译注,即便是身处跨文化语境下的白璧德亦可知晓儒家之"礼"的社会等级性。然而白璧德始终坚持孔子之礼乃是一种意志的品质。这份独见除了受学衡派的影响外,还源自白璧德一贯的人文主义思考。其实,早在第一本专著《文学与美国的大学》,白璧德已经开始思考人文主义之礼的内在性问题。白璧德指出文艺复兴以后,"人文主义的理想变得越来越程序化,而且它越来越与等级制度(hierarchy of rank)及特权联系在一起。这种知识的优越感通过社会优越感得到强化。狭隘的同情心正是艾米尔反感英国绅士的原因所在:'绅士之间讲究礼貌、平等和社交礼仪(social proprieties),而他对下层人们的态度则是傲慢、鄙视、冷漠、漠不关心……绅士的礼貌并不是人性化和普遍化的,而是非常个人的、私人的。'毫无疑问,英国人狭隘的同情心的确让人惋惜,但是如果他在扩展同情心的同时使传统人文主义以及传统宗教的纪律变得松弛,这将会是更大的遗憾"②。可见,虽然白璧德意识到文艺复兴的人文主义越来越与等级制度联系在一起,可是他并未对这种等级制度表示出强烈的批判态度,反而惋惜英国绅士未能成为真正的人文主义者。而白璧德对西方贵族礼仪所内含的

---

① James Legge, *The Chinese Classics*, Volume I, Taipei: SMC Publishing Inc., 1991, pp. 154-155. 原文为:佾,'a row of dancers,'……In his ancestral temple, the king had eight rows, each row consisting of eight men, a duke or prince had six, and a great officer only four. For the Chi, therefore, to use eight rows was a usurpation.

② Irving Babbitt, *Literature and the American College: Essays in Defense of the Humanities*, Boston and New York: Houghton Mifflin Company, 1908, p. 12. 原文为:Later on this humanistic ideal became more and more conventionalized and associated with a hierarchy of rank and privilege. The sense of intellectual superiority was reinforced by the sense of social superiority. The consequent narrowing of sympathy is what Amiel objects to in the English gentleman: "Between gentlemen, courtesy, equality, social proprieties; below that level, haughtiness, disdain, coldness, indifference……The politeness of a gentlemen is not human and general, but quite individual and personal." It is a pity, no doubt, that the Englishman is thus narrow in his sympathies; but it will be a greater pity, if, in enlarging his sympathies, he allows his traditional disciplines, humanistic and religious, to be relaxed and enervated.

人性品质的关注则影响了他对儒学的理解。因此，即使他从理雅各译本中知晓了中国儒家之"礼"所内含的社会等级性，这也并非他所关注的重点。他看重乃是"礼"背后所展现的人性品质，如此便能理解他对翟林奈译本的认可。从这个角度而言，白璧德在跨文化语境下对孔子之礼重新解读，使孔子之礼摆脱了封建等级制度的桎梏而散发出人性的光辉。

回到吴宓的译文，吴宓将白璧德之意忠实地翻译出来，这并非囿于原文所致。吴宓其实非常赞同白璧德对孔子之"礼"的全新解读。他在《我之人生观》中指出："复礼者，就一己此时之身份地位，而为其所当为者是也。易言之，即随时随地，皆能尽吾之义务，而丝毫无缺憾者也。故对父母则孝，对兄弟则友，对师长则敬，对邻里则睦，对贫弱则悯恤。素富贵行乎富贵，素贫贱行乎贫贱。交际酬酢，则蔼然如春，无人能比其温雅。遇国有大事，则执干戈以卫社稷。凛如霜雪，屹如金刚，无人能及其勇武，若而人者，可谓能有礼矣。易曰，大人虎变，君子豹变。变亦礼也。故礼 Decorum 者，适宜 Propriety 之谓，乃精神上行事做人之标准（the inner principle of Decorum），而非形式上步履饮食之规矩也。"① 不难看出，此番对"礼"的说明正是白璧德所一直持守的"适度法则"，只是吴宓根据中国的现实情况对其进行了更为详细的阐述。对于儒家外在形式的"礼"，吴宓则认为这只是"仪"。他谈道："此等繁文缛节之属于形式者，可名仪注。昔尝以礼名之，实仪注之意，要当分别也。虽然，精神上之标准，可意会身体而不易言宣。故古之圣贤教人，每举外形实物或某人某事以为例。然吾侪当通其意，不可自为拘泥，或反而攻击礼之本体也。仪注（Etiquette）者，琐细之规则（Rules）也，故随时随地而异。"② 通过这番解说，吴宓使"礼"挣脱了外在的形式，而全然指向内在的精神。对于接受了西方思想的吴宓而言，"礼"所内含尊卑秩序并不足以为训，他认为"复礼者，就一己此时之身份地位而为其所当为者是也"，又言"对父母则孝，对兄弟则友，对师长则敬，对邻里则睦，对贫弱则悯恤"，此间并没有尊卑之别，而是人内心当中的一种道德意识。那么，吴宓在译文中所展现的白璧德所持守之"礼"，这何尝又不是吴宓所希冀的具有现代意义的"礼"。如此之"礼"涤清了封建等级性，而成为可以施之于现代的道德原则。

---

① 吴宓：《我之人生观》，《学衡》1923 年第 16 期。
② 吴宓：《我之人生观》，《学衡》1923 年第 16 期。

第二节　胡先骕之译文示例

一　译文选择的双重动因

《中西人文教育谈》是白璧德唯一一篇明确提出国际人文主义概念的文章，但是该文却不是由其门下弟子所译出。吴宓曾述及该篇译文的由来："一月初，得白璧德师自美国寄来其所撰之'Humanistic Education in China and in the West'笔者按此应为'Humanistic Education in China and the West'一文。盖 1921 年秋（宓离美国后）留美中国学生会年会特请白璧德师莅会之演讲稿，而刊登于《留美中国月报》者也。胡先骕君见之，立即译出。"① 从这短短的介绍，我们可以获取两个重要信息：首先，该译文是白璧德主动寄给吴宓，可见白璧德极为重视该译文；其次，该译文引起了胡先骕的极大兴趣，以至于其见之，立即译出，并且这种翻译的意愿比白璧德的门下弟子更为强烈。然则胡先骕何以如此钟情于该文？我们不妨先他与白璧德门下弟子在阅读《中西人文教育谈》后的回应来入手考察。

吴宓在《白璧德中西人文教育谈》一文前面作了"吴宓附识"，概括介绍对该文的主要大旨。② 但是，吴宓对白璧德的国际人文主义运动的回应乃是从文化内容着眼，对白璧德所重点阐明的精英教育则丝毫不涉及。吴宓甚至认为社会受病之根在于"群众昧于为人之道"③，此与白璧德的精英式德治理念可谓完全相悖。如此一来，白璧德所希冀人文教育所蕴涵的政治意义则受到遮蔽，甚至在某种程度上遭到曲解。

相比吴宓在文化内容上的呼应，梅光迪则在国内回应了白璧德对知识领袖的号召。在《学衡》杂志刊登《白璧德中西人文教育谈》后，梅光迪随即发表了《论今日吾国学术界之需要》。此前，他在《学衡》

---

① 吴宓：《吴宓自编年谱》，生活·读书·新知三联书店 1995 年版，第 233 页。关于该篇译文的选择，张源有详细的考证。笔者认同张源的考证，认为该译文的选择者乃在于胡先骕。参见《从"人文主义"到"保守主义"——〈学衡〉中的白璧德》，第 149—163 页。

② "吴宓附识"，参见胡先骕《白璧德中西人文教育谈》，《学衡》1922 年第 3 期。

③ 胡先骕：《白璧德中西人文教育谈》，《学衡》1922 年第 3 期。

杂志所发表的文章都意在批评新文化运动的领袖们,唯独该文,他对中国的学者发出了号召:"为目前计,宜唤起国中已有学者之责任心,使其不仅长吁短叹,发其牢骚于静室冥坐私人闲话之际,必须振其牺牲愿力,与其耿耿之义愤,以拯国家,以殉真理,则日月出而爝火将无光也。"① 梅光迪在此希望集合更多的知识领袖,意即为中国的人文主义运动蓄力。不过梅光迪对国际人文主义运动的开展亦集中于文化学术领域,他指出:"学术为少数之事,故西洋又称智识阶级为智识贵族。人类天材不齐益以教育修养之差,故学术上无所谓平等。"②

比起二者,胡先骕的回应则甚为特别。胡先骕在译文登出后,随即在《学衡》杂志发表了一篇《说今日教育之危机》。在该文中,胡先骕似乎未对白璧德的国际人文主义运动作出任何回应。但他表达了对白璧德审慎的文化态度的认可:"美国哈佛大学文学教授白璧德(Irving Babbitt)以为欧洲文艺复兴运动之鄙弃古学,不免有倾水弃儿之病。吾则谓吾人之习西学,亦适得买椟还珠之结果,不但买欧人之椟而还其珠也,且以尚椟弃珠之故,至将固有之珠而亦弃之。吾国教育之危机,可想见矣。"③ 又言:"白璧德教授以为中国习尚,有高出于欧西之人文主义者,以其全以道德为基础故。"④ 可见,白璧德对中国儒学教育内容的肯定大大触动了胡先骕之心。

接下来,胡先骕便从教育内容过渡到对教育主体的批判:"吾尝细思吾国 20 年前文化蜕嬗之陈迹,而得一极不欲承认之结论,则西方文化之在吾国,以吾欧美留学生之力,始克成立。而教育之危机,亦以吾欧美留学生之力而日增。吾国文化今日之濒于破产,惟吾欧美留学生为能致之。而旧文化与国民性之保存,使吾国不至于精神破产之责。亦惟

---

① 梅光迪:《论今日吾国学术界之需要》,段怀清编《新人文主义思潮——白璧德在中国》,江西高校出版社 2009 年版,第 123 页。
② 梅光迪:《论今日吾国学术界之需要》,段怀清编《新人文主义思潮——白璧德在中国》,江西高校出版社 2009 年版,第 121 页。
③ 胡先骕:《说今日教育之危机》,段怀清编《新人文主义思潮——白璧德在中国》,江西高校出版社 2009 年版,第 124 页。
④ 胡先骕:《说今日教育之危机》,段怀清编《新人文主义思潮——白璧德在中国》,江西高校出版社 2009 年版,第 125 页。

吾欧美留学生，为能任之也。"① 或许学衡派②中没人比传统士人出身的胡先骕更了解中国传统儒学教育的政治意义，由此他更能切身体悟白璧德对中国传统教育制度赞赏背后的政治情怀。白璧德谈道："尽管科举制自实施之日起便甚不完备，但究其根本，它亦有重大意义。它根据人文的标准严格挑选那些致力于服务国家的人，并且它选择的基础是民主的。"③ 而胡先骕则如此译道："故昔日科举制度，虽甚不完备，然其用意固多可取者。盖于彼千万应试者，欲服官而治国者，必以人文的学问为标准，而加以严格之选择。其选择之法，则一本平民主义。"④ 相比白璧德的原文，胡先骕更直接指明了中国传统教育的政治意义。一句"盖于彼千万应试者，欲服官而治国者，必以人文的学问为标准，而加以严格之选择"，无疑在诉说胡先骕自身的教育史。可见，白璧德所建构的精英式的德治理念唤起了胡先骕内心所潜藏的传统士人的精英意识。如此一来，他之前在《新文化之真相》所倡导的直接民主理念便一下子崩溃了，毕竟他倡导直接民主的原动力正是儒家"兼善天下"的精英意识。白璧德由于深切意识到精英教育对国家社会的重要性才对中国传统教育模式颇为赞赏，而胡先骕作为传统教育体系中的一员则更能体会到白璧德之政治用心。虽然他不再直接"服官而治国"，但是与白璧德一样，以人文标准教育"服官而治国者"的责任义不容辞。因此，他在文末以极为高远的政治情怀道："今日中国社会之领袖，舍吾欧美留学生莫属。此无庸自谦者也。吾辈既居左右社会之地位，则宜自思其责任之重大，而有以天下为己任之心……"⑤ 在此，胡先骕虽然在言辞上站在与欧美留学生一样的位置来劝告他们"庶于求物质学问

---

① 胡先骕：《说今日教育之危机》，段怀清编《新人文主义思潮——白璧德在中国》，江西高校出版社 2009 年版，第 125 页。

② 梅光迪与胡先骕的教育经历相似，但是从目前的文献资料看，梅光迪并没有胡先骕那般忠于清室之想法。

③ Irving Babbitt, "Humanistic Education in China and the West", *The Chinese Students' Monthly*, Vol. 17, No. 2, 1921, p. 90. 原文为：There was, for example, a great idea at the bottom of the old civil service examinations, however imperfectly it was carried out. There was to be selection and severe selection on humanistic lines among those who aspired to serve the state, but the basis of the selection was to be democratic.

④ 胡先骕：《白璧德中西人文教育谈》，《学衡》1922 年第 3 期。

⑤ 胡先骕：《说今日教育之危机》，段怀清编《新人文主义思潮——白璧德在中国》，江西高校出版社 2009 年版，第 128 页。

之外，复知求有适当之精神修养"①，但是在精神上他站在了与白璧德一样的"为万世师"的高度来匡正社会之领袖。论述至此，我们不妨再回看胡先骕对 Humanism 人文主义译名的确定。倘若说学衡派诸子皆从之的原因乃在于人文主义直接点明了白璧德的 Humanism 与儒家思想的联系，那么，对胡先骕而言，其最终选择"人文主义"作为 Humanism 译名的原因或在于"人文"二字蕴涵了儒家以诗书礼乐教化天下之意，最终目的乃指向社会的维度。如此看来，在胡先骕心中，"人文主义"自有与学衡派纯粹文化姿态不一样的含义，而更贴近白璧德之文化宗旨。

由以上分析可知，无论是白璧德在讲演中对儒学内圣外王教育内容的赞赏，抑或白璧德对儒学教育政治目的的肯定，这些都是胡先骕安身立命之根本。还值得一提的是胡先骕与白璧德的两位大弟子梅光迪与吴宓于 1921 年 11 月才集聚东南大学筹办学衡派。这也就是说，胡先骕于 1921 年 11 月才真正接触到白璧德的弟子们。而白璧德的《中西人文教育谈》则于 1922 年 1 月寄送到吴宓手中。可见，胡先骕从接触白璧德的弟子至接触白璧德的《中西人文教育谈》前后相隔不到三月。由于资料的缺乏，我们尚不知胡先骕其间有没有受到梅光迪与吴宓的影响，而接触到白璧德的其他资料，不过即便有，此时的白璧德亦只有《卢梭与浪漫主义》谈及儒家思想，并且远没有《中西人文教育谈》集中。那么，作为一位在传统儒学教育中成长起来，并对此教育的文化政治意义有切身体会之人，他遇到一篇对中国儒学教育抱有如此高评价的域外之文，其激动之情比起吴宓、梅光迪等人实在是有过之而无不及。无怪乎胡先骕见之，立即译出。

二 译文中的"新儒学"

（一）译文中的德治理念——领袖的维度

如上所言，白璧德的《中西人文教育谈》唤起了胡先骕对儒学教育传统的记忆从而"立即译出"。那么，胡先骕究竟如何演绎这篇政治意

---

① 胡先骕：《说今日教育之危机》，段怀清编《新人文主义思潮——白璧德在中国》，江西高校出版社 2009 年版，第 128 页。

味相当浓厚的讲稿,儒学政治理想在其中又将产生怎样的新内涵?我们不妨将白璧德的原文与胡先骕的译文对比阅读:

1. So that humanists in both the East and the West oppose to the democratic doctrine of <u>the divine average</u> the doctrine of <u>the saving remnant</u>.①

可见东西之人文主义者,皆主以<u>少数贤哲</u>维持世道,而不倚赖群众,取<u>下愚之平均点</u>为标准也。②

2. It might be well to reflect on what confucius says of his ideal ruler, Shun. Religiously self‐observant, he says, Shun simply sat gravely on his throne and everything was well.③

昔孔子称舜之端拱无为而天下治。④

3. <u>Our democratic development</u> has been won largely at the expense of standards; and yet without <u>leaders</u> who are disciplined to the best humanistic standards the whole <u>democratic experiment</u> is going, in my judgment, to prove impossible.⑤

<u>欧西之民治运动</u>,大都以牺牲标准而成功。然吾意苟无曾受严格人文训练之<u>首领</u>,则<u>民治试验</u>将难有成也。⑥

"'the saving remnant'是白璧德常用的一个术语,原系宗教术语,指基督教《圣经》中(代表以色列民众中圣洁种子)的余剩民。"⑦ 笔者以为白璧德在西方文化语境下借用圣经的术语指涉维持文化的领袖,

---

① Irving Babbitt, "Humanistic Education in China and the West", *The Chinese Students' Monthly*, Vol. 17, No. 2, 1921, p. 89.
② 胡先骕:《白璧德中西人文教育谈》,《学衡》1922年第3期。
③ Irving Babbitt, "Humanistic Education in China and the West", *The Chinese Students' Monthly*, Vol. 17, No. 2, 1921, pp. 89-90.
④ 胡先骕:《白璧德中西人文教育谈》,《学衡》1922年第3期。
⑤ Irving Babbitt, "Humanistic Education in China and the West", *The Chinese Students' Monthly*, Vol. 17, No. 2, 1921, p. 90.
⑥ 胡先骕:《白璧德中西人文教育谈》,《学衡》1922年第3期。
⑦ 张源:《从"人文主义"到"保守主义"——〈学衡〉中的白璧德》,生活·读书·新知三联书店2009年版,第209页。

此举正是他一贯的联合基督教开展国际人文主义运动的做法。而"divine average"则是西方追求民主与平等所提出的术语。但胡先骕将其分别译为"少数贤哲"与"下愚之平均点",遮蔽了白璧德的西方文化背景,赋予了其儒家色彩。并且胡先骕还增译了"维持世道",如此一来,译文比原文的政治意味更为浓厚。笔者在第一章曾论及白璧德借鉴了儒家精英式的德治理念。那么,胡先骕这种译法虽然对白璧德的文化背景有所遮蔽,但从整体上而言亦不算扭曲白璧德之意。不过笔者亦曾论及虽然白璧德的人文主义与儒家文化都崇尚精英德治,但二者背后的文化心理大不相同。胡先骕作为治科学之人,并无受过西方学术的严格训练,再加之其一直在儒家文化的濡染下成长,其受儒家文化的影响比白璧德其他弟子都要深切。那么,胡先骕借白璧德之文倡导"少数圣贤维持世道",立足的依然是中国传统的文化心理。胡先骕虽然亦受白璧德的影响,认为"人类善恶二元之天性"[①],但他是如此阐释人性二元论:"人性具善恶两元之素,殆为不可掩之事实。耶教固以性恶为其教义者,其主性恶,至以为非得神灵之启示,永无自拔之能力。佛教亦以无明自有生俱来,非勘破人生之梦幻,永无超度苦海得达彼岸之望。孔教虽主性善,然不过以为人性具有为善之端倪,而要以克己复礼、博学、审问、慎思、明辨为工夫。"[②]虽然胡先骕此处意在说明人性具有善恶二元素,但是也反映出他对中西文化心理差异还是有较为清醒的认识。然而在该讲演中,白璧德并未对其在西方文化背景下所建构的德治思想进行详细阐述,那么,胡先骕在中国的文化语境下将其讨论儒家德治思想的原文进行还原,这种还原本身看似忠实原文,然而恰是一种文化的错位,客观上造成了对白璧德所立足的文化心理的遮蔽。仅在译文的背景下,读者难以体会到白璧德以性恶为起点的文化心理,那么中国的读者自是以自身的文化心理进入胡先骕之译文。因此,在第二个例子中,当胡先骕将白璧德征引孔子之言还原为"舜之端拱无为而天下治",这种"无为"在中国读者的理解中正如刘复观所言之乃是基于

[①] 白璧德的人性二元论已经在本书第二章详细论述,但是学衡派弟子普遍都认为白璧德的人性二元论是善恶二元论。可见学衡派弟子都是从儒家伦理的角度出发,再接受其人性二元论。

[②] 胡先骕:《文学之标准》,熊盛元、胡启鹏编校《胡先骕诗文集》(下),黄山书社2013年版,第501页。

"信任'人皆能可以为尧、舜'的性善"的文化心理。

在第二个例子中，胡先骕还根据原文的意思重新整合译出。原文中的颇具封建政治色彩的"ideal ruler"（理想的统治者）一词被忽略不译。白璧德虽然是从现代民主思想的角度来进入儒家的政治思想，但是舜为统治者确为不争的事实。白璧德以理想的统治者来指称舜，亦是就事实而言。从胡先骕的角度而言，虽然封建的政治体制已经覆灭，但是封建的君臣伦理关系曾经是胡先骕安身立命的根本。那么，当胡先骕看到白璧德所指称的儒家理想的统治者舜，难免不掀起他过去所向往的圣王记忆。然而如第二章所言，他已经在共和体制下统合了自身的矛盾，共和民的身份乃是此时的他参与社会政治生活的根本。因此，倘若胡先骕按照原文译出，将舜指称为"理想的统治者"，在中国当时的文化语境下难免会带上封建思想的痕迹。或许这种忽略不译正是胡先骕有意而为之。白璧德在讲演中乃是在现代民主的语境下讨论儒家的德治文化，而胡先骕亦是相当认同白璧德对儒家德治文化的推崇，如第三个例子中，胡先骕可谓完全译出白璧德之意。在中国的文化语境下，胡先骕对"ideal ruler"忽略不译，反而更凸显白璧德推崇儒家德治文化的民主背景。如此一来，舜不再是封建政治体制所推崇的理想统治者，而是现代民主国家下的领袖或首领。"舜"在民主政治的背景下被赋予了全新的政治形象。笔者以为此乃胡先骕译文极具时代意义的贡献。

总体而言，胡先骕以儒家术语翻译白璧德精英式的德治理念，这种"还原"看似忠实原文，但是在中国的文化语境下恰构成了文化之错位。这种错位虽然在一定程度上遮蔽了西方"性恶"的文化背景，但是另一方面使儒家德治理念在西方民主政治背景下得到了重新激活。笔者以为该译文既是面向中国读者，这种译法或许更切合中国之需要。

（二）译文外的德治理念——国民的维度

在遇到白璧德之前，胡先骕倡导直接民主："旧文化首不认民本主义之可能，而认治人治于人两种阶级，为天经地义。""此种为民 For the people 而非由民 by the people 之观念，虽以孔孟之圣不能或免，盖亦时势使然也。""一政治之选择，要以民意为从违。"[①] 而在接触白璧德

[①] 胡先骕：《新文化之真相》，《公正周报》1920 年第 1 卷第 5 期。

的人文主义后，胡先骕摒弃了直接民主的想法，选择了白璧德的宪政民主。他认为今人"对于孔子，乃诋之不遗余力，甚且谓孔子学说与民治主义不相容，岂非利用青年厌故喜新、好奇立异之弱点乎？"① 在强调政治领袖作用的前提下，孔子学说在民主政治的背景下确有了用武之地。不过值得注意的是，此时的胡先骕谈的是"孔子学说与民治主义相容"，所谓"相容"，言下之意还是认为"旧文化首不认民本主义之可能"。那么，在中国的儒学传统下，补进中国文化之缺自是素怀"兼善天下"之志的胡先骕孜孜以求的政治目标。那么，胡先骕在坚持儒学精英式德治理念的前提下究竟将国民处于怎样的政治位置？日后，胡先骕的《文学之标准》一文或正可给予我们启示。此虽是讨论文学之文，但是以胡先骕一向的政治倾向，文学自不会脱离政治。他如此谈道：

> 民本政治以及任何多数政治之良窳，皆以国民之知识与道德为转移，专制政治则系于少数之政治首领……吾国根本之症结在国民无政治之常识，无干涉政治之要求，故共和制之弊乃立现。欲求此种政治终得上轨道，舍普及教育无由。②

由此看来，胡先骕虽然主张精英政治，但这种精英政治乃是在民主政治的背景下提出的，因此他亦极为重视国民参与政治的权利。毕竟在代议制的民国体制中，胡先骕看到"一般人民无争选举权之要求，无民主政治之经验与道德，固为不可掩之事实。故民国建立，代议制乃腐败至于不可收拾之域，而为一般野心之武人之傀儡"③。如此一来，他所希冀的精英政治终成为虚谈。在这种情况下，胡先骕断不会只侧重于精英的德治问题，一般国民的政治素养亦是他所关注之重点。只不过虽然胡先骕立意以民主政治补进中国儒家文化之缺，却始终没有在中国儒家文化中开出民主政治思想，而只是将儒家思想置于民主政治的背景下与

---

① 胡先骕：《论批评家之责任》，熊盛元、胡启鹏编校《胡先骕诗文集》（上），黄山书社2013年版，第340页。
② 胡先骕：《文学之标准》，熊盛元、胡启鹏编校《胡先骕诗文集》（下），黄山书社2013年版，第500—501页。
③ 胡先骕：《文学之标准》，熊盛元、胡启鹏编校《胡先骕诗文集》（下），黄山书社2013年版，第500页。

之相融合。这与现代新儒家之努力究竟差了一步,然而胡先骕以西方民主政治思想打开儒家思想体系之功亦不可埋没。

三 和而不同——"国际人文主义"运动

如上文所言,胡先骕以儒家思想重新演绎了白璧德精英式的德治理念。既是德治,那么,如何修德不仅是白璧德所关注的问题,亦是胡先骕在中国传统文化节节败退的情况一直思索的问题。这份"以正人心风俗为己任"的社会情怀,中西人文主义者皆然。我们且看胡先骕究竟如何诠释白璧德所讨论的德性问题,进而呈现胡先骕对国际人文主义运动的融入。①

1. Confucius defines the specifically human element in man, not in terms of expansive emotion like the sentimental humanitarians of to-day, but as a "law of inner control". ②

孔子以为凡人类所同具者,非如近日感情派人道主义者所主张之感情扩张,而为人能所以自制之礼。③

2. If a man is to be truly human, he cannot expand freely along the lines of his ordinary self, but must discipline this ordinary self to a sense of measure and proportion. ④

若人诚欲为人,则不能顺其天性,自由胡乱扩张,必于此天性加以制裁,使为有节制之平均发展。⑤

3. A man who accepts a truly humanistic discipline tends to become what Confucius calls a superior man (Chun tzu) or what Aristotle calls a

---

① 张源亦曾分析胡先骕的译文,参阅张源著《从"人文主义"到"保守主义"——〈学衡〉中的白璧德》,第204—217页。然而笔者在本书试图从"国际人文主义"的角度重新解读胡先骕的译文。
② Irving Babbitt, "Humanistic Education in China and the West", *The Chinese Students' Monthly*, Vol. 17, No. 2, 1921, p. 89.
③ 胡先骕:《白璧德中西人文教育谈》,《学衡》1922年第3期。
④ Irving Babbitt, "Humanistic Education in China and the West", *The Chinese Students' Monthly*, Vol. 17, No. 2, 1921, p. 89.
⑤ 胡先骕:《白璧德中西人文教育谈》,《学衡》1922年第3期。

highly serious man. ①

凡愿为人文主义之自制工夫者，则成为孔子所谓之君子，与亚里士多德所谓之甚沉毅之人。②

4. The meddler and the busybody has perhaps for the first time in the history of the world got himself taken at his own estimate of himself. ③

今日彼耘人之田者，乃受尊崇，此为昔之所未见。④

5. many of the rules of good form for example that are laid down in the "Li Ki" seem to me to be no more of the essence of that decorum or law of inner control which must be at the heart of every true humanism than the fact, which has also been piously handed down, that Confucius ate ginger at every meal. ⑤

如《礼记》中所载之礼文，多有与士君子修身立行之原理无关，无异于孔子之不撤姜食也。⑥

6. The ultimate basis of sound leadership is the type of character that is achieved through self-discipline, and this self-discipline itself has its root in humility or "submission to the will of Heaven". I am inclined to think that Confucius is superior to many of our occidental humanists in his clear recognition of the fact that the law of measure is itself subject to the law of humility. ⑦

此等人笃信天命而能克己，凭修养之功，成为伟大之人格。吾每谓孔子之道有优于吾西方之人文主义者，则因其能认明中庸之

---

① Irving Babbitt, "Humanistic Education in China and the West", *The Chinese Students' Monthly*, Vol. 17, No. 2, 1921, p. 89.
② 胡先骕：《白璧德中西人文教育谈》，《学衡》1922年第3期。
③ Irving Babbitt, "Humanistic Education in China and the West", *The Chinese Students' Monthly*, Vol. 17, No. 2, 1921, p. 89.
④ 胡先骕：《白璧德中西人文教育谈》，《学衡》1922年第3期。
⑤ Irving Babbitt, "Humanistic Education in China and the West", *The Chinese Students' Monthly*, Vol. 17, No. 2, 1921, p. 90.
⑥ 胡先骕：《白璧德中西人文教育谈》，《学衡》1922年第3期。
⑦ Irving Babbitt, "Humanistic Education in China and the West", *The Chinese Students' Monthly*, Vol. 17, No. 2, 1921, p. 90.

道，必先之以克己及知命也。①

在第一个例子中，白璧德确将孔子之礼（decorum）等同于其人文主义的"law of inner control"。那么，胡先骕"law of inner control"译为"自制之礼"，并未偏离白璧德之意，只是增添了一份儒学色彩。第四个例子亦是如此，"耘人之田"一词出自《孟子·尽心》，虽则意思无差，但却直接指向了儒家学说。按说，以儒家思想翻译白璧德之学说乃是学衡派一贯之方法，不过胡先骕译文要比吴宓译文归化得更为彻底，并且译者的主观意志更为强烈。对此，我们对比吴宓之礼与胡先骕之礼的翻译即可知。吴宓将"The decorum or principle of inner control"译为"礼（即内心管束之原理）"，可见他将"inner control"译为"内心管束"。相比胡先骕的"自制"，吴宓的儒学色彩要淡了许多。然则，胡先骕何以比吴宓更为迫切地使用儒家学说对译白璧德之学说？其原因或许有二，一则吴宓乃是白璧德门下之弟子，他翻译时虽然有意"昌明国粹"，但是亦要顾全白璧德之意，因此译法亦相对谨慎，而胡先骕此时并未面谒白璧德，非白璧德门下弟子，那么，他翻译时自然较为随意；二则胡先骕虽未面谒白璧德，但是其改良人心的政治情怀却比起吴宓等人更为深切，亦更为贴近白璧德之心。因此，他的译法虽不甚谨慎，却意外地切合白璧德开展国际人文主义运动之意。因为中国国际人文主义运动的展开毕竟不可能完全照搬白璧德人文主义，而是要在自身的文化土壤上汲取白璧德人文主义思想。从这个层面上而言，"自制"倒是比吴宓的"内心管束之原理"更符合白璧德开展新儒家运动的期待。胡先骕与白璧德政治情怀的一致还体现在其余的例子中，笔者将详细述之。

在第二个例子中，胡先骕将白璧德二元论其中一元"ordinary self"译为"天性"，从严格意义上，这亦不甚符合白璧德之意。白璧德实际上认为人的"天性"是二元的，而胡先骕将"ordinary self"译为"天性"违背了白璧德所指称的人性的二元论。不过胡先骕并非白璧德门下的直系弟子，亦非研究白璧德之专家，我们大可不必对其译文过于苛

---

① 胡先骕：《白璧德中西人文教育谈》，《学衡》1922年第3期。

责。而且如上文所言,胡先骕之译法虽从人文主义理论而言不甚严格,但是就其精神实质而言,他却比吴宓等人更得白璧德之心。从整句话的语境来看,胡先骕对人之"天性"抱有非常谨慎的态度,而非儒学主流中的相信人性善的乐观态度。这种对人性谨慎的态度与白璧德可谓相当一致。无论胡先骕抑或白璧德都极为重视人自身德性的完善。只不过在中国的文化背景下,儒家自有一套完善的修身之学,而这套修身之学与白璧德之人文主义训练(humanistic discipline)虽然文化根基不同,但是人文主义之路径确是一致的,即不诉诸宗教的完善德性之路。因此,尽管或许此时的胡先骕并不甚了解白璧德之学说,但这并不妨碍他以儒家的修身之学对译白璧德的人文主义训练,那么,他如何在译文中阐释儒家的修身之学呢?我们不妨接着往下看。

在第三个例子中,胡先骕将"A man who accepts a truly humanistic discipline"译为"凡愿为人文主义之自制工夫者",以"自制"对应"discipline"较为符合白璧德之意,不过"工夫"倒是胡先骕额外增加之意。那么,胡先骕此处的增译究竟有何深意?胡先骕在谈及儒家人性论时,里面便有"工夫"一词:"孔教虽主性善,然不过以为人性具有为善之端倪,而要以克己复礼、博学、审问、慎思、明辨为工夫"。[①] 如此看来,胡先骕增译"工夫"一词正是为了强调修身之不易,君子之难得。这亦是基于胡先骕对人性"恶"的谨慎态度。

在第五个例子中,胡先骕将"every true humanism"归化为"士君子"[②],而"that decorum or law of inner control"则归化为"修身立行之原理"。以"士君子"对译"every true humanism",不仅没有偏离白璧德之意,也切合白璧德开展新儒家运动的期待。相比于第一个例子,胡先骕将"law of inner control"译为"自制之礼",此处他将其归化"修身立行之原理",译者的主观色彩更为强烈了。倘若说"修身"一词尚能对译白璧德所言之"礼"的内在维度,那么"立行"则完全是胡先骕增译的内容了。然而经过胡先骕增译后的译文直接指向了社会的维

---

① 胡先骕:《文学之标准》,熊盛元、胡启鹏编校《胡先骕诗文集》(下),黄山书社2013年版,第501页。
② 在此点上,笔者不认同张源的观点。张源认为胡先骕的译文"出现了原文所无的'士君子'的概念",笔者则认为"士君子"对应的正是"every true humanism"。

度,从而呈现出儒家"积极入世"的色彩。如此之译文虽不符合白璧德之原意,却意外切合了白璧德强烈干预社会的文化姿态。

在第六个例子中,胡先骕将"self-discipline"译为"克己"。笔者曾提及白璧德更认同翟林奈之译本,他此处所谈及的儒家之"self-discipline"一词应该出自翟林奈之版本中的"self-control"(克己)。那么,胡先骕可谓一下子就抓住了白璧德此处之所指。而"humility or 'submission to the will of Heaven'"译为"笃信天命","the law of measure"译为"中庸之道",这些译法亦是相当切合白璧德之所指。不过将"the law of measure is itself subject to the law of humility"译为"中庸之道,必先之以克己及知命",则是胡先骕根据白璧德之意的演绎与阐释了。

由以上分析可知,胡先骕将白璧德所涉及的儒家学说进行了还原与阐释,从而使白璧德在跨文化语境下所完成对儒家修身之学的想象彻底得到了还原,但这种还原本身却是一种文化的错位。白璧德所构想的儒家修身之学并非中国文化语境下的儒家修身之学。那么,白璧德之原文与胡先骕的译文正可视为两种不同的人文文化下的国际人文主义运动的战斗檄文。从白璧德的角度而言,尽管白璧德对儒家修身之学的想象有所偏差,但是这种文化心理的区别并不妨碍白璧德的国际人文主义运动的合理性,因之其人文主义的核心在于不需要诉诸宗教的完善德性之路。因此,白璧德的《中西人文教育谈》正可视为西方国际人文主义运动的战斗檄文。从胡先骕的角度而言,胡先骕的还原与阐释虽从文化底蕴上偏离了白璧德在跨文化语境下所构想的儒家修身之学,但是这种还原本身却恰恰回应了白璧德所希冀的新儒家运动。毕竟中国的新儒家运动还是要立足于中国的文化土壤。并且胡先骕有着与白璧德一样的社会政治情怀,因此经过胡先骕改译后的译文在中国的文化语境更切合了白璧德强烈干预社会的文化姿态。胡先骕的《白璧德中西人文教育谈》亦正可视为中国国际人文主义运动的战斗檄文。如此看来,胡先骕在文末的还原与阐释就极具历史价值了:

Why not work for a humanistic international? An international, one may say, of gentlemen who, without rising necessarily to the sublimities of religion, feel that they can at lest unite <u>on a platform of moderation and common sense and common decency.</u>①

然则何若告成一<u>人文的君子的国际主义</u>乎？初不必假宗教之尊严，但求以<u>中和礼让之道</u>，联世界为一体。②

胡先骕将"a humanistic international"与"an international of gentlemen"合译为"人文的君子的国际主义"，其中"gentlemen"被归化为"君子"。如此一来，儒家的理想人格"君子"被提升到了国际的层面。当然，就其原文而言，白璧德乃是在西方的文化背景下以"gentlemen"来想象中国的"君子"，即白璧德所构想的修德之路乃是以"性恶"为出发点；就其译文而言，胡先骕虽有向白璧德靠近之意，但是仅在译文的背景下，读者难以体悟到白璧德的"罪"的意识，或许此时的胡先骕亦未深切体悟到白璧德之人文主义与宗教文化之间微妙的关系。然而无论如何，胡先骕译文所呈现的儒家修身之路在中国的文化背景下诉诸的仍是那深厚的"性善"文化。白璧德的修德之路与胡先骕的修身之路虽然文化起点相异，但是他们确又在各自的文化土壤上建构了各自的理想人格——"gentlemen"与"君子"，并且此二者能在人文层面上达到一致与和谐，这正如白璧德在原文中所构想的那般："他们至少能在适度、常识以及基本礼节的平台上联合在一起。"而胡先骕对此则译为："以中和礼让之道，联世界为一体"，此虽是归化译法，却与原文之意相呼应，共同构建和谐的国际人文主义。倘若白璧德熟知汉语，这又未尝不是白璧德所希冀的新儒家运动所致力之结果。至此，我们或许可以用儒家的"和而不同"来描述这场国际人文主义运动。

---

① Irving Babbitt, "Humanistic Education in China and the West", *The Chinese Students' Monthly*, Vol. 17, No. 2, 1921, p. 91.
② 胡先骕：《白璧德中西人文教育谈》，《学衡》1922 年第 3 期。

第四章

中国的"国际人文主义"实践史

白璧德在中国有两派弟子:"守旧派"代表学衡派以及"新派文人"梁实秋。在一般研究者看来,二者似乎分属于截然对立的两派,但是他们因白璧德的国际人文主义思想走在一起,共同出版了《白璧德与人文主义》。那么,这两派究竟何以走在一起?二者如何回应白璧德的国际人文主义运动?二者在思想上有何为学界所忽略的关联之处?围绕这些问题,笔者在本章不仅重现学衡派的国际人文主义实践史,还力图呈现梁实秋接受白璧德国际人文主义的过程,并试图在思想史上梳理学衡派与梁实秋的学术因缘,重现至今为学界所忽略的从学衡派到梁实秋的国际人文主义实践史。

第一节 学衡派"国际人文主义"实践群的形成

在白璧德的弟子中,虽然梅光迪"从学最早且久"[1],但是梅光迪在归国四年后即赴哈佛大学任教。张歆海、楼光来并不参与《学衡》杂志的活动,亦不曾译介白璧德的学说。因此,吴宓认为白璧德门下弟子"要以(二)吴宓(八)郭斌龢君,为最笃信师说,且致力宣扬者"[2],确是实言。然而即使是郭斌龢君亦是因吴宓推荐才最终入哈佛大学师从白璧德。可见,吴宓的实践活动是考察学衡派"国际人文主义"实践的关键线索。鉴于此,本节将以吴宓的活动为根据点,考究

---

[1] 吴宓:《悼白璧德先生》,段怀清编《新人文主义思潮——白璧德在中国》,江西高校出版社2009年版,第8页。
[2] 吴宓:《悼白璧德先生》,段怀清编《新人文主义思潮——白璧德在中国》,江西高校出版社2009年版,第9页。

"国际人文主义"实践群①的形成。

1921年,在吴宓尚在哈佛大学攻读研究生之时,梅光迪就致信言及其于今后决定以东南大学"为聚集同志知友,发展理想事业之地"。"望宓即毅然辞去北京高师校1919春之聘约,定来南京聚首。"② 而吴宓在接读此函后,"略一沉思"③,即发电报辞去北京高等师范学校的高薪聘约,就职东南大学。吴宓这个决定具有重大的历史意义,因之东南大学齐聚了与其志同道合的好友刘伯明、梅光迪、柳诒征、胡先骕等人。这些学者构成了后来《学衡》杂志的创办人与撰稿人。然则这群志同道合之人如何齐聚一堂,并进而推动国际人文主义实践群的形成?当时东南大学副校长的刘伯明无疑是其中的关键人物。

刘伯明虽不直接参与国际人文主义的译介活动,但是他非常支持学衡派的国际人文主义事业。正是由于刘伯明的理解与支持,梅光迪才"决以此校为聚集同志知友,发展理想事业之地"。也正是由于刘伯明的汲引,白璧德的弟子梅光迪、张歆海、楼光来、吴宓才接连来校任教,"不但为英文系开一新纪元,且以养成东大之人文主义学风焉"④。梅光迪亦言:"民十一年,学衡杂志出世,主其事者,为校中少数倔强不驯之份子,而伯明为之魁。"⑤ 由此可见,刘伯明对学衡派国际人文主义实践群的形成起着关键的牵引作用。

在刘伯明的牵引下,白璧德弟子纷纷来到东南大学任教,为东南大学注入了一股国际人文主义的力量。不过这股力量在东南大学若没有强大的支援,亦不会形成与新文化运动派分庭抗礼之势。这个强大的支援便是东南大学柳诒征教授的门下弟子。柳诒征于1915年任南京高等师

---

① 刘霁的博士学位论文《学术网络、知识传播中的文学译介研究——以"学衡派"为中心》对学衡派的译介活动有非常详细的考察,笔者在本章有诸多借鉴。不过笔者在本章所致力的研究乃是以国际人文主义的视角重新梳理他们的译介活动。
② 吴宓:《吴宓自编年谱》,生活·读书·新知三联书店1995年版,第214页。
③ 吴宓:《吴宓自编年谱》,生活·读书·新知三联书店1995年版,第214页。
④ 胡先骕:《梅庵忆语》,《子曰丛刊》1948年第4期。
⑤ 梅光迪:《九年后之回忆》,罗刚、陈春艳编《梅光迪文录》,辽宁教育出版社2001年版,第46页。

范学校（东南大学前身）① 文史地学部历史、国文教授。他虽未曾留洋学习，但是他对中西文化抱有相当开放的态度。《学衡》杂志的弁言即是由他所作。在他的悉心教导下，这些学生大多具备较为深厚的国学功底。吴宓盛赞："国文系四年级学生十余人，则由柳翼谋先生（诒徵），在南京高师校多年之培植，为最优秀之一班（空前而绝后）。学生中，有（1）缪凤林（字赞虞，浙江省富阳县人。）甚博学，恒勤学，喜评论，长于历史，多作文章，著有《中国通史大纲》。（2）景昌极（字幼南，江苏省泰县人。1949 犹在武汉大学。解放后在本乡办小学。）有灵慧，好深思，喜驳辩，于哲学有独造与精诣，最后著成《哲学通论》一书（宓今存）。（3）张其昀（字晓峰，浙江省鄞县人，最后在台湾。）长于史学，后办钟山书局，主编《国风月刊》。（4）王焕镳（字驾吾，南通县人。好为古文，学桐城派。）（5）徐震堮（字声越，浙江省嘉善县人。能译英文、法文、意大利文之文学书籍。）（6）束世澂等。"② 除了吴宓在《自编年谱》中亲自点名称许的学生外，柳门弟子中还有向达、陈训慈、夏崇璞等人也积极参与《学衡》杂志的活动。不过更为重要的是，在老师开放的文化心态的影响下，柳门弟子除了专研国学之外，也积极汲取西方文化。因此，这些优秀的学生大多在接触白璧德的国际人文主义思想后，成为学衡派国际人文主义实践的主要推动者。柳门弟子所组织创办的《史地学报》也随之成为传播国际人文主义思想的重要阵地。"柳门弟子"中的国际人文主义实践参与者简介见表 4-1：

表 4-1

姓名	教育与工作背景	国际人文主义译介活动
缪凤林（1899—1959）	1919 年入南京高等师范学校，1923 年任教沈阳东北大学	论文：《希腊之精神》等

---

① 1914 年，南京高等师范学校开始筹办。1915 年，南京高等师范学校正式招生。1920 年 4 月，南京高等师范学校校长郭秉文提出在南京高等师范学校校址及南洋劝业会旧址建立南京大学的建议。1920 年 12 月，国务会议一致通过在南京高等师范学校校址上筹建大学，定名为国立东南大学。1921 年，南京高等师范学校不再招生，该校学生全部毕业后，1923 年与东南大学合并。关于南京高等师范学校与东南大学的历史可以参见王骅书《清末民初社会新万象》，苏州大学出版社 2011 年版第 154—156 页。

② 吴宓：《吴宓自编年谱》，生活·读书·新知三联书店 1995 年版，第 223—224 页。

续表

姓名	教育与工作背景	国际人文主义译介活动
景昌极（1903—1982）	1919年入南京高等师范学校，1923年任教沈阳东北大学	译作：《柏拉图语录之一苏格拉底自辩篇》《柏拉图语录之二克利陀篇（Crito）》《柏拉图语录之三斐都篇（Phaedo）》
张其昀（1901—1985）	1919年入南京高等师范学校，1923年任商务印书馆编辑，1935年任中央研究院院士	论文：《中国与中道》《柏拉图理想国与周官》
徐震堮（1901—1986）	1919—1923年就读南京高等师范学校—东南大学	译作：圣伯甫著《释正宗》、圣伯甫著《评卢梭〈忏悔录〉》、白璧德著《白璧德释人文主义》
向达（1900—1966）	1921—1925年就读东南大学	与夏崇璞合译：《亚里士多德伦理学》
陈训慈（1901—1991）	1919—1923年就读南京高等师范学校—东南大学	与吴宓合译：葛兰坚撰《葛兰坚论新》
夏崇璞（？）	1919—1923年就读南京高等师范学校—东南大学	与向达合译：《亚里士多德伦理学》

　　学衡派国际人文主义实践群另一来源便是吴宓自己所培养的学生。这些学生大致可分为两类：一类为吴宓在东南大学之时所培养的学生；另一类则是吴宓在清华大学所培养的弟子。1922年，东南大学的西洋文学系从英文系独立出来成为新学系。其中，原来的学生大多选择了西洋文学系继续深造。在吴宓的培养下，这些学生中有不少成为学衡派国际人文主义实践的重要力量，如陈钧、浦江清。此外，吴宓在东南大学时因机缘巧合还收获了三位优秀的学生。1923年，香港大学希腊文教授沃姆（G. N. Orme）先生特地致信吴宓，"彼甚赞同《学衡》杂志之宗旨、主张及内容"①，并向吴宓推荐了其所教的三位学生：郭斌龢、胡稷咸、朱光潜。后郭斌龢携同门胡稷咸、朱复亲自拜访吴宓②，三人遂成为学衡派国际人文主义实践的重要将领。吴宓在东南大学时所培养的国际人文主义实践参与者简介见表4-2：

---

① 吴宓：《吴宓自编年谱》，生活·读书·新知三联书店1995年版，第249页。
② 吴宓：《吴宓日记》第2册，生活·读书·新知三联书店1998年版，第258页。

表 4-2

姓名	教育与工作背景	国际人文主义译介活动
陈钧（1900—1989）	1920—1924 年就读南京高等师范学校—东南大学	译作：伏尔泰①著《记阮讷与柯兰事》《坦白少年》《查德熙传》
浦江清（1904—1957）	1922 年入东南大学，1926 年毕业任教于清华大学	译作：薛尔曼撰《薛尔曼现代文学论序》
郭斌龢（1900—1987）	1917 年入南京高等师范学校，1918 考入香港大学，1927 年入哈佛大学	译作：童璧撰《希腊之历史》（History）、《柏拉图五大对话集》
胡稷咸（1899—1968）	1916 年入南京高等师范学校，毕业后任南京一中教员	译作：庞乃德撰《希腊之哲学》（Philosophy）
朱复（1899—1982）	1917 年入南京高等师范学校，毕业后任教江苏省立一中	译作：嘉德纳撰《希腊美术之特色》

1923 年底，东南大学学衡派的核心人物之一刘伯明副校长逝世。自此，学衡派开始分崩离析②。梅光迪于 1924 年赴哈佛大学任教。同年，吴宓亦离开东南大学往东北大学任教。但由于东北大学"僻在一隅，发展难期，设备不周"③，因此在接到清华大学的邀请后，他随即改就清华大学任教。如此一来，国际人文主义实践所依托的大学亦随之转变，清华大学成为其新阵地。在清华时期，吴宓开设了一门新课程"翻译术"。依托这门课程，《学衡》杂志出现了译介高潮，不仅翻译了大量的外国诗歌，还延续东南大学的人文主义传统，译介人文主义思想以及海外汉学。国际人文主义实践群亦由此得到进一步拓展。在这门课程中，张荫麟、陈铨以及贺麟三位学生与老师吴宓关系最为密切，被称

---

① 吴宓组织学生翻译人道主义者伏尔泰的作品，其目的亦在于以人文主义的角度批判人道主义。吴宓在《学衡》1923 年第 18 期"编者识"中谈道："福禄特尔之议论见解，虽有合于真正之古学派之处，而常近于伪古学派……福禄特尔虽自具真知灼见，然常流于伪古学派矫揉造作之恶习，专以雕琢为工者，且真正之古学派，目的必高尚，精神必庄严，格调必雅正。岂若福禄特尔之痛攻礼教，矢口漫骂，时入以媟亵淫秽之词者？故福禄特尔在当时虽以力保文学之旧格律自任，而终成其为伪古学派而已。"

② 关于刘伯明的逝世与学衡派风流云散之间的关系，可参见高恒文《东南大学与"学衡派"》，广西师范大学出版社，第 238—252 页。

③ 吴宓：《吴宓日记》第 2 册，生活·读书·新知三联书店 1998 年版，第 281 页。

为"吴宓门下的三杰"①。陈铨虽然与吴宓在某些观点上有分歧②,但是陈铨后来所发表的《中德文学研究》以及《中国文学的世界性》延续的正是吴宓的国际人文主义思想。张荫麟后赴美攻读哲学,其博士学位论文 Comparative Study of George Moore and John Dewey(《乔治·摩尔与约翰·杜威比较研究》)即是批判与白璧德对立的杜威的实用主义。贺麟则成为第一代新儒家的代表人物。从思想渊源上而言,贺麟的新儒家思想即是国际人文主义实践的延伸。贺麟曾自述,在吴宓的翻译课上受其影响,翻译了"一些英文诗和散文并对照原文阅读几种严复所译的著作",并最终完成了《论严复的翻译》一文。他还言道,正是"从这时起,我就想步吴宓先生介绍西方古典文学的后尘,以介绍和传播西方古典哲学为自己终身的'志业'"③。吴宓对贺麟之影响由此可见一斑。1941 年,梅光迪、张荫麟与贺麟等人又创办了《思想与时代》,从而将国际人文主义事业延伸到了 20 世纪 40 年代。清华大学的国际人文主义实践参与者简介见表 4-3:

表 4-3

姓名	教育与工作背景	国际人文主义译介活动
梁敬钊 (1905—?)	1929 年毕业于清华大学	译作:德效骞撰《古代中国伦理学上权力与自由之冲突》
乔友忠 (1905—?)	1930 年毕业于清华大学	译作:马西尔撰《布朗乃尔与美国之新野蛮主义》
张荫麟(1905—1942)	1921 年入清华学堂,1929 年赴美国斯坦福大学攻读哲学	译作:葛兰坚(格兰斯特)《葛兰坚论学校与教育》(Old and New: Sundry Papers)、葛兰坚(格兰斯特)《葛兰坚黑暗时代说》(The Dark Ages)、白璧德撰《白璧德论班达与法国思想》(Benda and French Ideas)等
贺麟(1902—1992)	1919 年入清华学堂,1926 年赴美奥柏林大学攻读哲学	著作:《五十年来的中国哲学》等;译作:《小逻辑》《黑格尔》《黑格尔学述》等

1933 年,吴宓苦苦维持十一年之久的《学衡》杂志终刊。1934

---

① 齐家莹编撰:《清华人文学科年谱》,清华大学出版社 1999 年版,第 23 页。
② 陈铨曾发表《评学衡记者谈婚礼》一文,反驳吴宓《论循规蹈矩之益与纵性任情之害》"译者识"的观点。
③ 贺麟:《康德黑格尔哲学东渐记》,中国哲学编辑部《中国哲学》第 2 辑,生活·读书·新知三联书店 1980 年版,第 377 页。

年，吴宓所主编《大公报·文学副刊》(1928—1934年)亦停刊。至此，吴宓所倡导的"昌明国粹，融化新知"的国际人文主义实践也渐渐沉寂下去。然而国际人文主义事业并未由此销声匿迹。吴宓所培养的学生们仍然秉持人文主义的思想，继续阐发人文儒学。从思想渊源的角度而言，吴宓、梅光迪诸公所致力的国际人文主义事业延续至今。

第二节 学衡派"国际人文主义"译介活动

白璧德的弟子们相继来到东南大学展开国际人文主义实践，那么，他们究竟进行了什么文化活动以回应白璧德的国际人文主义倡议？20世纪30年代初，梅光迪在《人文主义和现代中国》曾回顾与反思学衡派国际人文主义实践："和美国的人文主义者一样，中国的人文主义运动的支持者也是大学里的学者。他们的文学机构主要是《学衡》，一本创办于1922年初的中文月刊。其主编是清华大学的教授吴宓先生。他是中国人文主义运动最热忱而忠诚的捍卫者。前两年，他又接管了被公认为中国最好的日报、天津《大公报》的文学增补周刊的编辑工作；从而佐证了他那过人的体力。中国人文运动另一重要出版物是《史地学报》，由著名作家、历史学家柳诒征先生主编；他目前正在南京的国立图书馆担任主管。与这两位有交情的朋友和他们的学生都是这场运动的推动力。"[1] 可见，《学衡》杂志、《大公报·文学副刊》以及《史地学报》是学衡派国际人文主义运动的主要阵地。鉴于此，笔者围绕这三种杂志梳理学衡派所进行的国际人文主义译介活动。

一 "国际人文主义"译介活动的兴起

作为发现白璧德的第一人梅光迪，其在倡导国际人文主义的过程中虽未如吴宓般费尽苦心，但他在《学衡》杂志所发表的《现今西洋人文主义》却是系统介绍白璧德国际人文主义思想的开端，为译介国际人文主义定下了基调。他在该文中道：

---

[1] 梅光迪：《人文主义和现代中国》，罗刚、陈春艳主编《梅光迪文录》，辽宁教育出版社2001年版，第222—223页。

故介绍西洋文化，必有确定之标准，而此标准又可分两层言之，（一）所介绍者，须其本体有正当之价值……（二）所介绍者，即已认其本体之有价值，当以适用于吾国为断。适用云者，或以其与吾国固有文化之精神，不相背驰，取之足收培养扩大之功……故吾人之所介绍，必求能超越东西界限，而含有普遍永久之性质者……①

在定下介绍西洋文化之标准后，梅光迪随即指出人文主义符合此两项标准。"人文主义之首倡者，（参见《学衡》第三期）为美国白璧德 Irving Babbilt、穆尔 Paul E. More 两先生，皆当世批评界之山斗也。""其学说本体之价值可知矣。"② 不过，最为重要的是，梅光迪在该文指明了人文主义的国际性："两人固皆得世界各国文化之精髓，不限于一时一地，而视近世文化问题，为世界问题者也。故其学博大精切，非囿于一孔者所可比拟。"③ 如此一来，学衡派之人文主义自不同于守旧派，而是具有普世价值的国际人文主义。梅光迪在文中再次表达了白璧德发起国际人文主义实践的理想："白璧德先生尤期东西相同之人文派信徒，起而结合，以跻世界于言大同。"④ 只不过在当时的文化语境下，这种国际人文主义的理想并未引起大家的共鸣。

相比梅光迪，吴宓的人文主义评介则更为具体。倘若说梅光迪为国际人文主义的译介定下了基调，那么吴宓则为国际人文主义译介指明了具体的方向。吴宓在《学衡》杂志 1922 年第 4 期的《论新文化运动》首次举起了人文主义的旗帜。此文虽"欲指驳新文化运动之缺失谬误"，但更重要的是"以求改良补救之方"。⑤ 因此该文比起梅光迪早期所发表的《评提倡新文化者》等文，态度更为公正客观，人文主义之

---

① 梅光迪：《现今西洋人文主义》，罗刚、陈春艳编《梅光迪文录》，辽宁教育出版社 2001 年版，第 22 页。
② 梅光迪：《现今西洋人文主义》，罗刚、陈春艳编《梅光迪文录》，辽宁教育出版社 2001 年版，第 24 页。
③ 梅光迪：《现今西洋人文主义》，罗刚、陈春艳编《梅光迪文录》，辽宁教育出版社 2001 年版，第 24 页。
④ 梅光迪：《现今西洋人文主义》，罗刚、陈春艳编《梅光迪文录》，辽宁教育出版社 2001 年版，第 24 页。
⑤ 吴宓：《论新文化运动》，《学衡》1922 年第 4 期。

意旨亦更为明确。吴宓在该文中批驳两种错误的观点："自光绪末年以还，国人动忧国粹与欧化之冲突，以为欧化盛则国粹亡。言新学者，则又谓须先灭绝国粹而后始可输入欧化。其实二说均非是。"① 在他看来，"西洋真正之文化与吾国之国粹，实多互相发明，互相裨益之处，甚可兼蓄并收，相得益彰。诚能保存国粹，而又昌明欧化，融会贯通，则学艺文章，必多奇光异采"。② 吴宓援引安诺德文化的定义指出："Matthew Arnold 所作定义曰：文化者，古今思想言论之最精美者也，Culture is the best of what has been thought and said in the world。"③ 据此，吴宓认为："今欲造成中国之新文化，自当兼取中西文明之精华，而熔铸之，贯通之。"④ 可见，对于吴宓而言，国际人文主义才是新文化创造之道。至于如何创造国际人文主义新文化，吴宓在文末指明了路径："孔孟之人本主义，原系吾国道德学术之根本，今取以与柏拉图、亚里士多德以下之学说相比较，融会贯通，撷精取粹，再加以西洋历代名儒巨子之所论述，熔铸一炉，以为吾国新社会群治之基。如是，则国粹不失，欧化亦成。所谓造成新文化，融合东西两大文明之奇功，或可企致。"⑤ 后来学衡派基本沿着这一路径译介西方文化，传播国际人文主义思想。

二 "国际人文主义"译介活动的展开

循着梅光迪以及吴宓所提出的国际人文主义路径，学衡派进行了大量国际人文主义的译介活动，其译介活动大致可分为五类：现代人文主义思想、近代人文主义思想、西方古典文化、海外汉学以及世界文学。

(一) 现代人文主义思想

在学衡派的翻译活动中，白璧德的人文主义思想自是他们译介的重点。不过除此之外，他们还将美国人文主义流派的思想呈现于读者。他们对美国人文主义翻译活动详见表 4-4 及表 4-5：

---

① 吴宓：《论新文化运动》，《学衡》1922 年第 4 期。
② 吴宓：《论新文化运动》，《学衡》1922 年第 4 期。
③ 吴宓：《论新文化运动》，《学衡》1922 年第 4 期。
④ 吴宓：《论新文化运动》，《学衡》1922 年第 4 期。
⑤ 吴宓：《论新文化运动》，《学衡》1922 年第 4 期。

表 4-4　　　　　　　　　　白璧德人文主义译文概况

译者	译文名称	原文名称	原作出版日期	译作出版杂志及日期
胡先骕	《白璧德中西人文教育谈》	Humanistic Education in China and the West	*The Chinese Student's Monthly* 1921 年第 17 卷第 2 期	《学衡》1922 年第 3 期
吴宓	《白璧德论民治与领袖》	Introduction（选自 *Democracy and Leadership*）	Houghton Mifflin Company, 1924	《学衡》1924 年第 32 期
徐震堮	《白璧德释人文主义》	What's Humanism（选自 *Chapter one of Literature and the American College*）	Houghton Mifflin Company, 1908	《学衡》1924 年第 34 期
吴宓	《白璧德论欧亚两洲文化》	Europe and Asia（选自 *Chapter five of Democracy and Leadership*）	Houghton Mifflin Company, 1924	《学衡》1925 年第 38 期
吴宓	《白璧德论今后诗之趋势》	Milton or Wordsworth? – Review of The Cycle of Modern Poetry	美国《论坛》（*Forum*）1929 年第 82 卷	《学衡》1929 年第 72 期；《大公报·文学副刊》1929 年 11 月 18 日第 97 期
张荫麟	《白璧德论班达与法国思想》	Benda and French Ideas	*Saturday Review of Literature*, 1929 vol. 5	《学衡》1931 年第 74 期；《大公报·文学副刊》1929 年 5 月 27 日第 72 期
吴宓	《白璧德论卢梭与宗教》	What I Believe: Rousseau and Religion	美国《论坛》（*Forum*）1930 年第 83 卷	《大公报·文学副刊》1931 年第 191、192 期

表 4-5　　　　　　　　　　美国人文主义流派译文概况

作者	译者及译文名称	原文名称	原作出版日期	译作出版杂志及日期
穆尔（More）	1. 吴宓译《穆尔论现今美国之新文学》 2. 吴宓译《穆尔论自然主义与人文主义的文学》	1. The Modern Current in American Literature 2. "Preface"（选自 *The Demon of the Absolute: New Shelburne Essays Vol. I*）	1. 美国《论坛》（*Forum*）1928 年第 79 卷 2. Princeton University Press, 1928	分别载于《学衡》1928 年第 63 期、1929 年第 72 期
薛尔曼（S. P. Sherman）	浦江清译《薛尔曼现代文学论序》	Introducton（选自 *On Contemporary Literature*）	Henry Holt and Company, 1917	《学衡》1926 年第 57 期
不详	吴宓译《薛尔曼评传》	Bookman 杂志为 Jacob Zeitlin 及 Homer Woodbridge 二人所编辑 Life & Letters of Stuart P. Sherman 一书所撰写的书评	不详	《学衡》1931 年第 73 期

续表

作者	译者及译文名称	原文名称	原作出版日期	译作出版杂志及日期
马西尔（Louis J. A. Mercier）	1. 吴宓译《白璧德之人文主义》 2. 乔友忠译《布朗乃尔与美国之新野蛮主义》	1. L'Humanisme positiviste d'Irving Babbitt 2. W. C. Brownell and our Neo-Barbarism	1. 法国《星期杂志》1921年第三十卷第二十九号 2. 美国《论坛》（Forum）1929年第81卷	1.《学衡》1923年第19期 2.《学衡》1931年第74期
葛兰坚（C. H. Grandgent）	1. 吴宓与陈训慈合译《葛兰坚论新》 2. 吴宓译《但丁神曲通论》 3. 张荫麟译《葛兰坚论学校与教育》 4. 张荫麟译《葛兰坚黑暗时代说》	1. Not yet the New（选自Old and New: Sundry Papers） 2. Introduction（选自Dante's Divina Commedia, Heath Modern Language Series） 3. School（选自Old and New: Sundry Papers） 4. The Dark Ages（选自Old and New: Sundry Papers）	1. 哈佛大学出版社1920年版 2. D. C. HEATH & CO. 书局1909年初版 3. 哈佛大学出版社1920年版 4. 哈佛大学出版社1920年版	1.《学衡》1922年第6期 2.《学衡》1925年第41期 3.《学衡》1925年第42期 4.《学衡》1925年第44期

除了组织美国人文主义流派的翻译活动外，吴宓还刊载了不少详细介绍美国人文主义者新著的文章。见表4-6：

表4-6

评介文章名称	被评介的作者	被评介的专著	被评介专著的出版日期	评介文章发表日期
《基督之道》	穆尔（More）	Christ the Word: a Study in Neo-Platonic Theology	牛津大学出版社1928年2月版	《大公报·文学副刊》1928年5月14日第19期
《语言学新著》	葛兰坚（C. H. Grandgent）	From Latin to Italian	哈佛大学出版社1927年1月版	《大公报·文学副刊》1928年4月9日第14期
《美国名家论文》	葛兰坚（C. H. Grandgent）	Prunes and Prism with other Odds and Ends	哈佛大学出版社1927年版	《大公报·文学副刊》1928年11月19日第46期
《文人三十自忏》	孟孙（Gortham B. Munson）	Destination: A Canvass of American Literature Since 1900	J. H. SEARS 1928年版	《大公报·文学副刊》1929年10月21日第93期

续表

评介文章名称	被评介的作者	被评介的专著	被评介专著的出版日期	评介文章发表日期
《美国文学批评》	佛斯特（Norman Foerster）	American Criticism: a Study in Literary Theory from Poe to the Present	Houghton Mifflin 书局 1928 年版	《大公报·文学副刊》1928 年 12 月 17 日第 50 期；又载 1931 年《学衡》第 73 期
《美国文学新解》	佛斯特（Norman Foerster）主编	The Reinterpretation of American Literature	Harcourt Brace 书局 1928 年版	《大公报·文学副刊》1929 年 4 月 1 日第 64 期；又载《学衡》1931 年第 73 期

由以上列表，我们可以看到，吴宓基本上将美国人文主义运动的主将及其专著呈现于读者面前。通过吴宓的译介，读者可对美国人文主义运动的概况有基本的认识。不过吴宓并未止步于此，他还组织译介了与白璧德人文主义思想相契合的作者，详见表 4-7：

表 4-7

作者简介及原作名称	译介者及译介文	原作出版日期	译介文出版杂志及日期
柯克斯（Kenyon Cox），The Classic Spirit（选自 The Classic Point of View）	徐震堮译《柯克斯论古学之精神》	1911 年芝加哥美术学院演讲稿	《学衡》1923 年第 21 期
柯克斯（Kenyon Cox），Artist and Public	徐震堮译《柯克斯论美术家及公众》	Charles Scribners Sons 出版社 1914 年版	《学衡》1923 年第 23 期
穆莱（Gilbert Murray），The Value of Greece to the Future of the World（选自 The Legacy of Greece）	吴宓译《希腊对于世界将来之价值》	牛津大学出版社 1921 年版	《学衡》1923 年第 23 期
穆莱（Gilbert Murray），The Classic Tradition in Poetry	《穆莱教授新著》	哈佛大学出版社 1927 年版	《大公报·文学副刊》1928 年 5 月 14 日第 19 期
李蒲曼（Walter Lippmann），A Preface to Morals	《道德引言》	Allen & Unwin 书店 1929 年版	《大公报·文学副刊》1929 年 11 月 4 日第 95 期
吉罗德夫人（Mrs. K. F. Gerould），Tabu and Temperature（选自 Modes and Morals）	吴宓译《论循规蹈矩之益与纵性任情之害》	Charles Scribners Sons 出版社 1920 年版	《学衡》1925 年第 38 期

续表

作者简介及原作名称	译介者及译介文	原作出版日期	译介文出版杂志及日期
尹吉（W. R. Inge），Religion（选自 The Legacy of Greece）	汤用彤译《希腊之宗教》	牛津大学出版社 1921年版	《学衡》1923年第24期
庞乃德（John. Burnet），Philosophy（选自 The Legacy of Greece）	胡稷咸译《希腊之哲学》	牛津大学出版社 1921年版	《学衡》1923年第24期
童璧（Arnold Toynbee），History（选自 The Legacy of Greece）	郭斌龢译《希腊之历史》	牛津大学出版社 1921年版	《学衡》1924年第27期
嘉德纳（Percy Gardner），The Lamps of Greek Art（选自 The Legacy of Greece）	朱复译《希腊美术之特色》	牛津大学出版社 1921年版	《学衡》1924年第27期
赖斯德（Hugh Last），Family And Social Life（选自 The Legacy of Rome）	吴宓译《罗马之家族及社会生活》	牛津大学出版社 1923年版	《学衡》1925年第37期

以上列表所译介的作者的思想主张均符合白璧德人文主义思想的基本原则。例如，柯克斯虽然是美国现代画家及美术批评家，但是他的画评与人文主义思想有异曲同工之处。我们不妨看吴宓如何评价这位美术批评家。他在"编者识"谈道："柯克斯先生之所主张，观译文自明，无待撮述。大率崇奉古学派之家法，谓命意及择题必求高尚，而不当专以模仿实物为能。""柯克斯先生为古学派、奉行人文主义之画家，与白璧德、葛兰坚诸先生，所谓志同道合，或于文学，或于哲理，或于教育，或于美术，各言其是，而殊途同归，声气相应者。惟然，故柯克斯先生，于今之所谓未来派、立方派、迥旋派、后起印象派等，辄指其缺失而攻辟之，并思所以引进而改善之，以其尽反前人成法，而有悖于美术之原理也，以其托名鹜新，中实空空，足以铲灭艺术，戕贼人性，为祸甚大也，夫岂得已而为此哉。"[①] 此处暂且勿论吴宓所言是否符合柯克斯的原意，但是在吴宓看来，柯克斯确是人文主义之画家。这是他安排徐震堮翻译其专著的根本原因所在。又如对穆莱教授新著的介绍："美国哈佛大学出版部最近印行穆莱教授Gilbert Murray新著《诗之古典

---

① ［美］柯克斯：《柯克斯论古学之精神》，徐震堮译，《学衡》1923年第21期。

传统论》(*The Classical Tradition in Poetry*) 一书。案此书为穆莱氏集其在哈佛大学演讲稿而成。其主旨在明诗人之所以为诗人与诗之所以为诗。自希腊古诗人以至近代名诗家，薪尽火传，其诗之原理与艺术，有亘古不变者。""故作者深愿现代诗人抛弃其所谓'现实主义'而遵奉自希腊迄近代凡伟大之诗家所共具之古典的传统精神。"① 这种对古典精神的推崇亦是白璧德人文主义的基本态度。再如吴宓对吉罗德夫人的介绍："按吉罗德夫人（Mrs. Katherine Fullerton Gerould）为美国今日最负盛名之文人之一，学博而识锐。其所作多关于风俗礼教各端，见解主张，大致与本志所屡译述之葛兰坚、柯克斯诸人相合，实皆今世之良药，而尤足为吾国人之宝鉴也。"② 又言译文大意为："社会中之礼节规矩，皆为人生利便而设，有益而无害，且为不可须臾离者。无论文明国家与野蛮人种，皆有其规矩。苟如今人所主张欲破坏一切规矩，使凡人皆纵情任性，行事无所忌惮，则社会乱，生涯苦，文明亡，而人道息矣。"③ 这种对传统礼仪的谨慎态度亦是人文主义者一贯的文化姿态。即使吴宓介绍了与白璧德观点稍有差异的李蒲曼，文章亦以白璧德的人文主义观点匡正之："总而论之，道德之事，惟在个人。古今东西，于此皆无办法。惟恃少数人自有真知灼见而愿实行道德。由此少数人树立榜样逐渐可以转移风俗。此法虽弱虽缓虽无凭准，舍此更无他法也。"④ 由此可见，吴宓对白璧德人文主义流派之外的思想译介基本上经过了人文主义理论体系的筛选。

（二）近代人文主义思想

除了现代人文主义者的思想，对于白璧德所推崇的近代人文主义者，学衡派亦进行了译介，如圣伯甫（法，1804—1869）、安诺德（英，1822—1888）等。他们都是白璧德所推崇的人文主义者。白璧德

---

① 《穆莱教授新著》，《大公报·文学副刊》第19期。吴宓时任《大公报·文学副刊》的主编。虽然这篇文章未署作者名，但它的观点应该得到了吴宓的认可才刊载。
② ［美］吉罗德夫人（Mrs. Katherine Fullerton Gerould）：《论循规蹈矩之益与纵性任情之害》，吴宓译，《学衡》1925年第38期。
③ ［美］吉罗德夫人（Mrs. Katherine Fullerton Gerould）：《论循规蹈矩之益与纵性任情之害》，吴宓译，《学衡》1925年第38期。
④ 《道德引言》，《大公报·文学副刊》第95期。这篇文章未署作者名，但笔者认为它的观点得到了吴宓的认可才刊载。

在《法国现代批评大师》一书中有四分之一的篇幅专论圣伯甫,并征引安诺德对圣伯甫的评价道:"在其他地方,他(安诺德)赋予圣伯甫在批评艺术领域最高地位,就如同荷马在诗歌中的位置一般。"① 圣伯甫在法国批评家的地位由此可见。在白璧德看来,圣伯甫的作品正反映了19世纪的主要思想斗争,即传统思想与自然主义的斗争②,并且在圣伯甫的后期,"当他越来越摆脱浪漫主义运动的特殊氛围后,他变得越来越古典主义。我们实际上可以说,随着年龄的增长,他对基督传统的秉持慢慢减弱,他对人文主义传统的持守逐渐增强"③。对于这位被白璧德所推崇的法国批评大师,学衡派自不会忽略。在吴宓的组织下,徐震堮翻译了圣伯甫所著的 Causeries Du Lundi《月曜日丛谈》中的 Qu'est-ce qu'un Classique《释正宗》以及 Les Confessions de Jean-Jacques Rousseau《评卢梭〈忏悔录〉》。并且吴宓在《释正宗》"编者识"中对圣伯甫的认识定位亦基本源自白璧德的人文主义框架:"综其一生,年渐长而学识愈进,则愈倾向古学派之作家,而持论愈益精确严正。虽其始偏于自然派,而终则进于人文派。"④ 至于另一位英国人文主义者安诺德,白璧德亦曾以其名为题专论之,并且白璧德在很多方面汲取了安诺德的人文主义思想,如古典思想的现代意义⑤等。总之,对于这些白璧德所推崇的人文主义者,学衡派亦进行了译介,如梅光迪就撰写了一篇《论现今西洋人文主义》的论文。

(三) 西方古典文化

如前文所言,吴宓曾提出融贯中西古典文化,以期创造国际人文主义新文化的路径。循着这一路径,吴宓组织译介了古典文化的研究文

---

① Irving Babbitt, *The Masters of Modern French Criticism*, Boston and New York: Houghton Mifflin Company, 1912, p. i.

② Irving Babbitt, *The Masters of Modern French Criticism*, Boston and New York: Houghton Mifflin Company, 1912, p. 98.

③ Irving Babbitt, *The Masters of Modern French Criticism*, Boston and New York: Houghton Mifflin Company, 1912, p. 126.

④ 吴宓:《编者识》,徐震堮译《释正宗》,《学衡》1923年第18期。

⑤ 白璧德在 Matthew Arnold 一文中曾言:"The Greeks of the great period are, according to Arnold, modern in this sense and therefore much nearer to us than the men of the Middle Ages."(Irving Babbitt, *Character and Culture*, p. 49)后来白璧德在其专著《卢梭与浪漫主义》直接继承了安诺德这一思想,将柏拉图、亚里士多德称为真正的现代人,关于此点,可参见本书第三章。

献,即上表中的《希腊之历史》以及《罗马之家族及社会生活》。通过这些译文,读者可基本了解希腊罗马的文化概况。除此之外,吴宓还亲自撰写了介绍西方文化的文章,如《西洋文学精要书目》《希腊文学史》《西洋文学入门必读书目》。《西洋文学精要书目》分为三部分:第一部分列出西洋文学全体的普通参考用书、文学参考用书、欧洲文学史、哲学美术宗教等略史的书目;第二部分则列出了关于希腊文学的书目;第三部分列出了关于罗马文学的书目。在《西洋文学入门必读书目》中,吴宓则介绍了世界文学史、各国文学史、各国名著等书目,其中希腊文学名著、罗马文学名著是介绍之重点。而在这些介绍文章中,吴宓所撰写《希腊文学史》尤具历史价值。这部专著虽然未能完成,但它是我国第一部独立的希腊文学史[①]。吴宓在该文学史所发表的两章内容分别为:荷马之史诗、希霄德之训诗。第一章《荷马之史诗》分为八节:荷马以前之诗歌、荷马史诗之内容、荷马史诗之结构、荷马史诗之作成、荷马史诗之评论、荷马史诗之影响、荷马史诗与中国文章比较、伪托荷马之著作。可见,吴宓对荷马史诗进行了非常全面的介绍,其中"荷马史诗与中国文章比较"一节尤具创见。在该节中,吴宓将荷马史诗与中国弹词进行了对比,认为二者最为相似。因此,他认为应以弹词的体裁翻译荷马史诗。在第二章《希霄德之训诗》中,吴宓亦专辟一小节比较希霄德的训诗与中国文学。这种跨文化的对比讨论在一定程度上填补了当时比较文学研究的空白。此外,吴宓的弟子们也积极响应老师介绍西方古典文学的号召。柳门弟子缪凤林撰写了一篇《希腊之精神》,为读者呈现当时希腊人的精神面貌。张其昀也撰写了一篇《柏拉图理想国与周官》,将柏拉图的《理想国》与《周礼》比较研究,延续了老师吴宓的比较文学研究方法。

然而在学衡派的西方古典文化的译介活动中,对西方古典哲学的翻译活动则是最具开创意义的。学衡派对古典哲学译介活动有郭斌龢、景昌极译《柏拉图五大对话集》、向达与夏崇璞合译的《亚里士多德伦理学》、钱堃新译的《西塞罗说老》。而这三大古典经典译本均是在吴宓组织指导下完成的。笔者将分而述之,先论郭斌龢与景昌极合译的《柏

[①] 李岫、秦林芳主编:《二十世纪中外文学交流史》(下),河北教育出版社2011年版,第626页。

拉图五大对话集》。根据李长之的考证,《柏拉图对话集》早期的翻译有:吴献书译《柏拉图之理想国》(1920年版);张东荪、张师竹译《柏拉图对话集六种》(1933年版);郭斌龢、景昌极译《柏拉图五大对话集》(1934年版)。李长之言道:"以出版的年月看,郭景译本在二张译本之后,但是翻译的时日也许郭景译本在先,因为郭景译文是早在《学衡》杂志上就发表过的了。"① 无论如何,景昌极与郭斌龢所合译的《柏拉图五大对话集》是中国柏拉图对话集早期的译介文本之一。景昌极与郭斌龢合译的柏拉图的五大对话录为:《苏格拉底自辩篇》(Apology)、《克利陀篇》(Crito)、《斐都篇》(Phaedo)、《筵话篇》(Symposium)、《斐德罗篇》(Phaedrus)。译毕,郭斌龢还撰写了《柏拉图之埃堤论》(Plato's Doctrine of Ideas)以及《柏拉图五大语录导言》对柏拉图学说进行阐释。后来他们将这些文章与译作汇集成《柏拉图五大对话集》由商务印书馆出版,景昌极还在集子中附上了未曾公开发表的《柏拉图理型说略评》。虽然《柏拉图五大对话集》主要根据Benjamin Jowett 的英译本 The Dialogues of Plato 译成,不过由于郭斌龢精通希腊文,因此他还使用了希腊文原本校对译文。所以该译本的译文质量相当高,是《柏拉图对话集》的权威版本。李长之对该译本推崇备至。饶有趣味的是,李长之赞赏这些文本的原因正在于他们在其中所展现出来的融贯中西的学力。例如,郭斌龢在《柏拉图之埃堤论》中融入了程朱理学对柏拉图的埃堤(Idea)进行阐释,而李长之则如此评价郭斌龢此文:"他(郭斌龢)又说柏拉图之埃堤,实如程朱所谓事事物物皆有理可格之理字,柏拉图之回忆论,颇如中国所谓'复性说',这都见他贯通中西的学力。"② 此处暂且勿论郭斌龢以及景昌极译文中的古典哲学到底彰显出怎样的儒学人文内涵,但是我们至少可以由此看到,郭斌龢和景昌极绝不止于译介西方古典哲学,更重要的乃是融贯中西文化,从而建构适用于当代社会的国际人文儒学。从这个角度而言,郭斌龢与景昌极可谓秉承了老师吴宓的译介宗旨。向达与夏崇璞译介的《亚里士多德伦理学》亦是如此。据向达说:"泾阳吴雨僧先生出英国韦尔敦(J. E. C. Welldon)译本亚里士多德《伦理学》命余及夏君崇璞

---

① 李长之:《李长之文集》第1卷,河北教育出版社2006年版,第91页。
② 李长之:《李长之文集》第1卷,河北教育出版社2006年版,第92页。

译汉","译文由黄陂汤赐予先生为之润色,间夹小注则吴先生增益韦氏之作而成者也。"① 在该译本中,我们亦可见译介者们融贯中西文化之心,因之译文总不时加注儒学之言论:"人数过多,须同时泛爱众人,则不能有完全之友爱。夫所谓完全之友爱者,盖有过度之意,而过度之感情,自系对于一人而言,然欲求众人同时皆能使某人异常怡悦,尽善尽美,此固非易事也。夫友爱云云,涵有经验及熟习之义,此盖甚难。顾以乐利为市,而使人怡悦之人,则又甚众,且其为此,正不须多耗时日也。(按孔子曰,泛爱众而亲仁,即此节之义。)"② 因此,郭斌龢与景昌极合译的《柏拉图五大对话集》、向达与夏崇璞合译的《亚里士多德伦理学》无疑是学衡派国际人文主义实践的重要成果。至于钱堃新译的《西塞罗说老》亦是我国关于西塞罗作品最早的译介文本。而吴宓安排钱堃新翻译《西塞罗说老》的初因则在于美国一位教授对他言道,西塞罗的说老以及论交友二文"颇与贵国古人文章之意旨相近耳"③。融贯中西文化之心由此亦可见。

(四) 海外汉学

除了西方的人文主义思想外,学衡派还译介了海外汉学家的专著。见表4-8:

表4-8

作者及原文	译者及译文	原作出版时间	译作出版时间
[德] 雷赫完 (Adolf Reichwein) 撰 Introduction: The Younger Generation of Today and the Wisdom of the East (选自 China and Europe: Intellectual and Artistic contacts in the Eighteen Century)	吴宓译《孔子老子学说对于德国青年之影响》	1925年出版	《学衡》1926年第54期
[德] 雷赫完 (Adolf Reichwein) 著 China and Europe: Intellectual and Artistic contacts in the Eighteen Century	吴宓撮译《中国欧洲文化交通史略》	1925年出版	《学衡》1926年第55期

---

① [古希腊] 亚里士多德:《亚里士多德伦理学》,向达、夏崇璞合译,商务印书馆1939年版,"译者序"第1页。
② [古希腊] 亚里士多德:《亚里士多德伦理学》(下),向达、夏崇璞合译,商务印书馆1939年版,第185—186页。
③ [罗马] 西塞罗:《西塞罗说老》,钱堃新译,《学衡》1923年第15期。

续表

作者及原文	译者及译文	原作出版时间	译作出版时间
[美] 芬诺罗萨（Ernest Francisco Fenollosa）撰 The Chinese Written Character as a Medium for Poetry（选自 Instigations of Ezra Pound, together with an Essay on the Chinese Written Character by Ernest Fenollosa）	张荫麟译《芬诺罗萨论中国文字之优点》	1920年出版	《学衡》1926年第56期
[美] 德效骞（Homer H. Dubs）撰 The Failure of the Chinese to Produce Philosophical Systems	张荫麟译《论中国语言之足用及中国无哲学系统之故》	《通报》1929年第26卷第2、3号	《学衡》1929年第69期
[美] 德效骞（Homer H. Dubs）撰 The Conflict of Authority and Freedom in Ancient Chinese Ethics	梁敬钊译《古代中国伦理学上权力与自由之冲突》	Open Court 杂志1927年第40卷第3号	《学衡》1929年第69期
[美] 葛立芬（Griffin）著 Why Study Far Eastern History–and How?	张其昀译《美国人之东方史观》	The Historical Outlook 杂志1921年第12卷第3期	《史地学报》1921年第1卷第1期

吴宓对海外汉学的译介亦是基于一贯的国际人文主义立场，他在《孔子老子学说对于德国青年之影响》的"编者识"中道："兹译其绪论（Introduction：The Younger Generation of Today and the Wisdom of the East）以见中国古圣贤之说对于现今德国青年影响之一斑。篇中论中国哲学之精华，为孔子礼治之教，而非老子无为之论，尤为卓见……我国之青年，与彼欧西之青年，其道德精神问题，实为一而非二，而中西真正之文化，在今实有共休戚，同存亡之形势者矣。"① 在这种国际人文主义的情怀下，吴宓译介海外汉学为"昌明国粹、融化新知"开拓出另一独特视角。海外汉学家对中国传统文化的理解与阐释正为重新阐发儒学提供丰富的人文资源。

（五）世界文学

在文学领域，白璧德亦是以人文主义思想来检视西方文学。在他看来，真正的人文主义作品既是诗意的，也是智慧的。所谓智慧的人文主义作品，即符合人文主义普遍的"人的法则"（human law）之意，亦即

---

① [德] 雷赫完：《孔子老子学说对于德国青年之影响》，吴宓译，《学衡》1926年第54期。

模仿人性中的"更高自我"之意。在这种人文主义标准下,他认为"如果约翰生是有智慧而缺乏诗意的人,那么济慈便是有诗意而缺乏智慧的人"①。而"无论如何,与济慈相比,索福克勒斯与但丁是既具有诗意,又有智慧的诗人的典型代表"②。由此不难看出白璧德对古典文学作品的偏爱。不过白璧德看重古典文学作品的前提是它们符合普遍的"人的法则"。据此,白璧德区分了真正的古典主义者与伪古典主义者。他认为:"真正的古典主义并不依靠遵从法则或者对典范的模仿,而是依靠对普遍性的直接洞见。亚里士多德在这方面尤其让人敬佩,因为他描述了这种洞见以及这种洞见在艺术以及文学中展现自身的方式。"③ "不幸的是,新古典主义理论家倾向于实施大量戒律,并且这些戒律建立在外在的基础上,而非建立在对实践自身典范过程的重要东西的基础上。如此一来,伟大的古人本可以以正确的精神教导那些接近他们的人关于形式的教训,但是这些教训都堕落成了形式主义。"④ 不过尽管新古典主义有形式主义的弊病,比起浪漫主义文学,白璧德还是对新古典主义文学给予了更多的肯定。他言道:"实际上,我们必须承认很多高贵的作品是在新古典主义框架下完成的,这些作品展现了对普遍性的真正洞见,但很显然的一点是,这一时期想象的观点有形式主义的污点。"⑤ 言辞之间可见其对新古典主义文学的肯定之意。

---

① Irving Babbitt, *Rousseau and Romanticism*, Boston and New York: Houghton Mifflin Company, 1919, p. 357.

② Irving Babbitt, *Rousseau and Romanticism*, Boston and New York: Houghton Mifflin Company, 1919, p. 358.

③ Irving Babbitt, *Rousseau and Romanticism*, Boston and New York: Houghton Mifflin Company, 1919, p. 18. 原文为: true classicism does not rest on the observance of rules or the imitation of models but on an immediate insight into the universal. Aristotle is especially admirable in the account he gives of this insight and of the way it may manifest itself in art and literature.

④ Irving Babbitt, *Rousseau and Romanticism*, Boston and New York: Houghton Mifflin Company, 1919, pp. 19-20. 原文为: Unfortunately the neoclassical theorist tended to impose a multitude of precepts that were based on what was external rather than on what was vital in the practice of his models. In so far the lesson of form that the great ancients can always teach any one who approaches them in the right spirit degenerated into formalism.

⑤ Irving Babbitt, *Rousseau and Romanticism*, Boston and New York: Houghton Mifflin Company, 1919, p. 20. 原文为: One must grant, indeed, that much noble work was achieved under the neo-classical dispensation, work that shows a genuine insight into the universal, but it is none the less evident that the view of the imagination held during this period has formalistic taint.

学衡派基本上在白璧德的人文主义框架下选译西方文学。承继导师白璧德的古典倾向，学衡派对西方古典主义文学亦情有独钟。如吴宓组织学生陈钧翻译伏尔泰的《福禄特尔记阮讷与柯兰事》《坦白少年》等专著。在吴宓看来，卢梭与伏尔泰是"造成法国大革命最有力之二人"①，然而"福禄特尔之著述，从无片词只字译成中文，而福禄特尔之生平及其为人，吾国人尤鲜知之者"②。那么，吴宓所组织的译介伏尔泰专著活动无疑具有开山之功。并且延续白璧德的人文主义观点，吴宓虽然认可伏尔泰的古典倾向，但是他也指出："福禄特尔虽自具真知灼见，然常流于伪古学派矫揉造作之恶习，专以雕琢为工者，且真正之古学派，目的必高尚，精神必庄严，格调必雅正，岂若福禄特尔之痛攻礼教，矢口谩骂，时入以媟亵淫秽之词者。故福禄特尔在当时虽以力保文学之旧格律自任，而终成其为伪古学派而已。"③

　　虽然学衡派在白璧德的人文主义框架下选译西方文学，并且对西方文学的点评亦基本延续人文主义的观点，不过在国际人文主义的视野下，这些西方译文作品并不仅是西方文学，而是具有双重性质的世界文学。正如大卫·丹穆若什在《什么是世界文学？》一书中所言："我用世界文学来包容所有在其原来的文化之外流通的文学作品。它们或者凭借翻译，或者凭借原先的语言（很长时间里，维吉尔以拉丁文形式被欧洲人阅读）而进入流通。在最宽泛的意义上，世界文学可以包括任何影响力超出本土的文学作品"④。从这个角度而言，学衡派所译介的西方文学自然属于世界文学的范畴。不过更重要的是，大卫·丹穆若什进一步指出："世界文学总是既与主体文化的价值取向和需求相关，又与作品的源文化相关，因而是一个双重折射的过程。"⑤ 这个具有双重性质的世界文学无论对源文化，抑或主体文化都是极具意义的。从源文化的

---

① ［法］伏尔泰：《福禄特尔记阮讷与柯兰事》，陈钧译，《学衡》1923年第18期。
② ［法］伏尔泰：《福禄特尔记阮讷与柯兰事》，陈钧译，《学衡》1923年第18期。
③ ［法］伏尔泰：《福禄特尔记阮讷与柯兰事》，陈钧译，《学衡》1923年第18期。白璧德亦持有相同的见解，具体可参见 Irving Babbitt, *Rousseau and Romanticism*, "Chapter Two".
④ ［美］大卫·丹穆若什：《什么是世界文学？》，查明建、宋明炜等译，北京大学出版社2014年版，第5页。
⑤ ［美］大卫·丹穆若什：《什么是世界文学？》，查明建、宋明炜等译，北京大学出版社2014年版，第311页。

角度而言，"一个作品进入世界文学的域界，它远远不会不可避免地丧失本真与本质，反而恰恰可能在多种意义上有所受益"[1]。从主体文化的角度而言，"接受方文化可以以各种方式使用外来材料：或将其作为本土传统未来发展的一个积极模型；或将其作为一个粗糙且颓废的反面案例，坚决避免或彻底根除其在国内的任何影响；或者，较为中立的是，将其作为激进的他者形象，并以此为参照来更精确地界定本土传统"[2]。学衡派的译文正是"其作为本土传统未来发展的一个积极模型"。

以往大部分学者都以学衡派"反对"白话文而将其定位为守旧派、保守主义，其实不然。首先，学衡派并非反对白话文，只是反对粗暴地以白话文取代文言文。正如吴宓在《纽康氏家传》的译文末所言："无论文言白话，皆必有其文心文律，皆必出以凝炼陶冶之工夫，而致于简洁明通之域。"[3]吴宓这种公正客观的文化态度亦确实体现在他的译介活动中。在论文诗歌的译介活动中，吴宓使用了文言文，对于小说的译介则使用白话文。他说道："吾译钮康氏家传，亦惟兢兢焉求尽一分子之责，以图白话之创造之改良而已。"[4]改造白话文之意由此可见。其次，从吴宓的译介活动的动机及效果来看，其译介活动正是他为"创造一新文体"所做出的努力。诚如吴宓所言，"今有不赞成该运动之所主张者，其人非必反对新学也，非必不欢迎欧美之文化也"，而是"欲指驳新文化运动之缺失谬误，以求改良补救之方"。虽然吴宓并非新文化运动派的一员，但是因其反对新派某些较为激进的观点，而将其排斥于新文化运动之外，甚至将其定位为守旧派、保守主义，这并不符合历史事实。从国际人文主义的角度来看，学衡派所译介的世界文学正是他们为创造新文化所做出的努力之一。

---

[1] ［美］大卫·丹穆若什：《什么是世界文学?》，查明建、宋明炜等译，北京大学出版社2014年版，第7页。

[2] ［美］大卫·丹穆若什：《什么是世界文学?》，查明建、宋明炜等译，北京大学出版社2014年版，第311页。

[3] ［英］萨克雷：《纽康氏家传》，吴宓译，《学衡》1922年第8期。

[4] ［英］萨克雷：《纽康氏家传》，吴宓译，《学衡》1922年第8期。

第三节 学衡派"国际人文主义"的教学活动

如第一章所言,白璧德的国际人文主义事业主要在教育领域展开,并且白璧德高度重视中国的人文教育事业,号召培养融贯中西文化的国际人文主义人才。那么,学衡派弟子们在教育领域究竟做了哪些工作捍卫国际人文主义理想?回望 20 世纪二三十年代,中国现代教育体制尚处于摸索前行的阶段。很多学者都仿照外国教育体制开设课程,同时组织译介外国教材,推广新知识。学衡派的情况亦是如此。课程设置与课程内容正反映了授课者的知识传播倾向以及教育理念。鉴于此,本节将着重考察学衡派的课程设置以及课程内容,以期展示其中的国际人文主义教育理念。

一 "国际人文主义"的课程设置

(一) 东南大学的国际人文主义课程

根据 1923 年出版的《国立东南大学一览》[①] 的课程表,西洋文学系将课程分为四类。它所开设的课程见表 4-9:

表 4-9

第一类	第二类	第三类	第四类
文学总论、文学选读、抒情诗通论、纪事诗通论、戏剧通论、小说通论、短篇小说通论、散文通论、传记通论、文学评论、修词原理、文学研究法	欧洲文学大纲、欧洲文学名著、希腊文学史、罗马文学史、英国文学史、法国文学史、意大利文学史、西班牙文学史、美国文学史、欧洲中世纪文学史、文艺复兴时代文学史、古学派文学史、浪漫派文学史、欧洲现世文学史、英国十六十七世纪文学史、英国十八世纪文学史、英国十九世纪文学史	荷马、桓吉尔、新旧约全书、但丁、莎士比亚、弥尔顿、约翰生及其游从、福禄特尔、卢梭、葛玛特、卡莱尔、爱诺德、丁尼生、安诺德、易卜生、托尔斯泰	欧人论述中国之文、西洋人研究中国文学之情形、文学翻译、特别研究

[①] 东南大学编:《国立东南大学一览》,东南大学出版社 1923 年版。刘霁的博士学位论文《学术网络、知识传播中的文学译介研究——以"学衡派"为中心》曾展开分析国立东南大学的课程表,参见其论文第 64—69 页。然而笔者此文意在"国际人文主义"的框架重新考察学衡派的教育实践。

由上表可知，学衡派对西洋文学的介绍非常全面，不仅教授西方古典文学，也兼顾近现代文学。而这份课程表是在国际人文主义的框架下定下来的，彰显的是学衡派的国际人文主义教育理念。对此，笔者将从三个角度进行论述说明。

1. 重视培养学生人文素质

笔者在第一章曾谈及白璧德与语言文献学的矛盾，以及他对古典人文教育的捍卫。在20世纪初，西方语言文献学的研究范式也传入了中国学界。秉承导师白璧德的教育理念，梅光迪、吴宓等人也开始与这种学术体系相抗衡，开展国际人文主义教育活动。梅光迪刚到东南大学之时，即与英文部部长张士一发生矛盾。这种矛盾表面上看是人事利益关系的矛盾，但论其根本则是二人教育理念的差异。吴宓说道："梅之文学课程，张虽不加干涉"①，言辞之间透露出英文部长张士一并不认同梅光迪的文学课程。正因为如此，他才会对梅光迪的举荐百般阻挠。这也进一步导致了梅光迪与英文系的最终决裂："梅君之计划，决多集同志，各受微薪，先到此校任职，势力既厚，然后提议专设西洋文学一部，独立，而不隶于英文部之下。如是，则自操用人行政之权，并专有定款，归我拨付，则遇事始可不受张君之诅难。而文学课程，乃得增广焉。此梅君之计划也。"② 由此可知梅光迪与英文系决裂的最终目的是增广文学课程。二人教育理念根本差异还可以从英文系与西洋文学系的课程设置得到进一步印证③。英文系的课程侧重于英语语言学训练，开设的课程大多为修辞学说、语音学通论、实验语音学、语言学通论等语言学课程。而西洋文学系的课程则回归到文学文本本身，探讨文学的意义价值，其间折射出来的是学衡派对培养学生人文素质的重视。

2. 传授西方古典人文精神

在国际人文主义实践的展望中，白璧德表达了对中国重点大学教授亚里士多德《伦理学》等西方古典学说的期盼。西洋文学系的课程设置则回应了白璧德的期盼。西洋文学系不仅开设了古典文学史的课程，

---

① 吴宓：《吴宓日记》第2册，生活·读书·新知三联书店1998年版，第226页。
② 吴宓：《吴宓日记》第2册，生活·读书·新知三联书店1998年版，第226—227页。
③ 刘霁的博士学位论文《学术网络、知识传播中的文学译介研究——以"学衡派"为中心》亦曾展开分析国立东南大学西洋文学系与英文系课程设置的区别，参见其论文第65页。

还开设了古典作家的专题课程。虽然西洋文学系亦讲授近现代文学,但是课程比例不如古典文学重,并且授课内容依据的仍然是导师白璧德的人文主义标准,传授的仍是人文主义精神。对此,我们不妨看看学生的课堂反馈,即可反观吴宓等人对人文主义精神的传播。陈训慈曾根据梅光迪所教授的"近代思想家"这门课程撰写了《托尔斯泰》一文。陈训慈言道:"托氏之人生观;曰人生之悲观,曰理性与爱,曰人道主义与平民主义,曰自然主义,撮述粗要,芜杂无序;然即此四者,亦可见托氏对于人生之感想及其趋向之大要矣。抑此四者乃互相关联,不可明分。觉人生之谬妄,因求其惟一之可贵在理性,因理性之活动为爱,引至舍身济人之人道主义,因博爱尤当施之于混真可敬之平民,而为平民主义,又因对现实人生之不安与自然界之动人,而成其自然主义。四者之义虽殊,而前后实相一贯,其思想诚有过当,要亦可见托氏伟大济世之胸怀。"① 人道主义、自然主义是白璧德所批判的现代思潮。陈训慈在此虽然从肯定意义上谈托尔斯泰的人道主义思想,但其理论框架确是借鉴于白璧德的人文主义。而该研究论文是陈训慈根据梅光迪的课程笔记扩充而形成。由此可推知,梅光迪乃在人文主义理论体系下教授"近代思想家"课程,这种思想进而影响了陈训慈等学生。这种人文主义授课视角自然不同于新文化运动派的授课视角。我们还可对比北京大学英语学系几乎同期(1924—1925 年)的课程表,即可更明确学衡派的人文古典倾向。② 北大英语学系的老师多为徐志摩、林语堂、胡适等新派文人,其课程设置与西洋文学系形成鲜明对比。与之相比,北大英语学系的授课更侧重于近现代文学,尤其是现代文学。基本英文、小说、诗等课程讲授的都是近现代作家的作品,如 Hardy、Wells、Conrad、Bennett 等。至于学衡派所重视的西方古典文学,北大英语学系虽略有涉及,但在课程安排比例上远远不如近现代文学,且为选修课,更无荷马、桓吉尔等古典作家的专题课程。二者的授课倾向之区别由此可见。

3. 开设比较文学研究课程

白璧德是哈佛大学比较文学系的教授,其国际人文主义实践即在比

---

① 陈训慈:《托尔斯泰》,《文哲学报》1922 年第 2 期。
② 刘霁的博士学位论文《学术网络、知识传播中的文学译介研究——以"学衡派"为中心》亦曾展开分析东南大学西洋文学系与北大英语学系课程设置的区别,参见其论文第 67 页。

较文学领域开展。响应白璧德国际人文主义教育的号召，吴宓等学衡派弟子在高校也逐渐开展比较文学的跨文化研究活动。1920年到1921年，吴宓在《留美学生季报》分别发表了《论新文化运动》以及《再论新文化运动》。后吴宓将这篇文章合并，以《论新文化运动》为题，发表于1922年《学衡》杂志第4期。在这篇文章中，吴宓介绍了外国的比较文学观："近者比较文学兴，取各国之文章，而究其每篇每章每字之来源，今古及并世作者互受之影响，考据日以精详。"① 根据杨乃乔教授的《比较文学概论》② 介绍，吴宓虽然不是首先引进比较文学观念的学者，但他无疑是其中的先驱之一。并且受白璧德国际人文主义教育理念的影响，吴宓等学衡派弟子将比较文学研究真正落实到课程实践中。从1923年西洋文学系的课程表，我们可以看到第四类课程讲授的主要就是比较文学类的课程。这些课程开我国比较文学教学的先河，我国第一批比较文学研究者即由吴宓等学衡派诸君所培养。

（二）清华大学的国际人文主义课程

1925年，清华学堂改为国立清华大学。吴宓应曹云祥校长的邀请，出任清华大学国学研究院主任，后因其扩大研究院的意见不能在教务会议上通过，深感不能实现志向而最终选择辞职。1926年3月，吴宓开始专任西洋文学系（后易名为外国语文系）教授，并在1926—1927年、1932—1933年、1933—1934年三次任代理系主任。根据吴宓的学生李赋宁回忆，自吴宓任外国语言文学系教授后，参照哈佛大学比较文学系的培养方法，"着手制定该系的培养方案、教学计划和课程设置，使清华大学外文系成为国内第一流的系科，与美国大学的语言文学系相抗衡"③。任教期间，吴宓提出了影响深远的培养"博雅之士"的教育目标，其中两个目标为"汇通东西之精神思想"，"创造今世之中国文学"④。可见，具备融贯中西文化能力的国际人文主义人才即吴宓心中

---

① 吴宓：《论新文化运动》，《学衡》1922年第4期。
② 中国比较文学的兴起以及发展可参见杨乃乔主编《比较文学概论》，北京大学出版社2002年版。
③ 李赋宁：《怀念恩师吴宓教授》，黄世坦编《回忆吴宓先生》，陕西人民出版社1990年版，第10页。
④ 吴宓：《外国语文学系程一览》，徐葆耕编选《会通派如是说——吴宓集》，上海文艺出版社1998年版，第204页。

的"博雅之士"。然则吴宓如何在实践中贯彻这一国际人文主义教育理念？吴宓于1937年编写了清华大学外国语文系课程表。这份课程表与东南大学西洋文学系的课程设置有不少相似之处。虽然相比东南大学西洋文学系，清华大学开设了一定的语言课程，但是这种语言课程并非为培养考据文献人才做准备，而是为了培养具备人文素质的"博雅之士"。因此在清华大学外国语文系的课程设置上，文学类课程始终是主流。并且为了培养"汇通东西之精神思想"的博雅之士，吴宓虽为外国语文系教授，却非常注重培养学生的国文功底："本系对学生选修他系之学科，特重中国文学系"①。为了践行国际人文主义教育理念，吴宓不仅鼓励外国语文系学生选修中国文学系的课程，还亲自开设"中西诗比较"等跨文化研究课程，培养学生融贯中西文化之能力，并且"中西诗比较"课程的最终目的乃在于使学生"成为完美深厚之人"②。这些无一不是白璧德国际人文主义教育的基本理念。因此，在吴宓的带领下，清华大学外国语文系培养了一大批学贯中西的国际人文主义人才。

二 "国际人文主义"的课程内容——以梅光迪、吴宓的课程内容为个案研究

（一）梅光迪的国际人文主义课程内容

1920年，梅光迪开设了一门"文学概论"的课程，选用的是美国卫斯理大学教授温采司特（C. T. Winchester）著的《文学评论之原理》(*Some Principles of Literary Criticism*)。后梅光迪特地组织学生景昌极、钱堃新翻译该书，并亲自校对。此译著1923年交付商务印书馆初版，成为"第一本翻译成书的西方文学基础理论原著"③"几乎所有二三十年代出版的文学理论教材都会提到这本书。"④ 然而梅光迪何以选择该书

---

① 吴宓：《外国语文学系概况》，徐葆耕编选《会通派如是说——吴宓集》，上海文艺出版社1998年版，第201页。
② 王泉根主编：《多维视野中的吴宓》，重庆出版社2001年版，第516页。
③ 程正民、程凯：《中国现代文学理论知识体系的建构——文学理论教材与教学的历史沿革》，北京大学出版社2005年版，第38页。
④ 程正民、程凯：《中国现代文学理论知识体系的建构——文学理论教材与教学的历史沿革》，北京大学出版社2005年版，第38页。

作为"文学概论"课程的教材？该书出版后，梅光迪的学生景昌极、钱堃新以及刘文翮分别撰写了一篇"译序"以及书评发表于《文哲学报》1923 年第 3 期。以这两篇文章为镜，正可反观梅光迪教材选择之动因以及知识传播的内容。

景昌极、钱堃新在"译序"言道："尝读温氏书，喜其擘肌分理，惟务折衷，平理若衡，照辞如镜，亟亟与同学相称道，以其可为国人立论之则，而拯其狂悖也，因相与译之。"① 那么，该译著到底展现了哪些"可为国人立论之则"呢？刘文翮的《介绍文学评论之原理》一文有更为详细的论述。在这篇文章中，刘文翮列举了译著的六点佳处，每点佳处皆符合学衡派所坚持的人文主义观点。现择其中两点即可窥见学衡派对该书推崇备至之原因。

刘文翮指出，温氏书中言道："评论家当认文学有高尚之标准，又当认个人嗜好之上尤有公论者在。"②"健全道德之约束，不足阻碍最高文学之造诣。而健全道德如安诺德所谓妙庄严者，且为伟大文学之特色。此自然之理也。"③ 由以上两点，我们不难看到温采司特与白璧德人文主义观点的吻合之处，即认为文学有普遍之标准以及强调文学之道德。这不仅是刘文翮称许该书的原因，亦是梅光迪选择该书作为"文学概论"教材之动因。梅光迪不仅选择了符合白璧德人文主义观点的书作为教材，并且在传道授业的过程中亦以国际人文主义思想为课程旨归。梅光迪学生杨寿增、欧梁曾对梅光迪的"文学概论"课进行记录，并撰写成《文学概论讲义》。在这份讲义中，我们摘其一点即可窥见梅光迪对白璧德国际人文主义思想的贯彻以及实践。

在《文学概论讲义》的第四章"文学与情感"中，梅光迪在课堂集中讨论了文学与情感之关系。梅光迪将"合于人类最公共之感情"④ 视为文学家最高之感情，这并不符合白璧德的人性二元论，但切合中国的"性善"文化。在中西不同的文化土壤上，梅光迪的讲义更

---

① 《文哲学报》1923 年第 3 期。
② 刘文翮：《介绍〈文学评论之原理〉》，《文哲学报》1923 年第 3 期。
③ 刘文翮：《介绍〈文学评论之原理〉》，《文哲学报》1923 年第 3 期。
④ 梅光迪：《文学概论讲义》，梅铁山主编《梅光迪文存》，华中师范大学出版社 2011 年版，第 73 页。

强调二者的融合之处。在论及"节制"之意时,梅光迪言道:"希腊有言曰:凡事无太过。故少美术可以节制二字包括之。彼于感情极烈时,常有悬崖勒马之本领,此其所以为最高美术也。孔子赞《诗》,谓《关雎》'乐而不淫,哀而不伤'。太史公作《屈原传》言'国风好色而不淫,小雅怨悱而不乱,若《离骚》者,可谓兼之矣。'皆以其含乎节制之义也。"①"节制"不仅是白璧德所重视的人文主义道德及其批判浪漫主义之根据,也是儒家的核心道德。这种普世的价值观正是中西人文主义者相沟通之处。如此一来,中西人文主义者才能如白璧德所言结成国际人文主义联盟。那么,梅光迪在教学过程中自觉将中西人文主义的美德相沟通,此举直接回应了白璧德之期待,为国际人文主义实践培养了可与西方相沟通之"君子"。并且由学生景昌极、钱堃新以及刘文翮对梅光迪所选择教材观点的认可,即可看到人文主义思想确通过梅光迪的教学活动得到传承。

(二) 吴宓的国际人文主义课程内容

据李赋宁介绍,吴宓在20世纪30年代在清华大学开设的课程《文学与人生》是其"智慧和人生经验的结晶。"② 鉴于此,本小节将以吴宓对《文学与人生》的课程内容为考察对象,探讨其中所内含的国际人文主义教育观。

在吴宓所开出《文学与人生》课程应读书目③中,笔者以为主要可分为以下三类:第一类是中国古典著作,如四书、毛诗、礼记、春秋左传、史记、前汉书、后汉书、资治通鉴、楚辞王逸注、古诗源、十八家诗钞等;第二类是西方古典著作,如 Dialogues of Plato - Translated by Jowett、Nicomachean Ethics of Aristotle 等;第三类是近现代人文主义思想,如 Paul E. More: Platonism、Paul E. More: Religion of Plato、Paul E. More: Christ of the New Testament、Paul E. More: Shelburne Essays、Burke: Reflections on the Revolution in France、Joubert "Penseés"。除了以上三类书目外,吴宓还推荐了一些中西近现代作品,如黄节的《蒹葭

---

① 梅光迪:《文学概论讲义》,梅铁山主编《梅光迪文存》,华中师范大学出版社2011年版,第74—75页。

② 李赋宁:《学习吴宓先生的〈文学与人生〉课程讲授提纲后的体会》,吴宓《文学与人生》,清华大学出版社1996年版,第235页。

③ 参见吴宓《文学与人生》,清华大学出版社1996年版,第3—9页。

楼诗》、徐志摩的《爱眉小札》、冯友兰的《中国哲学史》、*The Confessions of Rousseau*、*Bacon's Essays* 等。不过由以上书目，我们可以清楚地看到吴宓的授课内容依然不出人文主义思想体系。然而吴宓不仅继承了白璧德的人文主义思想，还根据中国的文化内核超越了白璧德的人文主义思想，从而形成新儒学思想，并以此教授学生。如他在课上对"中庸之道"的教授。

吴宓指出，在形而上学上，"中庸 = the mediation between One and Many.（执中）"①；在实际上，"中庸 = the right application of the Principle (One) to each of the (Many) different particular Cases.（执中）"②。这种以西方哲学话语"一"和"多"来阐释儒家"中庸之道"的做法受启发于白璧德。而在对 God 的理解上，他亦继承了白璧德的思想。他认为："God = the Highest Principle"；"God = the Principle of 'the Good'"；"God = the Final Standard for 中庸 the Basis of Human Feeling and Action."③ 可见，在他心中，God 非西方意义上的上帝，而是普世原则。只不过在中国"性善"的文化土壤上，相比白璧德，他对人的道德完善抱有更乐观的态度。因此他认为如能切实践行中庸之道，最终能达到"神人合一"的境界："Finally we arrive at God。"④

第四节 学衡派"国际人文主义"思想的传承

如前文所言，柳门弟子以及清华学生加入了学衡派，成为国际人文主义实践群的重要力量。那么，这些学生到底如何回应梅光迪、吴宓的国际人文主义诉求？我们不妨以缪凤林、张其昀、陈铨为代表，考察这些弟子对国际人文主义思想的继承。

在《学衡》创刊不久，缪凤林即在《学衡》上相继发表了《四书所启示之人生观》《文德篇》《文情篇》等文。这些文章都是在人文主义的意蕴框架下展开论述，其中尤以《文情篇》的人文主义旗帜最为

---

① 吴宓：《文学与人生》，王岷源译，清华大学出版社 1996 年版，第 121 页。
② 吴宓：《文学与人生》，王岷源译，清华大学出版社 1996 年版，第 121 页。
③ 吴宓：《文学与人生》，王岷源译，清华大学出版社 1996 年版，第 123 页。
④ 吴宓：《文学与人生》，王岷源译，清华大学出版社 1996 年版，第 123 页。

鲜明。缪凤林在《文情篇》文末"附记"上道:"此文纲目与梅光迪先生讲演姜志润君笔记之文学与情感同,其内容之同者,则不及十二。"① 由此可见缪凤林该文与梅光迪的精神联系。缪凤林在该文中指出:"文情所属,析言凡三。一者作者之情,动于中者也。二者书中之情,形于言者也。三者读者之情,生于感者也。然必作者为情而造文,寓情于文,读者始因文而生情。"② 因此,他说道:"今论文情,不分所属,惟分两端。一曰文情之本质,二曰文情之表示。"③ 缪凤林在文中详细论述此两端,不过意蕴框架并不脱离人文主义。对于第一端文情之本质,他认为文情必追求普遍与有益于人生:"文情之普遍,抑更端在其永久性,非一时之风行所得而冒也。嗟嗟,忠孝坚贞,中土之大义炳日,荣誉爱智,西国之精神常新。凡厥含生,情本一贯,时无古今,地无中外,能读其文,即知其情。文之所以不可绝于天地间者,其以此欤。"④ 这种追求文学普遍价值的观点相通于梅光迪所言的"故吾人之所介绍,必求能超越东西界限,而含有普遍永久之性质者"。这种沟通中西人文思想的做法在文情的第二个本质"有益于人生"得到更直接具体的呈现。缪凤林将文情的"有益于人生"的本质分为三端述之,分别为人文、超卓、同情。关于第一点"人文",缪凤林言道:"人文 Humanization 义兼文化 culture 及修养 refinement 而言,意谓人生而质,必经文学之陶淑,始温温然博学君子人也。吾国教育,素主人文,以潜修学术,砥砺德行,为唯一之宗旨。""西洋则古代希腊,亦重人文。读柏拉图亚里士多德之书者,类能知之。"⑤ 又言:"苏氏杀身成仁,精神长留天壤,此其牖民觉世,舍生取义,感人处与孟子正同。"⑥ 这种将儒家思想与古希腊人文思想相沟通的做法亦受启发于白璧德的弟子们。至于论及"文情之表示",缪凤林则分为深厚与节制之二端。而缪凤林同样以此二端将儒学精神与希腊精神相贯通,如"西洋则古代希

---

① 缪凤林:《文情篇》,《学衡》1922 年第 7 期。
② 缪凤林:《文情篇》,《学衡》1922 年第 7 期。
③ 缪凤林:《文情篇》,《学衡》1922 年第 7 期。
④ 缪凤林:《文情篇》,《学衡》1922 年第 7 期。
⑤ 缪凤林:《文情篇》,《学衡》1922 年第 7 期。
⑥ 缪凤林:《文情篇》,《学衡》1922 年第 7 期。

腊,以中和节制为生活之基理,与中土殆有同然"①。虽然该文发表在梅光迪的《现今西洋人文主义》的前一期,然而从文章内容以及文末"附记",我们不难推知,梅光迪的国际人文主义思想通过课堂或者交往影响了缪凤林,因此缪凤林自觉将国际人文主义的理念融入文章写作中。缪凤林在文中虽并未对中西古典文化的人文意蕴进行深入分析,但是这种融贯中西文化的努力至少承继了梅光迪等人的国际人文主义事业。

另一位柳门弟子张其昀虽未参与学衡派国际人文主义的翻译活动,但是他在《中国与中道》一文中亦在注释中特地回应了国际人文主义实践。张其昀在谈及儒学的坚凝作用言道:"坚凝二字,可谓民族精神之确诂。我中国在二千年前之秦汉时代,已成同文同轨之治,即于兼并作用之上,再加一层坚凝作用。二千年来,绵延不绝。呜呼,岂偶然哉?"②他随即在旁边加注:"美国白璧德先生云:'十九世纪之大可悲者,即其未能造成一完美之国际主义。科学固可为国际的,然误用于国势之扩张。近之人道主义、博爱主义,亦终为梦幻。然则若何能成一人文的君子的国际主义乎?初不必假宗教之尊严,但求以中和礼让之道,联世界为一体。吾所希望者,此运动若能发轫于西方,则中国必有一新孔教之运动。'"③可见,张其昀亦非常认同白璧德的国际人文主义构想。而他特地加注即在表明儒学是一种真正的国际主义。如此看来,他在文中所阐述的儒家中道思想即在回应白璧德"中国必有一新孔教之运动"的期盼。

倘若说在国际人文主义的双向轨道上,大部分学衡派成员关注的是儒学现代化的问题,那么陈铨走的则是白璧德国际人文主义双向轨道的另一条道路——西方轨道。陈铨于1930年赴德国留学,研究德国文学与哲学。1933年,陈铨以《德国文学中的中国纯文学》取得博士学位,1936年,商务印书馆出版了由本人亲自翻译的博士学位论文中文版,并将其改名为《中德文学研究》。陈铨在该书绪论指出:"大凡一种外来的文学,要发生影响,通常要经过三个段落,或者三个时期:第一是

---

① 缪凤林:《文情篇》,《学衡》1922年第7期。
② 张其昀:《中国与中道》,《学衡》1925年第41期。
③ 张其昀:《中国与中道》,《学衡》1925年第41期。

翻译时期,第二是仿效时期,第三是创造时期。"[1] 在第三个时期的著作,他认为"不是用德国的精神来熔铸中国的材料,乃是用中国的精神去熔铸德国的材料"[2]。在这种理论框架下,陈铨认为中国文学对德国文学所发生的影响"还始终没有超过翻译的时期"[3]。紧接着陈铨以翔实的德文资料考察梳理了17世纪以来中国文学在德国的译介情况及其对德国文学的影响。他认为大部分德国学者都是基于自己的文化需要而推崇中国文化,例如18世纪德国哲学家莱布尼慈对孔子哲学的推崇。"莱布尼慈努力地去综合孔子哲学同基督教义,来创造一种新的宇宙观。"[4] 这种基于自身文化立场的利用及误读似乎并未获得陈铨的认可。相比较之下,陈铨对歌德给予了极高的评价。他把歌德对中国文学的理解称为一种"智慧的观察",[5] 即看到中国精神的内容之意:"歌德对于自己读过的小说,有直觉了解的能力,他从行间字里认清了作者的灵魂,他仿佛亲身感受了孔子世界里的空气。"[6] 在陈铨看来,歌德抵达了中国文化的核心。与白璧德相比,陈铨在西方的国际人文主义的道路上要更进一步,非以西方文化去熔铸中国思想,而是以中国思想去熔铸西方文化。此处暂且勿论陈铨思想的可行性,但是我们可以看到,陈铨正是延续了吴宓的国际人文主义思考路径。1943年,陈铨在自己主编的《民族文学》上发表了《中国文学的世界性》一文。虽然此文探讨的是中国文学的世界性问题,但是究其本质而言,其间关注的仍是国际人文主义的根本性问题,即中国文化的普世性问题。陈铨认为:"要研究中国文学有没有世界性,第一步要先研究批评文学的标准。"[7] 世界的文学批评标准大致可分为四种:修辞式、内容式、天才式以及文化式。并且陈铨认为中国文学的世界性体现在其提供了一种特殊的民族文化:"拿文化式的标准来衡量文学,就是去研究某一种文学里面表现出来某种文化对人生的启示。""凡是愈能够代表某种文化的作品,我们

---

[1] 陈铨:《中德文学研究》,辽宁教育出版社1997年版,第1—2页。
[2] 陈铨:《中德文学研究》,辽宁教育出版社1997年版,第2页。
[3] 陈铨:《中德文学研究》,辽宁教育出版社1997年版,第2页。
[4] 陈铨:《中德文学研究》,辽宁教育出版社1997年版,第5页。
[5] 陈铨:《中德文学研究》,辽宁教育出版社1997年版,第10页。
[6] 陈铨:《中德文学研究》,辽宁教育出版社1997年版,第16页。
[7] 陈铨:《中国文学的世界性》,《民族文学》1943年第1卷第1期。

愈认它为伟大。"① 因此陈铨在文中主要以文化式的标准切入中国的文学批评。陈铨将中国传统的儒释道文化定义为合理主义、返本主义以及消极主义，并据此探讨它们对中国文学的影响。他进一步指出，中国文学中所展示的合理主义、返本主义以及消极主义的人生态度便是中国文学对于世界的价值，即中国文学的世界性所在。如在19世纪西方的物质主义破灭后，"欧洲不满意现代文化的思想家，也回头来研究老子的返本主义。不但老子的《道德经》，在欧洲文学经过了几十种的翻译，就连代表返本主义的作家李太白、陶渊明，也受了许多人的赞叹欣赏"②。在陈铨看来，这就是中国的返本主义文学对世界的贡献，即返本主义文学的世界性。因此，在文末，他以民族主义的立场，高度肯定了中国文学的世界性："如果中国文学对过去有这样好的成绩，对将来有这样大的使命，那么它对世界有没有贡献，它有没有世界性，也就可以不必多说了。"③ 相比吴宓等人，陈铨的民族主义情结似乎更为沉重，但是从陈铨对中国文学的世界性思考而言，他确是承继了吴宓的国际人文主义思想。

综上所述，梅光迪、吴宓等人在中国举起了人文主义的旗帜，组织国际人文主义的跨文化实践。尽管这股国际人文主义的力量在后期隐退于学界舆论，但是这种国际人文主义思想一直在弟子间传承延续。

第五节 学衡派的异路同向人——梁实秋建构"国际人文主义"的另一新路径

梁实秋与学衡派同为白璧德的弟子，但与学衡派文化态度相反，他对文言并无眷恋，甚至还是新文学家的杰出代表。按说，梁实秋与学衡派本应处于对立的双方，但是他们因共同服膺于白璧德的国际人文主义理想而一度交往甚密。然则，梁实秋何以最终接受白璧德的国际人文主义？与学衡派相比，其中有怎样相异而又相似的动因？这些

---

① 陈铨：《中国文学的世界性》，《民族文学》1943年第1卷第1期。
② 陈铨：《中国文学的世界性》，《民族文学》1943年第1卷第1期。
③ 陈铨：《中国文学的世界性》，《民族文学》1943年第1卷第1期。

动因又将如何影响梁实秋对国际人文主义的建构？围绕这些问题，笔者在本节将以国际人文主义的视角追溯梁实秋接受国际人文主义的历史因缘，重新梳理梁实秋与学衡派之间微妙而复杂的关系，力图勾勒从学衡派到梁实秋的国际人文主义实践史，并最终解构二者之间的"新旧"之别。

一 白话与文言：梁实秋的"新"与学衡派的"旧"

与学衡派弟子相似，梁实秋（1903—1987）亦是生于传统的大家庭。不过不同的是，梁实秋从未上过私塾，而直接上新式学堂。他小时候没读过《三字经》《千字文》《百家姓》，所受的语文教育是从商务印书馆国文教科书开始。诚如他所言："我不是读'古书成长'的。我是读教科书成长的，到了三十岁左右之后才发奋读古书。"① 因此，他对文言并无学衡派那种根深蒂固的文化感情，而是对白话文情有独钟。这种文化倾向一直延续到青年时期亦无改变："稍长之后，所读的文章不出古文的范畴，课本里选用的作品不外是《古文观止》、《古文释义》里的那些篇家喻户晓的杰作，直到二十岁左右，老师在国文课堂上还要我们默写杨恽《报孙会宗书》、韩愈《师说》"②，可是他在摸索古文的同时，也开辟新的阅读空间，那就是偷看小说，那时的他"深感古文之格调词藻陈陈相因，不若白话小说之平易近人"③。并且梁实秋在青年时期还接受了五四运动的洗礼，这场运动直接点燃了他对白话文的热情。他言道，胡适的《文学改良刍议》"把许多人心目中积存已久的疑惑一下子点破了"④，自此他如同进入了一个新境地。正如梁实秋所言："旧文学虽然有趣，我可以研究、欣赏，却无模拟的兴致，受过'五四'洗礼的人是不能再回复到以前的那个境界里去了。"⑤ 这就注定了梁实秋会

---

① 梁实秋：《"岂有文章惊海内"——答丘彦明女士问》，杨迅文主编《梁实秋文集》第5卷，鹭江出版社2002年版，第545页。本书所引《梁实秋文集》都出于该版本，以下不再标主编和出版信息。
② 梁实秋：《〈论文学〉序》，《梁实秋文集》第7卷，第730页。
③ 梁实秋：《〈论文学〉序》，《梁实秋文集》第7卷，第730页。
④ 梁实秋：《〈论文学〉序》，《梁实秋文集》第7卷，第730页。
⑤ 梁实秋：《清华八年》，《梁实秋文集》第3卷，第39页。

走向与学衡派不一样的道路。

二 "与《学衡》同宗":梁实秋的"旧"与新派的"新"

虽然梁实秋是在五四运动成长起来的新青年,但是他又有着与胡适等人相异的文学倾向,他甚至因此而被疑为"与《学衡》同宗"[①]。他与新派文人周作人的"新旧"之辩至今仍是学人关注的焦点。但是这种"新旧"对立的二元研究思维在某种程度上遮蔽了历史的真实。因此,为了澄清梁实秋的文化姿态,进一步梳理他与学衡派的关系,我们不妨重回争论的历史现场。

1922年,年仅19岁的梁实秋于《晨报副刊》上发表了《读〈诗底进化的还原论〉》一文。这篇文章是梁实秋在清华学堂读书时期第一篇公开发表的文学批评。在这篇文章中,梁实秋旗帜鲜明地提出了自己的文学观点:一、"我以为艺术是为艺术而存在的";二、"诗是贵族的。"[②] 因此,在他看来,"世界上的事物,有许多许多——无论是多数人的或少数人的所习闻的事物,——是绝对不能入诗的"[③],"诗是贵族的,要排斥那些丑的"[④]。随后周作人立即作了《丑的字句》反驳梁实秋的观点。周作人首先质疑了何以某些字句是丑的观点。接着他便举日本诗歌使用"小便"一词的例子反驳梁实秋道:"批评的人一定是对于歌这东西,有着一个狭隘的既成概念的人;一面以新的短歌的鉴赏家自命,却仍怀着歌是这样的东西,是非这样不可的一个保守的概念,而且被这概念所拘囚了的人。"[⑤] 言下之意即批评梁实秋以新文学家自命,但又抱有诗歌"保守"的观念。梁实秋自然知晓周作人的批评之意:

> 我很晓得我所说的话是犯着"学衡派"的嫌疑……我反对《学衡》的主张与态度,但是我愿提倡静的美的诗的东方文化;我

[①] 梁实秋:《读仲密先生的〈丑的字句〉》,《梁实秋文集》第6卷,第182页。
[②] 梁实秋:《读〈诗底进化的还原论〉》,《梁实秋文集》第6卷,第169页。
[③] 梁实秋:《读〈诗底进化的还原论〉》,《梁实秋文集》第6卷,第171页。
[④] 梁实秋:《读〈诗底进化的还原论〉》,《梁实秋文集》第6卷,第172页。
[⑤] 周作人:《丑的字句》,陈子善、张铁荣编《周作人集外文》(上),海南国际新闻出版中心1995年版,第426—427页。

不赞同仲密先生的见解与论调，但是我愿把旧诗的格律范围扩充。恐怕《学衡》要骂我是仲密一流，仲密又要疑我是与《学衡》同宗啊！①

梁实秋这段陈述不乏无奈之意，真切表达了自己左右不讨好的文学态度。对于学衡派而言，他是新派作家，倡导白话文以及浪漫主义文学。对于某些新派作家而言，他对东方文化中诗歌美的执着又让他被疑"与《学衡》同宗"。实际上，以周作人敏锐的文学触觉，他此时对梁实秋有"与《学衡》同宗"之嫌的判断大致是不错的。这点可从梁实秋的《南游杂感》一文窥见端倪。

1923 年，梁实秋去江南游玩，回京后在《清华周刊》上发表了《南游杂感》一文，记述他在江南一带的见闻。据文中介绍，他拜访了东南大学的胡梦华，并借此机缘听了吴宓讲授的《欧洲文学史》的"卢梭之生活及其著作"。梁实秋在文中对吴宓的课程颇为赞赏："我到吴先生班上旁听了一小时，他在讲法国文学，滔滔不断，娓娓动听，如走珠，如数家珍。我想一个学校若不罗致几个人才做教授，结果必是一个大失败，我觉得清华应该特别注意此点。"② 由于资料的缺乏，吴宓在课上讲授的内容已经不得而知。但是根据吴宓一贯的文化态度，可以推知课程内容大致不出人文主义思想体系。那么，梁实秋对吴宓的授课颇加赞赏，可见他对人文主义思想亦有认同之处，诚如他在后来的《清华八年》的回忆文所言："对于南京一派比较守旧的思潮，我也有一点同情，并不想把他们一笔抹杀。"③ 追溯起来，在清华学堂求学阶段，梁实秋虽是新派作家，但是他对传统文化一直持相对客观中立的态度。

笔者在第二章曾论及庚款给梅光迪带来的民族耻辱感。这种民族耻辱感投射到年幼的梁实秋身上，激起的亦是他对民族文化的认同感。由于清华是预备留美的学校，所以在课程设置上格外重视英语。上午的课程如数学、地理、物理等是重点课程，一律按照美国的教育模式使用英

---

① 梁实秋:《读仲密先生的〈丑的字句〉》,《梁实秋文集》第 6 卷，第 181—182 页。
② 梁实秋:《南游杂感》,《梁实秋文集》第 6 卷，第 262 页。
③ 梁实秋:《清华八年》,《梁实秋文集》第 3 卷，第 39 页。

文教授，下午的课程如国文、历史、哲学史等则是汉语教授，并且要顺利毕业，上午的成绩必须及格，下午的成绩则不在考虑范围之内。与此同时，中文教师与英文教师的待遇差别也相当大。对此，梁实秋说道："这在学生的心理上有不寻常的影响，一方面使学生蔑视本国的文化，崇拜外人，另一方面激起反感，对于洋人偏偏不肯低头。我个人的心理反应即属于后者，我下午上课从来不和先生捣乱，上午在课堂就常不驯顺。"① 梁实秋这份民族文化认同感在反对外国文化入侵时表现得更为强烈。他在清华学堂读书时，有些外国教师组织圣经会进行传教活动，与此同时，清华学堂的一些国粹派提倡孔教会进行对抗。出于对民族文化的捍卫，他参加了孔教会。他说道："我对于宗教没有兴趣，不过于耶教、孔教二者，若是必须作一选择，我宁取后者，所以我当时便参加了一些孔教会的活动，例如在孔教会附设的贫民补习班和工友补习班里授课之类。"② 可见，梁实秋虽是新派作家，但是他对传统文化有着比一般新青年更为强烈的认同感。正是这点认同感使他摆脱了新旧对立的二元思维，愿意在传统古典诗歌中吸取有益的元素，从而使他能在五四新文化浪潮中保持相对客观中立的文化姿态。这种文化姿态让他被疑为"与《学衡》同宗"。但也正是这点"学衡派的嫌疑"，成为他日后接受白璧德国际人文主义的契机。③

三 "国际人文主义"："新旧"视阈的突破

梁实秋如此描述他与白璧德相识的缘起："我后来上白璧德先生的课，并非是由于我对他的景仰，相反的，我是抱着一种挑战者的心情去听讲的。"④ 但是，由于梁实秋身上"与《学衡》同宗"的嫌疑，他很快便从新派的文化立场转向白璧德的国际人文主义。

---

① 梁实秋：《清华八年》，《梁实秋文集》第3卷，第23页。
② 梁实秋：《清华八年》，《梁实秋文集》第3卷，第37页。
③ 刘聪在《现代新儒学文化视野中的梁实秋》也谈道："我们通过学衡派这一桥梁，看到了梁实秋后来与白璧德的关系之生成，不是一种追随，而是自然暗合。他对诗歌美感的追求是基于东方文化的优雅美学，而对中国传统文化的眷顾更使他在赴美之前就种下了与白璧德的人文主义相契合的文学因缘。"参见刘聪《现代新儒学文化视野中的梁实秋》，齐鲁书社2010年版，第78—79页。
④ 梁实秋：《关于白璧德先生及其思想》，《梁实秋文集》第1卷，第547页。

梁实秋曾在《关于白璧德先生及其思想》一文回忆："我初步的反应是震骇。我开始自觉浅陋，我开始认识学问思想的领域之博大精深。继而我渐渐领悟他的思想体系，我逐渐明白其人文思想在现代的重要性。"[①] 梁实秋曾多次撰文描述自己思想的转向。如在《影响我的几本书》中说道："我选过他的'英国十六世纪以后的文学批评'一课，觉得他很有见解，不但有我们前所未闻的见解，而且是和我自己的见解背道而驰。于是我对他产生了兴趣。我到书店把他的著作五种一古脑儿买回来读，其中最有代表性的是他的这一本《卢梭与浪漫主义》……我平夙心中蕴结的一些浪漫情操几为之一扫而空。我开始省悟，五四以来的文艺思潮应该根据历史的透视而加以重估。"[②] 又如他在《〈论文学〉序》中说道，在上过白璧德的课后，他初步了解了西方的近代文学批评，"不再对于过度浪漫以至于颓废的主张像从前那样心悦诚服了"[③]。不难看出，梁实秋对自己思想检讨至深的就是其身上的浪漫主义倾向，而浪漫主义思潮正是白璧德终其一生都强烈批判的国际思潮，国际人文主义的提出正是为了与这种错误的国际思潮相抗衡。对于白璧德希望中国有"新儒家运动作为回应"的殷切期待，学衡派做出了一系列努力。那么，梁实秋作为白璧德的弟子，他会有哪些回应？梁实秋在《影响我的几本书》中谈到白璧德"最有代表性的是他的这一本《卢梭与浪漫主义》"[④]，可见此书对其影响之大。在此，我们不妨参考白璧德的《卢梭与浪漫主义》一书，简单梳理一下梁实秋的思想蜕变脉络，并继而探讨梁实秋如何回应白璧德的国际人文主义构想。

1923年，即梁实秋入哈佛师从白璧德的前一年，他曾撰写《拜伦与浪漫主义》一文，充分表达了其浪漫主义的文学倾向。他在文中首先指出："浪漫主义的特点便是：（一）自我表现之自由；（二）诗的体裁之自由；（三）诗的题材之自由。"[⑤] 他还进一步指出："浪漫主义的精髓，便是'解放'两个字。"[⑥] 对于浪漫主义的先驱卢梭，梁实秋推崇

---

① 梁实秋：《关于白璧德先生及其思想》，《梁实秋文集》第1卷，第547页。
② 梁实秋：《影响我的几本书》，《梁实秋文集》第5卷，第199—200页。
③ 梁实秋：《〈论文学〉序》，《梁实秋文集》第7卷，第733页。
④ 梁实秋：《影响我的几本书》，《梁实秋文集》第5卷，第199页。
⑤ 梁实秋：《拜伦与浪漫主义》，《梁实秋文集》第6卷，第293—294页。
⑥ 梁实秋：《拜伦与浪漫主义》，《梁实秋文集》第6卷，第294页。

备至："卢骚是法国大革命的前驱，也是全欧浪漫运动的始祖。卢骚的使命乃是解脱人类精神上的桎梏，使个人有自由发展之自由；浪漫主义只是这种精神表现在文学里面罢了。"① 但是在师从白璧德之后，梁实秋这种浪漫的情操不仅正如其所言"几为之一扫而空"，而且他开始以白璧德的思想检视自身思想。

在哈佛求学期间，他曾撰写《王尔德及其唯美主义》② 作为交给白璧德的课程作业。王尔德是白璧德平生最恨的"浪漫主义的余孽"，而梁实秋之所以选该题，据其所言："不是故意和老师作对，我自己也还另有心事在，我想藉此清算一下我自己的思路。"③ 换言之，自这篇文章始，梁实秋正式以人文主义的视角审视文学，而他的第一步工作就是要清算过去所信奉的外国浪漫主义文学。并且这篇文章得到了白璧德的高度评价，可见白璧德也非常认可其文所彰显的人文主义思想。这篇文章共探讨了王尔德学说的六大问题：艺术与时代、艺术与人生、艺术与自然、艺术与道德、个体与普遍性、艺术与艺术批评。梁实秋对每个问题的探讨都深受白璧德思想的影响。笔者在此以"艺术与道德"为例探讨梁实秋对人文主义思想的接受。在"艺术与道德"中，针对王尔德认为"艺术家是美的事物之创造者"④ 以及"无所谓道德的或不道德的书"⑤ 的观点，梁实秋提出"伦理的标准和道德的教训是两件事"⑥。在他看来，"对于王尔德伦理的与道德的观点是没有分别的，所以他鼓吹唯美的艺术，颂扬艺术的独立，攻击道德的主张，而同时他也否认了伦理的标准"⑦。梁实秋以古希腊戏剧为例，进一步指出："描写罪恶为一事，描写罪恶之态度与观点，则为又一事。描写变态之人格，而遽示无限制之同情，刻画罪戾的心理，而误认为人性之正则，这就是有所偏

---

① 梁实秋：《拜伦与浪漫主义》，《梁实秋文集》第6卷，第294页。
② 梁实秋在《关于白璧德先生及其思想》中把其在哈佛大学提交的课程论文称为《王尔德及其唯美主义》（参见《梁实秋文集》第6卷第547页），后在《〈论文学〉序》中把该论文称为《王尔德的唯美主义》（参见《梁实秋文集》第7卷第733页）。
③ 梁实秋：《关于白璧德先生及其思想》，《梁实秋文集》第1卷，第548页。
④ 梁实秋：《王尔德的唯美主义》，《梁实秋文集》第1卷，第166页。
⑤ 梁实秋：《王尔德的唯美主义》，《梁实秋文集》第1卷，第166页。
⑥ 梁实秋：《王尔德的唯美主义》，《梁实秋文集》第1卷，第166页。
⑦ 梁实秋：《王尔德的唯美主义》，《梁实秋文集》第1卷，第166页。

蔽，不能观察人生全体，只有局部的知识，换言之，便是缺乏伦理的态度。"① 实际上，梁实秋对王尔德的评价以及区分"伦理的标准和道德的教训"的做法正源自导师白璧德。白璧德在《卢梭与浪漫主义》一书中曾谈道："对于缺乏任何洞见的伪古典主义者，卢梭主义者以审美的洞见（æsthetic perceptiveness）进行反击。我们必须承认，审美的洞见因此发现了它的意义。但是正如我已经说过的，卢梭主义者不能将伦理洞见（ethical perceptiveness）加于审美洞见之上，因为他无法区分伦理的洞见以及纯粹的说教。所以当他被要求为艺术加上伦理目的（ethical purpose），他会回答：艺术应该为艺术而艺术，'美就是它自身存在的理由'。"② 对比二者之看法，我们不难发现梁实秋的"伦理的标准"正脱胎于白璧德的"伦理的洞见"，只是梁实秋将"标准"一词置换了白璧德这个极具人文主义理论色彩的"洞见"。然则梁实秋何以要置换白璧德的理论术语？虽然白璧德也强调标准的建立，但"洞见"却是白璧德人文主义思想的核心词汇。综观梁实秋理论文章，笔者发现"标准"一词频频出现，如《现代中国文学之浪漫的趋势》《文学的纪律》等。可见，梁实秋对"标准"一词的置换有其暗含的文化目的，即重建中国文化的标准。因此，梁实秋在完成自己思想的清算后，他便马上以白璧德的国际人文主义视角清算中国现代文坛，发表了《现代中国文学之浪漫的趋势》。

在《现代中国文学之浪漫的趋势》这篇文章中，梁实秋认为"现今文学是趋向于浪漫主义"③，他提出了四点理由：一、"受外国影响"；二、"推崇情感轻视理性"；三、"采取的对人生的态度是印象的"；四、"主张皈依自然并侧重独创"。④ 可以说，梁实秋每一点的论证都在导师

---

① 梁实秋：《王尔德的唯美主义》，《梁实秋文集》第 1 卷，第 167 页。
② Irving Babbitt, *Rousseau and Romanticism*, Boston and New York: Houghton Mifflin Company, 1919, p. 205. 原文为：To a pseudo-classic art that lacked every kind of perceptiveness the Rousseauist opposed æsthetic perceptiveness, and it is something, one must admit, thus to have discovered the senses. But to his æsthetic perceptiveness he failed, as I have already said, to add ethical perceptiveness because of his inability to distinguish between ethical perceptiveness and mere didacticism, and, so when asked to put ethical purpose into art he replied that art should be pursued for its own sake (l'art pour l'art) and that "beauty is its own excuse for being."
③ 梁实秋：《现代中国文学之浪漫的趋势》，《梁实秋文集》第 1 卷，第 53 页。
④ 梁实秋：《现代中国文学之浪漫的趋势》，《梁实秋文集》第 1 卷，第 53—54 页。

白璧德国际人文主义思想的框架下。梁实秋在这篇论文开宗明义:"我的批评方法是认定文学里有两个主要的类别,一是古典的,一是浪漫的。当然这种分类法不是我的独创,我只是随着西洋文学批评的正统(这个方法可否施之于现代中国文学,留待下文细说)。据我自己研究的结果,我觉得浪漫主义的定义不但是不可能的,而且是无益的。我们心里明白什么是浪漫主义,并且在本文里我就要说明现代中国文学所含有的浪漫成分。这篇文章终了的时候,浪漫主义是什么的问题,可以不解而解了。"[1] 在此,梁实秋不仅直接使用了白璧德在《卢梭与浪漫主义》一书中的古典与浪漫的二分法,而且他沿用了白璧德的论证方式,即从历史角度来阐明古典主义和浪漫主义,而非僵硬地给二者下定义。在第一部分"外国的影响"中,梁实秋在首段即以开阔的国际视野表明:"我曾说,文学并无新旧可分,只有中外可辨。旧文学即是本国特有的文学,新文学即是受外国影响后的文学。我先要说明,凡是极端的承受外国影响,即是浪漫主义的一个特征。"[2] 可见,梁实秋一直试图突破文坛的"新旧"之别,以开阔的国际视野来辨明现代文坛的趋势。他认为:"浪漫主义者的步骤,第一步是打倒中国的固有的标准,实在不曾打倒;第二步是建设新标准,实在所谓新标准即是外国标准,并且即此标准亦不曾建设。浪漫主义者的唯一的标准,即是'无标准'。所以新文学运动,就全部看,是'浪漫的混乱'。"[3] 梁实秋批评新文学运动为"无标准"的"浪漫的混乱",其意正欲重构中国文坛的新标准。这种雄心在后来的《现代文学论》更是表露无遗。在检视完中国现代文坛后,他最终将目光投向了中国传统文化,提出自己的现代儒学文学观。在导师白璧德国际人文主义实践的道路上,梁实秋与学衡派最终重逢了。

四 "国际人文主义"视阈下的儒学现代转型

与学衡派相异,梁实秋是成长于五四的新青年。他支持白话文,肯定五四新文化运动的价值。与此同时,作为白璧德的弟子,他肯定学衡

---

[1] 梁实秋:《现代中国文学之浪漫的趋势》,《梁实秋文集》第1卷,第34—35页。
[2] 梁实秋:《现代中国文学之浪漫的趋势》,《梁实秋文集》第1卷,第35页。
[3] 梁实秋:《现代中国文学之浪漫的趋势》,《梁实秋文集》第1卷,第41页。

派的译介工作,并且曾亲自编选学衡派的译文。然则,以国际人文主义的视角来重审他们各自的文化实践,二者有何内在的历史联系?笔者将进一步结合《现代文学论》《白璧德及其人文主义》等代表性文章,探讨梁实秋现代儒家文学观,并进而探讨从学衡派到梁实秋跨文化实践的内在历史脉络。

在该文中,梁实秋首先肯定新文学运动的价值,但是他同时也指出:"中国文学之最应改革的乃是文学思想,换言之,即是文学的基本观念。"[1] 他进一步分析出中国文学思想的主要潮流,他认为西方文学存在"古典主义"与"浪漫主义"两大思潮,"中国文学也有儒道两大潮流"[2]。但是梁实秋指出儒家的文学思想远不如西方文学的古典主义那般完善,而"道家的文学思想却很像是西洋文学中最趋极端的浪漫主义"[3]。接着梁实秋便以事实论证这一观点。在梁实秋看来,中国文学"主要的潮流仍是消极的老庄的隐逸思想。消极隐逸已成了中国的民族性的一部,文学又怎能是个例外"[4];至于"儒家根本的就没有正经的有过文学思想,并且儒家的论调根本的不合于文学的发展"[5]。在这种情况下,中国文学便在道家思想的控制下发展起来,中华民族亦吸收了道家的"清静无为的思想和柔以克刚的狡狯伎俩,逐渐的变成了一个懒惰而没出息的民族"[6]。因此,梁实秋认为新文学运动首先要做的事情"是严正的批评老庄思想"[7]。不过值得注意的是,虽然梁实秋维护儒家思想,批评道家思想,但他的出发点是为了创造新的现代文学思想。因此,他说道:"在文学上批评道家思想,并没有要皈依儒家的意思。"[8] 然则我们该如何看待儒家思想呢?在这篇文章中,梁实秋将儒家伦理思想与儒家文学思想分别对待。在他看来,儒家的伦理学说"至今仍是大致不错的"[9],但是他不满意儒家的文学思想。与学衡派相比,梁实秋

---

[1] 梁实秋:《现代文学论》,《梁实秋文集》第1卷,第394页。
[2] 梁实秋:《现代文学论》,《梁实秋文集》第1卷,第394页。
[3] 梁实秋:《现代文学论》,《梁实秋文集》第1卷,第394—395页。
[4] 梁实秋:《现代文学论》,《梁实秋文集》第1卷,第397页。
[5] 梁实秋:《现代文学论》,《梁实秋文集》第1卷,第397页。
[6] 梁实秋:《现代文学论》,《梁实秋文集》第1卷,第398页。
[7] 梁实秋:《现代文学论》,《梁实秋文集》第1卷,第398页。
[8] 梁实秋:《现代文学论》,《梁实秋文集》第1卷,第398页。
[9] 梁实秋:《现代文学论》,《梁实秋文集》第1卷,第398页。

的关注点要更为微观。学衡派着眼于创造新文化。所谓新文化不仅涵盖了新的儒家伦理思想,也涵盖了新的儒家文学。但是梁实秋似乎无意创造新的儒家伦理学说,或者确切而言,儒家伦理学说经过学衡派的译文已经被革新,并且梁实秋本人也是认可这种革新的。因此,梁实秋将关注点投向儒家的文学观念。要创造新的儒家文学思想,他认为:"我们现在唯一的出路便是参考西洋文学了。"① 他进一步指出,我们应该参考西洋文学中"切于实际人生的一部分,并排斥其脱离人生之极端浪漫的一部分"②。所谓的西洋文学"切于实际人生的一部分",即导师白璧德的人文主义思想,准确而言乃是白璧德后期所提出的国际人文主义思想。对此,梁实秋言道:

> 欲救中国文学之弊,最好是采用西洋的健全的理论,而其最健全的中心思想,可以"人本主义"一名词来包括……中国的儒家思想极接近西洋的人本主义,孔子的哲学与亚里士多德的伦理学颇多暗合之处,我们现在若采取人本主义的文学观,既可补中国晚近文学之弊,且不悖于数千年来儒家传统思想的背景。③

由以上阐述,我们可以看到梁实秋虽然并未使用"国际人文主义"这一名词,但是其意不离白璧德的国际人文主义框架,即以西方人文主义文学观融合儒家思想,以期创造新的儒家文学观。这正是导师白璧德所殷切期盼的"中国将会有一场新儒家运动(neo-confucian movement)作为回应"。可见,无论是学衡派,抑或梁实秋,他们都以创造"新儒家"思想为旨归。不过与学衡派相异,梁实秋一直都是使用白话来阐释白璧德的国际人文主义思想。在他看来,"可惜这一套思想被《学衡》的文言主张及其特殊色彩所拖累,以至于未能发挥其应有的影响"④。因此,虽然此后他服膺于白璧德的国际人文主义,但他走上的是迥异于学衡派的国际人文主义道路——以现代话语建构现代儒

---

① 梁实秋:《现代文学论》,《梁实秋文集》第1卷,第398页。
② 梁实秋:《现代文学论》,《梁实秋文集》第1卷,第399页。
③ 梁实秋:《现代文学论》,《梁实秋文集》第1卷,第399页。
④ 梁实秋:《关于白璧德先生及其思想》,《梁实秋文集》第1卷,第547页。

学文学理论。这具体体现在他的文学批评文章里,而儒家文学理论的精神内核则突出体现在他介绍白璧德人文主义思想的两篇名文《白璧德及其人文主义》以及《关于白璧德先生及其思想》。

在白璧德的国际人文主义思想体系中,"人性论"为其思想的核心内容。从"人性论"出发,白璧德会通中西文化,并最终提出国际人文主义思想。而"人性论"也因此成为师徒二人文化碰撞的关键点。继承白璧德的国际人文主义思想,梁实秋亦是"人性论"出发建构其文学理论。他在《关于白璧德先生及其思想》如此介绍道:"白璧德永远的在强调人性的二元,那即是说,人性包括欲念和理智……人之所以为人,即在以理智控制欲念。理智便是所谓'内在的控制力'(inner check)。柏格孙(Bergson)哲学中常常被赞颂的 elan vital(创造力),在白璧德眼里是不足道的,elan vital 应该让位给 elan frein(节制力)。做一件事需要力量,节制自己不做一件事需要更大的力量。这态度似乎是很合于我们的儒家之所谓'克己复礼'。"[1] 梁实秋在该文还谈道,白璧德的"理想是'中庸'。他所尊崇的是理性。"[2] 与学衡派相似,梁实秋笔下的白璧德思想亦被儒学化了。只不过学衡派选择的是文言翻译。这种译介行为虽然扭曲了白璧德原意,但亦是对白璧德所期许的"新儒家运动"的一种回应。西方的"理性"话语由此进入了儒家的话语体系,从而革新了儒家伦理思想。不过梁实秋目标并不在此,毕竟这项工作已由学衡派完成,他更看重的是创造新的儒家文学思想。然则,儒家伦理学说与儒家文学思想是什么关系呢?梁实秋在《白璧德及其人文主义》谈道:"人文主义者认定人性是固定的、普遍的,文学的任务即在于描写这根本的人性。"[3] "人文主义的文艺论即是古典主义的一种新的解释。"[4] 而在完成中国现代文坛的检视后,他曾出版《文学的纪律》一书,意即重新建立"纯正的古典观察点"[5]。何为"纯正的古典观察点"?在此,笔者再结合为此书定调的《文学的纪律》一文继续梳理梁实秋的儒家文学观。

---

[1] 梁实秋:《关于白璧德先生及其思想》,《梁实秋文集》第1卷,第551页。
[2] 梁实秋:《关于白璧德先生及其思想》,《梁实秋文集》第1卷,第551页。
[3] 梁实秋:《白璧德及其人文主义》,《梁实秋文集》第7卷,第293页。
[4] 梁实秋:《白璧德及其人文主义》,《梁实秋文集》第7卷,第291—292页。
[5] 梁实秋:《文学的纪律》,《梁实秋文集》第1卷,第135页。

梁实秋在《文学的纪律》中首先根据西方文学史说明"新古典派与浪漫派的势力消长的来由"①。"新古典派的标准，就是在文学里订下多少规律，创作家要遵着规律创作，批评家也遵着规律批评。"② 对此，梁实秋认为："文学的规律是应该推翻的，浪漫派的批评家不是无的放矢。"③ "但是浪漫主义者所推翻的不仅是新古典的规律，连标准、秩序、理性、节制的精神，一齐都打破了。"④ 在他看来，新古典派与浪漫派"一方面是开扩的感情的主观的力量，一方面是集中的理性的客观的力量，互相激荡"⑤。然而，他指出："纯正的古典观察点，是要在二者之间体会得一个中庸之道。规律是要打倒的，而文学里有超于规律的标准。"⑥ 至于何为"超于规律的标准"？梁实秋分别从"文学的态度""文学的力量""想象的质地""文学的形式"⑦ 四个方面来建立新儒家的文学标准。笔者在此以"文学的力量"以及"文学的形式"为例进行分析。梁实秋指出："文学的力量，不在于开扩，而在于集中；不在于放纵，而在于节制。"⑧ 他特别强调"新古典派"和"古典派"的区别："新古典派所主张的是要执行'外在的权威'，以求型类之恰当；古典派所提倡的是尊奉'内在的制裁'，以求表现之合度。这个分别是很清晰的。所谓'节制的力量'，就是以理性（reason）驾驭情感，以理性节制想像。"⑨ 结合上文谈到的梁实秋所革新的儒家伦理学说，我们不难发现，他是以融入西方理性色彩的"中庸之道"为文学的精神内核，并外化为新儒家的文学要求。因此，他在文中进一步指出："伟大的文学者所该致力的是怎样把情感放在理性的缰绳之下。文学的效用不在激发读者的热狂，而在引起读者的情绪之后，予以平和的宁静的沉思

---

① 梁实秋：《文学的纪律》，《梁实秋文集》第 1 卷，第 135 页。
② 梁实秋：《文学的纪律》，《梁实秋文集》第 1 卷，第 133 页。
③ 梁实秋：《文学的纪律》，《梁实秋文集》第 1 卷，第 134 页。
④ 梁实秋：《文学的纪律》，《梁实秋文集》第 1 卷，第 134 页。
⑤ 梁实秋：《文学的纪律》，《梁实秋文集》第 1 卷，第 135 页。
⑥ 梁实秋：《文学的纪律》，《梁实秋文集》第 1 卷，第 135 页。
⑦ 梁实秋：《文学的纪律》，《梁实秋文集》第 1 卷，第 136—145 页。
⑧ 梁实秋：《文学的纪律》，《梁实秋文集》第 1 卷，第 139 页。
⑨ 梁实秋：《文学的纪律》，《梁实秋文集》第 1 卷，第 139 页。

的一种舒适的感觉。"①"这样健康的文学,才能产生伦理的效果。"② 论述至此,不难发现梁实秋文学思想与传统儒家"文以载道"思想的内在逻辑联系。然而,梁实秋所传之道不再是依附于封建等级制度的儒家之道,而是彰显现代理性色彩的"中庸之道"。至于"文学的形式",梁实秋同样是以现代的"中庸之道"进行规约说明:"形式的意义,不在于一首诗要写做多少行、每行若干字、平仄韵律等等,这全是末节,可以遵守也可以不遵守;其真正之意义乃在于使文学的思想,挟着强烈的情感丰富的想象,使其注入一个严谨的模型,使其成为一有生机的整体。"③"我所谓'形式',是指'意'的形式,不是指'词'的形式。所以我们正可在词的形式方面要求尽量的自由,而在意的方面却仍须严守纪律,使成为一有限制的整体。"④ 可见,在现代儒家思想的框架下,梁实秋给予文学形式相当大的自由度。在他看来,最重要的还是"文学的思想",意即合乎"中庸之道",形式则是末节。梁实秋所建构的儒家文学观革新了传统的儒家文学思想,将儒家文学从传统的种种清规戒律解放出来。并且梁实秋在建构新儒家文学思想的过程中生成了一系列固定的文学话语,例如"理性的制裁""常态的人性""文学的纪律"等⑤。这些现代话语不仅革新了儒家伦理思想,也生成了新的儒家文学思想。倘若说学衡派以文言来翻译白璧德的国际人文主义思想,从而使儒学在西方现代思想背景下得以重新激活,那么,梁实秋以现代白话来阐释白璧德的国际人文主义思想,此举不仅生成了一系列儒学现代话语,并由此革新了儒家伦理思想及其文学思想,从而进一步推动了儒学的现代转型。二者在国际人文主义的历史脉络上可谓殊途同归。

五 "国际人文主义"实践史的现代隐喻:学衡派与梁实秋的携手之作《白璧德与人文主义》

1929年12月,梁实秋编选了一本关于白璧德思想的译文集——

---

① 梁实秋:《文学的纪律》,《梁实秋文集》第1卷,第141页。
② 梁实秋:《文学的纪律》,《梁实秋文集》第1卷,第141页。
③ 梁实秋:《文学的纪律》,《梁实秋文集》第1卷,第145—146页。
④ 梁实秋:《文学的纪律》,《梁实秋文集》第1卷,第146—147页。
⑤ 参见梁实秋《文学的纪律》,《梁实秋文集》第1卷,第145—147页。

《白璧德与人文主义》，由新月书店出版。书中收录的是刊登于《学衡》杂志的译文，分别为：胡先骕译的《中西人文教育谈》、徐震堮译的《释人文主义》、吴宓译的《白璧德之人文主义》《论民治与领袖》以及《论欧亚两洲文化》。梁实秋还亲自为该书写了一篇序言。可见，该书是新文学运动的佼佼者梁实秋与所谓的"守旧派"学衡派共同合作的重要成果。据吴宓日记记载，1928年7月9日，他乘人力车访梁实秋。"谈次，梁欲编印《白璧德介绍论文集》。宓允以《学衡》中各篇译稿付之。"① 这就是说，这次编印活动是由新文学家梁实秋所提出的，而"守旧者"吴宓欣然答应。那么，新文学家梁实秋究竟因何提出编选"守旧派"学衡派的译文？毕竟在他看来，白璧德的思想被学衡派的文言所拖累，而不能发挥其应有的影响。梁实秋在序言中曾谈及他编选该书的动因："我听了白璧德的一年演讲之后，我的思想变了，我懂了白璧德教授的思想，我知道《学衡》里那几篇翻译的文章是不可埋没的。"② 由此可见，虽然梁实秋认为文言文阻碍了白璧德思想的传播，但是他并没有据此否定学衡派译文的价值。其实，梁实秋深知学衡派译文中的思想绝非顽固守旧，并且在他看来，学衡派的译文似乎很好地译介了白璧德的人文主义思想。他说道："这本书并不能代表白璧德的思想的全部，但是主要的论据在这里是都完备了。"③ "现在这本书放在读者面前了，这是白璧德的本来面目，请国人公正的批评罢。"④ 但是学衡派的译文绝非白璧德的人文主义思想本身，而是对其儒学化的阐释。同为白璧德的弟子，梁实秋自然知晓其中之道，并且他亦是如此介绍白璧德思想。他在该译文集序言末谈道："我并不把白璧德当做圣人，并不把他的话当做天经地义，我也并不想藉白璧德为招牌来增加自己的批评的权威。在思想上，我是不承认什么权威的，只有我自己的'理性'是我肯服从的权威。白璧德的学说我以为是稳健严正，在如今这个混乱

---

① 吴宓：《吴宓日记》第4册，生活·读书·新知三联书店1998年版，第87页。
② 梁实秋编：《白璧德与人文主义》，吴宓、胡先骕、徐震堮译，新月书店1929年版，"序"第1页。
③ 梁实秋编：《白璧德与人文主义》，吴宓、胡先骕、徐震堮译，新月书店1929年版，"序"第3页。
④ 梁实秋编：《白璧德与人文主义》，吴宓、胡先骕、徐震堮译，新月书店1929年版，"序"第3页。

浪漫的时代是格外的有他的价值,而在目前的中国似乎更有研究的必要。"① 联系上文笔者所谈到的梁实秋对白璧德思想儒学化的译介可知,梁实秋所言的白璧德的学说"有研究的必要",即以西方人文主义思想重新激活儒家思想。如此便能理解梁实秋何以编选"守旧派"学衡派的译文:他们共同怀抱着创造新儒学的伟大理想。虽然二者关注点以及路径略有不同,一方为创造新儒学文化,另一方为创造新儒家文学观,一方持守文言,另一方坚持白话,但是国际人文主义的方向是一致的。在国际人文主义的道路上,新派文人梁实秋与"守旧派"代表学衡派走在一起,共同推进了儒学的现代转型。《白璧德与人文主义》的出版成为国际人文主义实践史极具历史意义的标志性事件。在国际人文主义的视野下,新旧之别消泯殆尽,文言与白话并非非此即彼的二元存在。不仅梁实秋肯定了学衡派的文言译介工作,吴宓也肯定了梁实秋的白话宣传工作。吴宓曾言,对于白璧德人文主义思想在新文学家中的宣传,"用白话文作宣传,梁君之功实甚大也"②。新派文人梁实秋与"守旧派"代表吴宓对彼此的认可肯定正说明了所谓的派别之见只是为学界一时所固守的定式思维,其实二者都对文言与白话抱有相当开明的态度。那么,所谓的新旧划分显然无法涵盖他们的文化取向。实际上,无论学衡派,抑或梁实秋,他们都在白璧德国际人文主义实践的号召下建构新儒学。在国际人文主义的历史脉络下,笔者认为学衡派与梁实秋其实处于建构新儒学的两个历史阶段:学衡派以文言翻译白璧德的国际人文主义思想,此举打开了儒学封闭的哲学体系,开启了儒学的现代化进程;梁实秋以白话阐释白璧德的国际人文主义思想,构建新儒家文学观,此举承接了学衡派的新儒学建构史,继续推动了儒学的现代化进程,促进儒学现代话语的生成。二者的携手之作《白璧德与人文主义》成为学衡派与梁实秋国际人文主义实践史的现代隐喻,解构了所有加于他们身上的派别之名,彰显了他们为儒学现代转型所做出的努力。

---

① 梁实秋编:《白璧德与人文主义》,吴宓、胡先骕、徐震堮译,新月书店 1929 年版,第 3 页。
② 吴宓:《吴宓自编年谱》,生活·读书·新知三联书店 1995 年版,第 243 页。

结　语

　　20世纪80年代末，随着文化保守主义思潮的崛起，重估学衡成为学界研究的热点。在这样的时代背景下，学衡派的研究深度和广度都在不断拓展，学界也因此涌现出一批优秀的研究成果。但是由于对白璧德与学衡派双重跨文化现象认知的缺乏，学界的研究始终难以突破乐黛云教授"保守主义"的理论框架。追溯起来，学衡派的跨文化实践正是导师白璧德"国际人文主义"实践的重要一环。在1921年留美中国学生东部会的夏季年会上，白璧德发表了《中西人文教育谈》的演讲，并据此表达了希望在中西双向轨道上发起国际人文主义实践的伟大构想。换言之，白璧德与学衡派同时在中西双方进行着人文主义的跨文化实践，并且由于二者的师徒关系，他们双方的跨文化实践并非独立进行，而是互相影响，共同朝向"国际人文主义"的伟大目标。鉴于此，笔者在本书以"国际人文主义"的视角重估白璧德与学衡派，分别考察他们的跨文化实践，并进而梳理中国的国际人文主义实践所开展的活动，力图呈现中西双方国际人文主义实践的历史面貌。

　　本书一直试图以真实的历史角度来重估学衡派研究以及白璧德研究，这就是笔者以白璧德所提出"国际人文主义"视角来切入学衡派研究以及白璧德研究的根本原因。借助这一视角，笔者在本书重新梳理了学衡派与白璧德之间复杂的跨文化史。在这段极具时代意义的跨文化史中，笔者发现了白璧德与学衡派在跨文化语境下的种种错位理解以及由此所产生的新意义。对此，笔者在本书分别以"白璧德的国际人文主义思想"以及"汉译中的人文儒学"为题，重点分析了二者的跨文化实践。通过研究分析，笔者发现无论白璧德抑或学衡派，他们都是立足在自身的文化土壤上汲取外来文化。考察白璧德的国际人文主义跨文化实践，白璧德在接触学衡派弟子后开始融入儒家的内在超越思想，并进而提出独立于宗教的人文主义体系。这种人文主义体系虽然有别于基督教，但是究其理论根源，它仍然根植于西方基督教文明的土壤上——"性恶论"。虽然白璧德在跨文化语境下所形成的儒学想象是一种文化的错位理解，但是这种错位理解并不妨碍其形成国际人文主义实践的构想。白璧德的这一构想无疑是极具历史价值的。在西方文化背景下，只有以国际人文主义的旗帜，才能整合西方的人文主义资源对抗世界的自然主义潮流。考察学衡派的国际人文主义跨文化实践，学衡派以儒学的术语翻译白璧德的人文主义，从而使儒学在白璧德的人文主义理论背景下得以重新激活，彰显出现代意义。不过虽然学衡派接受了白璧德的人性二元论，但是他们无意动摇中国的文化土壤——"性善论"，或者更确切而言是无法动摇中国的文化根基。换言之，他们既无意，亦无法在中国文化上植入西方"罪"的意识。在这种情况下，学衡派所融入的人文主义思想只是打开了儒学相对封闭的体系，并由此提取出可施之于当代的价值体系。虽然白璧德与学衡派的文化起点相异，但是他们能在人文层面上达到一致与和谐，共同构建和谐的国际人文主义。这正如白璧德在原文中所构想的那般："他们至少能在适度、常识以及基本礼节的平台上联合在一起。"因此，笔者以为学界目前对学衡派"保守主义"的定位遮蔽了其建构国际人文主义跨文化实践。只有突破"保守主义"的理论框架，以国际人文主义的视角重审白璧德及学衡派的跨文化实践，才能透视中西双方这段具有划时代意义的跨文化史，才能正确评价二者的历史价值。

为了更全面呈现学衡派国际人文主义实践史，本书除了在思想层面上探析学衡派所呈现的新儒学观，还力图在历史层面上呈现学衡派弟子为开展国际人文主义实践所进行的跨文化活动。以往的学衡派研究囿于"保守主义"的定位框架，甚少涉足他们所进行的跨文化活动。即使有学者关注到他们所进行的跨文化活动，也难以从理论上整合他们的活动，从而使学衡派的研究出现"分裂"的现象，亦即一方面默认其"保守主义"的定位，另一方面又认可其跨文化活动。笔者以为这种"分裂"现象并非源于学衡派自身的分裂，而是源于研究者自身的理论窠臼。以国际人文主义的视角重审学衡派的跨文化活动，笔者重现了学衡派的跨文化活动史，并进一步追溯了国际人文主义思想在学衡派师门之间的传承。

　　白璧德的中国弟子除了学衡派以外，还有一位"新派"文人梁实秋。笔者在本书还力图勾勒出从学衡派到梁实秋的跨文化实践史。通过资料细读，笔者发现，无论学衡派，抑或梁实秋，他们都在白璧德国际人文主义实践的号召下建构新儒学。在新儒学的历史脉络下，笔者认为学衡派与梁实秋其实处于建构新儒学的两个历史阶段：学衡派以文言翻译白璧德的国际人文主义思想，此举打开了儒学封闭的哲学体系，开启儒学现代转型进程；梁实秋以白话阐释白璧德的国际人文主义思想，构建新儒学文学观，此举承接了学衡派的新儒学建构史，继续推动了儒学现代转型的进程，促进儒学现代话语的生成。那么，以国际人文主义重新叙述这段历史，才能解构了所有加在学衡派与梁实秋身上的"新旧"之别，还原历史的真实面貌。

　　当然，以国际人文主义视角重审白璧德弟子的跨文化实践仍是一个需继续开拓的话题。虽然本书以国际人文主义的视角对梁实秋进行了初步的研究，展现了其与学衡派之间的学术因缘关系，勾勒出了新儒学的建构史，但是梁实秋的新儒学研究仍是一个未尽的话题。本书仅初步揭开了梁实秋建构新儒学文学观的目标，并未对梁实秋的新儒学文学观的内涵进行细致分析。梁实秋的国际人文主义思想仍有待继续研究。

参考文献

一 中文著作

陈来:《朱子哲学研究》,生活·读书·新知三联书店2010年版。

陈铨:《中德文学研究》,辽宁教育出版社1997年版。

陈子善、张铁荣编:《周作人集外文》(上),海南国际新闻出版中心,1995年版。

程正民、程凯:《中国现代文学理论知识体系的建构——文学理论教材与教学的历史沿革》,北京大学出版社2005年版。

东南大学编:《国立东南大学一览》,东南大学出版社1923年版。

段怀清:《白璧德与中国文化》,首都师范大学出版社2006年版。

段怀清:《新人文主义思潮——白璧德在中国》,江西高校出版社2009年版。

邓正来主编:《中国经验与发展:中国社会科学辑刊》(2010年秋季卷),复旦大学出版社2010年版。

冯友兰:《三松堂全集》第11卷,河南人民出版社2000年版。

冯友兰:《中国哲学史》(下),重庆出版社2009年版。

高恒文:《东南大学与"学衡派"》,广西师范大学出版社2002年版。

黄世坦编:《回忆吴宓先生》,陕西人民出版社1990年版。

黄兴涛编:《辜鸿铭文集》(上下),海南出版社1996年版。

黄寿祺、张善文:《周易译注》,上海古籍出版社1989年版。

胡适:《胡适口述自传》,唐德刚译,华文出版社1992年版。

胡适:《胡适留学日记》(上),安徽教育出版社2006年版。

胡适:《胡适自传》,人民文学出版社2013年版。

胡适研究会编：《胡适研究通讯》2013年第3期。

胡先骕：《忏庵诗选注》，四川大学出版社2010年版。

胡宗刚：《不该遗忘的胡先骕》，长江文艺出版社2005年版。

胡宗刚：《胡先骕先生年谱长编》，江西教育出版社2008年版。

柳芳、季维龙整理：《胡适全集》第20卷，安徽教育出版社2003年版。

黎靖德编、王星贤点校：《朱子语类》第1、2、5、6册，中华书局1986年版。

黎汉基：《社会失范与道德实践：吴宓与吴芳吉》，四川出版集团巴蜀书社2006年版。

李长之：《李长之文集》第1卷：河北教育出版社2006年版。

李何林编著：《近二十年中国文艺思潮论》，生活书店1947年版。

李辉编：《董乐山文集》第2卷，河北教育出版社2001年版。

李岫、秦林芳主编：《二十世纪中外文学交流史》下，河北教育出版社2011年版。

李世涛主编：《知识分子立场：激进与保守之间的动荡》，时代文艺出版社2002年版。

李春青主编：《先秦文艺思想史》（下册），北京师范大学出版社2012年版。

李泽厚：《中国古代思想史论》，天津社会科学出版社2003年版。

李辉编：《董乐山文集》第2卷，河北教育出版社2001年版。

梁实秋编：《白璧德与人文主义》，吴宓、胡先骕、徐震堮译，新月书店1929年版。

刘桂生、张步洲编纂：《台港及海外五四研究论著撷要》，教育科学出版社1989年版。

刘文英主编：《中国哲学史》，南开大学出版社2002年版。

刘聪：《现代新儒学文化视野中的梁实秋》，齐鲁书社2010年版。

楼宇烈：《温故知新——中国哲学研究论文集》，商务印书馆2004年版。

吕效祖主编：《刘古愚教育论文选注》，陕西人民出版社1988年版。

罗刚，陈春艳编：《梅光迪文录》，辽宁教育出版社2001年版。

元青等：《五千年中外文化交流史》第4卷，世界知识出版社2002年版。

梅铁山主编：《梅光迪文存》，华中师范大学出版社2011年版。

齐家莹编撰：《清华人文学科年谱》，清华大学出版社1999年版。

任大援、武占江：《刘古愚评传》，陕西人民出版社1997年版。

沈卫威：《回眸"学衡派"：文化保守主义的现代命运》，人民文学出版社1999年版。

王奇生：《中国留学生的历史轨迹：1872—1949》，湖北教育出版社1992年版。

王泉根主编：《多维视野中的吴宓》，重庆出版社2001年版。

王瑶：《中国新文学史稿》（上），新文艺出版社1954年版。

[魏]王弼注，[唐]孔颖达：《周易正义》，北京大学出版社1999年标点本。

吴芳吉：《吴芳吉集》，巴蜀书社1994年版。

吴宓：《文学与人生》，王岷源译，清华大学出版社1996年版。

吴宓：《吴宓日记》第1、2、3、4册，生活·读书·新知三联书店1998年版。

吴宓：《吴宓自编年谱》，生活·读书·新知三联书店1995年版。

吴宓：《吴宓诗话》，商务印书馆2007年版。

吴学昭编：《吴宓书信集》，生活·读书·新知三联书店2011年版。

吴中杰编著：《吴中杰评点鲁迅杂文》，复旦大学出版社2006年版。

徐葆耕编选：《会通派如是说——吴宓集》，上海文艺出版社1998年版。

夏晓虹编：《梁启超文选》（上），中国广播电视出版社1992年版。

熊盛元、胡启鹏编校：《胡先骕诗文集》（上下），黄山书社2013年版。

徐复观：《中国人性论史·先秦篇》，上海三联书店2001年版。

徐复观：《中国思想史论集》，上海书店出版社2004年版。

杨伯峻：《论语译注》，中华书局2006年版。

杨乃乔主编：《比较文学概论》，北京大学出版社2002年版。

杨迅文主编：《梁实秋文集》第1、3、5、6、7卷，鹭江出版社

2002年版。

余志森主编：《美国通史》第4卷，人民出版社2002年版。

尹波、郭齐点校：《朱熹集》第6册，四川教育出版社1996年。

张大为、胡德熙、胡德焜合编：《胡先骕文存》（上），江西高校出版社1995年版。

张枬、王忍之编：《辛亥革命前十年间时论选集》第1卷下，生活·读书·新知三联书店1960年版。

张岂之主编：《陕西通史·思想卷》，陕西师范大学出版社1997年版。

张锡勤：《中国传统道德举要》，黑龙江教育出版社1996年版。

张源：《从"人文主义"到"保守主义"——〈学衡〉中的白璧德》，生活·读书·新知三联书店2009年版。

赵馥洁、段建海、董小龙：《中华民族爱国主义史论》，中国社会科学出版社2008年版。

郑师渠：《在欧化与国粹之间——学衡派文化思想研究》，北京师范大学出版社2001年版。

郑振铎编选：《中国新文学大系·文学论争集》，上海良友图书印刷公司1935年版。

郑宗义主编：《中国哲学与文化》第11辑，漓江出版社2014年版。

周佩瑶：《"学衡派"的身份想象》，福建教育出版社2013年版。

周云：《学衡派思想研究》，甘肃人民出版社2005年版。

朱寿桐：《新人文主义的中国影迹》，中国社会科学出版社2009年版。

朱熹：《四书章句集注》，中华书局1983年版。

周阳山、杨肃献编：《近代中国思想人物论——保守主义》，时报文化出版事业有限公司1982年版。

中国哲学编辑部：《中国哲学》第2辑，生活·读书·新知三联书店1980年版。

中国政法大学人文学院编：《中国政法大学人文论坛》第2辑，中国社会科学院出版社2005年版。

二　中译著作

［美］白璧德著：《文学与美国的大学》，张沛、张源译，北京大学 2004 年版。

［美］白璧德著：《民主与领袖》，张沛、张源译，北京大学 2011 年版。

［美］大卫·丹穆若什：《什么是世界文学?》，查明建、宋明炜等译，北京大学出版社 2014 年版。

［美］哈罗德·伊萨克斯：《美国的中国形象》，于殿利、陆日宇译，时事出版社 1999 年版。

［美］罗森：《最民主的部门：美国最高法院的贡献》，胡晓进译，中国政法大学出版社 2013 年版。

［美］叶维丽：《为中国寻找现代之路：中国留学生在美国（1900—1927）》，周子平译，北京大学出版社 2017 年版。

［法］卢梭：《卢梭文集》，江文编译，中国戏剧出版社 2008 年版。

［挪］G. 希尔贝克、N. 伊耶：《西方哲学史：从古希腊到二十世纪》，童世骏、郁振华、刘进译，上海译文出版社 2004 年版。

［古希腊］亚里士多德：《亚里士多德伦理学》（下），向达、夏崇璞合译，商务印书馆 1939 年版。

三　中文论文

［美］白璧德：《白璧德论班达与法国思想》，张荫麟译，《学衡》1931 年第 74 期。

［美］吉罗德夫人（Mrs. Katherine Fullerton Gerould）：《论循规蹈矩之益与纵性任情之害》，吴宓译，《学衡》1925 年第 38 期。

［美］柯克斯：《柯克斯论古学之精神》，徐震堮译，《学衡》1923 年第 21 期。

［罗马］西塞罗：《西塞罗说老》，钱堃新译，《学衡》1923 年第 15 期。

［德］雷赫完：《孔子老子学说对于德国青年之影响》，吴宓译，《学衡》1926 年第 54 期。

［英］萨克雷：《纽康氏家传》，吴宓译，《学衡》1922 年第 8 期。

［法］圣伯甫：《释正宗》，徐震堮译，《学衡》1923 年第 18 期。

［法］伏尔泰：《福禄特尔记阮讷与柯兰事》，陈钧译，《学衡》1923 年第 18 期。

［法］马西尔：《布朗乃尔与美国之新野蛮主义》，乔友忠译，《学衡》1931 年第 74 期。

［美］穆尔：《穆尔论现今美国之新文学》，吴宓译，《学衡》1928 年第 63 期。

陈厚诚：《学衡派文学批评与新人文主义》，《社会科学研究》1996 年第 5 期。

陈训慈：《托尔斯泰》，《文哲学报》1922 年第 2 期。

陈铨：《评学衡记者谈婚礼》，《清华周刊》1925 年第 343 期。

陈铨：《中国文学的世界性》，《民族文学》1943 年第 1 卷第 1 期。

《道德引言》，《大公报·文学副刊》1929 年 11 月 4 日。

邓晓芒：《中西文化心理模式分析》，《西北师大学报》（社会科学版）2010 年第 2 期。

邓晓芒：《中西文化心理模式分析（续）》，《西北师大学报》（社会科学版）2010 年第 3 期。

方维规：《"跨文化"述解》，《文艺研究》2015 年第 9 期。

管雪莲：《论中国现代文学中的古典主义思潮》，博士学位论文，厦门大学，2007 年。

缪凤林：《文情篇》，《学衡》1922 年第 7 期。

胡先骕：《新文化之真相》，《公正周报》1920 年第 1 卷第 5 期。

胡先骕：《白璧德中西人文教育谈》，《学衡》1922 年第 3 期。

胡先骕：《新文化之真相》，《公正周报》1920 年第 1 卷第 5 期。

胡先骕：《梅庵忆语》，《子曰丛刊》1948 年版第 4 期。

罗安宪：《学而优则仕"辨"》，《中国哲学史》2005 年第 3 期。

刘霁：《学术网络、知识传播中的文学译介研究——以"学衡派"为中心》，博士学位论文，复旦大学，2007 年。

汤用彤：《评近人之文化研究》，《学衡》1922 年第 12 期。

旷新年：《学衡派与新人文主义》，《北京大学学报》（哲学社会科学版）1994 年第 6 期。

李怡：《论"学衡派"与五四新文学运动》，《中国社会科学》1998 年第 6 期。

刘白：《白璧德对中国传统儒家思想的借镜》，《中国文学研究》2017 年第 1 期。

刘聪：《白璧德人文主义运动与现代新儒学》，《文学评论》2009 年第 6 期。

刘文翮：《介绍〈文学评论之原理〉》，《文哲学报》1923 年第 3 期。

《穆莱教授新著》，《大公报·文学副刊》1928 年 5 月 14 日。

潘水萍：《古典主义在中国》，博士学位论文，暨南大学，2011 年。

王雪明：《制衡·融合·阻抗——学衡派翻译研究》，博士学位论文，复旦大学，2008 年。

王晴佳：《白璧德与学衡派：一个学术文化史的比较研究》，《"中研院"近代史研究所集刊》2002 年第 37 期。

王辉：《理雅各〈中庸〉译本与传教士东方主义》，《孔子研究》2008 年第 5 期。

吴宓：《论新文化运动》，《学衡》1922 第 4 期。

吴宓：《我之人生观》，《学衡》1923 年第 16 期。

吴宓：《白璧德论民治与领袖》，《学衡》1924 年第 32 期。

吴宓：《白璧德论欧亚两洲文化》，《学衡》1925 年第 38 期。

乐黛云：《世界文化对话中的中国现代保守主义》，《中国文化》1989 年第 1 期。

子严：《恶趣味的毒害》，《晨报副刊》1922 年 10 月。

张其昀：《中国与中道》，《学衡》1925 年第 41 期。

章可：《现代中国"人文主义"的起源：以译词为中心的研究（1901—1922）》，博士学位论文，复旦大学，2009 年。

赵一凡：《哈佛教育思想考察——兼评鲍克校长〈超越象牙塔〉》，《读书》1987 年第 1 期。

郑大华：《文化保守主义与"五四"新文化运动》，《北京师范大学学报》1989 年第 3 期。

朱寿桐：《欧文·白璧德在中国现代文化建构中的宿命角色》，《外国文学评论》2003年第2期。

四 欧文·白璧德著述

Irving Babbitt, *Literature and the American College*: *Essays in Defense of the Humanities*, Boston and New York: Houghton Mifflin Company, 1908.

Irving Babbitt, *The New Laokoon*: *An Essay on the Confusion of the Arts*, Boston and New York: Houghton Mifflin Company, 1910.

Irving Babbitt, *The Masters of Modern French Criticism*, Boston and New York: Houghton Mifflin Company, 1912.

Irving Babbitt, *The Breakdown of Internationalism*, Howard Blake (ed), Reprinted from The Nation (1915), 1943.

Irving Babbitt, *Rousseau and Romanticism*, Boston and New York: Houghton Mifflin Company, 1919.

Irving Babbitt, "Humanistic education in China and the West", The Chinese Students' Monthly, Vol. 17, No. 2, 1921.

Irving Babbitt, *Democracy and Leadership*, Boston and New York: Houghton Mifflin Company, 1924.

Irving Babbitt, *On Being Creative and Other Essays*, London: Constable and Company LTD, 1932

Irving Babbitt, *The Dhammapada* (Translated from the Pali), New York and London: Oxford University Press, 1936.

Irving Babbitt, *Character and Culture*: *Essays on East and West*, New Brunswick: Transaction Publishers, 1995. (The essays of this volume were originally published in 1940)

五 外文著作

Brennan, Stephen C., and Stephen R. Yarbrough, *Irving Babbitt*, Boston: Twayne Publishers, 1987.

Eliot, Charles William, *Educational Reform*: *Essays and Addresses*, New York: The Century Co., 1909.

Eliot, T. S., *Selected Essays* (1917–1932), London: Faber and Faber Limited, 1932.

Eliot, T. S., *After Strange Gods: A Primer of Modern Heresy*, New York: Harcourt, Brace and Company, 1934.

Foerster, Norman, ed., *Humanism and America: Essays on the Outlook of Modern Civilisation*, New York: Farrar and Rinehart, 1930.

Giles, Lionel, *The Sayings of Confucius: A New Translation of the Greater Part of the Confucian Analects*, London: John Murray, 1907.

Grattan, C. Hartley, ed., *The Critique of Humanism: A Symposium*, New York: Books for Libraries Press, Inc, 1968.

Grosselin, Dom Oliver, *The Intuitive Voluntarism of Irving Babbitt: An Anti-Supernaturalistic, Anti-Intellectualistic Philosophy*, Latrobe, PA: St. Vincent Archabbey, 1951.

Hoeveler, J. David, Jr., *The New Humanism: A Critique of Modern America, 1900–1940*, Charlottesville: University Press of Virginia, 1977.

Ku Hung-Ming, *The Spirit of the Chinese People*, Shanghai: SanLian Bookstore, 2010.

Levin, Harry, *Irving Babbitt and the Teaching of Literature*, Cambridge: Harvard University Press, 1961.

Legge, James, *The Chinese Classics*, Volume I, Taipei: SMC Publishing Inc., 1991.

Legge, James, *The Notions of the Chinese Concerning God and Spirits: With an Examination of the Defense of an Essay, on the Proper Rendering of the Words Elohim and Theos, into the Chinese Language*, Hongkong: "Hongkong Register" Office, 1852.

Legge, James, *Confucianism in Relation to Christianity*, Shanghai: Kelly & Walsh, 1877.

Legge, James, *The Religions of China: Confucianism and Tâoism Described and Compared with Christianity*, London: Hodder and Stoughton, 1880.

Manchester, Frederick and Odell Shepard eds., *Irving Babbitt: Man and The Teacher*, New York: G. P. Putnam's Sons, 1941.

Nevin, Thomas R., *Irving Babbitt—An Intellectual Study*, Chapel Hill and London: The University of North Carolina Press, 1984.

Pier, Arthur Stanwood, *The Story of Harvard*, Boston: Little, Brown, and Company, 1913.

Smith, Richard Norton, *The Harvard Century: The Making of a University to a Nation*, Cambridge: Harvard University Press, 1986.

六 外文论文

Aldridge, A. Owen, "Irving Babbitt in and about China", Summer, Vol. 35, No. 4, 1993.

Barney, Joseph Aldo, *The Educational Ideas of Irving Babbitt: Critical Humanism and American Higher Education*, Ph. D. dissertation, Loyola University Chicago, 1974.

Hoeveler, J. David, Jr., "Babbitt and Contemporary Conservative Thought in America", *Modern Age*, Vol. 28, No. 2, 1984.

Hou Chien, *Irving Babbitt in China*, Ph. D. dissertation, State University of New York at Stony Book, 1980.

Rosen, Richard Barry. *The National Heritage Opposition to the New Culture and Literary Movements of China in the 1920's*, Ph. D. dissertation, University of California, 1969.

Stewart, Kenneth Frederick, "The Humanism of Irving Babbitt", *The Intercollegiate Review*, Vol. 3, Iss. 4, 1967.

Wu Xuezhao, "The Birth of a Chinese Cultural Movement: Letters between Babbitt and Wumi", *Humanitas*, Vol. 17, No. 1/2, 2004.

后　记

　　本书是在我的博士学位论文的基础上修改完成的。此时距离博士论文答辩已逾五年。其间诸事缠身，为稻粱谋亦颇狼狈。然而在师长勉励下，须臾未敢忘学术理想。

　　如今拙著面世，既喜且愧。所喜者十数年心血终有所偿，未负师长之教诲；所愧者诸多细节尚未完善，只得寄望来日。出版此书，惟愿对目前白璧德与学衡派研究略尽绵薄，望有抛砖引玉之效，引起更多学者加入此论题的探究，更期盼能得到学界同仁的批评指正。

　　本书尽管有诸多遗憾之处，但毕竟是我彷徨岁月的见证，与学术求索的新起点。回首过往，在那段寂然无声、沉潜封闭的书斋日子里，有太多美好而温暖的人，值得我去珍惜，去感恩。

　　我永远感激导师李今教授！她如同慈母般牵引我进入学术的殿堂，塑造了我的学术生命与治学操守。博士论文的选题、开题、写作、修改、定稿，每一步都离不开导师的教诲。在博士毕业后，李老师始终心系我博士论文的完善，多次帮我修改博士论文的定稿。即使在本书出版之前，李老师仍然再次细读本书的稿子，并提出了许多宝贵的意见。李老师对学问严谨的态度，对学术不懈的追求，深深感染了我这个天资并不聪慧的学生。老师曾在《用心的学术行走——致敬"石斋"吴福辉先生》说过："我虽不是基督徒，却随着年龄的增大，越发意识到每个人来到世上都负有一份使命，只不过是能否觉悟，觉悟得早晚而已。"在南国边城沉寂了数年后，我也慢慢体会到老师所说的那份使命感。也许，我也有着自己今生必须要完成的学术使命。本书是我学术生涯的起点，也是我今后不断重返拷问的精神原点。每当我在学术陷入困境之时，李老师总是用她的智慧，将我从绝望的泥淖中打捞出来，告诉我前进的方向。我想，我应该明白自己该走的路了。感念师恩，此生不忘！

博士学位论文答辩时，高远东老师、赵稀方老师、黄开发老师、孙郁老师、杨联芬老师针对论文所存在的诸多问题，提出了非常宝贵的意见。这些意见让本书在完善的过程中有了更明确的方向。在此向诸位先生再次致以衷心的感谢！

在书稿出版过程中，中国社会科学出版社的慈明亮先生给予了我极大的帮助。他以严谨的态度逐字逐句审核校对我的书稿，并对书稿中极容易被忽略的问题提出了修改意见。这些意见促使我进一步查阅相关资料，完善了相关的表述。在此向慈明亮先生致以诚挚的感谢！

毕业五年，曾经的同门已各奔东西，然而同门情谊并未因此疏远。胡红英师姐、崔金丽师姐、屠毅力师姐、朱佳宁师妹、熊婧师妹、赵天成师弟等各位同门在我需要帮助之时，总是毫不犹豫援之以手。能在李门结识这么多热情善良的同门，我真是太幸运了！谢谢各位！

2006年，我进入中山大学就读旅游管理学，并在机缘巧合之下认识了现在的丈夫马遥先生。相识相伴十多年，无论我做出如何任性的决定，马遥先生总是包容我，关爱我，给予我最大的支持。谢谢你！最后，我还要感谢最亲爱的母亲！2018年，我的孩子出生后，为了减轻我的负担，母亲又不辞劳苦，悉心照顾他，细心呵护他，谢谢您！

2016年4月24日，于人大知行所写的博士论文后记，是本书初步形成的见证，特附于此纪念那段在思想绝境中爆发的岁月：

在这个涌动而喧闹的时代，时常想选择一份信念持守下去，去获得一份平静的力量。因此，于我而言，学术研究不仅是知识的积累与突破，也是一种信仰的追求。但是当沉浸书斋之时，却常常因自身学识的浅薄以及悟性的不足而困惑不已。于中国传统文化，我美其境界之高远，于基督教思想，我又叹其力量之伟大。那时的我恍如置身于黑夜中的十字路口，不知如何选择前进的道路。但是我深信知识的浅薄永远无法解决精神的困境，唯有埋头书斋才能找到信仰的出路。于我，博士学位论文的写作是一场心灵的修行，在无数次困境中不断突围，在无数次撕裂中不断重构自己，其间的抑郁痛苦挣扎，或许只有经历过的人才能体会个中滋味。当博士学位论文完成之时，那困扰我多年的中西文化信仰问题终于找到了答案，前方的路开始明晰，我明白了自己的根始终深埋在中国这片大地上。唯有那古朴雅致的文言让我倍感亲切，唯有那精妙高深的传统思想让我心有所依，不再如无根的浮萍，随波逐流，浮浮沉沉。

在这四年的生命旅程中，首先要感谢导师李今教授。初入师门之时，老师即与我商讨博士论文的选题。那时，睿智的老师一下子就看出我心之所向，莞尔一笑，说道："我看你对传统文化挺感兴趣的，要不就研究《学衡》吧。"自此我与《学衡》杂志结下了不解之缘。在帮老师整理《学衡》杂志汉译文学编年考录的过程中，我发现了其中有趣的跨文化现象，并将其与老师讨论。老师肯定了我的想法，鼓励我沿着这个方向继续走下去。然而在接下来的研究中，我始终囿于自己的小世界，总是停留在白璧德与学衡派的文本细读上，无法跳出来看到研究的大格局，这也导致我的研究一直停滞不前，难以有所突破，并最终陷入了白璧德的宗教迷雾中。在撰写开题报告的过程中，我只是将自己稚嫩的想法一一罗列出来，但是老师又一下子看到我论文的价值之处，一针见血地指出："白璧德的国际人文主义是个极有价值的概念，是一个全新的视角。"在老师的点拨下，我第一次意识到自己需要跳出小世界，以一个全新的视角来重新审视学衡派，以一个大的视角来整合自己的博士学位论文。自此，我开始以国际人文主义重估白璧德与学衡派之路。拿着国际人文主义的钥匙，我仿佛打开了一扇尘封已久的门，白璧德的宗教之谜在开启大门之后逐渐明晰，并最终得以澄清，而我本人亦最终找到自己的归属之地。本论文从选题、开题、写作、修改以及定稿，每一步都离不开老师的牵引与指导，倾注了老师大量的心血。这份恩情，学生无以为报，惟有在今后的治学道路上，秉承教诲，不懈努力。

感谢孙郁老师、杨联芬老师、王家新老师、程光炜老师、高远东老师在预答辩环节给我的指导。由于时间关系，博士学位论文有些大的问题，学生仍未来得及修改，但是我会在今后的日子中逐渐完善它。

感谢各位同门！在四年的光阴里，他们的热诚善良如冬日的阳光温暖了我的世界。回首往事，春日赏花、秋日赏叶、冬日看雪，这些都是我始终手捧心中的美好。

感谢我的丈夫。这四年里，无论是学术问题还是日常琐事，他都给予了我极大帮助。尽管他也在埋头写博士论文，但在我有需要的时候，仍然不厌其烦地陪我讨论，帮助我理顺思路，启发灵感。每当我心绪低落，他总能用他的幽默，带给我最温暖的关爱与支持。很庆幸，这世上能找到如此理解我、爱护我、体贴我的人。

最后，我要感谢我的母亲。我的母亲在四年里一直默默支持我。每次回家的时候，母亲总是心疼地看着我说，"怎么又瘦了，回家了，多吃点！"有时候她看我在桌子上一坐就是一整天，怕我熬坏身子，就会悠悠地走到我桌旁念叨："好了，该出去走走了，别看了。"虽然母亲不理解我对学问的热情，但是对于我想去做的事情，她总是无条件地鼓励我，并在身后无条件地付出。这些年，我一直在北京读书，没能陪伴在她身旁，还让她操心不少，想来真是惭愧。惟待我日后回乡定居后，常伴母亲左右，照料母亲的一切。

2021 年 6 月 25 日
于南国美丽边城湛江